BLUMENWITZ/BREUER
Fälle und Lösungen zum Völkerrecht

Reihe
Studienprogramm Recht

Fälle und Lösungen zum Völkerrecht

Übungsklausuren mit gutachterlichen Lösungen und Erläuterungen

von

Professor Dr. Dieter Blumenwitz †
Universität Würzburg

und

Dr. Marten Breuer
Universität Potsdam

2. Auflage

RICHARD BOORBERG VERLAG
Stuttgart · München · Hannover · Berlin · Weimar · Dresden

Bibliografische Information Der Deutschen Bibliothek

Die Deutsche Bibliothek verzeichnet diese Publikation in der Deutschen Nationalbibliografie; detaillierte bibliografische Daten sind im Inbernet über **http://www.ddb.de** abrufbar

2. Auflage 2005
ISBN 3-415-03567-0
© Richard Boorberg Verlag GmbH & Co, 2001
www.boorberg.de

Satz: Dörr + Schiller GmbH, Stuttgart
Druck: Druckerei Elektra, Niedernhausen/Ts.
Verarbeitung: Buchbinderei Schallenmüller, Stuttgart
Papier: säurefrei, aus chlorfrei gebleichtem Zellstoff hergestellt; alterungsbeständig im Sinne von DIN-ISO 9706

Einführung

Trotz politischer und theoretischer Anfeindungen ist der Rechtscharakter des Völkerrechts in der gegenwärtigen Staatenwelt unbestreitbar. In zahlreichen Spezialbereichen erreicht es eine Normendichte und dogmatische Strukturierung, die durchaus mit dem innerstaatlichen Recht vergleichbar ist. Im Zuge der fortschreitenden internationalen Verflechtung ist seine Bedeutung auch im Rahmen der Ausbildungs- und Prüfungsordnungen für Juristen gestiegen. War noch in der vergangenen Generation das Völkerrecht ein Spezialwissen weniger Gelehrter und einiger mit auswärtigen Rechtsfragen befasster Praktiker, muss heute jeder Jurist die Bezüge seiner innerstaatlichen Rechtsordnung zum zwischenstaatlichen Recht kennen. Das europäische Recht, das heute das Recht der Mitgliedstaaten der Europäischen Union beherrscht, beruht ebenfalls auf dem Völkerrecht.

Gerade wegen der immer engeren Vernetzung von nationalem und internationalem Recht müssen aber auch die grundlegenden Unterschiede zwischen den beiden Rechtsmaterien erkannt werden. Wer die Besonderheiten des Völkerrechts nicht berücksichtigt, wird immer Gefahr laufen, den Sinn einer völkerrechtlichen Fragestellung nicht richtig zu erfassen. Der am innerstaatlichen Recht geschulte Jurist muss bei der Behandlung völkerrechtlicher Probleme die folgenden Besonderheiten berücksichtigen:

- den koordinationsrechtlichen Charakter des Völkerrechts:
  Das Völkerrecht regelt die Beziehungen zwischen gleichberechtigten, freien Staaten („souveräne Gleichheit"). Obgleich das Völkerrecht im deutschen Unterrichts- und Prüfungssystem dem „Öffentlichen Recht" zugerechnet wird, hat es grundsätzlich nichts mit der für diese Rechtsmaterie typischen Subordination zu tun. Übung und Gewohnheit vermitteln die Rechtsgrundlagen, nicht Gesetz und Verwaltungsakt. Die für die Integration der innerstaatlichen Gemeinschaft wichtige Mehrheitsentscheidung ist weitgehend unbekannt; Staaten können andere Staaten nicht majorisieren;
- den dezentralen Charakter des Völkerrechts:
  Die zwischenstaatliche Gemeinschaft verfügt nicht über die perfektionierten Organe des innerstaatlichen Rechts. Trotz alter und neuer Forderungen nach weltstaatlicher Organisation gibt es nur wenige Gemeinschaftsorgane. Die Staaten sind noch weitgehend „Richter in eigener Sache". Wie in unterentwickelten Rechtsgemeinschaften spielt die Selbsthilfe noch eine erhebliche Rolle. Die Gefahr, dass nur der „Stärkere sein Recht bekommt", versucht das universelle Gewaltverbot einzugrenzen, ohne aber ein allseits verbindliches System der justizförmigen friedlichen Streiterledigung anzubieten;
- den konkreten Charakter des Völkerrechts:
  Im innerstaatlichen Recht treten typische Situationen mit relativer Gleichartigkeit in einer Vielzahl von Fällen auf; die abstrakte und möglichst allgemeine

Formulierung von Rechtssätzen ist die Folge. Das Völkerrecht entwickelt sich in einem überschaubaren Rechtskreis von weniger als 200 Staaten; es geht um individuelle, historisch gewachsene Mächte, um ganz konkrete Probleme. Rechtsgeschäft und Rechtsnorm fallen häufig zusammen; die Unterscheidung von objektivem und subjektivem Recht erübrigt sich. Völkerrechtspraktiker warnen deshalb zu Recht vor der Gefahr des Generalisierens. In der Klausur ist der Examenskandidat durch die konkrete Betrachtungsweise meist überfordert, da diese nicht durch die zugelassenen Hilfsmittel gestützt werden kann. Viele Prüfungsämter sind deshalb zu der Übung gelangt, die konkreten Bezüge bei der Fallgestaltung durch Phantasiebezeichnungen im Sachverhalt auszublenden. Dieser – pädagogischen – Zielsetzung entsprechen auch die neun Sachverhalte der vorliegenden Fallsammlung. Umso mehr Berücksichtigung finden die konkreten Bezüge in der mündlichen Prüfung und in dem nach den Fällen wiedergegebenen Prüfungsgespräch;

– den politischen und den ethischen Charakter des Völkerrechts:
Politische und ethische Fragen lassen sich auch bei der Anwendung innerstaatlichen Rechts nicht einfach übergehen; sie spielen im Völkerrecht eine noch größere Rolle, weil hier der innerstaatliche Vollstreckungsapparat fehlt. Der Examenskandidat muss vor allem die Interdependenz von Politik und Völkerrecht würdigen, muss z. B. bei der Auslegung völkerrechtlicher Verträge dilatorische Formelkompromisse richtig einschätzen;

– den indirekten Charakter des Völkerrechts:
Das Völkerrecht ist nach wie vor das Recht der Staaten. Seine geborenen Rechtssubjekte sind die Staaten, nicht die Individuen, die im Mittelpunkt des innerstaatlichen Rechts stehen. Der Examenskandidat muss erkennen, dass der einzelne Mensch auf internationaler Ebene nur mediatisiert durch seinen Heimatstaat, der zur Ausübung des diplomatischen Schutzes berechtigt ist, in Erscheinung treten kann. Auch der stetig wachsende internationale Menschenrechtsschutz bleibt eine Funktion staatlicher Souveränität, kann sich nur dort entwickeln, wo Staaten bereit sind, auf die Ausübung ihrer Hoheitsrechte zu verzichten.

Ziel der Fallsammlung ist die Wiederholung des examensrelevanten völkerrechtlichen Stoffs, die Einübung der Klausurtechnik bei Sachverhalten mit Auslandsbezug und die Vorbereitung auf die mündliche Prüfung im Völkerrecht in der Wahlfachgruppe Völkerrecht/Europarecht.

Die ausgewählten neun Sachverhalte sprechen Themenbereiche an, die in der Vergangenheit immer wieder Gegenstand der fünfstündigen Examensklausuren waren und wegen ihrer grundsätzlichen Bedeutung prüfungsrelevant geblieben sind; die Examenskandidaten werden aber auch mit aktuellen völkerrechtlichen Problemen vertraut gemacht, die noch nicht geprüft wurden und deshalb als künftiger Prüfungsgegenstand in Betracht zu ziehen sind.

Die Fallsammlung versucht nicht nur, durch das Aneinanderreihen von Einzelproblemen den prüfungsrelevanten Stoff abzudecken. Ein besonderes Augenmerk gilt der Komplexität des völkerrechtlichen Examensfalles, der erst durch das Zusammenspiel aller im Sachverhalt aufgeworfener Probleme seinen besonderen Schwierigkeitsgrad erreicht. Fast alle behandelten Fälle entsprechen der in der Ersten Juristischen Staatsprüfung häufigen Konstellation einer Verknüpfung von nationalem und internationalem Bereich: Der Ausgangspunkt der Fragestellung liegt meist im innerstaatlichen Recht; erst im zweiten Schritt kommt das Völkerrecht ins Spiel.

Die ausführlichen Lösungshinweise der Fallsammlung ersetzen nicht das Grundlagenstudium anhand der gängigen Lehrbücher des Völkerrechts! Die Lösung verweist in Anmerkungen auf die wichtige studentische Basisliteratur. Nur hinsichtlich der Detailfragen wird Spezialliteratur (Aufsätze, Monographien) angeführt. Die jeder Fallösung angefügten Kernsätze sollen die Wiederholung des gesamten Stoffes erleichtern.

Um den Unterschied zwischen der Bearbeitung eines fünfstündigen Klausurthemas und dem Prüfungsgespräch im mündlichen Teil des Staatsexamens zu verdeutlichen, werden schließlich im Anschluss an den Fall 9 zum nämlichen Thema Fragen und Antworten eines möglichen Prüfungsgesprächs aufgezeichnet.

Meinen wissenschaftlichen Mitarbeitern, Herrn Dr. Marten Breuer und Herrn Notarassessor Markus Voltz, danke ich für die wertvolle Hilfe bei der Erstellung der vorliegenden Fallsammlung.

Würzburg, im Januar 2001   Dieter Blumenwitz

Nachtrag zur 2. Auflage

Für die 2. Auflage hat mein ehemaliger wissenschaftlicher Mitarbeiter, Herr Dr. Marten Breuer, die Mitautorschaft übernommen. Rechtsprechung und Literatur sind auf den aktuellen Stand gebracht worden. Ersetzt wurde Fall 3 (ehemals zum Diplomatenrecht), der jetzt Rechtsfragen der Immunität Ständiger Vertreter bei Internationalen Organisationen behandelt. Ebenfalls erneuert wurde das Prüfungsgespräch, in dem nunmehr aktuelle Probleme des jüngsten Irak-Kriegs erörtert werden. Neu hinzugekommen sind die Fälle 10 und 11. Sie lehnen sich an den Görgülü-Beschluss des Bundesverfassungsgerichts zur innerstaatlichen Bedeutung der EMRK (Fall 10) und an die LaGrand-Rechtsprechung des IGH (Fall 11) an, sind aber – dem bisherigen Konzept dieser Fallsammlung entsprechend – nicht auf eine reine Wiedergabe der jeweiligen Judikatur beschränkt, sondern in mehrfacher Hinsicht abgewandelt und durch Zusatzprobleme ergänzt.

Herr cand. jur. Daniel Hauschildt hat die mühselige Aufgabe der Aktualisierung übernommen. Anteil am Entstehen dieser Neuauflage hatten gleichfalls meine ehemalige wissenschaftliche Mitarbeiterin, Frau Dorothee von Arnim, sowie mein wissenschaftlicher Mitarbeiter, Herr Dr. Tobias Irmscher, LL.M. Ihnen allen sei an dieser Stelle, auch im Namen des Mitautors, sehr herzlich gedankt.

Würzburg, im März 2005   Dieter Blumenwitz

Nachruf

Professor Dr. Dr. h. c. mult. Dieter Blumenwitz starb am 2. April 2005 im Alter von 65 Jahren. Die obigen Zeilen entstanden unmittelbar vor seinem Tode, die Neuauflage dieser Fallsammlung war damit eine seiner letzten wissenschaftlichen Arbeiten, die er noch zu Ende führen konnte. Diese Beobachtung lässt eine Facette in seiner reichen Persönlichkeit erkennbar werden: Stets war Dieter Blumenwitz die studentische Ausbildung eine Herzensangelegenheit, stets ging es ihm darum, den Studenten sein Verständnis der Bedingungen für ein friedliches Zusammenleben der Völker nahe zu bringen. Wer seine Vorlesungen besucht hat, dem ist noch eine weitere Seite an ihm nicht verborgen geblieben: seine umfassende, in geradezu klassischem Sinne humanistische Bildung, sein profundes Wissen um die historischen, politischen wie rechtlichen Zusammenhänge. Sein Unterricht ist immer wieder bereichert worden durch Erfahrungen aus vielfältiger Gutachter- und Beratertätigkeit, die ihn noch im Jahr 2004 als Counsel des Fürstentums Liechtenstein vor den IGH geführt hat. Dieter Blumenwitz war ein großer Völkerrechtler.

Die Aufnahme als Mitautor ist für mich Anerkennung und zugleich Verpflichtung, diese Fallsammlung in seinem Sinne fortzuführen.

Potsdam, im Mai 2005   Marten Breuer

Inhaltsverzeichnis

Fall 1: Auslieferung bei Todesstrafe 13
Zuständigkeit des IGH – Vorbehalte zur Unterwerfungserklärung – Grundsatz der Reziprozität – Verletzung territorialer Integrität durch Entführung natürlicher Personen – Rechtfertigungsgrund Repressalie – Auslegung völkerrechtlicher Verträge – Beachtlichkeit widersprechenden Verfassungsrechts bei der Vertragsauslegung – Auslieferung bei drohender Todesstrafe – *clausula rebus sic stantibus* – EMRK-Verstoß durch Auslieferung bei drohender Todesstrafe

Fall 2: Konsularische Immunität 33
Konsularrecht – konsularische Aufgaben – Begriff und Reichweite der konsularischen Immunität – Immunität vor der deutschen Zivil- und Strafgerichtsbarkeit – Immunität als Problem der Zuständigkeitsabgrenzung zwischen Judikative und auswärtiger Gewalt – Erkenntnisse der allgemeinen Staatslehre und verfassungsrechtsvergleichende Aspekte

Fall 3: Diplomatische Vertretung bei Internationalen Organisationen 45
Abgrenzung Akkreditierung/Agrément – Anwendbarkeit des WÜD auf Vertretungen bei Internationalen Organisationen – Bedeutung des Sitzabkommens zwischen Internationaler Organisation und Sitzstaat – Erklärung zur *persona non grata* durch Sitzstaat

Fall 4: Immunität eines Sonderbotschafters 64
Immunität eines Sonderbotschafters – Analogie im Völkerrecht – Staatenimmunität und ihr Verhältnis zur Immunität von Sonderbotschaftern – Völkerrechtsverstoß durch vorzeitige Anerkennung – Drei-Elementen-Lehre – Staatsqualität von Mikrostaaten – Verteidigungsfähigkeit – Staatenverkehrsfähigkeit – Wirkungen einer vorzeitigen Anerkennung – Anspruch auf Anerkennung – Selbstbestimmungsrecht der Völker – Recht auf Sezession

Fall 5: Gebietserwerb und -verlust 86
Erwerb und Verlust von Gebietshoheit – Entdeckung – Okkupation – Dereliktion – Rechtsnachfolge in Hoheitsrechte – Staatensukzession – *Uti-possidetis*-Doktrin – Kontinguitätsprinzip – militärische Inbesitznahme – Rechtsverzicht – Dekolonialisierungsgebot – Völkerrechtskonformität von gewaltsamen Gebietsstreitigkeiten – Gewaltverbot – Selbstverteidigungsrecht – Wirtschaftssanktionen und Abbruch der Wirtschaftsbeziehungen durch die EG – Abbruch der Wirtschaftsbeziehungen durch EG-Mitgliedsstaaten

Fall 6: Völkerrechtlicher Ehrschutz 103
Versammlungsbegriff – Umsetzung völkerrechtlicher Normen in innerstaatliches Recht („gemäßigter Dualismus") – Interventionsverbot – Verantwortlichkeit für Handeln Privater – Beleidigung eines ausländischen

Staatsoberhaupts – Rechtfertigung durch Menschenrechte – Verschuldenserfordernis bei Unterlassen – Schadenserfordernis – Zugangsrecht zur Botschaft – Normenverifikationsverfahren zum Bundesverfassungsgericht – kodifiziertes Völkergewohnheitsrecht als zulässiger Vorlagegegenstand – Adressatenwechsel durch Art. 25 S. 2 GG

Fall 7: Internationaler Menschenrechtsschutz 118
IPbürgR – Religions- und Weltanschauungsfreiheit – Eingriffs- und Schrankensystem – Missbrauchsverbot – Recht auf gleichen Zugang zu öffentlichen Ämtern – VN-Ausschuss für Menschenrechte – Staatenberichtsverfahren – Staatenbeschwerde – Individualbeschwerde gem. Fakultativprotokoll – EMRK – Religions- und Weltanschauungsfreiheit – Diskriminierungsverbot – Individualbeschwerde – Wirkung der Entscheidungen des EGMR für innerstaatliche Rechtsordnung

Fall 8: Wahlrecht für Auslandsdeutsche 134
Unterscheidung zwischen *jurisdiction to enforce* und *jurisdiction to prescribe* – Wahlteilnahme als Hoheitsakt – Grundsatz der Reziprozität – stillschweigende Einwilligung – wahlrechtliche Behandlung von Mehrstaatern – Analogie im Völkerrecht – Wahlrecht für Auslandsstaatsbürger nach EMRK/1. ZP – Begriff „gesetzgebende Körperschaft" – Wahlrecht für Auslandsstaatsbürger nach IPbürgR – Konkurrenzverhältnis VN-Ausschuss für Menschenrechte/EGMR

Fall 9: Humanitäre Intervention 155
Humanitäre Intervention – universelles Gewaltverbot – Gewaltbegriff – *measures short of war* – „kleine Gewalt" – Zulässigkeit militärischer Gewalt im Falle der Selbstverteidigung – Zulässigkeit militärischer Gewalt bei gravierenden Menschenrechtsverletzungen – Menschenrechte als Bestandteil einer *international public order* – Verpflichtungen *erga omnes* – Interventionsverbot – Anordnung von Zwangsmaßnahmen durch den Sicherheitsrat – Voraussetzungen des Art. 39 SVN – Beteiligungspflicht deutscher Streitkräfte – Befugnisse der Generalversammlung – *Uniting for Peace*-Resolution – verfassungsrechtliche Voraussetzungen eines Bundeswehreinsatzes – Einsatzmöglichkeit des Bundesgrenzschutzes

Fall 10: Europäischer Menschenrechtsschutz 175
Verletzung des Rechts auf Privatleben (Art. 8 EMRK) durch Flughafenlärm – Pflicht zur Wiederaufnahme rechtskräftig abgeschlossener Verfahren nach einem Urteil aus Straßburg gemäß EMRK – Pflicht zur Wiederaufnahme rechtskräftig abgeschlossener Verfahren nach einem Urteil aus Straßburg gemäß GG – Rügefähigkeit der Nichtbeachtung des EGMR-Urteils mit der Verfassungsbeschwerde – Umgangsrecht von Vätern nichtehelich geborener Kinder und Art. 8 EMRK – Wirkungen eines EGMR-Urteils für die nationalen Gerichte

Fall 11: Diplomatischer Schutz 195
Zulässigkeit der Ausübung diplomatischen Schutzes zugunsten von Doppelstaatern – verfassungsrechtlicher Anspruch auf diplomatische Schutzgewährung – WÜK-Verstoß durch Nichtinformierung über die Möglichkeit konsularischen Beistands – Verstoß gegen IPbürgR – Zulässigkeit eines Vorbehalts zum IPbürgR – Verstoß eines Vorbehalts gegen *ius cogens* – Rechtsfolgen eines unzulässigen Vorbehalts – Rechtsfolgen eines Völkerrechtsverstoßes – Verbindlichkeit vorsorglicher Maßnahmen des IGH

Die mündliche Prüfung im Ersten Juristischen Staatsexamen 219

Abgekürzt verwendete Literatur 235

Abkürzungsverzeichnis 237

Stichwortverzeichnis 241

Fall 1: Auslieferung bei Todesstrafe

Sachverhalt

Xeros, Staatsangehöriger von Antagonia, hat die ebenfalls dort lebenden Eltern seiner Freundin auf grausame Weise umgebracht, weil diese ihm den Umgang mit ihrer Tochter verboten hatten. Es gelingt ihm jedoch, unterzutauchen und sich nach Bethania abzusetzen.

Die ermittelnden Behörden in Antagonia hegen alsbald die Vermutung, dass sich Xeros ins Ausland abgesetzt haben könnte, und lassen deshalb einen internationalen Haftbefehl ausstellen. Dieser Haftbefehl führt zur Ergreifung des Xeros in Bethania. Daraufhin verlangt Antagonia von Bethania die Auslieferung des Xeros aufgrund eines Auslieferungsvertrages aus dem Jahre 1981, der in seinen wesentlichen Passagen wie folgt lautet:

„Artikel 1
(1) Die Vertragsparteien verpflichten sich, einander nach Maßgabe dieses Vertrags jede Person auszuliefern, die im Hoheitsgebiet einer der Vertragsparteien angetroffen und wegen einer im Hoheitsgebiet der anderen Vertragspartei begangenen Straftat von einer zuständigen Behörde verfolgt wird oder verurteilt worden ist.
(2) (...).

Artikel 2
(1) Auslieferungsfähige Straftaten im Sinne dieses Vertrags sind Straftaten, die im Zeitpunkt des Auslieferungsersuchens nach dem Recht beider Vertragsparteien mit Freiheitsstrafe oder anderer Freiheitsentziehung im Höchstmaß von mindestens einem Jahr oder mit einer schwereren Strafe bedroht sind.
(2) (...).

Artikel 4
(1) (...).
(2) (...).
(3) Die Auslieferung kann abgelehnt werden, wenn der Verfolgte im ersuchten Staat wegen derselben Straftat verfolgt wird, derentwegen um Auslieferung ersucht wird."

Das Strafgesetzbuch des Staates Bethania sieht für Totschlag eine Freiheitsstrafe von fünf bis fünfzehn Jahren, für Mord eine lebenslange Freiheitsstrafe vor. Eine Strafverfolgung des Xeros wegen der in Antagonia begangenen Tat ist allerdings nach den Gesetzen von Bethania nicht möglich.

Das Strafgesetzbuch von Antagonia bestimmt für Totschlag ebenfalls eine Freiheitsstrafe nicht unter fünf Jahren, für Mord lebenslange Haft oder die Todesstrafe. Diese Bestimmung resultiert aus einer Änderung der Verfassung von Antagonia im Jahre 1993, mit der die Wiedereinführung der Todesstrafe für zulässig erklärt wurde. Die Verfassung von Bethania aus dem Jahr 1975 enthält hingegen eine Bestimmung des folgenden Wortlauts:

„Artikel XII: Die Todesstrafe ist abgeschafft."

Bethania verweigert die Auslieferung von Xeros, und zwar mit folgender Begründung:

– Es sei nicht auszuschließen, dass über Xeros die Todesstrafe verhängt würde. Dem stehe jedoch die Verfassung von Bethania entgegen, die nicht nur die Verhängung der Todesstrafe durch Organe von Bethania, sondern aufgrund des kategorischen Wortlauts auch die bloße Mitwirkung an der Verhängung der Todesstrafe durch andere Staaten verbiete. Das Gesetz, mit dem der Auslieferungsvertrag in innerstaatliches Recht umgesetzt worden sei, stehe nach der Verfassung von Bethania im Range eines einfachen Gesetzes und könne daher entgegenstehendes Verfassungsrecht nicht überwinden. Die Organe von Bethania seien daher durch die innerstaatliche Rechtsordnung an der Erfüllung des Auslieferungsverlangens gehindert.

– Auch völkerrechtlich müsse diese entgegenstehende Verfassungslage Berücksichtigung finden. Jedenfalls bei einer so eindeutigen Norm wie Art. XII der Verfassung von Bethania sei klar, dass eine völkerrechtliche Bindung nur im Rahmen der verfassungsmäßigen Ordnung gewollt gewesen sei. Sollte der Vertrag daher so auszulegen sein, dass auch bei drohender Todesstrafe eine Auslieferungspflicht bestehe, so sei wegen der erkennbar entgegenstehenden Verfassungslage der Vertrag insgesamt ungültig.

– Ferner stehe der Vertragserfüllung partikuläres Völkerrecht entgegen. Bethania dürfe als Mitgliedstaat der Europäischen Menschenrechtskonvention (EMRK) nicht an der Vollstreckung der Todesstrafe mitwirken. Zwar sei die Todesstrafe in der EMRK ausdrücklich erlaubt, doch falle ihre Vollstreckung aufgrund der damit verbundenen psychischen Belastungen unter das Verbot unmenschlicher oder erniedrigender Behandlung.

– Schließlich sei eine Bindung von Bethania an den Auslieferungsvertrag jedenfalls deshalb zu verneinen, weil Antagonia durch die Wiedereinführung der Todesstrafe im Jahre 1993 Umstände geschaffen habe, mit denen Bethania bei Vertragsschluss im Jahre 1981 weder gerechnet habe noch habe rechnen müssen. Andernfalls hätte man damals – schon im Hinblick auf die eigene Verfassungslage – auf die Einfügung einer Ausnahmeklausel hingewirkt oder aber ganz vom Vertragsschluss abgesehen. Folglich sei dem Vertrag jegliche Grundlage entzogen worden, so dass eine vertragliche Bindung bereits 1993 entfallen sei.

Antagonia widerspricht dieser Auffassung und besteht auf der Auslieferung. Um Bethania entgegenzukommen, sichern die zuständigen Stellen von Antagonia jedoch verbindlich zu, bei Verhängung der Todesstrafe zumindest von deren Vollstreckung abzusehen (was nach der Verfassung von Antagonia möglich ist). Sollte Bethania dagegen weiterhin seiner Auslieferungspflicht nicht nachkommen, kündigt Antagonia an, seinerseits die Auslieferung eines Häftlings, die eigentlich in wenigen Wochen ansteht, zu verweigern. In Bethania hat der Fall allerdings mittlerweile so viel öffentliche Aufmerksamkeit erregt, dass Bethania aus politischen Gründen die Auslieferung des Xeros ablehnt.

Daraufhin ruft Antagonia den IGH an, um eine Vertragsverletzung durch Bethania feststellen zu lassen. Beide Staaten haben die Erklärung gem. Art. 36 Abs. 2 IGH-Statut abgegeben. Antagonia hatte allerdings dabei einen Vorbehalt für die Auslegung von Verträgen angebracht. Bethania bestreitet deshalb in der von Art. 79 Abs. 1 VerfO-IGH vorgeschriebenen Form, dass der IGH überhaupt zuständig sei.

Als sich das Verfahren vor dem IGH in die Länge zieht und Bethania nach wie vor keine Anzeichen des Einlenkens erkennen lässt, verweigert Antagonia wie angekündigt zu dem fälligen Termin die Auslieferung eines Häftlings an Bethania.

Bearbeitervermerk:

In einem Gutachten ist auf folgende Fragen einzugehen:

1. Wie wird der IGH über die bestrittene Zuständigkeit entscheiden?

2. Hat Antagonia durch die Nichtauslieferung des Häftlings gegen bestehendes Völkerrecht verstoßen? Dabei ist auf alle im Sachverhalt aufgeworfenen Rechtsfragen – nötigenfalls hilfsgutachtlich – einzugehen.

3. War die Einschätzung Bethanias zutreffend, dass durch eine Auslieferung des Xeros an Antagonia gegen die EMRK verstoßen worden wäre?

Abwandlung:

Als sich das Verfahren vor dem IGH in die Länge zieht, beschließt ein Gericht in Bethania, Xeros unter Auflagen aus der Auslieferungshaft zu entlassen. Daraufhin wird Xeros von Polizeibeamten von Antagonia auf Weisung von dessen Außenminister ohne vorherige Ankündigung aus Bethania entführt und in Antagonia vor Gericht gestellt.

Bearbeitervermerk:

Folgende Frage ist gutachtlich zu beantworten:

Hat Antagonia durch die Entführung des Xeros gegen bestehendes Völkerrecht verstoßen?

Hinweis:

Es ist davon auszugehen, dass die Staaten Antagonia und Bethania Mitglieder der Vereinten Nationen (VN) sowie Vertragsstaaten der Wiener Vertragsrechtskonvention (WVRK) sind. Bethania ist außerdem Mitglied der Europäischen Menschenrechtskonvention (EMRK). Das 6. und das 13. ZP zur EMRK hat Bethania dagegen nicht unterzeichnet.

Falllösung

Frage 1: Entscheidung des IGH

Gem. Art. 36 Abs. 6 IGH-Statut i.V.m. Art. 79 Abs.9 VerfO-IGH n.F. entscheidet der IGH bei Streitigkeiten über seine Zuständigkeit selbst durch Urteil („Kompetenz-Kompetenz").[1]

I. Parteifähigkeit

1. Gem. Art. 34 Abs. 1 IGH-Statut sind nur *Staaten* berechtigt, als Parteien vor dem IGH aufzutreten. Die Staatsqualität von Antagonia und Bethania ist hier unproblematisch.

2. Ferner können grundsätzlich nur solche Staaten vor dem IGH klagen, die *Vertragsparteien* des IGH-Statuts sind (Art. 35 Abs. 1 IGH-Statut). Nichtmitgliedern steht der Zugang nur nach den Bedingungen des Sicherheitsrats der Vereinten Nationen offen (Art. 35 Abs. 2 IGH-Statut).[2] Der Sachverhalt enthält keine ausdrücklichen Angaben darüber, ob Antagonia und Bethania dem IGH-Statut angehören. Allerdings sind beide Staaten Mitglieder der VN. Gem. Art. 93 Abs. 1 SVN sind VN-Mitglieder ohne weiteres Vertragsparteien des IGH-Statuts. Die Voraussetzung des Art. 35 Abs. 1 IGH-Statut ist daher erfüllt.

II. Zuständigkeit

Die Mitgliedschaft zum IGH-Statut bedeutet noch nicht, dass sich der betreffende Staat auch der Jurisdiktion des IGH unterworfen hat. Hierfür bedarf es vielmehr gem. Art. 36 IGH-Statut eines besonderen Einwilligungsakts. Dieser kann auf verschiedene Weise erfolgen: (1.) gem. Art. 36 Abs. 1 Alt. 1 IGH-Statut durch den Abschluss eines Schiedskompromisses im konkreten Streitfall oder (2.) durch rügeloses Einlassen der beklagten Partei zur Sache *(forum prorogatum)*; (3.) gem. Art. 36 Abs. 1 Alt. 2 IGH-Statut durch die Aufnahme von Streitschlichtungsklauseln in bi- oder multilaterale Verträge; (4.) gem. Art. 36 Abs. 2 IGH-Statut durch die Abgabe einer einseitigen Unterwerfungserklärung („Fakultativklausel").[3]

---

[1] Zu Zuständigkeit und Tätigkeit des IGH vgl. allgemein Fischer, in: Ipsen, § 62 Rn. 35 ff.; Schröder, in: Graf Vitzthum, 7. Abschn. Rn. 87 ff.
[2] Vgl. hierzu die SR-Res. 9 (1946).
[3] Vgl. nur Schröder, in: Graf Vitzthum, 7. Abschn. Rn. 88.

Vorliegend käme eine Begründung der Zuständigkeit allein über Art. 36 Abs. 2 IGH-Statut in Betracht. Die Möglichkeit des *forum prorogatum* scheidet von vornherein aus, da Bethania die Zuständigkeit des IGH bestritten hat. Für die übrigen Alternativen fehlt es an Anhaltspunkten im Sachverhalt.

1. Erklärung von Bethania

Laut Sachverhalt hat Bethania eine vorbehaltlose Erklärung gem. Art. 36 Abs. 2 IGH-Statut abgegeben. Gem. Art. 36 Abs. 2 lit. a IGH-Statut umfasst die Zuständigkeit des IGH auch die Auslegung völkerrechtlicher Verträge.

2. Erklärung von Antagonia

Antagonia hat zwar ebenfalls eine Erklärung gem. Art. 36 Abs. 2 IGH-Statut abgegeben. Es hat dabei jedoch laut Sachverhalt einen Vorbehalt für die Auslegung von Verträgen angebracht. Die Zulässigkeit eines solchen Vorbehalts ergibt sich aus Art. 36 Abs. 3 IGH-Statut.

3. Grundsatz der Reziprozität

Der einseitig erklärte Vorbehalt Antagonias könnte nach dem Prinzip der Reziprozität dazu führen, dass sich Bethania auf die Klage Antagonias nicht einzulassen braucht.

Der Grundsatz der Gegenseitigkeit (Reziprozität) ist für die internationale Gerichtsbarkeit so grundlegend, dass er in der Erklärung Bethanias nicht ausdrücklich enthalten sein muss, um von der Erklärung mitumfasst zu sein.[4] Dies ergibt sich schon aus der Formulierung „gegenüber jedem anderen Staat, der dieselbe Verpflichtung übernimmt" in Art. 36 Abs. 2 IGH-Statut. Daraus folgt, dass sich Bethania auf eine Klage nur einzulassen braucht, wenn auch Antagonia die Gerichtsbarkeit des IGH für den konkreten Streitpunkt anerkannt hat. Obwohl Bethania also die Erklärung nach Art. 36 Abs. 2 IGH-Statut ohne Einschränkung abgegeben hat, kann es sich wegen des Grundsatzes der Reziprozität auf den Vorbehalt von Antagonia berufen.[5]

III. Ergebnis

Der IGH wird sich daher in der Sache für unzuständig erklären.

---

[4] Mosler/Oellers-Frahm, in: Simma, UNC (2002), Art. 92 Rn. 80; IGH, *„Interhandel"*, ICJ Rep. 1959, S. 6 (23); zum Grundsatz der Reziprozität vgl. auch Fall 8.
[5] Vgl. IGH, *„Norwegian Loans"*, ICJ Rep. 1957, S. 8 (23 f.).

Frage 2: Völkerrechtsverstoß Antagonias

Antagonia könnte durch die Nichtauslieferung des Häftlings an Bethania gegen Völkerrecht verstoßen haben.

I. Auslieferungspflicht

Dies setzt voraus, dass Antagonia völkerrechtlich zur Auslieferung verpflichtet war. Als mögliche Quellen einer Auslieferungspflicht kommen das Völkervertragsrecht sowie das Völkergewohnheitsrecht (vgl. Art. 38 Abs. 1 IGH-Statut) in Betracht. Da der Sachverhalt vom „fälligen Termin" der Auslieferung spricht, ist davon auszugehen, dass Antagonia nach dem Vertrag mit Bethania zur Auslieferung des Häftlings verpflichtet war. Gegen diese Vertragspflicht hat es durch die Nichtauslieferung verstoßen.

Anm.: Wegen des Vorrangs des Vertragsrechts scheidet ein Rückgriff auf Völkergewohnheitsrecht hier aus. Der Vollständigkeit halber sei aber darauf hingewiesen, dass sich im Übrigen auf dem Gebiet des Auslieferungsrechts bislang – von geringfügigen Ausnahmen abgesehen – kein Gewohnheitsrecht gebildet hat.[6] Insbesondere gehört der Satz „aut dedere aut judicare", d.h. die Verpflichtung eines Staates, den Straftäter entweder auszuliefern oder selbst abzuurteilen, nicht dem geltenden Gewohnheitsrecht an,[7] wiewohl er häufig in Auslieferungsverträgen vereinbart wird (vgl. hier Art. 4 Abs. 3 des Auslieferungsabkommens).[8]

II. Rechtfertigung

Fraglich ist, ob sich Antagonia bezüglich der Vertragsverletzung auf einen Rechtfertigungsgrund berufen kann. Als solcher käme hier insbesondere der Rechtfertigungsgrund der Repressalie[9] in Betracht. Im Unterschied zur Retorsion, die einen bloßen unfreundlichen Akt darstellt, ist die Repressalie die Beantwortung eines Völkerrechtsbruches mit einer erneuten Verletzung des Völkerrechts durch den erstbetroffenen Staat. Sie ist von folgenden Voraussetzungen

---

[6] Vgl. Stein, „Extradition", EPIL Volume II (1995), S. 327 (328).
[7] Vgl. Stein, a.a.O., S. 327 (328 f.).
[8] Zu dem Problem, ob der gleich lautende Abschluss völkerrechtlicher Verträge zur Bildung von Völkergewohnheitsrecht führt, ausführlich Doehring, Rn. 314 ff.
[9] Für den Begriff der Repressalie findet sich in jüngerer Zeit häufig auch der Begriff der Gegenmaßnahme, vgl. dazu Fiedler/Klein/Schnyder, Gegenmaßnahmen (1997); die ILC legt diesen Begriff insoweit ihrem Entwurf zur Staatenverantwortlichkeit aus dem Jahr 2001 zugrunde (vgl. Art. 49 ff. ILC-Entwurf [Sart. II Nr. 6]), allerdings findet sich in der völkerrechtlichen Literatur auch teilweise ein weiteres Begriffsverständnis der „Gegenmaßnahme", das dann z.B. die Retorsion mit einschließt. Im Folgenden wird durchweg der herkömmliche Begriff Repressalie verwendet.

Rats- und Unibuchhandlung Greifswald
Lange Strasse 77
17489 Greifswald
Tel. 03834 897891 Fax 03834 8972..
Steuer-ID 084/117/02228

16.07.2020 12:55   Kasse1 Je.aup

Artikel Nr.   Preis MwSt   Summe

RSB 1233 Gottes Kinder sind
                7.00 7.00%   7.00

TOTAL   7.40
Gegeben EC-EUR 7.40
GETRÄNK EC Cash

Vielen Dank für Ihren Besuch

abhängig:[10] (1.) Es muss ein Völkerrechtsverstoß des Staates vorliegen, dem gegenüber die Repressalie ergriffen wird (vgl. jetzt Art. 49 Abs. 1 ILC-Entwurf). (2.) Im Hinblick auf das absolute Gewaltanwendungsverbot in Art. 2 Ziff. 4 SVN sind gewaltsame Repressalien verboten (Art. 50 Abs. 1 lit. a ILC-Entwurf). (3.) Gerade weil durch die Repressalie erneut Völkerrecht verletzt wird, ist sie nicht unbegrenzt zulässig, sondern muss dazu dienen, den Erstverletzer zur Wiedergutmachung zu bewegen (vgl. Art. 52 Abs. 1 lit. a ILC-Entwurf). (4.) Aus diesem Grunde ist sie auch grundsätzlich anzukündigen (vgl. Art. 52 Abs. 1 lit. b ILC-Entwurf). (5.) Schließlich ist die Repressalie streng an das Prinzip der Verhältnismäßigkeit gebunden (Art. 51 ILC-Entwurf).

1. Völkerrechtsbruch Bethanias gegenüber Antagonia

Zu prüfen ist somit zunächst, ob Bethania gegenüber Antagonia einen Völkerrechtsbruch begangen hat. Dies setzt wiederum eine Pflicht zur Auslieferung voraus, die sich auch hier allein aus dem zwischen Antagonia und Bethania geschlossenen Auslieferungsvertrag ergeben könnte. Bevor auf die von Bethania geltend gemachten Ungültigkeitsgründe eingegangen werden kann, ist allerdings zunächst im Wege der Auslegung zu klären, ob Bethania nach dem Vertrag auch bei drohender Todesstrafe zur Auslieferung verpflichtet ist („verfassungskonforme Auslegung völkerrechtlicher Verträge").

a) Auslegung des Auslieferungsvertrags

Die Auslegung des Auslieferungsabkommens bestimmt sich nach Art. 31 f. WVRK. Es handelt sich um einen Vertrag zwischen zwei Staaten (vgl. Art. 1 WVRK), der nach In-Kraft-Treten der WVRK am 27. Januar 1980[11] geschlossen wurde (vgl. Art. 4 WVRK). Nach dem Sachverhalt sind beide Staaten der WVRK beigetreten, so dass deren Vorschriften unmittelbar anzuwenden sind.

Anm.: Im Übrigen enthält die WVRK weitestgehend kodifiziertes Völkergewohnheitsrecht, so dass ihre Vorschriften auch zwischen Nichtvertragsstaaten Anwendung finden.

aa) Die Frage, ob ein Vertragstext nach dem objektiven Wortlaut oder dem subjektiven Willen der Parteien auszulegen ist, hat Art. 31 Abs. 1 WVRK zugunsten der objektiven Theorie entschieden: Auszugehen ist von der „gewöhnlichen (…) Bedeutung" des Vertragstextes (sog. „*ordinary meaning rule*")[12]. Dem Wortlaut von Art. 1 und 2 des Auslieferungsvertrages ist nicht zu entnehmen, dass bei drohender Todesstrafe eine Ausnahme von der Auslieferungspflicht bestehen soll.

---

[10] Zu den völkergewohnheitsrechtlichen Voraussetzungen der Repressalie vgl. Fischer, in: Ipsen, § 59 Rn. 44 ff.; Schröder, in: Graf Vitzthum, 7. Abschn. Rn. 111 ff.; Doehring, Rn. 1029 ff.
[11] Vgl. Sart. II Nr. 320 S. 1, Fn. 2.
[12] Zur Auslegung völkerrechtlicher Verträge s. a. Heintschel v. Heinegg, in: Ipsen, § 11 Rn. 11 ff.; Graf Vitzthum, in: Graf Vitzthum, 1. Abschn. Rn. 123; Doehring, Rn. 387 ff.

(1) Fraglich ist jedoch, ob nicht die „schwerere Strafe" in Art. 2 Abs. 1 des Auslieferungsvertrags einen bloßen Unterfall zur „Freiheitsstrafe oder anderen Freiheitsentziehung" darstellt. Träfe dies zu, fiele eine mit der Todesstrafe bedrohte Tat nicht in den Katalog der auslieferungsfähigen Straftaten. Gegen diese Auslegung spricht jedoch, dass dann der Satzteil „oder mit einer schwereren Strafe bedroht" funktionslos würde. Wäre die genannte Auslegung von den Vertragsparteien gewollt gewesen, hätte es genügt, eine Freiheitsstrafe „im Höchstmaß von mindestens einem Jahr" zu verlangen, denn darunter fällt auch die lebenslange Freiheitsstrafe. Die eigenständige Erwähnung der „schwereren Strafe" erhält nur dann einen Sinn, wenn hierunter die Todesstrafe verstanden wird.

(2) Es geht auch nicht an, dem Ausdruck der „schwereren Strafe" eine „besondere Bedeutung" i.S.v. Art. 31 Abs. 4 WVRK beizumessen mit dem Argument, das bei Vertragsschluss in beiden Staaten bestehende Verbot der Todesstrafe lasse diese als eine Strafe besonderer Kategorie erscheinen, die nicht mehr vom Begriff der „schwereren Strafe" erfasst sei. Denn Art. 31 Abs. 4 WVRK ist als Ausnahme zur *ordinary meaning rule* eng auszulegen. Insbesondere kann nicht ohne weiteres davon ausgegangen werden, dass ein Staat, der auf seinem eigenen Territorium die Todesstrafe abgeschafft hat, auch eine Auslieferung bei Drohen der Todesstrafe im Ausland ablehnt (dazu näher unten). Dem Begriff der „schwereren Strafe" kommt daher keine besondere Bedeutung i.S.d. Art. 31 Abs. 4 WVRK zu.

bb) Gem. Art. 31 Abs. 1 WVRK ist weiterhin die den Vertragsbestimmungen „in ihrem Zusammenhang zukommende Bedeutung" zu ermitteln (systematische Auslegung). Berücksichtigungsfähig sind insoweit aber nur Bestimmungen des Vertrages selbst oder von Übereinkünften nach Art. 31 Abs. 2 und 3 WVRK. Widersprechendes innerstaatliches Recht ist hingegen für die Auslegung von Verträgen grundsätzlich ohne Bedeutung (vgl. auch Art. 27 S. 1 WVRK).

cc) Ferner ist ein Vertrag gem. Art. 31 Abs. 1 WVRK „im Lichte seines Zieles und Zweckes" auszulegen (teleologische Methode). Insoweit bietet der Vertrag jedoch keine Anhaltspunkte für eine Einschränkung.

dd) Schließlich hat die Auslegung nach „Treu und Glauben" zu erfolgen. Angesichts der nach wie vor bestehenden Verbreitung der Todesstrafe ist es jedoch nicht zu beanstanden, wenn ein Staat in einem rechtsförmigen Verfahren die Todesstrafe verhängt. Daran ändert auch das 2. Fakultativprotokoll[13] zum IPbürgR nichts, das die Abschaffung der Todesstrafe vorsieht. Dem Protokoll gehören bislang lediglich 54 Staaten an,[14] so dass auf internationaler Ebene noch nicht von einer umfassenden Ächtung der Todesstrafe gesprochen werden kann. Lediglich die Verhängung der Todesstrafe an Jugendlichen und ihre Vollstreckung an Schwangeren ist als völkergewohnheitsrechtlich verboten anzusehen.[15] Die Aus-

---

[13] Sart. II Nr. 20b.
[14] Stand: 24.11.2004; Quelle: www.ohchr.org/english/countries/ratification/12.htm.
[15] Doehring, Rn. 986; hierzu näher Fall 11.

legung des Vertrages ergibt daher keine Einschränkung der Auslieferungspflicht bei drohender Todesstrafe.[16]

Da auch ein Ablehnungsgrund gem. Art. 4 Abs. 3 des Auslieferungsvertrags mangels Verfolgbarkeit des Xeros in Bethania nicht gegeben ist, ergibt die Vertragsauslegung, dass Bethania ungeachtet der drohenden Todesstrafe zur Auslieferung des Xeros an Antagonia verpflichtet war.

b) Ungültigkeit des Auslieferungsvertrags?

Die Pflicht zur Auslieferung aus Art. 1 des Auslieferungsvertrags würde Bethania daher nur dann nicht treffen, wenn der Vertrag als ungültig anzusehen wäre.

aa) Als ersten Ungültigkeitsgrund macht Bethania seine entgegenstehende Verfassungslage geltend. Freilich lässt die innerstaatliche Rechtsordnung die Gültigkeit völkerrechtlicher Verträge grundsätzlich unberührt (Art. 27 S. 1 WVRK). Eine Ausnahme hiervon macht allein Art. 46 WVRK, der sich mit der Frage befasst, wann Verstöße gegen die innerstaatliche Kompetenzordnung für den Abschluss völkerrechtlicher Verträge Berücksichtigung finden.

Anm.: Vor In-Kraft-Treten der WVRK wurden zu diesem Punkt folgende Meinungen vertreten:[17] *(a) Nach einem Teil der Lehre hatte ein Staat, dessen Organ bei Vertragsschluss gegen die innerstaatliche Kompetenzordnung verstößt, zumindest ein Anfechtungsrecht (Relevanztheorie). Argumentiert wurde damit, dass das Völkerrecht, wenn es den Staaten die Regelung ihrer Rechtsordnung selbst überlasse, auch Verstöße gegen diese berücksichtigen müsse. (b) Die Gegenauffassung formulierte die sog. Irrelevanztheorie, die sich auf Erwägungen der Rechtssicherheit und des Vertrauensschutzes berief. (c) Vermittelnde Auffassungen unterschieden zwischen Normen, die die Erklärungsbefugnis betreffen, und solchen, die den Prozess der Willensbildung regeln. Völkerrechtlich beachtlich sollte nach dieser Auffassung nur die erste Kategorie von Normen sein. (d) Eine andere Lehre stellte auf die Offenkundigkeit des Verstoßes gegen innerstaatliche Kompetenzen ab (Evidenztheorie). (e) Schließlich wurde auch der Grundsatz von Treu und Glauben – das anglo-amerikanische Estoppel-Prinzip – fruchtbar gemacht.*

Nach Art. 46 WVRK führt ein Verstoß gegen die innerstaatliche Kompetenzordnung nur dann zur Ungültigkeit des Vertrages, wenn „die Verletzung offenkundig war und eine innerstaatliche Rechtsvorschrift von grundlegender Bedeutung betraf" (Abs. 1). Nach der WVRK kommt es daher maßgeblich auf die Evidenz des Verfassungsverstoßes an. Allerdings erfasst Art. 46 WVRK nach der wohl als herrschend zu bezeichnenden Auffassung nur Normen über die *Erklärung* des Willens nach außen, nicht hingegen Normen über die innerstaatliche *Bildung* dieses Willens, insbesondere keine *materiell*-verfassungsrechtlichen Beschrän-

---

[16] Vgl. auch Doehring, Rn. 919.
[17] Vgl. Blumenwitz, Der Schutz innerstaatlicher Rechtsgemeinschaften (1972), S. 271 ff.; Heintschel v. Heinegg, in: Ipsen, § 15 Rn. 20 ff.

kungen der *treaty-making power*.[18] Folgt man dieser Auffassung, ist Bethania eine Berufung auf Art. 46 WVRK verwehrt, da Art. XII der Verfassung nicht den Normen über die Erklärungsbefugnis zuzurechnen ist.

Der Streit braucht jedoch nicht entschieden zu werden, wenn auch die Gegenmeinung zu keinem anderen Ergebnis gelangt. Danach wäre zunächst der Verfassungsverstoß auf seine Evidenz hin zu überprüfen. Evident ist ein Verstoß dann, wenn er für jeden Staat unter Beachtung der allgemeinen Übung sowie von Treu und Glauben vom objektiven Standpunkt aus betrachtet erkennbar ist, Art. 46 Abs. 2 WVRK.

Dem Wortlaut von Art. XII der bethanischen Verfassung lässt sich zunächst nur entnehmen, dass eine Verhängung und Vollstreckung der Todesstrafe *durch Organe von Bethania* ausgeschlossen ist. Zwar deutet die kategorische Fassung „ist abgeschafft" darauf hin, dass hier eine grundsätzliche Entscheidung von besonderer, endgültiger Bedeutung getroffen werden soll. In diesem Sinne hat auch das BVerfG bezüglich der gleich lautenden deutschen Verfassungsnorm (Art. 102 GG) festgestellt, dass sie mehr bedeute als die positiv-rechtliche Beseitigung einer von mehreren möglichen Strafen. Sie sei eine Entscheidung von großem staats- und rechtspolitischem Gewicht und ein Bekenntnis zum grundsätzlichen Wert des Menschenlebens.[19] Doch hat das BVerfG weiter in systematischer wie teleologischer Auslegung befunden, dass die Mitwirkung an der Verhängung der Todesstrafe durch *andere* Staaten nicht von dieser Verfassungsbestimmung verboten sei:[20] Die Stellung von Art. 102 GG im Abschnitt „IX. Rechtsprechung" inmitten von Bestimmungen über die innerdeutsche Verfahrensgestaltung spreche gegen eine Auslegung im Sinne einer allgemeinen „Ächtung" der Todesstrafe.[21] Auch stelle Art. 102 GG einen Reflex auf die „besondere historische Situation" Deutschlands dar; ein Werturteil über andere Rechtsordnungen sei ihm daher nicht zu entnehmen.[22]

Das BVerfG gelangt also zu dem Ergebnis, dass eine Norm wie Art. 102 GG einer Auslieferung bei drohender Todesstrafe nicht entgegensteht. Macht man diese Argumentation für den vorliegenden Fall fruchtbar, so kann von einem evidenten Verstoß gegen die Verfassung von Bethania keine Rede sein.

Selbst wenn man aber mit der wohl überwiegenden Literaturmeinung einen Verstoß bejahen wollte und auch von dessen Offenkundigkeit ausginge, wäre eine vertragliche Bindung von Bethania damit allein noch nicht entfallen. Denn Bethania hätte zur Geltendmachung der Unwirksamkeit das Verfahren des Art. 65 WVRK einhalten, also die Nichtigkeit schriftlich (vgl. Art. 67 WVRK) notifizie-

---

[18] Vgl. Verdross/Simma, § 691 m.w.N.
[19] BVerfGE 18, 112 (116 f.).
[20] Offen gelassen in BVerfGE 60, 348 (354); a.A. BVerwG NJW 1988, 660 (662); für Literaturnachweise vgl. Dreier, in: Dreier, GG, Art. 102 Rn. 48. Zu der Frage, ob diese Rechtsprechung unter dem Gesichtspunkt der EMRK-freundlichen Auslegung des GG korrigiert werden muss, näher unten.
[21] Vgl. BVerfGE 18, 112 (116 f.).
[22] Vgl. BVerfGE 18, 112 (117).

ren müssen.[23] Zwar lässt sich eine Notifikation dem Sachverhalt u.U. entnehmen; auch kann die Notifikation gem. Art. 65 Abs. 5 WVRK noch im Zeitpunkt der Aufforderung zur Vertragserfüllung erfolgen. Doch hätte sich Bethania aufgrund des Einspruchs von Antagonia gem. Art. 65 Abs. 3 WVRK um eine Lösung nach den Regeln über die friedliche Streitbeilegung (Art. 33 ff. SVN) bemühen müssen. Dies ist nicht geschehen, da Bethania das Entgegenkommen Antagonias – die verbindliche Zusicherung, die Todesstrafe nicht zu vollstrecken – ignoriert und sich auch dem Verfahren vor dem IGH widersetzt hat.

Damit war Bethania nach allen vertretbaren Auffassungen trotz möglicherweise entgegenstehender Verfassungslage an den Auslieferungsvertrag gebunden.

bb) Bethania macht weiterhin geltend, durch die Europäische Menschenrechtskonvention (EMRK) an der Auslieferung des Xeros gehindert zu sein. Auf die EMRK kann sich Bethania aber Antagonia gegenüber schon von vornherein nicht berufen, da Letzteres nicht Mitglied der Konvention ist.

> *Anm.: Davon unberührt bleibt die Frage, ob Bethania durch Auslieferung des Xeros gegen die EMRK verstoßen hätte; vgl. dazu unten Frage 3.*

cc) Schließlich macht Bethania geltend, eine Bindung an den Auslieferungsvertrag sei jedenfalls dadurch entfallen, dass Antagonia mit der Wiedereinführung der Todesstrafe dem Vertrag jegliche Grundlage entzogen habe.

(1) Damit beruft sich Bethania auf die sog. *clausula rebus sic stantibus*, Art. 62 WVRK. Diese hat nach Abs. 1 folgende Voraussetzungen:[24]

– Es muss sich um die „grundlegende Änderung" von Umständen handeln, die „beim Vertragsschluss gegeben" waren.
– Die Vertragsparteien dürfen die Änderung „nicht vorausgesehen" haben.
– Der Fortbestand der bei Vertragsschluss gegebenen Umstände muss eine „wesentliche Grundlage für die Zustimmung der Vertragspartei" gebildet haben.
– Die Änderung der Umstände muss „das Ausmaß der auf Grund des Vertrags noch zu erfüllenden Verpflichtungen tiefgreifend umgestalten".
– Gem. Abs. 2 findet die *clausula* keine Anwendung auf Grenzverträge; weiterhin darf die Partei, welche sich auf die geänderten Umstände beruft, die Änderung nicht selbst herbeigeführt haben.

Bei Abschluss des Auslieferungsvertrages war die Todesstrafe in Antagonia von Verfassungs wegen verboten. Erst die Verfassungsänderung aus dem Jahr 1993 machte ihre Wiedereinführung möglich. Dem steht nicht die grundsätzliche Unbeachtlichkeit der innerstaatlichen Rechtsordnung entgegen, da gem. Art. 27 S. 1 WVRK nur die Berufung auf die eigene Rechtsordnung untersagt ist. Hier aber stammt die Änderung aus dem Bereich des anderen Vertragspartners.

---

[23] Zu diesen Voraussetzungen s. a. Heintschel v. Heinegg, in: Ipsen, § 15 Rn. 15 ff.
[24] Vgl. hierzu Heintschel v. Heinegg, in: Ipsen, § 15 Rn. 93; Graf Vitzthum, in: Graf Vitzthum, 1. Abschn. Rn. 130; Doehring, Rn. 366 ff.

Die Verfassungsänderung in Antagonia konnte vom Staat Bethania nicht vorhergesehen werden. Der Fortbestand der Verfassungslage in Antagonia war für ihn insofern eine „wesentliche Grundlage", als er laut Sachverhalt andernfalls eine entsprechende Ausnahmeklausel in den Auslieferungsvertrag aufgenommen oder aber vom Vertragsschluss gänzlich abgesehen hätte. Schließlich müsste durch die Wiedereinführung der Todesstrafe in Antagonia eine wesentliche Umgestaltung der Vertragspflichten bewirkt worden sein. Auch wenn die Todesstrafe nicht als Strafe besonderer Kategorie i.S.d. Auslieferungsrechts angesehen werden kann (s. o.), sind die Konsequenzen im Falle einer Auslieferung doch so gravierend, dass von einer wesentlichen Umgestaltung gesprochen werden muss.[25] Die Voraussetzungen des Art. 62 Abs. 1 WVRK sind daher erfüllt.

(2) Die Änderung der Umstände lässt aber nicht, wie von Bethania geltend gemacht, die Vertragsbindungen *ipso iure* entfallen. Bethania hätte wiederum das Verfahren der Art. 65 ff. WVRK einhalten müssen. Dies ist jedoch nicht geschehen (s. o.).

c) Ergebnis

Als Ergebnis ist festzuhalten, dass Bethania nach wie vor an den Auslieferungsvertrag mit Antagonia gebunden war. Indem es die Auslieferung des Xeros verweigerte, hat es daher gegen seine völkervertraglichen Pflichten verstoßen. Damit ist die erste Voraussetzung für die Anwendung einer Repressalie erfüllt.

2. Verbot gewaltsamer Repressalien

Aus Art. 2 Ziff. 4 SVN folgt ein absolutes Verbot gewaltsamer Repressalien.[26] Der Begriff der „Gewalt" in Art. 2 Ziff. 4 SVN erfasst allerdings nur die militärische Gewalt.[27] Die bloße Weigerung der Vertragserfüllung kann – auch wenn sie darauf abzielt, den anderen Vertragsteil zu einer Änderung seines Verhaltens zu bewegen – nicht als Gewalt in diesem Sinne qualifiziert werden.

3. Veranlassung des Rechtsbrechers zur Wiedergutmachung

Die Nichtauslieferung durch Antagonia diente dem Ziel, Bethania zur Auslieferung des Xeros und damit zur Erfüllung seiner Vertragspflichten zu bewegen.

4. Ankündigung der Maßnahme

Antagonia hat laut Sachverhalt die Nichtauslieferung des Häftlings auch angekündigt.

---

[25] A.A. bei entsprechender Argumentation vertretbar.
[26] Eingehend Doehring, Rn. 1037.
[27] Randelzhofer, in: Simma, UNC (2002), Art. 2 (4) Rn. 16 ff. Näher dazu unten Fall 9.

5. Verhältnismäßigkeit der Maßnahme

Die Repressalie ist streng an den Grundsatz der Verhältnismäßigkeit gebunden. Dies setzt voraus, dass die Maßnahme zur Erreichung eines legitimen Zwecks geeignet, erforderlich und angemessen ist. Hier ist nichts dafür ersichtlich, warum es an der Verhältnismäßigkeit fehlen sollte. Antagonia hat die Vertragsverletzung Bethanias mit einem gleichartigen Vertragsverstoß beantwortet, nämlich mit der Nichtauslieferung eines Häftlings. Dieses Verhalten wahrt die Grenzen der Erforderlichkeit und Geeignetheit und ist auch als angemessen zu bezeichnen.

III. Ergebnis

Antagonia hat durch die Nichtauslieferung des Häftlings an Bethania nicht gegen Völkerrecht verstoßen.

Frage 3: Hätte Bethania durch Auslieferung des Xeros gegen die EMRK verstoßen?

I. Anwendbarkeit der EMRK

Der *Anwendbarkeit* der EMRK auf den vorliegenden Sachverhalt steht nicht entgegen, dass Xeros nicht Staatsangehöriger von Bethania, sondern von Antagonia und damit eines Nichtmitgliedstaates der EMRK ist. Die Gewährleistungen der EMRK bestehen zugunsten *aller* der Herrschaftsgewalt der Mitgliedstaaten unterstehenden Personen, Art. 1 EMRK. Xeros befand sich auf dem Territorium von Bethania und unterstand damit auch dessen Hoheitsgewalt.[28]

II. Zulässigkeit der Todesstrafe nach Art. 2 EMRK

Die „Vollstreckung eines Todesurteils, das von einem Gericht im Falle eines mit der Todesstrafe bedrohten Verbrechens ausgesprochen worden ist", wird in Art. 2 Abs. 1 EMRK ausdrücklich für zulässig erklärt. Zwar bestimmt das 6. ZP zur EMRK vom 28. April 1983[29] die Abschaffung der Todesstrafe in Friedens- und das 13. ZP vom 3. Mai 2002 die Abschaffung auch in Kriegszeiten, doch hat Bethania nach dem Hinweis im Sachverhalt die Zusatzprotokolle nicht unterzeichnet. Die Prüfung hat daher ausschließlich an den Bestimmungen der EMRK zu erfolgen.

---

[28] Vgl. Frowein/Peukert, EMRK, Art. 1 Rn. 3.
[29] Sart. II Nr. 134.

III. Verstoß gegen Art. 3 EMRK

Bethania vertritt die Auffassung, dass die Vollstreckung der Todesstrafe aufgrund der mit ihr verbundenen psychischen Belastungen unter das Verbot unmenschlicher oder erniedrigender Strafe oder Behandlung in Art. 3 EMRK fällt. Mit diesem Argument hatte sich auch der Europäische Gerichtshof für Menschenrechte (EGMR) in dem ähnlich gelagerten Fall *Soering* auseinander zu setzen.[30] Dabei ist der EGMR auf folgende Gesichtspunkte näher eingegangen:

1. Beschränkte Geltung von Art. 3 auf Maßnahmen innerhalb des Jurisdiktionsbereichs eines Mitgliedstaats?

Zunächst stellte sich für den EGMR die Frage, ob Art. 3 EMRK nicht so zu interpretieren sei, dass er nur eine unmenschliche oder erniedrigende Behandlung *innerhalb des Jurisdiktionsbereichs der Mitgliedstaaten* verbiete und keine Verantwortlichkeit für Geschehnisse *außerhalb* desselben begründe. Der EGMR gelangte hier zu der Auffassung, dass die EMRK nach einer praktisch wirksamen und effektiven Ausgestaltung ihrer Schutzgarantien verlange.[31] Aus dem *absoluten* Folterverbot, das nicht einmal in Kriegs- oder Notstandszeiten eingeschränkt werden kann (vgl. Art. 15 Abs. 2 EMRK), schloss der EGMR, „daß Artikel 3 einen der grundlegendsten Werte der demokratischen Gesellschaften bildet, die sich im Europarat zusammengeschlossen haben." Auch stehe eine Auslieferung bei drohender Folter „schlicht im Gegensatz zu Sinn und Zweck dieses Artikels".[32] Nach Auffassung des EGMR steht die Tatsache, dass die Vollstreckung der Todesstrafe im Herrschaftsbereich eines anderen Staates droht, der Anwendung von Art. 3 EMRK also nicht entgegen.

Anm.: Der Gegensatz zur Entscheidung des BVerfG ist offenkundig. Da die EMRK – obwohl innerstaatlich nur im Rang eines einfachen Bundesgesetzes stehend – vom BVerfG aufgrund der Völkerrechtsfreundlichkeit des GG zu dessen Interpretation mit herangezogen wird,[33] dürfte die Fortgeltung der oben wiedergegebenen Rechtsprechung des BVerfG[34] nicht nur nach dessen eigenen Worten „offenbleiben"[35], sondern abzulehnen sein. Eine Entscheidung des BVerfG zu dieser Frage steht allerdings noch aus.

---

[30] Vgl. EGMR, *Soering* ./. Vereinigtes Königreich, EuGRZ 1989, 314 ff.
[31] EGMR, a.a.O., Tz. 87.
[32] EGMR, a.a.O., Tz. 88.
[33] Vgl. BVerfGE 74, 358 (370); 82, 106 (114); 83, 119 (128); siehe hierzu auch Fall 10.
[34] BVerfGE 18, 112 ff.
[35] So BVerfG 60, 348 (354).

2. Todesstrafe als unmenschliche oder erniedrigende Behandlung i.S.d. Art. 3 EMRK?

Somit hatte der EGMR zu entscheiden, ob die psychischen Belastungen bei Verhängung der Todesstrafe, das sog. „Todeszellensyndrom" (*death row phenomenon*), das Gewicht einer unmenschlichen oder erniedrigenden Behandlung erreichen. Das Gericht hat dies mit folgender Begründung bejaht:

Die EMRK sei „ein lebendiges Übereinkommen, das (...) im Lichte der gegenwärtigen Bedingungen interpretiert werden" müsse (dynamische Interpretation völkerrechtlicher Verträge[36]). In Friedenszeiten gebe es aber die Todesstrafe in den Mitgliedstaaten *de facto* nicht mehr; wo sie überhaupt noch verhängt werde, würde sie jedenfalls nicht mehr vollstreckt.[37] Andererseits lehnte es der EGMR ab, daraus auf ein generelles Verbot der Todesstrafe als solcher zu schließen. Die Konvention müsse immer als ganze gelesen werden, die Auslegung von Art. 3 dürfe daher dem klaren Wortlaut von Art. 2 nicht zuwiderlaufen (systematische Auslegung).[38]

> *Anm.: Weiter ist der EGMR allerdings in dem im Jahr 2003 entschiedenen Fall des PKK-Führers Öcalan gegangen. Dort verwies der Gerichtshof auf die Tatsache, dass die Todesstrafe in allen EMRK-Staaten entweder juristisch abgeschafft ist oder doch zumindest faktisch nicht mehr praktiziert wird. Er schloss hieraus, dass möglicherweise auch ohne Ratifizierung des 6. ZP durch alle Vertragsstaaten der EMRK von einer faktischen Übereinkunft ausgegangen werden könne, dass die Todesstrafe in Friedenszeiten nunmehr als inakzeptable und unmenschliche Form der Strafe anzusehen sei.*[39]

Der EGMR begründet daher das Vorliegen einer unmenschlichen oder erniedrigenden Behandlung mit den konkreten Umständen, die dem Beschwerdeführer in der Vollzugshaft im US-Bundesstaat Virginia drohten: Die Haftdauer betrage bei Ausschöpfen sämtlicher Rechtsmittel im Schnitt sechs bis acht Jahre.[40] Auch laufe der Beschwerdeführer Gefahr, Opfer homosexuellen Missbrauchs und physischer Angriffe durch Mithäftlinge zu werden.[41] Der EGMR resümiert: „Für jeden zum Tode verurteilten Häftling sind Verzögerungsmomente zwischen Verhängung und Vollstreckung der Strafe sowie die Erfahrungen schwerster Streßsituationen unter den für die strenge Inhaftierung notwendigen Umständen unausweichlich."[42] Zwar stünden der demokratische Charakter des Rechtssystems von Virginia und die positive Ausgestaltung von Straf- und Beru-

---

[36] Vgl. Anm. Blumenwitz, EuGRZ 1989, 326f.
[37] EGMR, a.a.O., Tz. 102.
[38] EGMR, a.a.O., Tz. 103.
[39] EGMR, EuGRZ 2003, 472 Tz. 189ff.; insoweit krit. Breuer, EuGRZ 2003, 449 (453). Die Große Kammer hat diese Auslegung mit Urteil vom 12. März 2005 gebilligt (online abrufbar unter hudoc.echr.coe.int).
[40] EGMR, EuGRZ 1989, 314, Tz. 106.
[41] EGMR, a.a.O., Tz. 107.
[42] EGMR, a.a.O., Tz. 111.

fungsverfahren außer Zweifel. Auch stimme der Gerichtshof mit der Kommission überein, dass der Justizapparat, dem der Beschwerdeführer in den Vereinigten Staaten ausgesetzt sein würde, weder willkürlich noch unvernünftig sei, sondern dass er Rechtsstaatlichkeit respektiere und dem Angeklagten im Mordprozess erhebliche prozessuale Garantien gewähre. Nach Meinung des Gerichtshofs wäre aber der Beschwerdeführer durch die Auslieferung an die Vereinigten Staaten einem tatsächlichen Risiko einer Behandlung ausgesetzt worden, die über die durch Art. 3 EMRK gesetzte Grenze hinausgegangen wäre. „Die Meinung des Gerichtshofs stützt sich dabei auf die sehr lange Zeitspanne, die unter solch extremen Verhältnissen in der Todeszelle verbracht werden muß, mit der immer gegenwärtigen und wachsenden Furcht vor der Vollstreckung der Todesstrafe und mit den persönlichen Umständen des Beschwerdeführers (...)".[43]

Ob die Einschätzung Bethanias zutraf, durch die Auslieferung des Xeros gegen die EMRK zu verstoßen, war somit maßgeblich von den konkreten Umständen der Vollzugshaft in Antagonia abhängig. Die Besonderheit des vorliegenden Falles besteht darin, dass – anders als im Fall *Soering* – von Antagonia die *verbindliche* Zusicherung gegeben wurde, die Todesstrafe jedenfalls nicht zu vollstrecken. In diesem Falle steht jedoch auch die EMRK einer Auslieferung nicht entgegen. Dies wird explizit nur in der „Persönlichen Meinung" des Richters *De Meyer* ausgesprochen, doch beruht auch die Argumentation des Gerichtshofs auf der Prämisse, dass eine *verbindliche* Zusicherung von den US-amerikanischen Behörden nicht gegeben werden konnte.[44]

IV. Ergebnis

Damit aber hätte die EMRK im vorliegenden Fall die Verpflichtung Bethanias zur Auslieferung des Xeros unberührt gelassen.

Abwandlung: Völkerrechtsverstoß Antagonias durch Entführung des Xeros

Antagonia könnte durch die Entführung des Xeros aus Bethania gegen Völkerrecht verstoßen haben.

I. Geschützte Rechtsposition

Verletzt sein könnte hier die territoriale Integrität von Bethania. Die Achtung der Gebietshoheit fremder Staaten zählt zu den völkergewohnheitsrechtlichen „Grundpflichten" der Staaten.[45]

---

[43] EGMR, ebd.
[44] Vgl. EGMR, a.a.O., Tz. 97 ff. und weiter Anm. Blumenwitz, EuGRZ 1989, 326 (327).
[45] Vgl. Verdross/Simma, § 456. Allgemein zur territorialen Souveränität s.a. Graf Vitzthum, in: Graf Vitzthum, 5. Abschn. Rn. 2 ff.; Doehring, Rn. 88 ff.

II. Verletzungshandlung

Die Verletzungshandlung besteht in der Entführung des Xeros. Aus der Pflicht zur Achtung der territorialen Integrität ergibt sich das Verbot, ohne die Einwilligung eines anderen Staates auf dessen Territorium hoheitlich tätig zu werden. Laut Sachverhalt wurde die Entführung von Polizeibeamten des Staates Antagonia ausgeführt. Diese waren nicht privat (*de iure gestionis*), sondern hoheitlich – auf Weisung des Außenministers von Antagonia – (*de iure imperii*) tätig. Dass es sich bei Xeros um einen Angehörigen des Staates Antagonia handelt, ist dabei ohne Belang. Die Entführung einer Person durch staatliche Organe im Ausland stellt generell und unabhängig von deren Staatsangehörigkeit eine Verletzung der territorialen Unversehrtheit dar.[46]

Die territoriale Integrität ist völkerrechtlich auf zweifache Weise geschützt: durch das Gewaltanwendungsverbot aus Art. 2 Ziff. 4 SVN sowie durch das allgemeine Interventionsverbot, das völkergewohnheitsrechtlicher Natur ist. Fraglich ist, gegen welche dieser beiden Verbotsnormen durch die Entführung des Xeros verstoßen wurde.

Unter das Verbot von Art. 2 Ziff. 4 SVN fallen nur *militärische* Aktionen,[47] während das Interventionsverbot jede sonstige mit Zwangswirkung verbundene Einmischung in die inneren Angelegenheiten eines Staates verbietet.[48] Es erscheint fraglich, ob bloße Polizeiaktionen überhaupt begrifflich als militärische Gewalt i.S.v. Art. 2 Ziff. 4 SVN eingestuft werden können. Diese Frage braucht hier aber nicht entschieden zu werden, da von einem Großteil der Lehre ein gewisses Mindestmaß an Eingriffsintensität gefordert wird, so dass die sog. „kleine Gewalt" unterhalb der Schwelle eines bewaffneten Angriffs i.S.d. Art. 51 SVN nicht dem absoluten Verbot aus Art. 2 Ziff. 4 SVN, sondern nur dem Interventionsverbot unterfällt.[49] Dazu zählen Staatshandlungen im Ausland wie das (kurzzeitige) Eindringen von staatlichen Flugzeugen oder Schiffen in fremde Hoheitsräume oder eben auch Grenzverletzungen zur Festnahme oder Entführung einer Person im Ausland.[50] Die Entführung des Xeros verletzte daher nicht Art. 2 Ziff. 4 SVN, sondern lediglich das allgemeine Interventionsverbot.[51]

III. Rechtfertigung des Eingriffs

Fraglich ist, ob die Entführung des Xeros auch hier als Repressalie gerechtfertigt werden kann oder ob das Verhalten Antagonias in dieser Fallvariante als verbotene Selbsthilfe zu qualifizieren ist.

---

[46] Beispiele bei Müller/Wildhaber, Praxis des Völkerrechts (1982), S. 273 ff.
[47] Vgl. Randelzhofer, in: Simma, UNC (2002), Art. 2 (4) Rn. 16 ff. Näher dazu Fall 9.
[48] Vgl. Fischer, in: Ipsen, § 59 Rn. 54 ff. Dazu ausführlich Fall 5.
[49] Vgl. Verdross/Simma, § 472 a.E. m.w.N.; krit. Randelzhofer, in: Simma, UNC (2002), Art. 51 Rn. 7.
[50] Vgl. Verdross/Simma, § 456.
[51] A.A. vertretbar.

1. Völkerrechtsverstoß Bethanias gegenüber Antagonia

Durch die Nichtauslieferung des Xeros hat Bethania seine Vertragspflichten gegenüber Antagonia verletzt. Insofern ergeben sich keine Unterschiede zum Ausgangsfall.

2. Verbot gewaltsamer Repressalien

Fiele das Handeln der Beamten von Antagonia unter das Verbot des Art. 2 Ziff. 4 SVN, wäre Antagonia eine Berufung auf den Rechtfertigungsgrund der Repressalie verwehrt. Wie oben dargelegt, ist die Entführung des Xeros jedoch als „kleine Gewalt" und folglich nur dem allgemeinen Interventionsverbot unterfallend einzustufen. Eine Rechtfertigung ist daher nicht unter dem Gesichtspunkt des Verbots gewaltsamer Repressalien ausgeschlossen.[52]

3. Veranlassung des Rechtsbrechers zur Wiedergutmachung

Bezweifelt werden muss jedoch, ob in der Entführung eine Veranlassung des Rechtsbrechers, also hier Bethanias, zur Wiederherstellung des rechtmäßigen Zustandes gesehen werden kann. Die Entführung gibt Bethania nicht die Gelegenheit, den rechtswidrigen Zustand selbst zu beheben, sondern stellt es vor vollendete Tatsachen. Ob darin noch eine Veranlassung zur Wiedergutmachung erblickt werden kann, erscheint mehr als fraglich.

4. Ankündigung der Maßnahme

Als problematisch erweist sich ferner der Gesichtspunkt der Ankündigung der Repressalie, die nach der Abwandlung unterblieben ist. Allerdings wird im Schrifttum die Auffassung vertreten, eine Ankündigung könne ausnahmsweise entfallen, wenn durch sie der Erfolg der Repressalie gefährdet würde.[53] Insofern ließe sich argumentieren, dass durch eine vorherige Ankündigung die Entführung des Xeros aller Erwartung nach vereitelt worden wäre.

5. Verhältnismäßigkeit der Maßnahme

Jedenfalls verstieße die Entführung des Xeros aber gegen den Grundsatz der Verhältnismäßigkeit. Dieser verlangt, dass die Maßnahme zur Erreichung eines legitimen Zwecks geeignet, erforderlich und angemessen ist. Hier fehlt es zum einen an der Geeignetheit der Maßnahme, denn durch die Entführung des Xeros wird nicht allein in die Rechte Bethanias eingegriffen, sondern auch gegen das Menschenrecht auf Freizügigkeit (Art. 12 IPbürgR, Art. 4 des 4. ZP EMRK) verstoßen. Zum anderen ist auch die Erforderlichkeit zu verneinen, da Antagonia in

---

[52] A.A. vertretbar, dann wäre die Entführung bereits aus diesem Grunde völkerrechtswidrig.
[53] Vgl. Doehring, Die Selbstdurchsetzung völkerrechtlicher Verpflichtungen, ZaöRV 49 (1989), 44 (50f.); zurückhaltend Fischer, in: Ipsen, § 59 Rn. 45.

der Anrufung des IGH jedenfalls so lange ein milderes Mittel zur Verfügung stand, wie dieser nicht seine Unzuständigkeit festgestellt hatte. Indem sich Antagonia durch Anrufung des IGH selbst auf die Ebene der friedlichen Streitbeilegung begeben hat, war es ihm zuzumuten, so lange auf Selbsthilfe zu verzichten, wie dieses Instrument nicht voll ausgeschöpft war.

IV. Ergebnis

Die Entführung des Xeros durch Beamte Antagonias wäre als verbotene Selbsthilfe und damit als ein Völkerrechtsverstoß zu qualifizieren.

Kernsätze

1. **Zugang zum IGH** (d.h. Aktiv- und Passivlegitimation) haben nur Staaten, Art. 34 Abs. 1 IGH-Statut; insbesondere
   a) VN-Mitglieder, die automatisch Vertragspartei des Statuts sind, Art. 93 Abs. 1 SVN, Art. 35 Abs. 1 IGH-Statut;
   b) Nicht-Mitglieder der VN, die dem Statut beigetreten sind (z.B. bis zu ihrem VN-Beitritt am 10.9.2002 die Schweiz), Art. 35 Abs. 1 IGH-Statut;
   c) andere Staaten gem. SR-Res. 9 (1946) (Bundesrepublik Deutschland bis 1973), Art. 35 Abs. 2 IGH-Statut.

2. Der Zugang zum IGH begründet nicht dessen **Gerichtsbarkeit**; diese beruht auf Staatenkonsens, Art. 36 IGH-Statut:
   a) „Unterbreiten einer Rechtssache" (meist Schiedskompromiss), Art. 36 Abs. 1 Alt. 1 IGH-Statut;
   b) Vertragliche Gerichtsklausel oder – bei multilateralen Verträgen – Fakultativprotokoll, Art. 36 Abs. 1 Alt. 2 IGH-Statut;
   c) Einseitige Unterwerfung mit oder ohne Vorbehalt, Art. 36 Abs. 2 bzw. 3 Statut; beachte: Die Unterwerfungserklärung ist nur der Form nach einseitig; durch das Prinzip der **Gegenseitigkeit** wird ein Vertragsgeflecht geschaffen, das die Gerichtsbarkeit jeweils auf der Grundlage des kleinsten gemeinsamen Nenners begründet;
   d) *forum prorogatum*: rügeloses Einlassen des Beklagten auf die Klage.

3. Die Gerichtsklauseln (Art. 36 Abs. 1) und Erklärungen (Art. 36 Abs. 2 bzw. 3) legt der IGH eigenständig aus (sog. **„Kompetenz-Kompetenz"**, Art. 36 Abs. 6 Statut).

4. Macht eine Vertragspartei geltend, ein getätigter Vertragsschluss verstoße bei einer bestimmten Vertragsauslegung offenkundig gegen ihr innerstaatliches Verfassungsrecht (Art. 46 WVRK), so sind erst alle völkerrechtlichen Möglichkeiten einer sog. **„verfassungskonformen"** Auslegung auszuschöpfen (Art. 31 WVRK).

Fälle und Lösungen mit Erläuterungen

5. Von Art. 46 WVRK sind nach überwiegender Meinung nur Verfassungsvorschriften über die **Erklärungsbefugnis** erfasst, nicht auch solche über die innerstaatliche Willensbildung (insbesondere keine materiell-verfassungsrechtlichen Beschränkungen der *treaty-making power*).

6. Das neben dem Vertragsrecht fortbestehende **Völkergewohnheitsrecht** hat als die allgemeinere Rechtsnorm gegenüber den spezielleren vertraglichen Regelungen Nachrang. Obgleich in zahlreichen Auslieferungsverträgen verankert, ist der Satz „*aut dedere aut judicare*" (ausliefern oder selbst urteilen) keine Regel des allgemeinen Gewohnheitsrechts.

7. Art. 2 Ziff. 4 SVN verbietet ausnahmslos jede Form **zwischenstaatlicher militärischer Gewalt** (und damit auch die Vergeltung einer Völkerrechtsverletzung mit derartiger Gewalt), verzichtet aber auf eine nähere Definition dieses Begriffs. Dadurch werden Auslegungsspielräume bezüglich der zu fordernden Mindestintensität eröffnet.

8. Die von der Staatenpraxis akzeptierte „**kleine Gewalt**" dient vornehmlich der Abwehr von Grenzverletzungen. Für ihre Anwendung gilt strikte Proportionalität: Sie ist nur statthaft zur Abwehr eben solcher Gewalt, nicht aber zur Durchsetzung vermeintlicher völkervertraglicher Ansprüche; letzterenfalls ist die „kleine Gewalt" keine das Selbstverteidigungsrecht auslösende militärische Angriffshandlung, sondern eine völkerrechtswidrige Intervention.

9. **Repressalien** sind grundsätzlich als solche **anzukündigen**, um sie von einer schlicht völkerrechtswidrigen Handlung abzugrenzen (Gefahr der Eskalation) und dem Erstverletzer die Gelegenheit zur Einstellung seines völkerrechtswidrigen Verhaltens zu geben. Eine Ankündigung kann in Ausnahmefällen unterbleiben, wenn durch sie der Zweck der Repressalie vereitelt würde.

10. Das **BVerfG** entnimmt Art. 102 GG nur ein Verbot der Verhängung oder Vollstreckung der Todesstrafe durch deutsche Behörden, nicht hingegen das Verbot, an der Verhängung oder Vollstreckung der Todesstrafe durch andere Staaten mitzuwirken.

11. Im Gegensatz dazu findet das Folterverbot aus Art. 3 EMRK nach der Rechtsprechung des **EGMR** nicht nur auf Handlungen innerhalb des Jurisdiktionsbereichs der Mitgliedstaaten Anwendung, sondern auch auf Mitwirkungsakte von Konventionsstaaten bei Geschehnissen außerhalb ihres Hoheitsbereichs. Ob das mit der Vollstreckung der Todesstrafe einhergehende sog. „Todeszellensyndrom" gegen das Verbot unmenschlicher oder erniedrigender Behandlung verstößt, hängt von den Umständen des Einzelfalls ab.

Fall 2: Konsularische Immunität

Sachverhalt

Rudolfo Karreras, Konsul der südamerikanischen Republik Rotundia in München, begab sich am 1. Juni 2000 zu Fuß in die Ausstellungsräume des Automobilkonzerns „Münchener Wagenwerke". Der Automobilkonzern hatte die Mitglieder des konsularischen Corps zur Vorstellung einer neuen Automobilreihe eingeladen. Über die weiteren Ereignisse am 1. Juni liegen unterschiedliche Versionen vor:

- Konsul Karreras behauptet, er habe sich auf dem Gehsteig vor den Ausstellungsräumen „noch kurz die Füße vertreten" und auf einen Kollegen gewartet. Plötzlich sei er von einem Pkw, der auf der Gehsteigfläche parken wollte, von hinten leicht angefahren worden, so dass er sich „instinktiv umgedreht und auf der Motorhaube abgestützt habe". Ein Schaden sei hierbei nicht entstanden.
- Parker, der Fahrer des Pkw, behauptet, Karreras habe einen Parkplatz reservieren wollen und habe, als er (Parker) von „seinem unbestreitbaren Recht zu parken" Gebrauch gemacht habe, mit der Faust vorsätzlich auf die Motorhaube geschlagen.

Am nächsten Tag erhob Parker vor dem Amtsgericht München Klage gegen Karreras auf Zahlung von 1.000.– DM für den ihm an der Motorhaube entstandenen Sachschaden. Zugleich stellte er Strafantrag wegen Sachbeschädigung und Nötigung. Das Amtsgericht München wies die Klage des Parker als „zulässig, aber unbegründet" ab, da der Kläger eine Schadensverursachung durch den Beklagten nicht habe nachweisen können. Die Strafanzeige gegen Karreras wurde von der zuständigen Staatsanwaltschaft nicht weiterverfolgt, da das Generalkonsulat und die Botschaft der Republik Rotundia die Schilderung von Karreras bestätigten; im Übrigen habe das über das Bundesjustizministerium eingeschaltete Auswärtige Amt die Immunität von Karreras bejaht.

Bearbeitervermerk:

In einem Gutachten sind folgende Fragen zu beantworten:

1. Genießt Konsul Karreras Immunität von der deutschen Straf- und Zivilgerichtsbarkeit? Die Rechtslage ist hierbei jeweils auf der Grundlage des Sachvortrags von Karreras und Parker getrennt zu prüfen.

2. Ist ein deutsches Gericht an die Feststellung des Auswärtigen Amtes gebunden, ein Konsul oder Diplomat genieße in einer bestimmten Angelegenheit Immunität?

Falllösung

Frage 1: Zur Immunität des Karreras

Die aufgeworfenen Fragen betreffen zunächst die Grundlagen des Rechts der konsularischen Vertretungen, das im Wiener Übereinkommen über konsularische Beziehungen (WÜK) vom 24. April 1963 normiert ist. Für die Bundesrepublik Deutschland ist das WÜK am 7. Oktober 1967 in Kraft getreten.[1] Aus dem Sachverhalt lässt sich allerdings nicht entnehmen, ob auch Rotundia Vertragsstaat des WÜK ist. Auf diese Frage kommt es jedoch aus zwei Gründen nicht an. Zum einen handelt es sich bei dem WÜK – ebenso wie bei dem WÜD – in weiten Teilen um kodifiziertes Völkergewohnheitsrecht, so dass die Anwendbarkeit der darin enthaltenen Grundsätze auch für Nichtmitgliedstaaten gewährleistet ist.[2] Zum anderen sichert innerstaatlich § 19 Abs. 1 S. 2 GVG die Immunität von Mitgliedern konsularischer Vertretungen entsprechend den Vorschriften des WÜK, selbst wenn der Entsendestaat nicht Vertragsstaat des Übereinkommens ist. Anzumerken ist freilich, dass § 19 Abs. 1 S. 2 GVG aufgrund der völkergewohnheitsrechtlichen Geltung der Immunitätsvorschriften insoweit nur deklaratorische Wirkung zukommt.

Vorrechte und Immunität des Karreras könnten sich aus dem WÜK bzw. aus dem insoweit inhaltsgleichen Völkergewohnheitsrecht ergeben, vorausgesetzt die Vorschriften finden in sachlicher und personeller Hinsicht Anwendung auf Karreras.

I. Begriffsbestimmung

Das Wiener Übereinkommen über konsularische Beziehungen bezeichnet als „Konsul" eine „in dieser Eigenschaft mit der Wahrnehmung konsularischer Aufgaben beauftragte Person" (Art. 1 Abs. 1 lit. d WÜK). Hierbei wird zwischen „Berufskonsuln" und „Wahlkonsuln" unterschieden (Art. 1 Abs. 2 WÜK);[3] da der Wahlkonsul die besonders zu erwähnende Ausnahme ist, darf davon ausgegangen werden, dass Karreras ein „Berufskonsul" ist und demzufolge die Regelungen des WÜK auf ihn Anwendung finden.

---

[1] Vgl. Sart. II Nr. 326 S. 1, Fn. 1.
[2] Vgl. etwa Doehring, Rn. 490 und 503.
[3] Berufskonsuln besitzen die Staatsangehörigkeit des Entsendestaates, während Wahlkonsuln – mit Genehmigung des Empfangsstaates, vgl. etwa § 21 Abs. 1 KonsularG – auch dessen Staatsangehörigkeit oder die eines Drittstaates innehaben können; vgl. Economidès, „Consuls", EPIL Volume I (1992), S. 771.

II. Rechtliche Beurteilung der Fragestellung anhand des Sachvortrags des Karreras

Konsul Karreras behauptet, vor den Ausstellungsräumen der „Münchener Wagenwerke" auf einen Kollegen gewartet und sich lediglich in dem Moment, als er von hinten angefahren worden sei, instinktiv auf der Motorhaube abgestützt zu haben.

1. Inhaltsbestimmung des Begriffs der Immunität

Bevor auf die konkrete Fragestellung eingegangen wird, ist eine Definition des Begriffes „Immunität" für die nachfolgende Untersuchung voranzustellen. Immunität bedeutet nicht, dass die bevorrechtigten Personen von der Beachtung des Rechts im Empfangsstaat schlechthin entbunden wären.[4] Die auch für den Konsul verbindlichen innerstaatlichen Rechtsnormen des Empfangsstaates (vgl. Art. 55 Abs. 1 WÜK) können nur nicht in der üblichen Weise, z.B. durch gerichtliche Entscheidungen, durchgesetzt werden. Allerdings genießen Konsuln Immunität nur für „Handlungen, die sie in der Wahrnehmung konsularischer Aufgaben vorgenommen haben" (vgl. Art. 43 Abs. 1 WÜK). Insoweit steht ihnen also nicht die absolute Immunität wie etwa Diplomaten nach Art. 29 WÜD, sondern eine rein funktionale Immunität zu. Karreras könnte daher nur dann Immunität von der deutschen Gerichtsbarkeit in Anspruch nehmen, wenn er bei den Vorgängen am 1. Juni 2000 im Rahmen seiner konsularischen Aufgaben tätig geworden ist und sein Verhalten der Reichweite und konkreten Ausgestaltung der Immunität unterfällt.

2. Konsularischer Aufgabenbereich

Fraglich ist somit zunächst, welche Tätigkeiten vom Aufgabenfeld eines Konsuls erfasst sind. Während es bei den diplomatischen Beziehungen in erster Linie um die Kontakte zwischen Staaten als Völkerrechtssubjekte geht, Art. 3 WÜD, bestehen die konsularischen Aufgaben hauptsächlich im Schutze der Angehörigen des Entsendestaates im Empfangsstaat und in der Förderung der wirtschaftlichen Beziehungen zwischen diesen Staaten.[5] Gem. Art. 5 lit. c WÜK ist es Bestandteil der konsularischen Aufgaben, „sich mit allen rechtmäßigen Mitteln über Verhältnisse und Entwicklungen im kommerziellen, wirtschaftlichen (...) Leben des Empfangsstaates zu unterrichten (...)."

Zu den konsularischen Aufgaben zählt deshalb auch der im unstreitigen Sachverhalt erwähnte Besuch einer Präsentation des örtlichen Automobilkonzerns. Karreras informiert sich auf der Veranstaltung des Konzerns nicht als privater Kunde, sondern als Vertreter seines Landes im Interesse der Wirtschaftsbezie-

---

[4] Der in der nichtamtlichen Überschrift zu §19 GVG enthaltene Begriff „Exterritorialität" ist insoweit überholt.
[5] Vgl. Verdross/Simma, §921; Hailbronner, in: Graf Vitzthum, 3. Abschn. Rn. 67.

hungen zwischen der Bundesrepublik Deutschland und der Republik Rotundia. Zur Wahrnehmung dienstlicher Aufgaben zählen anerkanntermaßen auch Vorgänge, die mit dem konsularischen Geschäft im unmittelbaren Zusammenhang stehen, wie z. B. die Anreise und die Abreise des Konsuls vom Ort der Dienstgeschäfte.[6] Fraglich ist deshalb, inwieweit Karreras bezüglich seines Verhaltens während des Besuchs der Ausstellung von der deutschen Gerichtsbarkeit ausgenommen ist. Die Beantwortung der Frage hängt von der speziellen Reichweite der Immunität ab.

3. Die konkrete Ausgestaltung und Reichweite der konsularischen Immunität

a) Der Grundsatz des Art. 43 Abs. 1 WÜK

Gem. Art. 43 Abs. 1 WÜK genießen Konsuln wegen Handlungen, die sie in Wahrnehmung ihrer konsularischen Aufgaben vorgenommen haben, grundsätzlich Immunität von der Gerichtsbarkeit des Empfangsstaats. Nach dem hier als richtig zu unterstellenden Sachvortrag des Karreras begann die Wahrnehmung konsularischer Aufgaben mit dem Fußmarsch zu den Ausstellungsräumen und umfasste damit auch den Aufenthalt vor den Geschäftsräumen der „Münchener Wagenwerke".

b) Reichweite der Immunität nach Art. 43 Abs. 1 und 2 WÜK von der Straf- und Zivilgerichtsbarkeit

Die im Sachverhalt angesprochene Immunität des Karreras von der Zivil- bzw. Strafgerichtsbarkeit stellt sich im Einzelnen wie folgt dar:

aa) Die Immunität von der Strafgerichtsbarkeit gilt bei Konsuln hinsichtlich der Wahrnehmung dienstlicher Aufgaben ausnahmslos. Aus Art. 41 Abs. 3 WÜK („Wird gegen einen Konsul ein Strafverfahren eingeleitet"), darf nicht der Schluss gezogen werden, gegen Konsuln, die in Wahrnehmung ihrer Aufgaben handeln, dürfte unter bestimmten Voraussetzungen ein Strafverfahren eingeleitet werden. Die strafrechtliche Immunität für Konsuln, die in Wahrnehmung ihrer Aufgaben handelten, ergibt sich zweifelsfrei aus Art. 43 Abs. 1 WÜK; Art. 41 WÜK hat demgegenüber nur die Funktion, Konsuln, die wegen nicht-dienstlicher Handlungen strafrechtlich verfolgt werden, einen zusätzlichen, im Zivilverfahren nicht erforderlichen Schutz zu vermitteln. Nach dem hier maßgeblichen Sachvortrag wird Karreras als Fußgänger von hinten angefahren, und er stützt sich nur „instinktiv" auf der Motorhaube ab. Insoweit liegt keine Handlung des Karreras vor, die aus dem Rahmen der Wahrnehmung konsularischer Aufgaben fiele. Keiner weiteren Prüfung bedarf daher die Frage, ob überhaupt ein strafrechtlich relevantes Verhalten des Karreras vorliegt.[7]

---

[6] Vgl. OLG Hamburg NJW 1988, 2191; BayObLG NJW 1974, 431.
[7] Zum strafrechtlichen Handlungsbegriff vgl. Roxin, Strafrecht, Allgemeiner Teil, Band I, 3. Aufl. (1997), § 8.

bb) Die Immunität von der Zivilgerichtsbarkeit gilt dagegen nicht ausnahmslos.[8] Auch hinsichtlich der Wahrnehmung dienstlicher Aufgaben kann ein Konsul verklagt werden, wenn die Ausnahmen des Art. 43 Abs. 2 WÜK vorliegen.

(1) Eine Ausnahme nach Art. 43 Abs. 2 lit. a WÜK scheidet von vornherein aus, da Parker nicht aus Vertrag klagt, sondern Ansprüche aus unerlaubter Handlung geltend macht.

(2) Die Zivilklage steht aber möglicherweise im Zusammenhang mit einem Kfz- („Landfahrzeugs"–)Unfall i.S.d. Art. 43 Abs. 2 lit. b WÜK, da sich Karreras nach eigenen Angaben „auf der Motorhaube abstützte". Diese Regelung ist als Ausnahmevorschrift jedoch restriktiv auszulegen. Sie verfolgt nur den Zweck, die typische Gefahr moderner Verkehrsmittel, die wesensmäßig nichts mit der Verrichtung konsularischer Aufgaben zu tun hat, aber häufig zu Schadensersatzklagen führt, der Gerichtsbarkeit des Empfangsstaates nicht zu entziehen. Aus dieser Zielsetzung der Norm folgt, dass sie nur dann anzuwenden ist, wenn der Unfall durch das „Landfahrzeug" eines geschützten Konsuls verursacht wird.[9] Wird dagegen – entsprechend dem Sachvortrag des Karreras – der Unfall durch das Kfz eines Dritten (unter Beteiligung eines Konsuls als Fußgänger) verursacht, ist Art. 43 Abs. 2 lit. b WÜK nicht anwendbar.[10]

4. Ergebnis bei Zugrundelegung des Sachvortrags des Karreras

Da Karreras mithin in Ausübung seiner konsularischen Funktion tätig geworden ist, untersteht er nicht der deutschen Gerichtsbarkeit, § 19 Abs. 1 GVG.

a) Immunität vor strafrechtlicher Verfolgung

Karreras besitzt zum einen Immunität vor strafrechtlicher Verfolgung. Die zuständige Staatsanwaltschaft hat deshalb zu Recht die Anzeige des Parker nicht weiterverfolgt. Die Befreiung von der deutschen Gerichtsbarkeit ist als Verfahrenshindernis mit besonderer Verbotskraft von Amts wegen zu beachten.[11] Ermittlungen im Vorfeld, die notwendig sind, um die Tatsachen, aus denen sich die Immunität ergeben kann, zu verifizieren, sind völkerrechtlich zulässig, solange sie mit der „gebührenden Achtung" gegenüber der Person des Konsuls (vgl. Art. 40 WÜK) geführt werden.[12]

b) Immunität von der Zivilgerichtsbarkeit

Karreras besitzt auch Immunität von der deutschen Zivilgerichtsbarkeit. Das AG München hätte sich *ex officio* mit der Immunitätsfrage auseinander setzen und die Klage des Parker gegen Karreras mangels deutscher Gerichtsbarkeit als

---

[8] Beispiele bei Verdross/Simma, § 927; Fischer, in: Ipsen, § 38 Rn. 12.
[9] Vgl. Fischer, in: Ipsen, § 38 Rn. 12.
[10] Vgl. Lee, Consular Law and Practice (1961), S. 257 ff.
[11] Vgl. Meyer-Goßner, StPO, 47. Aufl. (2004), § 18 GVG Rn. 4.
[12] Näher zum Begriff der „gebührenden Achtung" siehe Verdross/Simma, § 927.

unzulässig abweisen müssen.[13] Schon die Erörterungen zur Sache verletzen die Vorrechte des Konsuls. Dieser Umstand wird auch nicht durch den für den Konsul im Ergebnis positiven Ausgang des Verfahrens (Abweisung der Klage als „unbegründet") geheilt.

III. Rechtliche Beurteilung der Immunität des Karreras nach dem Sachvortrag des Parker

Parker trägt vor, Karreras habe einen Parkplatz reservieren wollen und habe, als er selbst von seinem „Recht zu parken" Gebrauch machen wollte, vorsätzlich auf die Motorhaube geschlagen. Fraglich ist, ob Karreras auch unter Zugrundelegung dieses Sachverhalts konsularische Immunität genießt.

1. Erfüllung des Begriffs der „konsularischen Aufgabe"

Unterstellt man den Sachvortrag des Parker als richtig, so wird die Handlung des Karreras zwar durch die Erfüllung konsularischer Aufgaben „umklammert". Allerdings gehört nur die Anreise und der folgende Besuch der Automobilvorstellung zu den konsularischen Aufgaben, nicht aber die „tätliche Reservierung" eines Parkplatzes. Die rein zeitliche Umklammerung einer Handlung durch Akte der Ausübung konsularischer Aufgaben stellt für sich noch nicht den notwendigen inneren Zusammenhang zwischen der Handlung und der Wahrnehmung der dienstlichen Geschäfte des Konsuls her. Die Handlung darf nicht lediglich *bei Gelegenheit*, sondern muss *in Ausübung* der konsularischen Aufgaben vorgenommen worden sein. Der erforderliche innere Zusammenhang zwischen der Handlung des Karreras und seiner am 1. Juni 2000 dienstlich wahrzunehmenden Aufgabe hätte z.B. noch angenommen werden können, wenn er versucht hätte, den Parkplatz – in Anbetracht der bekannten Parknot – für das Dienstfahrzeug des Konsulats zu reservieren. Hierzu sagt der Sachvortrag des Parker jedoch nichts aus. Im Übrigen fällt die von Parker vorgetragene vorsätzliche Sachbeschädigung jedenfalls aus dem Rahmen der Wahrnehmung konsularischer Aufgaben; zumindest insoweit kann ein Zusammenhang zwischen der Handlung des Karreras und den von ihm wahrgenommenen konsularischen Aufgaben nicht mehr hergestellt werden.

2. Immunität des Karreras vor deutschen Gerichten

a) Immunität vor strafrechtlicher Verfolgung

Karreras unterliegt hinsichtlich der nicht dienstlich begangenen Handlung der deutschen Strafverfolgung (*argumentum e contrario* Art. 43 Abs. 1 WÜK). Für die Durchführung des Verfahrens gilt die allgemeine Schutzklausel des Art. 40

---

[13] Vgl. Albers, in: Baumbach/Lauterbach/Albers/Hartmann, ZPO, 62. Aufl. (2004), Einf. §§ 18–20 GVG Rn. 2f.; siehe auch BGH NJW 1986, 2204.

WÜK („gebührende Achtung") und die besonderen Regeln für das Strafverfahren gem. Art. 41 WÜK.

b) Immunität von der Zivilgerichtsbarkeit

Hinsichtlich der nicht in Wahrnehmung konsularischer Aufgaben vorgenommenen Sachbeschädigung (unerlaubte Handlung) unterliegt Karreras auch der deutschen Zivilgerichtsbarkeit (*argumentum e contrario* Art. 43 Abs. 1 WÜK). Auf die Ausnahmevorschriften des Art. 43 Abs. 2 kommt es daher in diesem Fall nicht mehr an. Für die Durchführung des Zivilrechtsstreits ist wiederum Art. 40 WÜK zu beachten.

3. Ergebnis bei Zugrundelegen des Sachvortrags des Parker

Legt man den Sachvortrag des Parker zugrunde, so ist die Frage nach der Immunität des Karreras von der deutschen Gerichtsbarkeit folgendermaßen zu beantworten: Das AG München konnte über die Klage des Parker entscheiden, da Karreras keine Befreiung von der deutschen Gerichtsbarkeit genießt. Die Staatsanwaltschaft ist nicht gehindert, die Ermittlungen aufzunehmen.[14]

Frage 2: Bindung deutscher Gerichte an die Feststellungen des Auswärtigen Amtes

Bei der Frage nach der Bindung deutscher Gerichte an die Feststellungen des Auswärtigen Amtes zu Fragen der diplomatischen oder konsularischen Immunität werden grundsätzliche Probleme des deutschen Verfassungsrechts berührt. Gleichzeitig muss die Verschränkung von Völkerrecht und innerstaatlicher Normanwendung im modernen Verfassungsstaat beachtet werden. Demzufolge stellt sich die Frage, ob und welche Prinzipien des GG der genannten Bindung deutscher Gerichte entgegenstehen können. In Betracht kämen hier vor allem der Grundsatz der Gewaltenteilung, Art. 20 Abs. 2 GG, und die Unabhängigkeit der Gerichte, Art. 97 GG. Andererseits berührt die Problematik den Grundsatz der Zuständigkeit der Exekutive in auswärtigen Angelegenheiten.[15]

I. Grundsatz der Gewaltenteilung; Unabhängigkeit der Gerichte

Zu untersuchen ist zunächst, ob eine Bindung deutscher Gerichte an die Feststellungen des Auswärtigen Amtes zu Fragen der diplomatischen oder konsularischen Immunität nicht den Prinzipien der Gewaltenteilung und der Unabhängigkeit der Gerichte widerspräche. Gem. Art. 20 Abs. 2 S. 2 GG wird die

---

[14] Bei der Sachbeschädigung gem. § 303 StGB handelt es allerdings um ein Privatklagedelikt nach § 374 Abs. 1 Nr. 6 StPO, so dass Parker im Wege der Einstellungsverfügung nach §§ 170 Abs. 2 S. 1, 171 f. StPO auf den Privatklageweg verwiesen werden wird, wenn die Staatsanwaltschaft nicht ein öffentliches Interesse bejaht.
[15] Zu letzterem vgl. BVerfGE 68, 1 (85 f.); 90, 286 (357 ff.).

Staatsgewalt durch besondere Organe der Gesetzgebung, der vollziehenden Gewalt und der Rechtsprechung ausgeübt. Das Grundgesetz gibt hier den allgemeinen Gedanken der Lehre von der Gewaltenteilung wieder, der sich in den vergangenen Jahrhunderten schrittweise herausgebildet hat.[16]

Eine besondere Konkretisierung der Gewaltenteilung stellt die mit dem Rechtsstaatsprinzip (Art. 20 Abs. 3 GG) eng verknüpfte Unabhängigkeit der Gerichte (Art. 97 Abs. 1 GG; § 25 DRiG)[17] – vor allem gegenüber der Exekutive – dar. Ein integraler Bestandteil der Unabhängigkeit der Gerichte ist hierbei ihre „Kompetenz-Kompetenz", d.h. ihre Befugnis, im Streitfall selbständig über ihre Gerichtsbarkeit (Zuständigkeit) zu entscheiden. Mit der Unabhängigkeit der Gerichte wäre es daher unvereinbar, wenn die Ausübung der Gerichtsbarkeit in bestimmten Fällen der Zustimmung der Exekutive bedürfte oder durch einseitige Feststellung bestimmte Fälle der Gerichtsbarkeit entzogen werden könnten. Demzufolge sprechen sowohl das Prinzip der Gewaltenteilung als auch die Unabhängigkeit der Judikative gegen eine Bindung der Gerichte an die Feststellungen des Auswärtigen Amtes.

II. Grundsatz der Zuständigkeit der Exekutive in auswärtigen Angelegenheiten

Die Entscheidung über die Immunität könnte den Gerichten jedoch wegen der Zuständigkeit der Exekutive in auswärtigen Angelegenheiten entzogen sein. Aus Art. 59 Abs. 1 GG ergibt sich die grundsätzliche Zuständigkeit der (Bundes-) Exekutive für alle auswärtigen Angelegenheiten. Der Bundespräsident steht hier lediglich für die Spitze der Exekutive; ein Teil seiner Aufgaben gilt als gewohnheitsrechtlich auf den Bundesminister des Auswärtigen delegiert,[18] der wiederum der Richtlinienkompetenz des Kanzlers unterliegt (Art. 65 Satz 1 GG, § 1 Abs. 1 S. 1 GeschOBReg). Nur ausnahmsweise haben die gesetzgebenden Körperschaften ein Mitwirkungsrecht, etwa beim Abschluss politischer und gesetzesinhaltlicher Verträge nach Art. 59 Abs. 2 S. 1 GG. Von der Mitwirkung der Judikative an der auswärtigen Gewalt ist im Grundgesetz *expressis verbis* nicht die Rede.[19]

Von der traditionellen Staatsrechtslehre ist deshalb lange Zeit die Auffassung vertreten worden, bei der auswärtigen Gewalt handle es sich um eine der Gewaltenteilung entzogene, eigenständige und allein der Exekutive zugeordnete Ge-

---

[16] Zum Prinzip der Gewaltenteilung vgl. Maurer, Staatsrecht I, 3. Aufl. (2003), § 12; J. Ipsen, Staatsrecht I, 16. Aufl. (2004), Rn. 739 ff.; Herzog, in: Maunz-Dürig, GG, Art. 20 II Abschnitt „Gewaltenteilung", Rn. 2 ff.
[17] Vgl. im einzelnen J. Ipsen, a.a.O., Rn. 809 ff.; Maurer, a.a.O., § 19 Rn. 17 ff.
[18] Vgl. Maunz, in: Maunz-Dürig, GG, Art. 59 Rn. 5 f.
[19] Sieht man vom Normverifizierungsverfahren vor dem BVerfG nach Art. 25, 100 Abs. 2 GG einmal ab, das zunächst nur der innerstaatlichen Rechtsanwendung dient.

walt.[20] Die wachsende internationale Verflechtung und ein gewandeltes Verständnis der Rechtsstaatlichkeit haben aber im modernen Verfassungsstaat zu einem Umdenken geführt: Auch die auswärtige Gewalt wird vermehrt der horizontalen wie vertikalen Gewaltenteilung untergeordnet. Aus der Zuständigkeit der Exekutive für die auswärtige Gewalt kann somit kein durchschlagendes Argument für eine Bindung der Gerichte an deren Feststellungen abgeleitet werden.

III. Die Immunität als ein Problem der Zuständigkeitsabgrenzung zwischen Judikative und Exekutive (Auswärtiger Gewalt)

Das bisher gefundene Ergebnis könnte aber durch die Verschränkung von Völkerrecht und innerstaatlicher Normanwendung zu einem Ausgleich gebracht werden.

Die völkerrechtlich geregelten Immunitäten zielen auf einen Kernbereich der Judikative – nämlich auf die Gerichtsbarkeit, die von außen begrenzt wird (Art. 25 GG). Andererseits bedeutet die gerichtliche Entscheidung einer Immunitätsfrage immer auch einen zwischenstaatlich bedeutsamen Akt. Verkennt ein Gericht die ihm durch die Immunität gesetzten Schranken, so ist die völkerrechtliche Haftung der Bundesrepublik Deutschland die unmittelbare Folge, obgleich die nach außen verantwortlich handelnden Organe der Exekutive wegen der Unabhängigkeit der Gerichte innerstaatlich keinen Einfluss nehmen können. Dies verlangt im Hinblick auf Sachverhalte mit Auslandsbezug einen Ausgleich der Interessen zwischen unabhängiger Justiz einerseits und nach außen verantwortlicher Exekutive andererseits.

1. Interessenausgleich auf der Basis der Verfassungsrechtsvergleichung und der allgemeinen Staatslehre

Verfassungsrechtsvergleichung und allgemeine Staatslehre bieten unterschiedliche Lösungsansätze und Ideen für einen Ausgleich zwischen der Unabhängigkeit der Judikative und der für die Außenpolitik verantwortlichen Exekutive, auf die zurückgegriffen werden könnte:[21]

a) Von den modernen rechtsstaatlich-demokratischen Verfassungsordnungen gehen die Einwirkungsmöglichkeiten der Exekutive auf die Judikative in Angelegenheiten der auswärtigen Gewalt in der britischen Verfassungsrechtsfamilie am weitesten. Bei Rechtsfragen, die die zwischenstaatlichen Beziehungen berühren, übermittelt das *Foreign Office* die Auffassung der Krone, die die Gerichte bindet

---

[20] Vgl. die Darstellung bei Pernice, in: Dreier, GG, Art. 59 Rn. 15.
[21] Die im Folgenden vorgenommenen Erwägungen können selbst von Examenskandidaten nur in Ansätzen verlangt werden. Gute Argumentation und einige Kenntnisse in diesem Bereich reichen hier aus.

(*binding opinion*), z.B. bei der Anerkennung von Staaten, der Erklärung des Kriegszustands und bei der diplomatischen Immunität.[22] Diese Regelung ist eng mit der monarchischen Tradition des Vereinigten Königreichs verknüpft und erklärt sich letztlich damit, dass sich sowohl Gerichtsbarkeit als auch auswärtige Gewalt aus der Kompetenz der Krone herleiten.

b) In Staaten mit französischer Verfassungstradition wurde traditionell die Exekution gerichtlicher Entscheidungen in Immunitätsangelegenheiten an die Zustimmung der verantwortlich nach außen handelnden Staatsorgane geknüpft. Damit wurden die Fälle, in denen die Verletzung völkerrechtlich garantierter Immunitäten durch die innerstaatlichen Gerichte besonders fühlbar werden kann (und in der Regel auch zu außenpolitischen Komplikationen führt), von der Exekutive gesteuert. Insbesondere oblag den Gerichten eine Vorlagepflicht an das Außenministerium zur bindenden Interpretation völkerrechtlicher Vereinbarungen. Mit dieser Tradition brach der *Conseil d'Etat* im Jahre 1990.[23] In dieser Entscheidung zeigt sich nicht zuletzt das erstarkte Selbstbewusstsein der französischen Verwaltungsgerichte. So entscheidet jetzt z.B. das oberste Verwaltungsgericht Frankreichs selbständig über die Auslegung völkerrechtlicher Verträge.[24] Allerdings ist damit das Spannungsverhältnis von auswärtiger Gewalt und Judikative keineswegs vollständig beseitigt.[25]

c) Die Verfassungsordnung der USA kennt bei Konflikten zwischen Judikative und auswärtiger Gewalt keine schematischen Lösungen, sondern greift – wie auch in anderen Konfliktlagen – auf das Gewaltenteilungsprinzip direkt zurück: Der Grundsatz der Gewaltenteilung beruht auch einem System von „*checks and balances*" und bedeutet nicht nur Hemmung der Gewalten, sondern gerade auch gegenseitige Rücksichtnahme. Die Gerichte haben bei der Entscheidung über Fragen, die auf die zwischenstaatlichen Beziehungen ausstrahlen und damit die auswärtige Gewalt berühren („*political question*"), von sich aus Zurückhaltung zu üben (sog. „*judicial self-restraint*").[26]

2. Übertragung der Erkenntnisse auf die Verfassungssituation der Bundesrepublik Deutschland

Der Verfassungsordnung des Grundgesetzes liegt der Lösungsansatz der amerikanischen Verfassung am nächsten. Das BVerfG hat den Grundsatz des *judicial self-restraint* für seinen Kompetenzbereich ausdrücklich übernommen;[27] umso mehr ist für die Instanzgerichte Zurückhaltung bei der Ausübung ihrer Ge-

---

[22] Vgl. Blumenwitz, Einführung in das anglo-amerikanische Recht, 7. Aufl. (2003), S. 84 f.
[23] C.E.Ass. A.J.D.A.1990, 630, Fall „G.I.S.T.I."; vgl. hierzu Lerche, Die Kompetenz des französischen Conseil d'Etat zur Auslegung völkerrechtlicher Verträge, ZaöRV 50 (1990), 869 ff.
[24] Vgl. Hübner/Constantinesco, Einführung in das französische Recht, 4. Aufl. (2001), S. 12 ff.
[25] Etwa die Schwierigkeiten bei der Abgrenzung eines nicht justiziablen „*acte de gouvernement*" vom gerichtlich überprüfbaren „*acte administratif*", vgl. Hübner/Constantinesco, a.a.O., S. 93 f.
[26] Vgl. Hay, US-amerikanisches Recht, 2. Aufl. (2002), Rn. 114 mit Nachweisen aus der amerikanischen Rspr.
[27] BVerfGE 36, 1 (14 f.).

richtsbarkeit in Fragen der auswärtigen Gewalt geboten. Innerstaatliche Gerichte haben demnach Äußerungen des Auswärtigen Amtes zu konkreten Fragen der konsularischen und diplomatischen Immunität eine größere Bedeutung beizumessen, als dies bei sonstigen Verlautbarungen der Exekutive der Fall ist. Darin kann ein Element der richterlichen Zurückhaltung i.S.d. *judicial self-restraint* gesehen werden. Hier gilt es nicht, Regierungshandeln der sonst üblichen richterlichen Kontrolle zu unterziehen, sondern nach außen verantwortliches Handeln der verfassungsmäßig zuständigen Organe sicherzustellen. Eine heteronome rechtliche Bindung der Gerichte an Auskünfte des Auswärtigen Amtes scheitert jedoch an der verfassungsrechtlich verankerten Unabhängigkeit der Gerichte.

Kernsätze

1. Konsularbeamte genießen Immunität vor den Gerichten des Empfangsstaates (nur) für Handlungen, die sie **in der Wahrnehmung konsularischer Aufgaben** vorgenommen haben (Art. 43 Abs. 1 WÜK). Geschützt sind Handlungen, die *in* und nicht lediglich *bei Gelegenheit* der Wahrnehmung dieser Aufgaben erfolgt sind. Der Begriff der **Immunität** bedeutet nicht, dass die bevorrechtigten Personen von der Beachtung des Rechts des Empfangsstaates schlechthin entbunden wären; die Rechtsnormen können nur nicht in der für den Empfangsstaat üblichen Weise gegenüber dem bevorrechtigtem Personenkreis durchgesetzt werden.

2. Die **konsularischen Aufgaben** bestehen in erster Linie im Schutz der Angehörigen des Entsendestaates im Empfangsstaat und in der Förderung der wirtschaftlichen Beziehungen zwischen Entsende- und Empfangsstaat (vgl. Art. 5 WÜK).

3. Die **Reichweite der konsularischen Immunität** gestaltet Art. 43 WÜK differenziert aus:
a) Die Immunität von der Strafgerichtsbarkeit gilt bei Wahrnehmung konsularischer Aufgaben ausnahmslos (Art. 43 Abs. 1 WÜK).
b) Hinsichtlich der Befreiung von der Zivilgerichtsbarkeit sieht Art. 43 Abs. 2 WÜK Ausnahmen von der Immunität vor.

4. Im Recht der **Bundesrepublik Deutschland** wird die Immunität von Mitgliedern der konsularischen Vertretungen unter Verweis auf das WÜK in **§ 19 GVG** gesichert. Die Befreiung von der deutschen Gerichtsbarkeit erstreckt sich gem. § 19 Abs. 1 S. 2 GVG auch auf Konsularbeamte von Staaten, die nicht Vertragspartei des WÜK sind. Die Befreiung von der deutschen Gerichtsbarkeit ist als **Verfahrenshindernis** in jeder Lage eines Strafverfahrens von Amts wegen zu beachten. Im Zivilprozess führt die Immunität bereits zur Unzulässigkeit der Klage.

5. Die Frage nach der **Bindungswirkung von Feststellungen des Auswärtigen Amtes** berührt elementare Prinzipien des Grundgesetzes, insbesondere den

Grundsatz der Gewaltenteilung, die Unabhängigkeit der Judikative und die Zuständigkeit der Exekutive in auswärtigen Angelegenheiten. Die gerichtliche Befassung und Entscheidung einer Immunitätsfrage impliziert immer auch die völkerrechtliche Verantwortlichkeit der Bundesrepublik Deutschland. Notwendig ist daher ein **Ausgleich** dieser unterschiedlichen Interessen und Prinzipien. Dies führt zwar nicht zu einer heteronomen Bindung der deutschen Gerichte an Feststellungen des Auswärtigen Amtes, kann aber aufgrund eines *„judicial self-restraint"* zu einer gesteigerten Bedeutung solcher Äußerungen führen.

Fall 3: Diplomatische Vertretung bei Internationalen Organisationen

Sachverhalt

Federico Fix besitzt neben der italienischen Staatsangehörigkeit seit dem Jahr 2000 auch die Staatsangehörigkeit der Republik Südseria. Der Regierungschef Südserias, das seit dem Jahr 1978 Mitglied der Vereinten Nationen ist, ernennt am 1. August 2001 Federico Fix zum Missionschef der Ständigen Vertretung des Staates Südseria bei den Vereinten Nationen in Genf. Federico Fix soll sein Amt in der Schweiz am 1. Oktober 2001 antreten.

Die Ernennung des Federico Fix wird dem Ministerium für Auswärtige Angelegenheiten der Schweiz, dem sog. Eidgenössischen Departement für Auswärtige Angelegenheiten (EDA), sowie dem Generalsekretär der Vereinten Nationen mit Schreiben vom selben Tag bekannt gegeben. Das EDA teilt daraufhin dem Regierungschef Südserias mit Schreiben vom 1. September 2001 mit, dass die Schweiz eine Akkreditierung des Federico Fix bzw. die Zustimmung zur Tätigkeit des Federico Fix als Chef der Ständigen Vertretung Südserias bei den Vereinten Nationen in Genf verweigere. Ein diplomatischer Status des Federico Fix in der Schweiz werde nicht anerkannt, denn Federico Fix sei dort eine *persona non grata*. Begründet wurde dies damit, dass Federico Fix seinen diplomatischen Status nur dazu nutzen wolle, um unter dem Schutzmantel der Immunität private Geschäftstätigkeiten zu entfalten. Davor wolle die Schweiz ihre Staatsbürger jedoch schützen, was nach Diplomatenrecht und dem Grundsatz der Staatensouveränität zweifellos zulässig sei. Schließlich könne die Schweiz gegenüber Staatenvertretern wie Federico Fix nicht völlig schutzlos gestellt werden, selbst wenn ein Recht zur Ablehnung eines Staatenvertreters nicht ausdrücklich geregelt sein sollte. Federico Fix bestreitet, in der Schweiz geschäftlich tätig werden zu wollen.

Die Regierung Südserias ist ratlos. Sie hält eine förmliche Akkreditierung des Federico Fix durch die Schweiz oder eine Zustimmung der Schweiz zur Tätigkeit des Federico Fix für nicht erforderlich. Federico Fix repräsentiere Südseria nur bei den Vereinten Nationen, nicht gegenüber der Schweiz, weswegen diese seine Tätigkeit an der Ständigen Vertretung nicht verhindern dürfe. Insbesondere sei das Diplomatenrecht auf Ständige Vertreter wie Federico Fix überhaupt nicht anwendbar. Auch die Schweiz müsse sich schließlich an die bestehenden besonderen Verträge halten, sonst könne Südseria als Mitgliedstaat seine Interessen bei den Vereinten Nationen nicht wahrnehmen. Die Schweiz könne sich in das Verhältnis zwischen Südseria und den Vereinten Nationen nicht einfach einmischen, sonst wäre Südseria gegen Maßnahmen der Schweiz seinerseits schutzlos gestellt. Schließlich habe sich die Schweiz freiwillig erboten, Sitzstaat der Vereinten Nationen zu werden, dann müsse sie auch den Vertretern der Mitgliedstaaten der

Vereinten Nationen die Interessenwahrnehmung auf ihrem Staatsgebiet ermöglichen.

Da sich im Kleinstaat Südseria keine weitere als Vertreter geeignete Person finden lässt und der Staat verhindern will, dass seine Ständige Vertretung bei den Vereinten Nationen dauerhaft geschlossen bleiben muss, beauftragt die Regierung Südserias die Jurastudentin Sandra Semmel, die gerade ein Auslandspraktikum in Südseria ableistet, gutachtlich zu der Frage Stellung zu nehmen, ob die Schweiz die Aufnahme der Tätigkeit des Federico Fix als Ständiger Vertreter Südserias bei den Vereinten Nationen in der dargestellten Weise verhindern darf. Insbesondere soll Sandra Semmel prüfen, ob die Schweiz die Akkreditierung des Federico Fix bzw. die Zustimmung zur Aufnahme seiner Tätigkeit verweigern darf sowie ob die Schweiz Federico Fix aus genanntem Grund zur *persona non grata* erklären darf.

Abwandlung:

Federico Fix wird von der Regierung Südserias nicht zum Chef der Ständigen Vertretung Südserias bei den Vereinten Nationen in Genf, sondern zum (einfachen) Mitglied der diplomatischen Mission Südserias in der Schweiz ernannt. Die Ernennung wird dem Eidgenössischen Departement für Auswärtige Angelegenheiten notifiziert. Die Schweiz lehnt eine Akkreditierung des Federico Fix bzw. die Zustimmung zur Tätigkeit des Federico Fix als Missionsmitglied wiederum mit der Begründung ab, Federico Fix wolle in der Schweiz in erster Linie privat geschäftlich tätig werden. Federico Fix sei deshalb *persona non grata* in der Schweiz.

Die Regierung Südserias ist der Ansicht, dass die Schweiz die Aufnahme der Tätigkeit des Federico Fix nicht verhindern dürfe, da dieser in der Schweiz gar nicht geschäftlich tätig werden wolle. Sie beauftragt deswegen wiederum die Jurastudentin Sandra Semmel, gutachtlich zu der Frage Stellung zu nehmen, ob die Schweiz die Aufnahme der Tätigkeit des Federico Fix als Mitglied des diplomatischen Personals der Vertretung Südserias in der Schweiz in der dargestellten Weise verhindern darf.

Bearbeitervermerk:

Die Gutachten der Jurastudentin Sandra Semmel sind zu fertigen. Dabei ist auf alle angesprochenen Rechtsfragen einzugehen. Auf die im Anhang abgedruckten Dokumente nebst Anmerkungen sowie Art. 105 SVN wird hingewiesen.

Anhang

I. Abkommen über die Vorrechte und Immunitäten der Organisation der Vereinten Nationen zwischen dem Schweizerischen Bundesrat und dem Generalsekretär der Organisation der Vereinten Nationen vom 11. Juni/1. Juli 1946

(UNTS Bd. I 1946/47, S. 163 ff.; in Kraft getreten am 1. Juli 1946)

In Art. IV, Abschnitte 9–13 des Sitzabkommens, der sich mit den Ständigen Vertretern der Mitgliedstaaten bei den Vereinten Nationen befasst, finden sich ausschließlich Regelungen über Vorrechte und Immunitäten der Mitglieder von Ständigen Vertretungen bei den Vereinten Nationen in der Schweiz. Das Sitzabkommen enthält hingegen keine Regelungen über eine Pflicht zur Akkreditierung von Staatenvertretern bzw. zur Einholung eines Agréments, sowie zur Möglichkeit des Sitzstaates, einen Staatenvertreter zur *persona non grata* zu erklären.

II. Wiener Übereinkommen über die Vertretung von Staaten in ihren Beziehungen zu Internationalen Organisationen universellen Charakters vom 13. März 1975

(16 AVR 1973/75, S. 410 ff.; AJIL 1975, S. 730 ff.)

Das Übereinkommen wurde auf der Wiener Staatenkonferenz 1975 bei Stimmenthaltung aller Sitzstaaten der Vereinten Nationen, die ihre Interessen in dem Übereinkommen als nicht ausreichend berücksichtigt ansehen, verabschiedet. Das Übereinkommen ist bis heute mangels ausreichender Ratifikationen nicht in Kraft getreten.

Art. 15 des Übereinkommens bestimmt, dass der Entsendestaat der Internationalen Organisation u. a. die Ernennung sowie die Ankunft und Abreise der Mitglieder seiner Ständigen Vertretung mitteilen muss. Die Internationale Organisation hat diese Informationen an den Sitzstaat zu übermitteln.

Für die Bearbeitung ist davon auszugehen, dass dieser Regelung völkergewohnheitsrechtliche Geltung zukommt.

Weitere Regelungen zur Akkreditierung von Staatenvertretern finden sich in dem Übereinkommen nicht.

Art. 9 des Übereinkommens bestimmt, dass der Entsendestaat – beschränkt nur hinsichtlich einer insgesamt vernünftigen Größe der Vertretung und hinsichtlich der Ernennung von Staatsangehörigen des Sitzstaates – die Mitglieder der Mission frei bestimmen darf. Das Abkommen enthält kein Recht der Sitzstaaten, einen Staatenvertreter zur *persona non grata* zu erklären.

III. Sitzabkommen zwischen den Vereinten Nationen und den Vereinigten Staaten von Amerika vom 26. Juni 1947 (sog. *Headquarters Agreement*)

(UNTS 1947, Bd. 11, S. 11 ff.; in Kraft getreten am 21. November 1947)

Nach Art. IV, Abschnitt 13 dieses Sitzabkommens darf der Sitzstaat, die Vereinigten Staaten von Amerika, die Rückberufung von Missionsmitgliedern bei den Vereinten Nationen im Zusammenhang mit nicht-amtlichen Handlungen und nur im Falle des Missbrauchs von Vorrechten und Immunitäten nach vorherigen Konsultationen mit dem Entsendestaat verlangen.

| Falllösung |

Ausgangsfall

Rechtlich zulässige Möglichkeiten der Schweiz, die Aufnahme der Tätigkeit des Federico Fix als Ständiger Vertreter Südserias bei den Vereinten Nationen zu verhindern:

I. Verweigerung der Akkreditierung des Federico Fix bzw. der förmlichen Zustimmung (Agrément) zur Aufnahme der Tätigkeit durch Federico Fix

Die Schweiz kann die Aufnahme der Tätigkeit des Federico Fix als Ständiger Vertreter Südserias bei den Vereinten Nationen in Genf in rechtlich zulässiger Weise verhindern, wenn Federico Fix als Ständiger Vertreter (zumindest auch) bei der Schweiz als Sitzstaat der Internationalen Organisation Vereinte Nationen akkreditiert sein muss bzw. die Schweiz eine förmliche Zustimmung (Agrément) zur Aufnahme der Tätigkeit des Federico Fix erteilen muss und die Schweiz die Akkreditierung/das Agrément in zulässiger Weise verweigert hat.

1. Definition von Akkreditierung und Agrément

Akkreditiert ist ein Auslandsvertreter, der bei der zuständigen Stelle (dem Empfangsstaat bzw. der Internationalen Organisation) beglaubigt ist. Im Diplomatenrecht erfolgt die Akkreditierung des Missionschefs nach einem festgelegten Verfahren. Akkreditiert ist ein Auslandsvertreter, der beim Staatsoberhaupt bzw. Außenminister des Empfangsstaates das von der ranggleichen Stelle des Entsendestaates ausgestellte Dokument (sog. Beglaubigungsschreiben oder *lettre de cré-*

ance) übergeben hat, das ihn als Missionschef ausweist.¹ U.a. werden Botschafter und Gesandte beim Staatsoberhaupt beglaubigt (vgl. Art. 59 Abs. 1 Satz 3 GG, Art. 14 Abs. 1 lit. a, b WÜD), Geschäftsträger hingegen beim Außenminister (vgl. Art. 14 Abs. 1 lit. c WÜD).

Das *Agrément* (d. h. die Zustimmung) des Empfangsstaates zur Beglaubigung des vom Entsendestaat ausgewählten Missionschefs ist vom Entsendestaat vor der Ernennung des Chefs einer diplomatischen Vertretung einzuholen, vgl. Art. 4 Abs. 1 WÜD.² Das Agrément kann vom Empfangsstaat ohne Angabe von Gründen verweigert werden, vgl. Art. 4 Abs. 1 WÜD.

> *Anm.: Die Akkreditierung eines Auslandsvertreters im Diplomatenrecht ist damit Abschluss bzw. Ergebnis eines vierstufigen Verfahrens, das zur offiziellen Aufnahme der dienstlichen Tätigkeit eines Missionschefs führt:³*
>
> *– Zunächst wird im Entsendestaat des Auslandsvertreters eine Vorentscheidung über die Auswahl des Missionschefs getroffen.*
> *– Der Entsendestaat holt sodann – meist vertraulich – die* **Zustimmung** *(sog. Agrément) des Empfangsstaates zur Beglaubigung der ausgewählten Person durch seine Staatsorgane ein (vgl. Art. 4 WÜD).*
> *– Hat der Empfangsstaat seine Zustimmung erteilt, wird der Missionschef vom Entsendestaat ernannt und ein Beglaubigungsschreiben ausgefertigt.*
> *– Das Beglaubigungsschreiben wird entsprechend der Rangklasse der Missionschefs entweder dem Staatsoberhaupt oder dem Außenminister in einer feierlichen Zeremonie übergeben (vgl. Art. 14 WÜD).*

2. Erforderlichkeit der Akkreditierung/der Erteilung des Agréments durch den Sitzstaat für einen Ständigen Vertreter bei einer Internationalen Organisation

a) Differenzierung nach Rang des Missionsmitglieds und Art der Mission

Im Rahmen der Aufnahme der Tätigkeit von Auslandsvertretern ist für die Beantwortung der Frage, ob eine Akkreditierung bzw. ein Agrément für den Auslandsvertreter erforderlich ist, nach dem *Rang* des Auslandsvertreters (z. B. Missionschefs bzw. anderer Mitglieder des diplomatischen Personals einer Mission) sowie nach der *Art* der Auslandsvertretung, an der das Missionsmitglied beschäftigt wird (z. B. diplomatische oder konsularische Vertretung des Entsendestaates im Empfangsstaat oder Ständige Vertretung des Entsendestaates bei einer Internationalen Organisation mit Sitz im Gaststaat) zu differenzieren.

---

[1] Seidl-Hohenveldern/Stein, Rn. 999 f.
[2] Fischer, in: Ipsen, § 35 Rn. 19; Seidl-Hohenveldern/Stein, Rn. 993.
[3] Vgl. hierzu Fischer, in: Ipsen, § 35 Rn. 19.

b) Rang des Auslandsvertreters: Förmliche Akkreditierung/Agrément nur für Chef einer Mission

Das förmliche Verfahren der Akkreditierung ist – unabhängig von der Anwendbarkeit des WÜD auf den vorliegenden Fall – jedenfalls nur für den Chef einer Mission wegen dessen herausgehobener Stellung erforderlich, vgl. Art. 4 Abs. 1 WÜD.[4] Federico Fix ist hier als Missionschef der Ständigen Vertretung Südserias bei den Vereinten Nationen vorgesehen.

Anm.: In bestimmten Ausnahmefällen ist allerdings eine Zustimmung des Empfangsstaates zur Auswahl eines sonstigen Auslandsvertreters durch den Entsendestaat erforderlich, z. B. für Militär-, Marine- und Luftwaffenattachés (vgl. z. B. Art. 7 Satz 2 WÜD) oder für die Ernennung von Staatsangehörigen des Empfangsstaates zu Missionsmitgliedern (vgl. z. B. Art. 8 Abs. 2 WÜD).[5]

c) Art der Auslandsvertretung: Ständige Vertretung des Entsendestaates bei einer Internationalen Organisation

Ob eine Akkreditierung bzw. ein Agrément der Schweiz für Federico Fix als Ständigen Vertreter Südserias bei den Vereinten Nationen in Genf erforderlich ist, richtet sich nach dem auf Ständige Vertreter anwendbaren Recht.

aa) Art. 4 Abs. 1, 13 Abs. 1 WÜD (direkt)

Eine ausdrückliche Regelung zur Akkreditierung von Auslandsvertretern findet sich allein im WÜD. Nach Art. 4 Abs. 1, 13 Abs. 1 WÜD ist eine Akkreditierung des Chefs einer diplomatischen Vertretung beim Empfangsstaat erforderlich. Fraglich ist jedoch, ob das WÜD auf Ständige Vertreter von Staaten bei Internationalen Organisationen anwendbar ist. Aus Art. 2 WÜD ergibt sich, dass das WÜD ausschließlich für bilaterale diplomatische Beziehungen zwischen *Staaten* maßgeblich ist.[6] Die im WÜD kodifizierten Regelungen zur Akkreditierung von Chefs diplomatischer Missionen sind damit auf Chefs Ständiger Vertretungen von Staaten bei Internationalen Organisationen nicht anwendbar. Vielmehr werden die rechtlichen Beziehungen im Rahmen der multilateralen Diplomatie im Dreiecksverhältnis zwischen den Entsendestaaten, der Internationalen Organisation und dem Sitz- bzw. Gaststaat speziell geregelt: Zwischen Internationaler Organisation und ihren Mitgliedstaaten durch den Gründungsvertrag der Internationalen Organisation und zwischen der Organisation und dem Sitzstaat durch sog. Sitz(staats)abkommen.[7]

---

[4] Fischer, in: Ipsen, § 35 Rn. 19, 22.
[5] Vgl. Fischer, in: Ipsen, § 35 Rn. 22.
[6] Vgl. Richtsteig, Wiener Übereinkommen über diplomatische und konsularische Beziehungen, 1. Aufl. 1994, S. 19.
[7] Köck/Fischer, Das Recht der Internationalen Organisationen, 3. Aufl. (1997), S. 574 f. Anm.: Das multilaterale Übereinkommen über die Vorrechte und Immunitäten der Vereinten Nationen v. 13.2.1946 (UNTS Bd. I 1946, S. 15 ff.) ist auf den vorliegenden Fall nicht anwendbar, da die Schweiz nicht Vertragspartner dieses Übereinkommens ist.

bb) Sitzabkommen zwischen den Vereinten Nationen und der Schweiz vom
11. Juni/1. Juli 1946

Auf der Grundlage von Art. 105 Abs. 2, 3 SVN regelt das Sitzabkommen zwischen den Vereinten Nationen und der Schweiz vom 11. Juni/1. Juli 1946 die rechtlichen Beziehungen zwischen der Internationalen Organisation und ihrem Sitzstaat Schweiz.[8] Insbesondere enthält das Sitzabkommen in Art. IV Regelungen für die Vertreter der Mitgliedstaaten bei den Vereinten Nationen, damit diese ihre Aufgaben bei den Vereinten Nationen ungehindert wahrnehmen können. U.a. ermöglichen die Vereinten Nationen den Staaten die Repräsentation bei der Internationalen Organisation durch die ihr gegenüber im Sitzabkommen eingegangene Verpflichtung des Sitzstaates Schweiz zur Gewährung von diplomatischen Vorrechten und Immunitäten an die Staatenvertreter.[9]

Das am 1. Juli 1946 in Kraft getretene Sitzabkommen zwischen den Vereinten Nationen und der Schweiz ist auf den vorliegenden Fall anwendbar, da dieser die Tätigkeit des Federico Fix als Ständiger Vertreter Südserias, das seit 1978 Mitglied der Vereinten Nationen ist, bei den Vereinten Nationen in Genf betrifft.

Das Sitzabkommen macht die Einräumung von Vorrechten und Immunitäten an die Vertreter von Mitgliedstaaten bei den Vereinten Nationen nicht einer vorherigen Akkreditierung derselben beim Sitzstaat Schweiz oder einer Zustimmung seitens der Schweiz zur Aufnahme ihrer Tätigkeit bei den Vereinten Nationen abhängig (vgl. Art. IV des Sitzabkommens). Hieraus ist zu schließen, dass eine Akkreditierung des Federico Fix als Ständiger Vertreter Südserias beim Sitzstaat Schweiz nicht erfolgen muss; ebenso wenig ist eine Zustimmung der Schweiz in Form eines Agréments vor Aufnahme seiner Tätigkeit erforderlich.

cc) Wiener Übereinkommen über die Vertretung von Staaten in ihren
Beziehungen zu Internationalen Organisationen universellen Charakters
vom 13. Mai 1975

Auch in dem noch nicht in Kraft getretenen Wiener Übereinkommen über die Vertretung von Staaten in ihren Beziehungen zu Internationalen Organisationen universellen Charakters vom 13. März 1975 findet sich in Art. 15 eine obigem Ergebnis entsprechende Regelung. Die Internationale Organisation hat die ihr angezeigte Ernennung bzw. Aufnahme der Tätigkeit eines Staatenvertreters dem Sitzstaat der Internationalen Organisation lediglich zu übermitteln. Da diese Regelung im Wiener Übereinkommen einer allgemeinen Rechtsübung und -über-

---

[8] Dies gilt in Erweiterung des Wortlauts des Art. 105 Abs. 3 SVN auch dann, wenn der Sitzstaat – wie z.B. ehemals die Schweiz – nicht Mitglied der Vereinten Nationen ist, vgl. Epping in: Ipsen, § 32 Rn. 25; Gerster/Rotenberg, in: Simma, UNC (2002), Art. 105 Rn. 1, 5.

[9] Virally/Gerbet/Salmon, Les missions permanentes auprès des organisations internationales, Bd. 1 (1971), S. 154.

zeugung entspricht, kann sie (wie im Bearbeitervermerk vorgegeben) als Völkergewohnheitsrecht angesehen werden.[10]

dd) Völkerrechtslehre

Dieses Ergebnis entspricht der – soweit ersichtlich – diesbezüglich einhelligen Meinung in der Völkerrechtslehre: Eine förmliche Akkreditierung des Missionschefs und der anderen Vertreter der Mitgliedstaaten erfolgt stets nur bei der jeweiligen Internationalen Organisation, hier den Vereinten Nationen, nicht hingegen beim Sitzstaat der Organisation. Diesem ist die Akkreditierung des Vertreters lediglich von der Organisation zur Kenntnis zu bringen.[11] Die Akkreditierung des Staatenvertreters bei der Internationalen Organisation ist dabei nicht von einer besonderen Zustimmung oder einem förmlichen Agrément abhängig. Soweit das Recht der jeweiligen Organisation insbesondere in seinem Gründungsvertrag die Errichtung Ständiger Vertretungen zulässt, kann vielmehr jeder Mitgliedstaat frei darüber entscheiden, ob und wann er eine solche Mission errichten will.[12]

ee) Art. 4 Abs. 1, 13 Abs. 1 WÜD analog

Ob Analogieschlüsse im Völkerrecht überhaupt zulässig sind, und welche Arten von völkerrechtlichen Verträgen (nur sog. *traités-loi* oder auch sog. *traités-contrat*) ggf. analogiefähig sind, ist umstritten.[13] Eine Streitentscheidung kann jedoch unterbleiben, wenn die Voraussetzungen eines Analogieschlusses unzweifelhaft nicht vorliegen.

Die analoge Anwendung einer Vorschrift setzt voraus, dass ein Regelungswerk eine planwidrige Lücke aufweist und diese Lücke durch Anwendung der Vorschrift, die die entsprechende Fallkonstellation zwar nicht ihrem Wortlaut, aber ihrem Regelungszweck nach erfasst, geschlossen werden kann.[14] Zwar ist in den Regelungen des Sitzabkommens zwischen den Vereinten Nationen und der Schweiz vom 11. Juni/1. Juli 1946 im Gegensatz zu Art. 4 Abs. 1, 13 Abs. 1 WÜD keine Pflicht zur Akkreditierung bzw. zur Einholung eines Agréments enthalten. Jedoch ist diese Lücke im Sitzabkommen nicht planwidrig, da nach obigen Ausführungen davon auszugehen ist, dass eine Akkreditierung bzw. ein Agrément des Sitzstaates nicht erforderlich ist und deshalb im Sitzabkommen nicht geregelt

---

[10] Vgl. dahingehend do Nascimento e Silva, GYIL 21 (1978), 26; zweifelnd Hailbronner, in: Vitzthum, 3. Abschn. Rn. 74.
[11] Gerster/Rotenberg, in: Simma, UNC (2002), Art. 105 Rn. 40; Seidl-Hohenveldern, in: Wolfrum (Hrsg.), Handbuch Vereinte Nationen, 2. Aufl. (1991), Nr. 109, Rn. 8; Virally/Gerbet/Salmon, Les missions permanentes auprès des organisations internationales, Bd. 1 (1971), S. 144 f.; Lang, ZaöRV 37 (1977), 43 (52); Seidl-Hohenveldern/Loibl, Das Recht der Internationalen Organisationen einschließlich der Supranationalen Gemeinschaften, 7. Aufl. (2000), Rn. 0319, 1935.
[12] Insoweit wohl allg. Meinung, vgl. Köck/Fischer, Das Recht der Internationalen Organisationen, 3. Aufl. (1997), S. 582 m. w. N.
[13] Vgl. hierzu eingehend Fall 4.
[14] Larenz/Canaris, Methodenlehre der Rechtswissenschaft, 3. Auflage (1995), S. 202 f.

werden musste. Eine analoge Anwendung von Art. 4 Abs. 1, 13 Abs. 1 WÜD scheidet folglich aus.

ff) Zwischenergebnis

Federico Fix muss als Ständiger Vertreter nicht bei der Schweiz als Sitzstaat der Internationalen Organisation Vereinte Nationen akkreditiert werden; ebenso wenig muss die Schweiz eine förmliche Zustimmung (Agrément) zur Aufnahme der Tätigkeit des Federico Fix erteilen. Die Schweiz kann die Aufnahme der Tätigkeit des Federico Fix als Ständiger Vertreter Südserias bei den Vereinten Nationen in Genf folglich nicht durch Verweigerung der Akkreditierung/des Agréments in rechtlich zulässiger Weise verhindern.

II. Nichtanerkennung eines diplomatischen Status des Federico Fix in der Schweiz durch Erklärung zur persona non grata

1. Das Rechtsinstitut der persona non grata

Die Möglichkeit des Empfangsstaates, ein Mitglied des diplomatischen Personals einer Mission zur *persona non grata*, d. h. zur unerwünschten Person, zu erklären, entstammt dem klassischen bilateralen Diplomatenrecht.[15] Sie ist in Art. 9 WÜD kodifiziert. Der Empfangsstaat kann die Erklärung zur *persona non grata* – ohne zur Angabe von Gründen verpflichtet zu sein – bereits aussprechen, bevor die betroffene Person im Hoheitsgebiet des Empfangsstaates eintrifft (vgl. Art. 9 Abs. 1 Satz 1, 3 WÜD). Die Erklärung hat zur Folge, dass der Entsendestaat die betreffende Person abzuberufen oder deren Tätigkeit bei der Mission zu beenden hat, Art. 9 Abs. 1 Satz 2, 43 lit. a WÜD. Bei Weigerung des Entsendestaates kann es der Empfangsstaat ablehnen, die betreffende Person als Mitglied der Mission anzuerkennen, womit die dienstliche Tätigkeit des Diplomaten endet, Art. 9 Abs. 2, 43 lit. b WÜD. Diese Regelung gibt den Empfangsstaaten die Möglichkeit, die freie Auswahl der Mitglieder des diplomatischen Personals, die keines Agréments bedürfen, einzuschränken.[16]

> *Anm.: In der Staatenpraxis wurden Diplomaten vornehmlich wegen vermuteter Spionagetätigkeiten, sonstiger krimineller Handlungen oder der Unterstützung von Terroristen zur persona non grata erklärt. Jedoch haben auch schon kleinere Vorfälle in den diplomatischen Beziehungen zwischen zwei Staaten zur Erklärung von Missionsmitgliedern zur persona non grata durch den Empfangsstaat geführt, was regelmäßig durch den Entsendestaat mit der Ausweisung einer entsprechenden Anzahl von Missionsmitgliedern des Empfangsstaates beantwortet wird.[17]*

---

[15] Lang, ZaöRV 37 (1977), 43 (58).
[16] Fischer, in: Ipsen, § 35 Rn. 28.
[17] Vgl. Beispiele von Fischer, in: Ipsen, § 35 Rn. 28.

2. Regelungen für Mitglieder von Ständigen Vertretungen bei Internationalen Organisationen

a) Sitzabkommen zwischen den Vereinten Nationen und der Schweiz vom 11. Juni/1. Juli 1946

Im Sitzabkommen der Vereinten Nationen mit der Schweiz vom 11. Juni/1. Juli 1946, insbesondere in dessen Art. IV, ist ein Recht des Gaststaates Schweiz, einen vom Entsendestaat bestimmten Vertreter an dessen Mission bei den Vereinten Nationen in Genf zur *persona non grata* zu erklären und ihm dadurch einen diplomatischen Status in der Schweiz zu verweigern, nicht vorgesehen. Fraglich ist allerdings, ob aus der fehlenden Regelung – ebenso wie bei den fehlenden Vorschriften zur Akkreditierung – geschlossen werden kann, dass ein Recht des Sitzstaates Schweiz, einen Staatenvertreter zur *persona non grata* zu erklären, nicht besteht. Ein solches Recht besteht jedenfalls dann, wenn es völkergewohnheitsrechtlich anerkannt ist.

b) Wiener Übereinkommen über die Vertretung von Staaten in ihren Beziehungen zu Internationalen Organisationen universellen Charakters vom 13. Mai 1975

Das genannte, noch nicht in Kraft getretene Wiener Übereinkommen normiert in seinen umfassenden Regelungen kein Recht der Sitzstaaten, ein Mitglied einer Ständigen Vertretung bei einer Internationalen Organisation zur *persona non grata* zu erklären. Jedoch kann hieraus nicht auf das Bestehen eines gegenteiligen Völkergewohnheitsrechts in dem Sinne, dass ein derartiges Recht nicht besteht, geschlossen werden, da das Übereinkommen gerade auch wegen des Fehlens eines solchen Rechts von den Sitzstaaten Internationaler Organisationen abgelehnt und nicht ratifiziert wurde.[18]

c) Staatengemeinschaft/Völkerrechtslehre

In der Staatengemeinschaft und Völkerrechtslehre ist die Zulässigkeit der Erklärung des Mitglieds einer Ständigen Vertretung zur *persona non grata* wie zwischen der Schweiz und Südseria umstritten.

aa) Teilweise vertretene Ansicht

Nach teilweise in der Staatengemeinschaft und von der überwiegenden Zahl der Sitzstaaten Internationaler Organisationen vertretenen Ansicht ist die Erklärung eines Staatenvertreters bei einer Internationalen Organisation zur *persona non grata* durch den Sitzstaat trotz fehlender Regelung im jeweiligen Sitzabkommen zulässig. Der Gaststaat müsse als Ausfluss der ihm als souveränem Staat zukommenden Gebietshoheit ein Recht zur Ausweisung bzw. Fernhaltung eines Missionsmitglieds von seinem Territorium haben, da sonst seine berechtigten nationa-

---

[18] Seidl-Hohenveldern/Stein, Rn. 980; Fennessy, AJIL 70 (1976), 62 (63 f.) m. w. N.

len Interessen verletzt seien.[19] Überdies dürfe den Mitgliedern von Ständigen Vertretungen bei Internationalen Organisationen keine bessere Position eingeräumt werden als den Mitgliedern diplomatischer Vertretungen nach dem WÜD.[20] Nach Art. 9 WÜD komme dem Empfangsstaat eines Diplomaten jedoch das Recht zu, diesen ohne Angabe von Gründen zur *persona non grata* zu erklären (s. o.). Die Erklärung des Mitglieds einer diplomatischen Mission zur *persona non grata* könne außerdem sonst vom Entsendestaat dadurch unterlaufen werden, dass er diese Person in denselben Empfangsstaat als Mitglied einer Ständigen Vertretung entsendet.[21] Schließlich würde eine rechtliche Unzulässigkeit der Erklärung des Mitglieds einer Ständigen Vertretung zur *persona non grata* das Gleichgewicht zwischen den Interessen des Entsendestaates, des Sitzstaates und der Internationalen Organisation gefährden.[22]

bb) Herrschende Meinung in der Staatengemeinschaft

Nach h. M. in der Staatengemeinschaft ist die Erklärung eines Staatenvertreters bei einer Internationalen Organisation zur *persona non grata* durch den Sitzstaat bei fehlender Regelung eines derartigen Rechts im jeweiligen Sitzabkommen unzulässig. Ein derartiges Völkergewohnheitsrecht bestehe nicht.

(1) Fehlende Reziprozität in der multilateralen Diplomatie

Die Stellung eines bei einer Internationalen Organisation akkreditierten, „multilateralen"[23] Ständigen Vertreters (bzw. anderer Mitglieder der Vertretung) ist von derjenigen eines bei einem Empfangsstaat akkreditierten, „bilateralen" Diplomaten strikt zu trennen. Während die bilaterale Diplomatie durch ein Gegenseitigkeitsverhältnis (Reziprozität) zwischen Entsende- und Empfangsstaat des Diplomaten geprägt ist, fehlt ein solches in der multilateralen Diplomatie zwischen dem Entsendestaat des Ständigen Vertreters und dem Sitz-/Gaststaat einer Internationalen Organisation.[24] Daher kommt dem Sitzstaat einer Internationalen Organisation keine Befugnis zur Erklärung eines Ständigen Vertreters zur *persona non grata*, eine nur in reziproken Verhältnissen zulässige und anerkannte Gegenmaßnahme, zu.[25]

---

[19] So aber einige Gaststaaten Internationaler Organisationen, vgl. Nachweise bei Lang, ZaöRV 37 (1977), 43 (52, 55) sowie bei Gerster/Rotenberg, in: Simma, UNC (2002), Art. 105 Rn. 37 und Virally/Gerbet/Salmon, a. a. O., S. 158.
[20] Lang, ZaöRV 37 (1977), 43 (52) m. w. N.
[21] So die Schweiz während der Beratungen zum Wiener Übereinkommen über die Vertretung von Staaten in ihren Beziehungen zu Internationalen Organisationen universellen Charakters vom 13.3.1975, vgl. Lang, ZaöRV 37 (1977), 43 (54 f.).
[22] So ein Teil des Sitzstaates, vgl. Lang, ZaöRV 37 (1977), 43 (54).
[23] So Köck/Fischer, Das Recht der Internationalen Organisationen, 3. Aufl. (1997), S. 581.
[24] Fischer, in: Ipsen, § 37 Rn. 1; Köck/Fischer, Das Recht der Internationalen Organisationen, S. 583.
[25] Vgl. Köck/Fischer, Das Recht der Internationalen Organisationen, S. 583; Lang, ZaöRV 37 (1977), 43 (52); Virally/Gerbet/Salmon, a. a. O., S. 158; Fischer, in: Ipsen, § 37 Rn. 3; Fennessy, AJIL Bd. 70 (1976), 62 (67 f.), jeweils m. w. N.

Dem kann nicht entgegengehalten werden, dass der Gaststaat als Ausfluss der ihm als souveränem Staat zukommenden Gebietshoheit ein Recht zur Ausweisung bzw. Fernhaltung eines Missionsmitglieds von seinem Territorium haben muss.[26] Die Rechte des Sitzstaates gegenüber den Missionsmitgliedern werden vielmehr durch die Abkommen der Internationalen Organisation mit dem Sitzstaat speziell bestimmt und ggf. eingeschränkt. Die Internationalen Organisationen, die über kein eigenes Territorium verfügen, sind für die Gewährung von diplomatischen Privilegien an Staatenvertreter auf die Mitwirkung der Sitzstaaten angewiesen.[27] In den Sitzabkommen werden den Vertretern der Entsendestaaten vom Sitzstaat Vorrechte und Immunitäten eingeräumt, damit sie ihre Aufgaben bei der Internationalen Organisation ungehindert erfüllen können. Die Organisation ermöglicht durch die ihr gegenüber im Sitzabkommen eingegangene Verpflichtung des Sitzstaates zur Gewährung eines diplomatischen Status an die Staatenvertreter den Staaten die Repräsentation bei der Organisation.[28] Es bestehen folglich keine direkten vertraglichen Beziehungen zwischen Entsende- und Sitzstaat, sondern nur zwischen Sitzstaat und Internationaler Organisation (Sitzabkommen) und zwischen Entsendestaaten und Internationaler Organisation (Gründungsvertrag der Internationalen Organisation, z.B. Charta der Vereinten Nationen).[29] Dem Sitzstaat kommt in diesen trilateralen Beziehungen keine Befugnis zu, in das Verhältnis zwischen Entsendestaat und Internationaler Organisation durch einseitige Maßnahmen wie eine *persona non grata*-Erklärung einzugreifen.[30] Vielmehr hat er die den Staatenvertretern im Sitzabkommen garantierten diplomatischen Rechte, hier diejenigen des Federico Fix, zu achten. Ansonsten könnte der Sitzstaat wie im Fall Südserias, das keinen anderen Vertreter als Federico Fix entsenden kann, die Vertretung eines Mitgliedstaates bei einer Internationalen Organisation ggf. grundlos völlig vereiteln.

(2) Vergleich mit anderen völkerrechtlichen Vereinbarungen

Ein Recht des Sitzstaates, ein Mitglied einer Ständigen Vertretung zur *persona non grata* zu erklären, kann sich überdies nicht aus einem Vergleich mit den Regelungen des auf Mitglieder Ständiger Vertretungen nicht anwendbaren Diplomatenrechts ergeben. Übereinkommen aus dem Bereich der bilateralen Diplomatie können nicht als „Präzedenzfälle" für die Rechte von Sitzstaaten gegenüber Mitgliedern von Ständigen Vertretungen angesehen werden.[31] Zur Be-

---

[26] So aber einige Gaststaaten Internationaler Organisationen, vgl. Nachweise bei Lang, ZaöRV 37 (1977), 43 (52, 55) sowie bei Gerster/Rotenberg, in: Simma, UNC (2002), Art. 105 Rn. 37 und Virally/Gerbet/Salmon, a.a.O., S. 158.
[27] Seidl-Hohenveldern/Loibl, Das Recht der Internationalen Organisationen einschließlich der Supranationalen Gemeinschaften, 7. Aufl. (2000), Rn. 1935; Köck/Fischer, Das Recht der Internationalen Organisationen, 3. Aufl. (1997), S. 573f.; Fischer, in: Ipsen, § 37 Rn. 1; Seidl-Hohenveldern, in: Wolfrum, Handbuch Vereinte Nationen, a.a.O., Nr. 109, Rn. 5.
[28] Virally/Gerbet/Salmon, a.a.O., S. 154.
[29] Vgl. Lang, ZaöRV 37 (1977), 43 (54, 61).
[30] So die ganz h.M. in der Staatengemeinschaft, vgl. Nachweise bei Gerster/Rotenberg, in: Simma, UNC (2002), Art. 105 Rn. 37.
[31] So aber einige Sitzstaaten, vgl. Nachweise bei Lang, ZaöRV 37 (1977), 43 (54).

stimmung von Rechten und Pflichten des Sitzstaates gegenüber letzteren können als „Präzedenzfälle" nur multilaterale Übereinkommen hinsichtlich Ständiger Vertretungen bzw. Abkommen zwischen Sitzstaaten und Internationalen Organisationen herangezogen werden.

Als „Präzedenzfall" kommt zum einen das noch nicht in Kraft getretene Wiener Übereinkommen über die Vertretung von Staaten in ihren Beziehungen zu Internationalen Organisationen universellen Charakters vom 13. März 1975 in Betracht. Art. 9 dieses Übereinkommens bestimmt, dass der Entsendestaat – beschränkt nur hinsichtlich einer insgesamt vernünftigen Größe der Vertretung und hinsichtlich der Ernennung von Staatsangehörigen des Sitzstaates – die Mitglieder der Mission frei bestimmen darf. Nach dieser Regelung ist eine einseitige *persona non grata*-Erklärung durch den Sitzstaat ausgeschlossen.[32] Allerdings wird das nicht in Kraft getretene Wiener Übereinkommen von den Sitzstaaten gerade auch wegen ihrer darin eingeschränkten Rechte gegenüber den Staatenvertretern abgelehnt (s.o.), weswegen Art. 9 des Übereinkommens jedenfalls keine völkergewohnheitsrechtliche Geltung zukommt.

Zum anderen darf der Sitzstaat einer Internationalen Organisation nach Art. IV, Abschnitt 13 des Sitzabkommens zwischen den Vereinten Nationen und den Vereinigten Staaten von Amerika vom 26. Juni 1947 (sog. *Headquarters Agreement*)[33] die Rückberufung von Missionsmitgliedern nur im Zusammenhang mit nicht-amtlichen Handlungen und nur im Falle des Missbrauchs von Vorrechten und Immunitäten nach vorherigen Konsultationen mit dem Entsendestaat verlangen. Der Sitzstaat kann daher selbst nach diesem Abkommen, das ausdrückliche Regelungen zur *persona non grata*-Problematik enthält, nicht einseitig und nicht ohne Begründung dem Mitglied einer Ständigen Vertretung seinen diplomatischen Status aberkennen.

(3) Interessengleichgewicht zwischen Entsendestaat, Sitzstaat und Internationaler Organisation

Schließlich gefährdet die rechtliche Unzulässigkeit der Erklärung des Ständigen Vertreters zur *persona non grata* nicht das Gleichgewicht zwischen den Interessen des Entsendestaates, des Sitzstaates und der Internationalen Organisation.[34] Zwar ist zutreffend, dass den Mitgliedern von Ständigen Vertretungen bei Internationalen Organisationen trotz ihrer Nichtakkreditierung beim Sitzstaat dennoch die Vorrechte und Immunitäten von letzterem gewährt werden (s.o.).[35] Jedoch sind dem Sitzstaat die Nachteile aus der fehlenden, nur in reziproken Verhältnissen gegebenen Möglichkeit zur Ergreifung von Gegenmaßnahmen bei einer Gesamtbetrachtung der sich gegenüberstehenden Interessen durchaus zumutbar:

---

[32] Vgl. ausführlich Lang, ZaöRV 37 (1977), 43 (53); Fennessy, AJIL 70 (1976), 62 (67f.).
[33] Vgl. Anhang III.
[34] So aber ein Teil der Sitzstaaten, vgl. Lang, ZaöRV 37 (1977), 43 (54).
[35] So die Argumentation einiger Sitzstaaten, vgl. Lang, ZaöRV Bd. 37 (1977), 43 (55, 61).

- Zum einen kann nur so ein Interessengleichgewicht zwischen Entsende- und Sitzstaat hergestellt werden, denn auch ersterer kann wegen der fehlenden Reziprozität eine rechtswidrige Behandlung seiner Vertreter im Sitzstaat nicht mit einer Retorsion oder Repressalie beantworten, wenn er nicht selbst ebenfalls Sitzstaat einer Internationalen Organisation ist.[36] Erhielten nur die Sitzstaaten von Internationalen Organisationen die Möglichkeit zu einseitigen Maßnahmen gegen Vertreter des Entsendestaates, käme ihnen eine zu privilegierte Position zu, was dem Prinzip der souveränen Gleichheit der Staaten widerspräche.[37]
- Zum anderen erwachsen dem Sitzstaat einer Internationalen Organisation aus diesem Status zahlreiche Vorteile (z. B. internationales Prestige, finanzielle Vorteile durch die von der Organisation und den zu ihr entsandten Vertretern getätigten Ausgaben), um deretwillen er die Nachteile, die sich aus der fehlenden Zulässigkeit einseitiger Maßnahmen gegen Staatenvertreter ergeben, auf sich genommen hat.[38]

cc) Streitentscheidung

Eine Abwägung der für und gegen ein Recht des Sitzstaates einer Internationalen Organisation, einen Staatenvertreter zur *persona non grata* zu erklären, sprechenden Gründe ergibt, dass die gewichtigeren Gründe gegen ein solches Recht sprechen, wenn es wie hier nicht ausdrücklich im Sitzabkommen normiert ist. Eine gewohnheitsrechtliche Anerkennung eines solchen Rechtes besteht nicht. Schließlich ist sich ein Staat, der seine Kandidatur als Sitz einer Internationalen Organisation unterbreitet, der Vor- und Nachteile, die ihm aus dieser Stellung erwachsen, bewusst. Er kann sich gegen Nachteile im Sitzabkommen mit der Internationalen Organisation – wie z. B. im sog. *Headquarters Agreement* für bestimmte Fälle geschehen (s. o.) – ausreichend schützen.[39]

Die Schweiz konnte folglich die Aufnahme der Tätigkeit des Federico Fix als Ständiger Vertreter Südserias bei den Vereinten Nationen in Genf nicht in rechtlich zulässiger Weise durch Erklärung des Vertreters zur *persona non grata* verhindern. Ob Federico Fix tatsächlich einer Geschäftstätigkeit nachgeht, ist für dieses Ergebnis unerheblich. Der Sitzstaat ist vielmehr verpflichtet, Streitigkeiten hinsichtlich der Pflicht von Mitgliedern Ständiger Vertretungen, Geschäftstätigkeiten im Sitzstaat zu unterlassen, im Rahmen von Konsultationen mit dem Entsendestaat und ggf. der Internationalen Organisation zu lösen.[40]

---

[36] Köck/Fischer, Das Recht der Internationalen Organisationen, 3. Aufl. (1997), S. 584.
[37] Vgl. Lang, ZaöRV 37 (1977), 43 (54); Fennessy, AJIL 70 (1970), 62 (68) m. w. N.
[38] So die große Mehrheit der Staaten, die auf der Wiener Konferenz von 1975 den Text des Wiener Übereinkommens über die Vertretung von Staaten in ihren Beziehungen zu Internationalen Organisationen universellen Charakters angenommen haben, vgl. Köck/Fischer, Das Recht der Internationalen Organisationen, 3. Aufl. (1997), S. 583.
[39] Lang, ZaöRV 37 (1977), 43 (54).
[40] Vgl. dahingehend Köck/Fischer, Das Recht der Internationalen Organisationen, 3. Aufl. (1997), S. 583.

Anm.: Eine a. A. ist hier selbstverständlich vertretbar. – Nach h. A. in der Staatengemeinschaft ist der Entsendestaat jedoch dann verpflichtet, einen Staatenvertreter abzuberufen, wenn dieser sich außerhalb der Erfüllung der Funktionen der Mission im Sitzstaat eines schweren und offenkundigen Verstoßes gegen dessen strafrechtliche Bestimmungen oder einer groben Einmischung in dessen innere Angelegenheiten schuldig gemacht hat.[41] In diesem Fall darf der Sitzstaat auch Maßnahmen zu seinem eigenen Schutz ergreifen.[42] Im Falle einer bloßen, nicht nachgewiesenen Geschäftstätigkeit ist diese Schwelle jedoch nicht erreicht.

Das Verbot, einen freien Beruf oder eine gewerbliche Tätigkeit, die auf persönliche Gewinnerzielung gerichtet ist, im Sitzstaat der Internationalen Organisation auszuüben, beansprucht für Staatenvertreter bei Internationalen Organisationen wohl völkergewohnheitsrechtliche Geltung. Es ist in Art. 39 des Wiener Übereinkommens über die Vertretung von Staaten in ihren Beziehungen zu Internationalen Organisationen universellen Charakters vom 13. März 1975, das von einer großen Mehrheit der Staaten verabschiedet wurde, niedergelegt.

III. Ergebnis im Ausgangsfall

Die Schweiz durfte die Aufnahme der Tätigkeit des Federico Fix als Ständiger Vertreter Südserias bei den Vereinten Nationen in Genf weder durch Verweigerung der – nicht erforderlichen – Akkreditierung bzw. des Agréments noch durch Verweigerung eines diplomatischen Status durch eine unzulässige Erklärung des Federico Fix zur *persona non grata* verhindern.

Abwandlung

Rechtlich zulässige Möglichkeiten der Schweiz, die Aufnahme der Tätigkeit des Federico Fix als Mitglied des diplomatischen Personals der Vertretung Südserias im Empfangsstaat Schweiz zu verhindern:

I. Verweigerung der Akkreditierung des Federico Fix/der förmlichen Zustimmung (Agrément) zur Tätigkeit des Federico Fix

Die Schweiz kann die Aufnahme der Tätigkeit des Federico Fix als Mitglied des diplomatischen Personals der Vertretung Südserias in der Schweiz in rechtlich zulässiger Weise verhindern, wenn Federico Fix als (einfaches) Mitglied des diplomatischen Personals bei der Schweiz als Empfangsstaat akkreditiert sein muss

---

[41] Vgl. Art. 77 des von der großen Mehrheit der Staaten verabschiedeten Wiener Übereinkommens über die Vertretung von Staaten in ihren Beziehungen zu Internationalen Organisationen vom 13.3.1975; Köck/Fischer, Das Recht der Internationalen Organisationen, 3. Aufl. (1997), S. 583.
[42] Art. 77 Abs. 4 des genannten Wiener Übereinkommens von 1975.

bzw. die Schweiz eine förmliche Zustimmung (Agrément) zur Aufnahme der Tätigkeit des Federico Fix erteilen muss und die Schweiz die Akkreditierung bzw. das Agrément in zulässiger Weise verweigert hat.

1. Erforderlichkeit der Akkreditierung/der Erteilung des Agréments (Art. 4 Abs. 1, 13 Abs. 1 WÜD)

a) Anwendbarkeit des WÜD

Das Erfordernis einer Akkreditierung bzw. eines Agréments richtet sich nach Art. 4 Abs. 1, 13 Abs. 1 WÜD, wenn das WÜD auf den vorliegenden Fall anwendbar ist. Das WÜD ist jedenfalls dann anwendbar, wenn sowohl die Schweiz als Empfangsstaat des Diplomaten Federico Fix als auch Südseria als dessen Entsendestaat Vertragsstaaten des WÜD sind. Für die Schweiz ist das WÜD am 24. April 1964 in Kraft getreten.[43] Jedoch lässt sich dem Sachverhalt nicht entnehmen, ob auch Südseria Vertragsstaat des WÜD ist.

Jedoch kommt es hierauf aus folgendem Grund nicht an: Das am 18. April 1961 unterzeichnete WÜD kodifiziert in weiten Teilen lediglich das bereits vorher in diesem Bereich bestehende Völkergewohnheitsrecht. Die hohe Zahl der Vertragsparteien des WÜD[44] belegt die universelle Geltung der WÜD-Regelungen.[45] Die Anwendbarkeit der Grundsätze des WÜD ist damit auch für Nichtmitgliedstaaten des WÜD gewährleistet.[46]

b) Voraussetzungen des Art. 4 Abs. 1, 13 Abs. 1 WÜD

Nach Art. 4 Abs. 1, 13 Abs. 1 WÜD ist eine Akkreditierung unter vorheriger Einholung des Agréments des Empfangsstaates erforderlich, wenn der Entsendestaat den *Chef* seiner diplomatischen Mission in den Empfangsstaat entsenden will. Federico Fix muss als (einfaches) Mitglied des diplomatischen Personals der Vertretung Südserias im Empfangsstaat Schweiz weder akkreditiert sein, noch muss die Schweiz eine förmliche Zustimmung (Agrément) zur Aufnahme der Tätigkeit des Federico Fix erteilen.

2. Erforderlichkeit einer Zustimmung wegen der Staatsangehörigkeit des Federico Fix

Ein Zustimmungserfordernis ergibt sich überdies nicht aus Art. 8 Abs. 3 WÜD, da Federico Fix neben seiner italienischen Drittstaatsangehörigkeit gleichzeitig die Staatsangehörigkeit des Entsendestaates Südseria besitzt.

---

[43] BGBl. II, Fundstellennachweis B 2004, S. 483.
[44] Stand 31.12.2004: 183 Vertragsparteien, vgl. BGBl. II, Fundstellennachweis B 2004, S. 480 ff.
[45] Fischer, in: Ipsen, § 35 Rn. 3.
[46] Siehe oben Fall 2.

3. Zwischenergebnis

Die Schweiz kann die Aufnahme der Tätigkeit des Federico Fix als (einfaches) Mitglied des diplomatischen Personals der Vertretung Südserias nicht in rechtlich zulässiger Weise durch Verweigerung der – nicht erforderlichen – Akkreditierung bzw. des Agréments oder einer sonstigen Zustimmung verhindern.

II. Nichtanerkennung eines diplomatischen Status des Federico Fix in der Schweiz durch Erklärung des Federico Fix zur persona non grata

Gem. Art. 9 Abs. 1 Satz 1 WÜD kann der Empfangsstaat Schweiz dem Entsendestaat Südseria jederzeit notifizieren, dass ein Mitglied des diplomatischen Personals, wie hier Federico Fix, *persona non grata* ist. Dabei kann die Person bereits als nicht genehm erklärt werden, bevor sie im Hoheitsgebiet des Empfangsstaates eintrifft, Art. 9 Abs. 1 Satz 3 WÜD. Die Regelung in Art. 9 Abs. 1 WÜD gibt den Empfangsstaaten die Möglichkeit, die freie Auswahl der Mitglieder des diplomatischen Personals, die keines Agréments bedürfen, einzuschränken.[47]

Fraglich ist, ob der fehlende Nachweis einer von Federico Fix in der Schweiz geplanten Geschäftätigkeit etwas an der Zulässigkeit seiner Erklärung zur unerwünschten Person ändert. Zwar ist richtig, dass Mitglieder diplomatischer Vertretungen im Empfangsstaat keine gewerbliche Tätigkeit, die auf persönlichen Gewinn gerichtet ist, ausüben dürfen, Art. 42 WÜD. Allerdings ist nicht nachgewiesen, dass Federico Fix tatsächlich in der Schweiz geschäftlich tätig werden will. Auch ist die Möglichkeit des Federico Fix, „unter dem Schutzmantel der Immunität" Geschäftstätigkeiten zu entfalten, zumindest eingeschränkt, da Federico Fix für seine gewerblichen Tätigkeiten in der Schweiz keine Immunität vor deren Zivil- und Verwaltungsgerichtsbarkeit genießt, vgl. Art. 31 Abs. 1 Satz 2 lit. c WÜD.

Jedoch kann die Schweiz als Empfangsstaat ausweislich des eindeutigen Wortlautes des Art. 9 Abs. 1 Satz 1 WÜD ein Mitglied einer diplomatischen Vertretung ohne Angabe irgendwelcher Gründe zur *persona non grata* erklären. Folglich kann die Schweiz Federico Fix aus jedem subjektiv bestehenden Grund, und sei es ein bloßer, möglicherweise unbegründeter Verdacht einer geplanten Geschäftätigkeit, zur unerwünschten Person erklären und ihm dadurch die Anerkennung als Mitglied des diplomatischen Personals mit entsprechenden Vorrechten und Immunitäten verweigern.

---

[47] Fischer, in: Ipsen, § 35 Rn. 28.

III. Ergebnis der Abwandlung

Die Schweiz kann die Aufnahme der Tätigkeit des Federico Fix als Mitglied des diplomatischen Personals der Vertretung Südserias zwar nicht durch Verweigerung einer – nicht erforderlichen – Akkreditierung des Federico Fix, wohl aber durch die Erklärung des Federico Fix zur *persona non grata* in rechtlich zulässiger Weise verhindern.

Kernsätze

1. Als **Auslandsvertreter** bezeichnet man diejenigen Organe eines Staates (des *Entsendestaates*), die auf Dauer von diesem in einen anderen Staat (den *Empfangsstaat*) oder zu einer *Internationalen Organisation* entsandt werden, um dort die Interessen des Entsendestaates wahrzunehmen. **Diplomaten** sind diejenigen Auslandsvertreter, deren Aufgabe es ist, die Interessen des Entsendestaates bei den obersten Organen des Empfangsstaates wahrzunehmen. **Ständige Vertreter** der Mitgliedstaaten bei Internationalen Organisationen repräsentieren ihren Entsendestaat in und bei der Internationalen Organisation.

2. Das Recht der **Diplomaten** ist im Wiener Übereinkommen über diplomatische Beziehungen (WÜD) vom 18. April 1961 kodifiziert. Bei den Regelungen des WÜD handelt es sich in weiten Teilen um kodifiziertes Völkergewohnheitsrecht, so dass die Grundsätze des WÜD auch im Verhältnis zu Nichtvertragsstaaten anwendbar sind. Die Rechtlage der **Ständigen Vertreter** von Staaten bei Internationalen Organisationen bestimmt sich in erster Linie nach dem einschlägigen **Sitzabkommen** zwischen der Internationalen Organisation und ihrem Sitz-/Gaststaat, subsidiär nach **Völkergewohnheitsrecht**, wobei das noch nicht in Kraft getretene Wiener Übereinkommen über die Vertretung von Staaten in ihren Beziehungen zu Internationalen Organisationen universellen Charakters vom 13. März 1975 teilweise über eine bloße Kodifikation desselben hinausgeht.

3. Die **Akkreditierung** des Chefs einer diplomatischen Mission beim Empfangsstaat erfordert die Zustimmung (*Agrément*) des Empfangsstaates, vgl. Art. 4 Abs. 1 WÜD. Ständige Vertreter der Mitgliedstaaten bei Internationalen Organisationen sind allein bei diesen, nicht hingegen beim Sitzstaat akkreditiert; letzterem ist die Akkreditierung eines Staatenvertreters bei der Internationalen Organisation lediglich von dieser, sowie bei gesonderter Anordnung auch vom Entsendestaat zu notifizieren. Die Akkreditierung eines Staatenvertreters bei einer Internationalen Organisation setzt **keine Zustimmung** der Organisation voraus. Vielmehr kann jeder Mitgliedstaat frei darüber entscheiden, ob und wann er eine Ständige Vertretung bei einer Internationalen Organisation errichten will, wenn deren Recht (Gründungsvertrag oder Beschluss eines zuständigen Organs) die Errichtung Ständiger Vertretungen erlaubt.

4. Die Mitglieder einer diplomatischen Vertretung des Entsendestaates können jederzeit vom Empfangsstaat ohne Angabe von Gründen zur *persona non grata* erklärt werden, vgl. Art. 9 Abs. 1 Satz 1 WÜD. Ob die Sitzstaaten Internationaler Organisationen bei fehlender Anordnung im Sitzabkommen das Recht haben, ein Mitglied der Ständigen Vertretung eines Staates bei der Internationalen Organisation zur *persona non grata* zu erklären, ist hingegen umstritten. Insbesondere die **Sitzstaaten** Internationaler Organisationen gehen von der Existenz eines solchen Rechts aus, wobei sie sich insbesondere auf ihre Gebietshoheit, den Vergleich mit Mitgliedern diplomatischer Vertretungen sowie die Wahrung ihrer nationalen Interessen berufen. Nach **herrschender Ansicht** in der Staatengemeinschaft kommt den Sitzstaaten hingegen kein Recht zu, Mitglieder Ständiger Vertretungen zur *persona non grata* zu erklären. Dies wird im Wesentlichen mit der fehlenden Reziprozität in der multilateralen Diplomatie, dem Interessengleichgewicht im Dreiecksverhältnis zwischen Entsendestaat, Internationaler Organisation und Sitzstaat sowie der Möglichkeit des Sitzstaates, sich gegen Nachteile aus seiner Stellung als Sitzstaat einer Internationalen Organisation im Sitzabkommen zu schützen, begründet.

Fall 4: Immunität eines Sonderbotschafters

Sachverhalt

Albert Aussie ist seiner Geburt nach australischer Staatsangehöriger. Seit Ende der achtziger Jahre lebt er auf einer abgelegenen Farm in der australischen Provinz Queensland. Aussie und drei seiner Nachbarn beschließen im April 2005, sich „der Bevormundung durch den australischen Staat zu entziehen", der sie als Farmer mit immer neuen Regelungen ihrer Freiheit berauben wolle. Deshalb proklamieren sie auf dem Gebiet ihrer Farmen, insgesamt ca. 250 km², die *Republic of the Crocodiles*. Zur Kennzeichnung der „Staatsgrenze" rammen sie Grenzpfosten in den Boden. Auf den Farmen leben Aussie und seine Nachbarn mit ihren Familien, einige zu ihnen gezogene Freunde und ferner die Landarbeiter – insgesamt 106 Personen, die in gemeinsamer Arbeit ihren Lebensunterhalt erwirtschaften.

Nach der Proklamation der *Republic of the Crocodiles* wird eine Regierung gewählt. Diese stellt als Erstes neue Pässe für die auf dem Gebiet der *Republic* lebenden Personen aus. Auch wird eine Polizeitruppe aufgestellt, die allerdings nur mit einfachen Gewehren und einigen Revolvern ausgestattet ist. Über eine Armee verfügt die *Republic* mangels ausreichender Zahl an Staatsangehörigen ebenso wenig wie über ein diplomatisches Corps. Schließlich hat die Regierung der *Republic of the Crocodiles* einen Antrag auf Aufnahme in die Organisation der Vereinten Nationen gestellt. Über diesen Antrag ist jedoch bis heute nicht entschieden worden.

Vom Regierungschef der *Republic* wird Aussie zum Sonderbotschafter ernannt mit dem Auftrag, möglichst viele Staaten zu einer völkerrechtlichen Anerkennung der *Republic of the Crocodiles* zu bewegen. Daraufhin reist Aussie zu diesem Zweck nach Europa. Es gelingt Aussie allerdings nicht, bis zu den zuständigen Beamten der jeweiligen Außenministerien durchzudringen.

Nach Beendigung seiner bislang erfolglosen Mission fasst er den Entschluss, die Rückreise für einen Besuch bei einem in Belgien lebenden Freund zu nutzen. Zu diesem Zweck reist er in die Bundesrepublik Deutschland ein. Den Grenzkontrolleuren legt er einen Pass der *Republic of the Crocodiles* vor, der ihn als Sonderbotschafter ausweist. Die Grenzbeamten nehmen Aussie vorläufig fest, weil sie den Pass als ungültig ansehen. Auf Befragen erklärt Aussie wahrheitsgemäß, er befinde sich auf der Durchreise nach Belgien, wo er einen Freund treffen wolle. Von dort aus werde er wieder in die *Republic of the Crocodiles* zurückkehren. Als Sonderbotschafter falle er aber unter den Schutz des WÜD; zumindest sei seine Reise analog Art. 40 WÜD zu behandeln. Immunität gewähre ihm auch die Konvention über Spezialmissionen, die lediglich bereits bestehendes Völkergewohnheitsrecht wiedergebe. Jedenfalls sei er aber in seiner Eigenschaft als Or-

Fall 4: Immunität eines Sonderbotschafters

gan der *Republic of the Crocodiles* vor einer Strafverfolgung durch die Bundesrepublik geschützt.

Die zuständige Staatsanwaltschaft will gegen Aussie ein Strafverfahren u.a. wegen Verstoßes gegen §§ 95 Abs. 1 Nr. 3, 14 Abs. 1 Nr. 1 AufenthG durchführen. Der sachbearbeitende Staatsanwalt Dr. Daniel Drexler bittet die ihm zur Ableistung eines Praktikums zugewiesene Jurastudentin Martina Martens, gutachtlich zu der Frage Stellung zu nehmen, ob das Aufenthaltsgesetz auf den vorliegenden Fall anwendbar ist. Bezüglich der von Aussie vorgebrachten Argumente bezweifelt Drexler insbesondere, ob Analogieschlüsse im Völkerrecht überhaupt zulässig sind. Seiner Ansicht nach stehen sie im Widerspruch zu den allgemeinen Auslegungsregeln im Völkerrecht und werfen auch mit Blick auf die staatliche Souveränität Probleme auf.

Unabhängig von Aussies „Reisediplomatie" wird die *Republic of the Crocodiles* am 1. Juni 2005 von dem Staat Pazifika formell anerkannt. Daraufhin bringt Australien in die Generalversammlung der Vereinten Nationen einen Antrag ein, in dem die Anerkennung der *Republic* durch Pazifika als Bruch des Völkerrechts verurteilt wird. In der deutschen Delegation sind die Meinungen über den Antrag geteilt. Legationsrat Rüdiger v. Rothkegel erhält daher den Auftrag, in einem Gutachten zu klären, ob Pazifika mit der Anerkennung gegen Völkerrecht verstoßen hat, welche Wirkungen die Anerkennung durch Pazifika für die Völkerrechtssubjektivität der *Republic of the Crocodiles* hat, ob eine Pflicht zur Anerkennung von Staaten existiert und welche Bedeutung dem Selbstbestimmungsrecht der Völker bei der Loslösung von Staatsgebieten zukommt.

Bearbeitervermerk:

Die Gutachten der Praktikantin Martina Martens und des Legationsrats Rüdiger v. Rothkegel sind zu erstellen. Dabei ist auf alle angesprochenen Rechtsfragen einzugehen.

Auf das Aufenthaltsgesetz (Sartorius I Nr. 565) sowie auf die im Anhang abgedruckten Dokumente nebst Anmerkungen hierzu wird hingewiesen.

Fälle und Lösungen mit Erläuterungen

Anhang I
Materialien zum WÜD

Yearbook of the International Law Commission
1958 · Volume II
Document A/3859
– Auszug –
(nichtamtliche Übersetzung)

Kapitel III
Diplomatische Beziehungen und Immunitäten

(...)

51. Der Entwurf behandelt nur ständige diplomatische Missionen. Diplomatische Beziehungen zwischen Staaten nehmen auch andere Formen an, die man als *„Ad hoc Diplomatie"* bezeichnen könnte, zu der Sonderbotschafter, diplomatische Konferenzen und Spezialmissionen gehören, die für begrenzte Zwecke in einen Staat gesandt werden. Die Kommission war der Auffassung, dass diese Formen der Diplomatie ebenfalls untersucht werden sollten, um die für sie maßgeblichen Rechtsregeln herauszuarbeiten, und hat den Sonderberichterstatter dazu aufgefordert, eine Studie über diese Frage zu erarbeiten und seinen Bericht in einer späteren Sitzung vorzulegen.

Anhang II
Konvention über Spezialmissionen
vom 8. Dezember 1969

(1400 UNTS 231; ÖBGBl. 1985, 2975)
– Auszug –

Artikel 1
Begriffsbestimmungen

Für die Zwecke dieses Übereinkommens bedeutet

a) „Spezialmission" eine einen Staat vertretende zeitweilige Mission, die von diesem Staat in einen anderen Staat mit Zustimmung desselben entsandt wird, um mit ihm bestimmte Fragen zu behandeln oder in bezug auf ihn eine bestimmte Aufgabe zu erfüllen;

b) „ständige diplomatische Mission" eine diplomatische Mission im Sinn des Wiener Übereinkommens über diplomatische Beziehungen;

(...).

Fall 4: Immunität eines Sonderbotschafters

Artikel 8
Ernennung der Mitglieder der Spezialmission

Vorbehaltlich der Artikel 10, 11 und 12 kann der Entsendestaat die Mitglieder der Spezialmission nach freiem Ermessen ernennen, nachdem er dem Empfangsstaat alle erforderlichen Angaben über den Umfang und die Zusammensetzung der Spezialmission sowie besonders die Namen und die Bezeichnungen der Personen, die er zu ernennen beabsichtigt, übermittelt hat. Der Empfangsstaat kann die Aufnahme einer Spezialmission verweigern, wenn sie einen von ihm angesichts der Umstände und Verhältnisse im Empfangsstaat sowie der Bedürfnisse der betreffenden Mission als nicht angemessen betrachteten Umfang aufweist. Er kann auch ohne Angabe von Gründen jede beliebige Person als Mitglied der Spezialmission ablehnen.

Artikel 31
Immunität von der Gerichtsbarkeit

(1) Die Vertreter des Entsendestaates in der Spezialmission und die Mitglieder ihres diplomatischen Personals genießen Immunität von der Strafgerichtsbarkeit des Empfangsstaates.

(2) (...).

Artikel 42
Durchreise durch das Hoheitsgebiet eines dritten Staates

(1) Reist ein Vertreter des Entsendestaates in der Spezialmission oder ein Mitglied ihres diplomatischen Personals, um seine Tätigkeit aufzunehmen oder in den Entsendestaat zurückzukehren, durch das Hoheitsgebiet eines dritten Staates oder befindet er sich dort, so hat ihm dieser Staat Unverletzlichkeit und alle sonstigen, für seine sichere Durchreise oder Rückkehr erforderlichen Immunitäten zu gewähren.

(2) (...).

Hinweis:

Die Konvention über Spezialmissionen ist am 21. Juni 1985 in Kraft getreten.

Die Bundesrepublik Deutschland ist ihr bislang nicht beigetreten. Für die Bearbeitung ist davon auszugehen, dass die Rechtssätze der Konvention von anderen als den Signatarstaaten nicht beachtet wurden und werden.

Falllösung

A. Gutachten der Praktikantin Martens

Voraussetzung einer Strafbarkeit von Aussie wegen unerlaubter Einreise in die Bundesrepublik nach §§ 95 Abs. 1 Nr. 3, 14 Abs. 1 Nr. 1 AufenthG wäre die Anwendbarkeit dieser Vorschriften. Dies ist der Fall, wenn kein Anwendungsausschluss gemäß § 1 Abs. 2 AufenthG vorläge. Dafür dürfte Aussie kein Exterritorialer i.S.d. §§ 18–20 GVG (§ 1 Abs. 2 Nr. 2 AufenthG) sein und auch kein Anwendungsausschluss gemäß § 1 Abs. 2 Nr. 3 AufenthG vorliegen. Ferner sind die Voraussetzungen des § 1 Abs. 2 Nr. 1 AufenthG zu prüfen.

I. § 1 Abs. 2 Nr. 2 AufenthG

1. Zugehörigkeit zu einer in der Bundesrepublik Deutschland errichteten diplomatischen Vertretung, § 18 GVG

§ 18 GVG ist hier nicht einschlägig. Die Vorschrift gilt ausweislich ihres Wortlauts nur für „im Geltungsbereich dieses Gesetzes", also in der Bundesrepublik Deutschland errichtete diplomatische Missionen. Aussie müsste daher in der Bundesrepublik akkreditiert sein (vgl. Art. 4 WÜD), um sich auf § 18 GVG berufen zu können. Da dies nicht der Fall ist, ist § 18 GVG von vornherein unanwendbar.

Anm.: Auf die Frage, ob Sonderbotschafter überhaupt in den Anwendungsbereich des WÜD fallen, wird daher erst weiter unten eingegangen.

2. Zugehörigkeit zu einer in der Bundesrepublik Deutschland errichteten konsularischen Vertretung, § 19 GVG

Ebenso ist eine Berufung auf § 19 GVG ausgeschlossen, da die *Republic of the Crocodiles* keine konsularischen Beziehungen zur Bundesrepublik unterhält.

3. Einladung in die Bundesrepublik Deutschland, § 20 Abs. 1 GVG

Aussie kommt schließlich keine Exemtion von der deutschen Gerichtsbarkeit gemäß § 20 Abs. 1 GVG zugute. Unabhängig davon, ob die *Republic of the Crocodiles* überhaupt die Merkmale eines Staates erfüllt, kann Aussie jedenfalls nicht als deren „Repräsentant" angesehen werden, da hierunter nur solche Personen zu verstehen sind, die kraft ihrer verfassungsrechtlichen Stellung den anderen Staat vertreten wie etwa Regierungsmitglieder.[1] Selbst wenn man Aussie als „Re-

---

[1] Zöller, ZPO, 24. Aufl. (2004), § 20 GVG Rn. 1.

präsentanten" ansähe, unterfiele er nicht der Ausnahmeregelung des § 20 Abs. 1 GVG, weil er sich nicht auf amtliche Einladung hin in der Bundesrepublik aufgehalten hat.

4. Exemtion kraft Völkerrechts, § 20 Abs. 2 GVG

Aussie könnte allerdings als Sonderbotschafter der deutschen Gerichtsbarkeit entzogen sein, wenn sich dies aus einer (nach dem Grundgesetz in innerdeutsches Recht inkorporierten[2]) allgemeinen Regel des Völkerrechts (Art. 25 GG), einem völkerrechtlichen Vertrag (Art. 59 Abs. 2 GG) oder einer sonstigen Rechtsvorschrift ergäbe, § 20 Abs. 2 GVG.

a) Konvention über Spezialmissionen (Exemtion i.S.v. § 20 Abs. 2 Alt. 2 GVG)

Anm.: Anders als es der Sachverhalt nahe legt, ist die Prüfung der Konvention über Spezialmissionen vor der analogen Anwendung des WÜD sowohl rechtstechnisch als auch aufbautechnisch zwingend; rechtstechnisch deshalb, weil die Konvention über Spezialmissionen im Verhältnis zum WÜD als lex specialis anzusehen ist; aufbautechnisch, da eine analoge Anwendung des WÜD vom Bestehen einer Regelungslücke abhängt, welche erst dann in Betracht kommt, wenn feststeht, dass die Konvention über Spezialmissionen keine Anwendung findet.

Aussie kann keine Immunität in direkter Anwendung von Art. 42 Abs. 1 der Konvention über Spezialmissionen[3] beanspruchen, da die Bundesrepublik Deutschland laut Bearbeitervermerk der Konvention nicht beigetreten ist.

b) Völkergewohnheitsrechtliche Geltung der Konvention über Spezialmissionen? (Exemtion i.S.v. § 20 Abs. 2 Alt. 1 GVG)

Auf die Mitgliedschaft der Bundesrepublik Deutschland in der Konvention über Spezialmissionen käme es aber nicht an, wenn diese – wie etwa weite Teile des WÜD – lediglich bereits bestehendes Völkergewohnheitsrecht wiedergeben würde. Sie wäre dann als allgemeine Regel des Völkerrechts i.S.d. Art. 25 GG anzusehen und könnte Aussie gem. § 20 Abs. 2 Alt. 1 GVG Befreiung von der deutschen Gerichtsbarkeit verschaffen.

Die Bildung von Völkergewohnheitsrecht hat zwei Voraussetzungen: eine langanhaltende Staatenpraxis (*consuetudo*), die von einer entsprechenden Rechtsüberzeugung (*opinio iuris*) getragen sein muss.[4] Im Falle der Konvention über Spezialmissionen fehlt es bereits an der erforderlichen Staatenpraxis. Laut Bear-

---

[2] Seidenberger, Die diplomatischen und konsularischen Immunitäten und Privilegien (1994), S. 77 ff., 88.
[3] Zu Inhalt und Bedeutung dieser Konvention s. a. Fischer, in: Ipsen, § 36 Rn. 1 ff.; Hailbronner, in: Graf Vitzthum, 3. Abschn. Rn. 71 ff.; Doehring, Rn. 513 ff.
[4] Zu den Elementen und der Bildung von Völkergewohnheitsrecht siehe Heintschel v. Heinegg, in: Ipsen, § 16 Rn. 2 ff.; Graf Vitzthum, in: Graf Vitzthum, 1. Abschn. Rn. 131 ff.; Doehring, Rn. 285 ff.

beitervermerk ist davon auszugehen, dass die Konvention von anderen als den Signatarstaaten nicht angewandt wurde und wird. Damit kann ihr keine völkergewohnheitsrechtliche Geltung zukommen.

Anm.: Dieses Ergebnis war durch den Bearbeitervermerk vorbestimmt. Im Unterschied dazu ist es in Schrifttum und Lehre umstritten, ob sich die Konvention über Spezialmissionen wenigstens teilweise gewohnheitsrechtlich verfestigt hat.[5]

c) Art. 40 WÜD direkt (Exemtion i.S.v. § 20 Abs. 2 Alt. 2 GVG)

Die Immunität eines auf der Durchreise befindlichen Diplomaten ist in Art. 40 WÜD geregelt. Es ist aber zweifelhaft, ob das WÜD von seinem Anwendungsbereich her im konkreten Fall überhaupt in Betracht kommt. Aussie ist nämlich nach dem Sachverhalt zum Sonderbotschafter ernannt worden. Insofern stellt sich die Frage, ob das WÜD nur ständige oder auch sog. *Ad-hoc*-Missionen erfasst.

Die Auslegung des WÜD richtet sich nach den in den Art. 31 f. WVRK niedergelegten Grundsätzen. Zwar ist die WVRK auf das zeitlich frühere WÜD nicht direkt anwendbar (Art. 4 WVRK). Die Art. 31 f. WVRK stellen aber kodifiziertes Gewohnheitsrecht dar,[6] so dass diese Regelungen jedenfalls in ihrer gewohnheitsrechtlichen Form Anwendung finden.

Auszugehen ist vom *Wortlaut* des Vertrages, Art. 31 Abs. 1 WVRK (sog. objektiver Ansatz im Gegensatz zum früher teilweise vertretenen subjektiven Ansatz[7]). Gem. Art. 1 lit. e WÜD erfasst der Begriff des Diplomaten den Missionschef sowie die Mitglieder des diplomatischen Personals der Mission. Anders als die im Anhang II abgedruckte Konvention über Spezialmissionen (vgl. dort Art. 1 lit. b) unterscheidet das WÜD nicht zwischen ständigen und nichtständigen Missionen. Daraus darf allerdings nicht gefolgert werden, das WÜD würde auch *Ad-hoc*-Missionen erfassen. An der *Systematik* des WÜD lässt sich nämlich ablesen, dass diese Konvention nur auf die ständige Diplomatie zugeschnitten ist. Dies ergibt sich etwa aus der Regelung bezüglich des Agréments (Art. 4 WÜD). Wie der Vergleich mit den Regeln über die Ernennung der Mitglieder von Spezialmissionen ergibt (Art. 8 Konvention über Spezialmissionen), ist die Erteilung eines Agréments bei Spezialbotschaftern nicht üblich, vielmehr genügt die bloße Unterrichtung des Empfangsstaats durch den Entsendestaat über die der Spezialmission angehörenden Personen.

Sofern aber noch Zweifel an diesem Ergebnis bleiben sollten, hilft jedenfalls der – freilich subsidiäre (Art. 32 WVRK) – Rückgriff auf die *traveaux préparatoires*,

---

[5] Ablehnend etwa Wolf EuGRZ 1983, 401 (402f.); offen gelassen in BGH NJW 1984, 2048 (2049) – (Fall Tabatabai); bejahend OLG Düsseldorf NStZ 1987, 87.
[6] Vgl. Heintschel v. Heinegg, in: Ipsen, § 11 Rn. 5; Graf Vitzthum, in: Graf Vitzthum, 1. Abschn. Rn. 123.
[7] Zu dieser Frage vgl. die Ausführungen in Fall 1.

die im Anhang I abgedruckt sind. Daraus geht eindeutig hervor, dass die *Ad-hoc-Diplomatie* bewusst aus dem Regelungsbereich des WÜD ausgeklammert wurde. Damit steht fest, dass der Begriff des „Diplomaten" i.S.d. WÜD auf ständige Diplomaten beschränkt ist. Als Sonderbotschafter fällt Aussie daher von vornherein nicht unter das WÜD.

Einer direkten Anwendung von Art. 40 WÜD steht ferner die Tatsache entgegen, dass die *Republic of the Crocodiles* dem WÜD noch nicht beigetreten ist. Aussie könnte sich nur dann auf das WÜD berufen, wenn die *Republic* der Konvention auch angehören würde.

d) Art. 40 WÜD als Völkergewohnheitsrecht (Exemtion i.S.v. § 20 Abs. 2 Alt. 1 GVG)

Das WÜD stellt zum Großteil kodifiziertes Völkergewohnheitsrecht dar. Insofern sind sowohl die *Republic of the Crocodiles* als auch die Bundesrepublik Deutschland verpflichtet, die Immunität eines auf der Durchreise befindlichen Diplomaten zu achten. Auch hier gilt jedoch, dass der völkergewohnheitsrechtliche Schutz nur ständige Diplomaten erfasst.

e) Analoge Anwendung des WÜD?

Von daher stellt sich die Frage, ob Aussie sich mit Erfolg auf eine analoge Anwendung des Art. 40 Abs. 1 WÜD berufen kann.

aa) Dann müsste es zunächst überhaupt zulässig sein, im Völkerrecht Analogieschlüsse zu ziehen. Diese Frage ist im völkerrechtlichen Schrifttum umstritten.

(1) Gegen die Zulässigkeit von Analogieschlüssen wird zum einen ihre souveränitätsbeschränkende Wirkung angeführt.[8] Allgemein gilt im Völkervertragsrecht der Satz, dass ein Staat ohne seine Zustimmung nicht an einen Vertrag gebunden ist. Die Analogie ist aber – im Unterschied zur bloßen Vertragsauslegung – gerade dadurch gekennzeichnet, dass sie die Grenzen des Wortlauts überschreitet und einen ursprünglich nicht mitgeregelten Sachverhalt erfasst. In der darin liegenden Beschränkung staatlicher Souveränität wird zugleich ein Verstoß gegen den gewohnheitsrechtlich verankerten Grundsatz erblickt, dass Verträge nach Treu und Glauben auszulegen sind.[9]

(2) Die Befürworter von Analogieschlüssen im Völkerrecht halten dem entgegen, dass Art. 38 Abs. 1 lit. c IGH-Statut eine analoge Heranziehung von innerstaatlichen allgemeinen Rechtsgrundsätzen gestattet. Wenn – so die Argumentation – das Völkerrecht die analoge Heranziehung von Normen des *Landesrechts* gestattet, dann muss die Analogie zu Rechtssätzen des *Völkerrechts*, die den völkerrechtlichen Strukturen und Sachverhalten doch viel näher sind als die Regeln des

---

[8] So vor allem Anzilotti, Corso di diritto internazionale Bd. I (1995), S. 106.
[9] So etwa Graf Vitzthum, in: Graf Vitzthum, 1. Abschn. Rn. 124; Seidl-Hohenveldern/Stein, Rn. 340, 345; vgl. auch Heintschel v. Heinegg, in: Ipsen, § 19 Rn. 12 ff.; s. a. unten Fall 8.

Landesrechts, erst recht erlaubt sein.[10] Des Weiteren wird auf eine Reihe von völkerrechtlichen Verträgen verwiesen, die die entsprechende Anwendung völkerrechtlicher Normen anordnen. So gelten z.B. gem. Art. 12 der UNESCO-Satzung die Art. 104 und 105 SVN für die UNESCO entsprechend.[11]

Auch wird darauf hingewiesen, dass sich internationale Gerichte von der Anwendung von Analogieschlüssen nicht haben abhalten lassen:[12] So hatte beispielsweise der IGH in dem Rechtsstreit zwischen Nicaragua und den Vereinigten Staaten über die Frage zu entscheiden, ob die Rücknahme der Unterwerfungserklärung nach Art. 36 Abs. 2 IGH-Statut seitens der USA am 6. April 1984 die Zuständigkeit des IGH mit sofortiger Wirkung entfallen ließ oder ob sich die USA noch eine Zeit lang an der einmal abgegebenen Erklärung festhalten lassen mussten mit der Folge, dass für die am 9. April 1984 eingereichte Klage Nicaraguas noch die Zuständigkeit des IGH fortbestand. Der IGH beantwortete diese Frage im letzteren Sinne unter *analoger* Anwendung der Regeln über die Beendigung von Verträgen, wonach eine angemessene Zeit für die Suspension oder Beendigung eines Vertrags erforderlich sei.[13] Bemerkenswert an diesem Urteil ist, dass der IGH diese Regelung gerade aus dem Erfordernis von Treu und Glauben hergeleitet hat.[14]

Schließlich anerkennt auch die Völkerrechtslehre, die ja gem. Art. 38 Abs. 1 lit. d IGH-Statut zumindest als Hilfsmittel für die Ermittlung von Rechtsnormen herangezogen werden kann, zahlreiche Einzelfälle der analogen Anwendung völkerrechtlicher Normen.[15]

Von daher sprechen gewichtige Argumente sowohl für als auch gegen die Zulässigkeit von Analogiebildungen im Völkerrecht. Einigkeit besteht allerdings darin, dass von Analogien nur äußerst zurückhaltend Gebrauch gemacht werden sollte. Der Streit braucht jedoch dann nicht entschieden zu werden, wenn die Voraussetzungen eines Analogieschlusses im vorliegenden Fall ohnehin nicht gegeben sind.

bb) Voraussetzung einer Analogie ist, dass ein Regelungswerk eine planwidrige Lücke aufweist und diese Lücke durch Anwendung einer Vorschrift geschlossen werden kann, welche die betreffende Fallkonstellation zwar nicht ihrem Wortlaut, aber ihrem Regelungszweck nach erfasst.[16] Im völkerrechtlichen Schrifttum wird darüber hinaus die Auffassung vertreten, nur rechtsetzende, d.h. auf eine Vielzahl von Fällen anwendbare Verträge (sog. *„traités-loi"*) seien der Analogie-

---

[10] Bleckmann, Analogie im Völkerrecht, AVR 17 (1977/78), 161 (168).
[11] Fastenrath, Lücken im Völkerrecht, 1991, S. 136 f. m.w.N; Dahm/Delbrück/Wolfrum, Bd. I/1, S. 80 f.
[12] Fastenrath, a.a.O, S. 137 f. m.w.N; Dahm/Delbrück/Wolfrum, Bd. I/1, S. 81 m.w.N.; dagegen Heintschel v. Heinegg, in: Ipsen, § 19 Rn. 13.
[13] IGH, *„Military Activities against Nicaragua"*, ICJ Rep. 1984, S. 392 (420).
[14] IGH, ebd.
[15] Bleckmann, Analogie im Völkerrecht, AVR 17 (1977/78), 161 f.
[16] Vgl. Larenz/Canaris, Methodenlehre der Rechtswissenschaft, 3. Aufl. (1995), S. 202 f.

bildung fähig, nicht hingegen rein rechtsgeschäftliche Verträge, die auf einen einmaligen Austausch von Leistungen gerichtet sind (sog. „traités-contrat").[17]

(1) Hier ist das unvollständige Regelungswerk das WÜD. Bei dem Übereinkommen handelt es sich um einen rechtsetzenden Vertrag, da seine Bestimmungen auf eine Vielzahl von Fällen anwendbar sind.

(2) Die Lückenhaftigkeit des WÜD ergibt sich aus der Beschränkung des Anwendungsbereichs auf ständige Missionen.

(3) Diese Lücke müsste jedoch planwidrig sein, d.h. sie darf nicht dadurch entstanden sein, dass die Schöpfer der Konvention bewusst auf eine Regelung für Sonderbotschafter verzichtet haben. Aus Ziff. 51 des Berichts der *International Law Commission* (Anhang I) ergibt sich aber eindeutig, dass Regelungen für die *Ad-hoc*-Diplomatie aus dem WÜD bewusst ausgeklammert wurden. Eine planwidrige Regelungslücke liegt damit nicht vor. Die Voraussetzungen der Analogie sind daher von vornherein nicht erfüllt.

Die analoge Anwendung von Art. 40 WÜD zugunsten von Aussie scheitert deshalb jedenfalls – sofern nicht die Analogiebildung im Völkerrecht generell als unzulässig angesehen wird – am Fehlen einer planwidrigen Lücke.[18]

f) Immunität als Staatsorgan (Exemtion i.S.v. § 20 Abs. 2 Alt. 1 GVG)

Schließlich beruft sich Aussie darauf, als Organ der *Republic of the Crocodiles* Immunität in Bezug auf die Strafgerichtsbarkeit der Bundesrepublik zu genießen. Es ist heute als allgemeine Regel des Völkergewohnheitsrechts anerkannt, dass Organe eines fremden Staates für ihre amtlichen Handlungen (*acta iure imperii*) Immunität genießen.[19] Der Begriff des „Staatsorgans" ist weiter als der in § 20 Abs. 1 GVG verwendete Begriff des „Repräsentanten". Er umfasst alles Handeln im Auftrag des Staates, also auch Handlungen einfacher Staatsbeamter oder von Sonderbotschaftern.[20] Fraglich ist nur, ob die Regeln über die Immunität von Staatsorganen – d.h. die Grundsätze der Staatenimmunität – überhaupt neben der Konvention über Spezialmissionen anwendbar sind.

Mit einer ähnlichen Problemstellung hatte sich das BVerfG in seinem Beschluss vom 10. Juni 1997[21] zu befassen. Der Fall betraf das Verhältnis der diplomatischen Immunität nach dem WÜD zur Immunität von Staatsorganen. Nach Auffassung des BVerfG ergibt sich aus dem Charakter des Diplomatenrechts als *self-*

---

[17] Vgl. Seidl-Hohenveldern/Stein, Rn. 346; Bleckmann, Analogie im Völkerrecht, AVR 17 (1977/78), 161 (177).
[18] Bleckmann, Rechtsanalogie im Völkerrecht, AVR 31 (1993), 353 (361f.) beschäftigt sich explizit mit der Frage der Immunität von Sonderkommissionen, auch unter dem sogleich zu behandelnden Aspekt der Immunität von Staatsorganen. Er kommt dabei zu dem Ergebnis, dass dieses Problem analog zu der diplomatischen sowie der Staatenimmunität zu behandeln sei.
[19] Epping, in: Ipsen, § 26 Rn. 43; Doehring, Rn. 658ff.
[20] Vgl. Barberis, „Representatives of States in International Relations", EPIL Volume IV (2000), S. 195 (198f.).
[21] BVerfGE 96, 68ff.

contained régime, dass die im WÜD niedergelegten diplomatischen Immunitäten als *leges speciales* den Regeln der Immunität von Staatsorganen vorgehen. Wenn ein Diplomat immer zugleich auch Immunität als Staatsorgan genösse – so die Argumentation des BVerfG –, wären die Beschränkungen, die nach dem WÜD für die Immunität eines Diplomaten bestehen, hinfällig und sinnlos. Denn nach dem WÜD gelte die Immunität eines Diplomaten grundsätzlich nur im Empfangsstaat (vgl. Art. 31 WÜD, in Drittstaaten nur im Umfang des Art. 40 WÜD), die Immunität als Staatsorgan hingegen wirke *erga omnes*. Folglich stehe das WÜD einem Rückgriff auf die Regeln über die Immunität von Staatsorganen entgegen.[22] Weiterhin argumentiert das Gericht, einem Schluss von der Staatenimmunität auf die diplomatische Immunität *ratione materiae* stehe das personale Element jeder diplomatischen Immunität entgegen, das nicht den Entsendestaat, sondern den Diplomaten als handelndes Organ persönlich schütze.[23]

Gegen diese Rechtsprechung bestehen aber durchgreifende Bedenken, führt sie doch dazu, dass ein Diplomat für amtliches Handeln geringeren Schutz genießt als jeder einfache Staatsbeamte, bei dem die Grundsätze der Staatenimmunität mit ihrer *Erga-omnes*-Wirkung fraglos Anwendung finden. Eine derartige Schlechterstellung kann das WÜD kaum bezweckt haben. Sein Sinn und Zweck kann nur darin bestanden haben, dem Diplomaten zusätzliche Schutzrechte zu gewähren. Ein Rückgriff auf die Grundsätze der Staatenimmunität wird daher durch das Regime des WÜD nicht ausgeschlossen.[24]

Der Wertungswiderspruch des BVerfG zeigt sich in besonderem Maße auch im vorliegenden Fall. Denn die vom BVerfG zum WÜD aufgestellten Grundsätze müssten für die Konvention über Spezialmissionen gleichermaßen gelten. Auch sie gewährt Immunität vornehmlich von der Strafgerichtsbarkeit des Empfangsstaats (vgl. Art. 31 Abs. 1); Immunität gegenüber Drittstaaten besteht dagegen nur in dem begrenzten Umfang des Art. 42 Abs. 1. Ein Rückgriff auf die Grundsätze der Staatenimmunität wäre nach den Maßstäben des BVerfG somit für Sonderbotschafter ausgeschlossen. Dies könnte aber selbstverständlich nur dann gelten, wenn der betreffende Staat der Konvention über Spezialmissionen auch angehört. Da die Bundesrepublik der Konvention über Spezialmissionen laut Bearbeitervermerk nicht angehört, bliebe es insoweit bei der *lex generalis*, also den Regeln über die Staatenimmunität. Das aber würde bedeuten, dass ein Sonderbotschafter – hier der Aussie – *vor* In-Kraft-Treten der Konvention einen umfangreicheren Schutz genösse als danach: ein fragwürdiges Ergebnis.

Der Rückgriff auf die Grundsätze der Staatenimmunität wird daher ganz allgemein weder durch das Regime des WÜD noch durch die Konvention über Spezialmissionen ausgeschlossen. Allerdings kommt Staatenimmunität nur für amtliches Handeln (*acta iure imperii*) in Betracht, Privathandlungen (*acta iure gestionis*) werden nicht geschützt. Der Privatcharakter der Reise nach Belgien ist

---

[22] BVerfGE 96, 68 (82 ff.).
[23] BVerfGE 96, 68 (85 f.).
[24] Hierzu ausführlich Doehring/Ress, Diplomatische Immunität und Drittstaaten, AVR 37 (1999), 68 ff.

aber eindeutig erkennbar. Aussie genießt daher auch keine Immunität als Staatsorgan. Die Frage, ob der *Republic of the Crocodiles* überhaupt Staatsqualität zukommt, bedarf somit auch hier keiner Klärung.

Nach alledem liegt ein Fall der §§ 18–20 GVG nicht vor.

II. § 1 Abs. 2 Nr. 3 AufenthaltsG

Ein Anwendungsausschluss könnte sich noch aus § 1 Abs. 2 Nr. 3 AufenthaltsG ergeben. Dann müsste auf die Einreise von Aussie ein diplomatenrechtlicher Vertrag anwendbar sein, kraft dessen er von Einwanderungsbeschränkungen, der Ausländermeldepflicht und dem Erfordernis der Aufenthaltsgenehmigung befreit ist. Das Diplomatenrecht erfasst jedoch, wie bereits gezeigt, diese Einreise nicht.

III. § 1 Abs. 2 Nr. 1 AufenthaltsG

Aussie genießt weder als Staatsangehöriger Australiens noch als möglicher Staatsangehöriger der *Republic of the Crocodiles* Freizügigkeit nach Europäischem Gemeinschaftsrecht, i.S.v. § 1 Abs. 2 Nr. 1 AufenthaltsG.

IV. Ergebnis

Das AuslG ist auf die Einreise von Aussie anwendbar, da keiner der Gründe des § 1 Abs. 2 AufenthaltsG vorliegt.

> *Anm.: Auf die Staatsqualität der Republic of the Crocodiles einzugehen war nach den vorstehenden Ausführungen nicht erforderlich. Allerdings kann es auch nicht als Aufbaufehler gewertet werden, wenn diese Frage bereits im ersten Teil des Falles angesprochen wird. Kommt man dabei allerdings zu dem hier vertretenen Ergebnis, dass die Staatsqualität der Republic of the Crocodiles abzulehnen ist, müssen die übrigen Fragen hilfsgutachtlich bearbeitet werden.*

B. Gutachten des Regierungsrats Rüdiger v. Rothkegel

I. Völkerrechtsverstoß Pazifikas

Pazifika könnte durch die Anerkennung der *Republic of the Crocodiles* einen Völkerrechtsverstoß gegenüber Australien begangen haben.[25]

1. Schutzgut

Die völkerrechtliche Zulässigkeit der Anerkennung eines Staates ist abhängig vom Vorliegen bestimmter Voraussetzungen. Der Anerkennungsgegenstand muss vorhanden sein; die Anerkennung ist also insoweit akzessorischer Natur und kann die anerkannte Rechtslage nicht selbst schaffen. Deshalb kann ein Staat erst anerkannt werden, wenn die tatbestandlichen Elemente, an die das Völkerrecht die Staatlichkeit knüpft, vorliegen.[26] Anderenfalls liegt ein völkerrechtliches Delikt gegenüber dem Mutterstaat vor, gegenüber dem der vermeintliche Neustaat den Sezessionsversuch unternommen hat, und zwar in Form der Intervention in die inneren Angelegenheiten des Mutterstaates.[27]

Das Interventionsverbot ist gewohnheitsrechtlicher Natur. Seine Grundlage findet es im Prinzip der souveränen Gleichheit aller Staaten (vgl. Art. 2 Ziff. 1 SVN).[28] Eine Erwähnung des Interventionsverbots findet sich auch im dritten Grundsatz der sog. *Friendly-Relations-Declaration* der VN-Generalversammlung vom 24. Oktober 1970.[29] Zwar kann die Generalversammlung gem. Art. 10 SVN nur Empfehlungen aussprechen, die als solche keinen verbindlichen Charakter haben. Die *Friendly-Relations-Declaration* dient aber insoweit als Nachweis für die gewohnheitsrechtliche Geltung des Interventionsverbots[30] (*opinio iuris* als Voraussetzung für die Bildung von Völkergewohnheitsrecht).

2. Verletzungshandlung

Die Anerkennung der *Republic of the Crocodiles* stellte eine Einmischung in die inneren Angelegenheiten Australiens dar, falls die *Republic* zum Zeitpunkt der Anerkennung noch nicht die Voraussetzungen der Staatlichkeit erfüllte.

---

[25] Siehe allgemein zu den Grundzügen der völkerrechtlichen Verantwortlichkeit den ILC-Entwurf zur Staatenverantwortlichkeit von 2001 (Sart. II Nr. 6) sowie Ipsen, in: Ipsen, § 39; Schröder, in: Graf Vitzthum, 7. Abschn. Rn. 4 ff.; Doehring, Rn. 827 ff.
[26] Bindschedler, Die Anerkennung im Völkerrecht, AVR 9 (1961/62), 376 (383).
[27] Epping/Gloria, in: Ipsen, § 22 Rn. 34 f.; Doehring, Rn. 944.
[28] Fischer, in: Ipsen, § 59 Rn. 51.
[29] Sart. II Nr. 4.
[30] Fischer, in: Ipsen, § 59 Rn. 51.

a) Drei-Elementen-Lehre

Die Staatsqualität eines Personenverbandes bestimmt sich nach der auf *Georg Jellinek* zurückgehenden Drei-Elementen-Lehre,[31] der zufolge sich auf einem bestimmten Staatsgebiet ein Staatsvolk unter effektiver, unabhängiger Staatsgewalt organisiert haben muss.[32]

b) Anwendung auf die *Republic of the Crocodiles*

aa) Unter „Staatsvolk" versteht man einen auf Dauer angelegten Verbund von Menschen, über den der Staat die Hoheitsgewalt im Sinne der Gebietshoheit und bei Aufenthalt außerhalb des Hoheitsgebiets die Personalhoheit innehat.[33] Anknüpfungspunkt für den Verbund ist – entgegen vielfachen tatsächlichen und rechtlichen Bestrebungen (Selbstbestimmungsrecht) – nicht die Sprache, die Kultur, die Rasse, die Geschichte oder die Religion, sondern allein die Staatsangehörigkeit.[34]

Im vorliegenden Fall hat die Regierung der *Republic of the Crocodiles* neue Personalausweise als Ausdruck der Staatsangehörigkeit ausgestellt. Allerdings zählt ihr Staatsvolk nur 106 Personen. Insofern ist fraglich, ob ein Volk eine bestimmte Mindestgröße haben muss, ob also – anders gewendet – auch sog. Mikro- bzw. Ministaaten Staatsqualität zukommt.

Insbesondere im älteren völkerrechtlichen Schrifttum ist die Auffassung anzutreffen, ein Volk müsse eine gewisse Mindestgröße haben, um auf internationaler Ebene überhaupt als Staat in Erscheinung treten zu können. Gleiche Überlegungen sollten für die Größe des Staatsgebiets gelten. Die Aufnahmepraxis der Vereinten Nationen spricht indes eine andere Sprache. Gem. Art. 4 Abs. 1 SVN dürfen nur Staaten in die VN aufgenommen werden. Da mittlerweile auch Kleinstaaten wie Liechtenstein (am 18. September 1990), San Marino (am 2. März 1992) und Monaco (am 28. Mai 1993) in die VN aufgenommen wurden,[35] lässt sich das Erfordernis einer gewissen Mindestgröße für Staatsgebiet und -volk nicht mit der Staatenpraxis belegen.[36]

Der Staatsqualität der *Republic of the Crocodiles* steht daher nicht bereits entgegen, dass das Staatsvolk nur aus 106 Personen besteht. Andererseits ist aber der bloße Antrag der *Republic* auf Aufnahme in die VN für die Beurteilung ihrer Staatlichkeit irrelevant.

bb) Das Staatsgebiet ist die durch Grenzen gekennzeichnete Zusammenfassung von geographischen Räumen unter eine gemeinsame Rechtsordnung.[37] Getrennt werden die Räume durch Grenzen. Dabei ist nicht erforderlich, dass die Grenzen

---

[31] Jellinek, Allgemeine Staatslehre, 3. Aufl. (1959), S. 394.
[32] Epping, in: Ipsen, § 5 Rn. 2 ff.; Hailbronner, in: Graf Vitzthum, 3. Abschn. Rn. 77; Doehring, Rn. 49 f.
[33] Epping, in: Ipsen, § 5 Rn. 5.
[34] Epping, a.a.O.; Hailbronner, in: Graf Vitzthum, 3. Abschn. Rn. 78.
[35] Vgl. Verzeichnis der Mitglieder der Vereinten Nationen zur SVN im Sart. II, Anhang zu Nr. 1.
[36] Ebenso Verdross/Simma, § 380.
[37] Epping, in: Ipsen, § 5 Rn. 4.

vertraglich vereinbart sind. Auch das Vorliegen von Grenzstreitigkeiten lässt das Merkmal „Staatsgebiet" nicht entfallen. Vielmehr genügt die Existenz eines eindeutigen Kernbestands.[38]

Die *Republic of the Crocodiles* ist durch die eingerammten Grenzpfosten klar abgrenzbar. Eine Mindestgröße ist – ebenso wie beim Staatsvolk – nicht erforderlich.[39] Ein Staatsgebiet ist somit vorhanden.

cc) Staatsgewalt bedeutet die Fähigkeit, eine Ordnung auf dem Staatsgebiet zu organisieren (innere Souveränität) und nach außen selbständig und von anderen Staaten rechtlich unabhängig im Rahmen und nach Maßgabe des Völkerrechts zu handeln (äußere Souveränität).[40] Die Staatsgewalt muss effektiv sein, d.h. die staatliche Ordnung muss über ein gewisses Maß an Dauer und Festigkeit verfügen.[41]

(1) Die innere Souveräntität begegnet nach den Angaben im Sachverhalt keinen Bedenken. Die *Republic of the Crocodiles* verfügt über eine – wenn auch schlecht ausgestattete – Polizeitruppe. Bei einem Staatsvolk von 106 Personen dürfte die innerstaatliche Durchsetzung der Staatsgewalt auch mit einer nur einfach ausgerüsteten Polizeitruppe möglich sein.

(2) Problematischer erscheint dagegen der Aspekt der äußeren Souveränität. Laut Sachverhalt verfügt die *Republic of the Crocodiles* über keine Armee. Von daher wäre sie nicht in der Lage, ihre Staatsbürger gegen Angriffe von außen zu schützen. Allerdings beweist die jüngere Staatenpraxis, dass die Verteidigungsfähigkeit und somit auch die Existenz einer Armee keine Voraussetzung für die Annahme von Staatlichkeit ist. So wurde Japan am 18. Dezember 1956 in die VN aufgenommen, ohne dass der verfassungsmäßige Verzicht auf den Unterhalt militärischer Streitkräfte auch nur diskutiert worden wäre.[42] Bei Aufnahme der Seychellen am 21. September 1976 wurde das Fehlen von Streitkräften gar als Argument für die Friedensliebe verwendet.[43] Von daher wird man die Anforderungen an die Verteidigungsfähigkeit heute praktisch gleich null zu setzen haben.

Es fragt sich jedoch, ob unter dem Aspekt der äußeren Souveränität auch die sog. Staatenverkehrsfähigkeit zu verlangen ist, d.h. die Fähigkeit eines Staates, Beziehungen zu anderen Staaten zu unterhalten. Dieses Kriterium ist früher bisweilen als viertes konstitutives Element der Staatlichkeit gefordert worden, da ein Staat nicht für sich allein existiere, sondern am internationalen Rechtsverkehr müsse teilnehmen können.[44] Die *Republic of the Crocodiles* erfüllt diese Voraussetzung

---

[38] Hailbronner, in: Graf Vitzthum, 3. Abschn. Rn. 80.
[39] Siehe oben; ausreichend ist eine auf „natürliche Art gewachsene Erdoberfläche" unabhängig von deren Größe (VG Köln DVBl. 1978, 510; zu dieser Entscheidung s.a. Epping, in: Ipsen § 5 Rn. 4).
[40] Epping, in: Ipsen, § 5 Rn. 8.
[41] Dahm/Delbrück/Wolfrum, Bd. I/1, S. 129; Doehring, Rn. 116.
[42] Ginther, in: Simma, UNC (2002), Art. 4 Rn. 27.
[43] Darsow, Zum Wandel des Staatsbegriffs (1984), S. 216 m.w.N.
[44] Vgl. etwa die Montevideo-Convention vom 26. Dezember 1933, LNTS Bd. 165 S. 19; heute etwa noch Dahm/Delbrück/Wolfrum, Bd. I/1, S. 131.

nicht, da sie laut Sachverhalt mangels ausreichender Zahl von Staatsangehörigen über kein diplomatisches Corps verfügt. Freilich hat sich diese Auffassung nicht durchzusetzen vermocht.[45] Mikrostaaten haben bei Fehlen eines diplomatischen Corps die Möglichkeit, durch Stellvertreter zu handeln wie etwa Liechtenstein, das in außenpolitischen Angelegenheiten regelmäßig von der Schweiz repräsentiert wird.[46] Auch die Tatsache, dass Art. 4 Abs. 1 SVN die Fähigkeit, die Verpflichtungen aus der Charta zu erfüllen, als *zusätzliches* Kriterium zur Staatlichkeit nennt, spricht dagegen, die Verkehrsfähigkeit als viertes konstitutives Element zu fordern.

(3) Problematisch ist im Falle der *Republic of the Crocodiles* aber die notwendige Dauerhaftigkeit und Festigkeit des Staatsgebildes.[47] Laut Sachverhalt wurde die *Republic* im April 2005 proklamiert. Die Anerkennung durch Pazifika erfolgte am 1. Juni 2005. Wenn man nach der Proklamation noch eine gewisse Zeit für die Konstituierung der Regierung oder Ähnliches veranschlagt, erfolgte die Anerkennung bereits rund einen Monat nach Bildung des „Neustaates".

Die Dauerhaftigkeit eines Staatsgebildes ist objektiv im Wege einer Prognose *ex ante* zu beurteilen.[48] Fraglich ist aber, ob objektiv betrachtet genügend Anhaltspunkte dafür vorhanden sind, dass sich die *Republic of the Crocodiles* auf Dauer wird behaupten können. Wenn man hier berücksichtigt, dass Australien der Anerkennung der *Republic* durch Pazifika widersprochen und damit implizit zum Ausdruck gebracht hat, dass es nicht bereit ist, die Existenz der *Republic of the Crocodiles* auf seinem Staatsgebiet zu akzeptieren, wird man wohl zu dem Ergebnis kommen müssen, dass ein dauerhaftes Staatsgebilde mit effektiver Staatsgewalt noch nicht vorliegt.[49]

Damit aber hat Pazifika durch die vorzeitige Anerkennung der *Republic of the Crocodiles* in die inneren Angelegenheiten Australiens eingegriffen.

3. Rechtfertigung

Rechtfertigungsgründe (Art. 20 ff. ILC-Entwurf) für die vorzeitige Anerkennung sind nicht ersichtlich.

4. Ergebnis

Die vorzeitige Anerkennung der *Republic of the Crocodiles* durch Pazifika stellte eine völkerrechtswidrige Einmischung in die inneren Angelegenheiten Australiens dar.

---

[45] Epping, in: Ipsen, § 5 Rn. 3; Darsow, a.a.O., S. 215.
[46] Vgl. Blumenwitz, Die tschechisch-liechtensteinischen Beziehungen – Ein anhaltender Konflikt in Mitteleuropa, in: Festschrift für Hacker (1998), S. 349 m.w.N.
[47] Dazu Hailbronner, in: Graf Vitzthum, 3. Abschn. Rn. 81.
[48] Dahm/Delbrück/Wolfrum, Bd. I/1, S. 129.
[49] A. A. vertretbar.

II. Wirkungen der Anerkennung der *Republic of the Crocodiles*

Die Wirkung der Anerkennung ist umstritten.

1. Konstitutive Theorie

Einerseits wird vertreten, die Anerkennung habe konstitutive Wirkung, bedeute also die Zuerkennung von Rechtspersönlichkeit. Begründet wird diese Auffassung damit, dass erst die Anerkennung den neuen Staat dazu befähige, mit anderen Staaten in offizielle Beziehungen einzutreten, er folglich auch erst hierdurch zum Völkerrechtssubjekt werde.[50]

Diese Theorie begegnet durchgreifenden Bedenken. Gegen sie spricht insbesondere, dass ein neu entstandener Staat von denjenigen Staaten, die ihm die Anerkennung bislang verweigert haben, als *terra nullius* angesehen werden könnte mit der Konsequenz, dass das herrenlose Staatsgebiet in Besitz genommen werden dürfte.[51] Entsprechendes müsste für die Staatsbürger des neuen Staates gelten: Sie wären als staatenlos anzusehen, so dass die Ausübung diplomatischen Schutzes zu ihren Gunsten unzulässig wäre. Alle diese Konsequenzen lassen sich mit der Staatenpraxis nicht vereinbaren.

2. Deklaratorische Theorie

Von daher vertritt die Gegenauffassung, dass die Anerkennung für die Rechtspersönlichkeit nur Feststellungswirkung habe.[52] Die Staatsqualität als solche und somit auch die Völkerrechtssubjektivität[53] hängt danach allein vom Vorliegen der drei oben genannten Merkmale der Staatlichkeit ab. Diese Auffassung kann sich auf ein in allen Rechtsgebieten anzutreffendes, einheitliches Verständnis des Begriffs „Anerkennung" stützen. Demnach wird als „Anerkennung" die rechtliche Klarstellung einer ungewissen rechtlichen Lage bezeichnet.[54] Das aber bedeutet, dass der so bezeichnete Akt sich auf etwas bereits Vorhandenes bezieht, das der Kenntnisnahme fähig ist und nicht erst zum Zwecke nachfolgender Kenntnisnahme erschaffen werden muss.

3. Vermittelnde Lösung

Nach einer von *Verdross* entwickelten vermittelnden Lösung setzt sich die Anerkennung aus zwei Teilen zusammen: Sie besteht erstens aus der *deklaratorischen*

---

[50] Oppenheim, zit. nach: Epping/Gloria, in: Ipsen, § 22 Rn. 26.
[51] Bindschedler, Die Anerkennung im Völkerrecht, AVR 9 (1961/62), 376 (386).
[52] Vgl. Berber I, S. 231 f.; Verdross/Simma, § 961; Hailbronner, in: Graf Vitzthum, 3. Abschn. Rn. 168; Seidl-Hohenveldern/Stein, Rn. 642.
[53] Auf den Zusammenhang zwischen diesen Eigenschaften weisen Seidl-Hohenveldern/Stein, Rn. 642, zutreffend hin.
[54] Berber I, S. 233; Verdross/Simma, § 666; Hailbronner, in: Graf Vitzthum, 3. Abschn. Rn. 169.

Feststellung, dass sich eine neue unabhängige Herrschaftsordnung mit Aussicht auf Dauer durchgesetzt hat, und zweitens aus der *konstitutiven* Übereinkunft der Aufnahme des völkerrechtlichen Verkehrs.[55] Danach ist die Anerkennung für die Existenz eines Staates jedenfalls unbeachtlich.

4. Anwendung auf die *Republic of the Crocodiles*

Fraglich ist jedoch, ob der Theorienstreit im vorliegenden Fall überhaupt relevant wird, ob also nach der konstitutiven Theorie die Anerkennung der *Republic of the Crocodiles* durch Pazifika zur Entstehung eines neuen Staates geführt hat. Bedenken daran ergeben sich aufgrund des akzessorischen Charakters der Anerkennung (s.o.). Auch die konstitutive Theorie bestreitet nämlich nicht, dass die Anerkennung eines Staates vom endgültigem Vorliegen der drei Elemente Staatsgebiet, Staatsgewalt, Staatsvolk abhängig ist. Sie unterscheidet sich von der deklaratorischen Theorie nur in der Frage, ob ein Staat erst durch die Anerkennung entsteht oder bereits *ipso facto*.[56] Andernfalls ist die Anerkennung auch nach der konstitutiven Theorie ungültig und völkerrechtswidrig. Folglich hätte die Anerkennung der *Republic of the Crocodiles* durch Pazifika auch nach der konstitutiven Theorie nicht das Entstehen eines Staates zur Folge.

III. Anspruch auf Anerkennung?

Die Entscheidung der Frage, ob neu entstandenen Staaten ein Anspruch auf Anerkennung zugebilligt wird, hängt vor allem von der Bewertung der Wirkungen einer Anerkennung ab.

1. Konstitutive Theorie

Dass es einen solchen Anspruch gebe, vertreten vor allem Verfechter der konstitutiven Theorie (sog. *Lauterpacht*-Doktrin).[57] Von ihrem Standpunkt aus betrachtet, ist dies auch konsequent, da ohne einen Anspruch auf Anerkennung nebst korrespondierender Rechtspflicht hierzu auf Seiten der Mitglieder der Völkerrechtsgemeinschaft das Gebiet der neuen Staaten als *terra nullius* und ihre Staatsangehörigen als Staatenlose oder als Angehörige eines dritten Staats behandelt werden könnten, ohne dass dies mit den für die Anknüpfung derartiger Rechtsfolgen maßgeblichen Tatsachen in Einklang stünde. Insbesondere im Falle einer Sezession würde dies bedeuten, dass der Staat, von dem ein Teilgebiet sezediert ist, die Statusungewissheit unbegrenzt aufrechterhalten könnte.

---

[55] Berber I, S. 232 m.w.N.
[56] Bindschedler, Die Anerkennung im Völkerrecht, AVR 9 (1961/62), 376 (385); Dahm/Delbrück/Wolfrum, Bd. I/1, S. 200 mit Fn. 33.
[57] Vgl. Lauterpacht, Recognition in International Law (1947); vgl. auch Berber I, S. 231, m.w.N.

2. Deklaratorische/vermittelnde Theorie

Im Übrigen wird die These, es gebe einen Rechtsanspruch auf Anerkennung, in Anwendung der deklaratorischen wie der vermittelnden Theorie verworfen.[58] Auch diese Auffassung steht im Einklang mit dem ihr zugrunde liegenden Standpunkt. Soweit die Anerkennung danach konstitutive Wirkungen hat (vermittelnde Theorie), nämlich im Hinblick auf die Aufnahme förmlichen völkerrechtlichen Verkehrs, muss die Frage, ob ein Staat mit einem anderen, neuen Staat derartige Beziehungen aufzunehmen wünscht, von jedem Staat selbst beantwortet werden.

IV. Bedeutung des Selbstbestimmungsrechts der Völker

Bei der Frage, welche Bedeutung dem Selbstbestimmungsrecht der Völker bei einer Loslösung der *Republic of the Crocodiles* vom Staatsgebiet Australiens zukommt, ist vorrangig zu klären, ob es sich bei dem in Bezug genommenen Grundsatz um ein Recht oder lediglich um ein politisches Prinzip handelt. Alsdann ist der Inhalt des Selbstbestimmungsrechts zu ermitteln, insbesondere unter dem Aspekt, ob das Selbstbestimmungsrecht ein Recht auf Sezession gewährt.

1. Recht oder politisches Prinzip?

In der Literatur ist bisweilen behauptet worden, das Selbstbestimmungsrecht der Völker sei kein Recht, sondern lediglich ein politisches Prinzip.[59] Im Unterschied zur SVN, wo lediglich vom „Grundsatz der Selbstbestimmung der Völker" die Rede ist (vgl. Art. 1 Abs. 2, 55 SVN), spricht die Mehrzahl internationaler Dokumente von einem Selbstbestimmungs*recht*: so Art. 1 IPbürgR (und, gleich lautend, Art. 1 IPwirtR), die sog. *Friendly-Relations-Declaration* vom 24. Oktober 1970 (fünfter Grundsatz) oder die KSZE-Schlussakte von Helsinki vom 1. August 1975 (Punkt VIII). Der Rechtscharakter des Selbstbestimmungsrechts kann daher nicht länger bestritten werden, bisweilen[60] wird das Selbstbestimmungsrecht gar zum Bereich des *ius cogens* gezählt.

2. Inhalt

Inhaltlich wird unterschieden zwischen innerer und äußerer Selbstbestimmung. Die innere Selbstbestimmung erfasst die Einräumung von Autonomierechten.[61] Äußere Selbstbestimmung bedeutet das Recht eines Volkes, seinen politischen

---

[58] Vgl. Berber I, S. 234; Verdross/Simma, §§ 407, 965.
[59] Nowak, CCPR-Commentary (2005), Art. 1 Rn. 14 m.w.N.
[60] Nowak, CCPR-Commentary (2005), Art. 1 Rn. 3.
[61] Nowak, CCPR-Commentary (2005), Art. 1 Rn. 34.

Status und seine sozio-ökonomische Entwicklung frei von äußeren Einwirkungen bestimmen zu können.[62] Fraglich ist indes, ob das Selbstbestimmungsrecht auch ein Recht zur Sezession gewährt.

3. Recht auf Sezession?

Legt man dem Selbstbestimmungsrecht einen derartigen Inhalt bei, so gerät man in Konflikt mit dem Grundsatz der Staatensouveränität. Umgekehrt gilt aber, dass ein Selbstbestimmungsrecht, das die Möglichkeit einer Sezession kategorisch ausschließt, zu einer reinen Worthülse wird.[63] Erforderlich ist daher, in dem Spannungsfeld zwischen Souveränität und Selbstbestimmung einen Ausgleich zu schaffen, der einerseits verhindert, dass das Selbstbestimmungsrecht zu einer Destabilisierung der gegenwärtigen Staatenwelt führt, andererseits aber ausschließt, dass das Bekenntnis zur Selbstbestimmung über ein reines Lippenbekenntnis nicht hinausreicht.

Ein Ansatz hierfür findet sich in der bereits mehrfach erwähnten *Friendly-Relations-Declaration*. Dort heißt es im fünften Grundsatz: „Die vorstehenden Absätze sind nicht als Ermächtigung oder Ermunterung zu Maßnahmen aufzufassen, welche die territoriale Unversehrtheit oder die politische Einheit souveräner und unabhängiger Staaten teilweise oder vollständig auflösen oder beeinträchtigen würden", allerdings gilt dies nur für solche Staaten, „die sich in ihrem Verhalten von dem oben erwähnten Grundsatz der Gleichberechtigung und Selbstbestimmung der Völker leiten lassen und daher eine Regierung besitzen, welche die gesamte Bevölkerung des Gebietes ohne Unterschied der Rasse, des Glaubens oder der Hautfarbe vertritt."[64] Das bedeutet, dass nach der *Friendly-Relations-Declaration* der strikte Vorrang der territorialen Integrität nur dann gilt, wenn der betreffende Staat seinerseits das Selbstbestimmungsrecht achtet, indem er etwa Minderheiten Autonomierechte gewährt.

In diesem Sinne ist in der Literatur der Vorschlag gemacht worden, dass in Fällen massiver Menschenrechtsverletzungen gegenüber einer Minderheit, etwa bei Massentötungen von Menschen, das Selbstbestimmungsrecht zu einem Recht auf Sezession erstarkt,[65] dass also mit anderen Worten aus dem Selbstbestimmungsrecht in aller Regel nur ein Recht auf Autonomie im Sinne *innerer* Selbstbestimmung folgt, welches aber bei nachhaltiger Verweigerung der Autonomie in ein Recht auf *äußere* Selbstbestimmung – und damit auf Sezession – „umschlägt".[66] Das Verhalten der EU-Staaten im Fall des auseinander fallenden Jugoslawiens ist als eine Bestätigung dieses Ansatzes interpretiert worden. So war insbesondere im Zeitpunkt der Anerkennung Kroatiens durch die Staaten der Europäischen

---

[62] Nowak, CCPR-Commentary (2005), Art. 1 Rn. 32.
[63] In diesem Sinne Murswiek, Die Problematik eines Rechts auf Sezession, AVR 31 (1991), 307.
[64] Sart. II Nr. 4, S. 8.
[65] So etwa Doehring, in: Simma, UNC (2002), Self-Determination Rn. 61.
[66] Weitere Nachweise bei: Oeter, Selbstbestimmungsrecht im Wandel, ZaöRV 52 (1992), 741 (759) mit Fn. 84.

Union durchaus noch zweifelhaft, ob der Sezessionsversuch Kroatiens schon effektiv und dauerhaft geglückt war; gestand man aber dem kroatischen Volk ein Sezessionsrecht zu, da der Krieg Serbiens gegen Kroatien bereits Züge eines Vernichtungskrieges angenommen hatte, so ließ sich die möglicherweise verfrühte Anerkennung Kroatiens durch die EU-Staaten mit der Berufung auf das Selbstbestimmungsrecht des kroatischen Volkes rechtfertigen.[67] Allerdings gibt es nach wie vor Stimmen, die die Herleitung eines Sezessionsrechts aus dem Selbstbestimmungsrecht der Völker als mit der staatlichen Souveränität und territorialen Integrität unvereinbar kategorisch ablehnen.[68]

Kernsätze

1. Die **Auslegung** völkerrechtlicher Verträge orientiert sich vorrangig am Wortlaut (Art. 31 Abs. 1 WVK). Die **Analogie** ist – im Unterschied zur bloßen Vertragsauslegung – gerade dadurch gekennzeichnet, dass sie die Grenzen des Wortlauts überschreitet und einen ursprünglich nicht geregelten Sachverhalt erfasst. Es wird daher die Auffassung vertreten, Analogien verstießen gegen die staatliche Souveränität sowie gegen den Auslegungsgrundsatz von Treu und Glauben.

2. Für die **Zulässigkeit** von Analogieschlüssen im Völkerrecht wird im Schrifttum Art. 38 Abs. 1 lit. c IGH-Statut angeführt, der die analoge Heranziehung innerstaatlicher allgemeiner Rechtssätze gestattet. Auch im Nicaragua-Fall hat sich der IGH für die analoge Anwendung der Regeln des Vertragsrechts auf die Rücknahme einer – der Form nach einseitigen – Unterwerfungserklärung gem. Art. 36 Abs. 2 IGH-Statut ausgesprochen.

3. Sofern es um die analoge Heranziehung **völkervertraglicher** Normen geht, wird zudem vertreten, nur sog. *traités-loi* seien analogiefähig, d. h. rechtsetzende, auf eine Vielzahl von Fällen anwendbare Verträge, nicht hingegen sog. *traités-contrat*, also Verträge, die auf einen einmaligen Austausch von Leistungen gerichtet sind.

4. Obgleich es sich beim WÜD um einen *traité-loi* handelt, scheitert seine analoge Anwendung auf Sonderbotschafter jedenfalls daran, dass **keine planwidrige Lücke** vorliegt, da die Immunität von Sonderbotschaftern bewusst aus dem Regelungskonzept des WÜD ausgeklammert wurde.

5. Beim Recht der **diplomatischen Immunität** handelt es sich nach der Rechtsprechung des BVerfG um ein *self-contained régime*, das als *lex specialis* den Regeln der **Immunität von Staatsorganen** vorgeht. Konflikte ergeben sich, da die Immunität eines Diplomaten grundsätzlich nur im Empfangsstaat gilt (Art. 31 WÜD; Ausnahme Art. 40 WÜD), die Immunität als Staatsorgan hingegen *erga omnes* wirkt.

---

[67] In diesem Sinne – wenn auch vorsichtig – Murswiek, AVR 31 (1991), 307 (322).
[68] Z.B. Partsch, Von der Souveränität zur Solidarität, EuGRZ 1991, 469 (474).

Fall 4: Immunität eines Sonderbotschafters

6. Grundlage der Immunität als Staatsorgan ist die **Staatengleichheit** (*par in parem non habet iudicium*), die der diplomatischen Immunität hingegen die Funktionsfähigkeit der Mission (**Funktionstheorie**).

7. Vornehmlich im früheren Schrifttum anzutreffen ist die Auffassung von der **konstitutiven** Wirkung der Anerkennung, mit der die Lehre vom Anspruch auf Anerkennung korrelierte (*Lauterpacht*-Doktrin). Nach heute überwiegender Auffassung ist die Anerkennung jedoch nur **deklaratorisch**. Die Staatsqualität hängt danach allein vom Vorliegen der drei Elemente „Staatsgebiet – Staatsgewalt – Staatsvolk" ab. Ein Anspruch auf Anerkennung besteht nicht. Nach **vermittelnder** Auffassung ist die Anerkennung für die Staatsqualität deklaratorisch, für die Aufnahme völkerrechtlichen Verkehrs dagegen konstitutiv.

8. Alle drei Ansätze stimmen aber darin überein, dass die Anerkennung das Vorliegen der oben genannten drei Elemente voraussetzt (**Akzessorietät** der Anerkennung). Die bloße Anerkennung kann daher nicht zum Entstehen eines Neustaats führen, wenn eines der drei Elemente nicht voll ausgeprägt ist. Eine Mindestgröße von Staatsgebiet oder Staatsvolk ist dabei allerdings nicht erforderlich. Ebenso wenig ist das Vorliegen effektiver Staatsgewalt von der Existenz einer Armee (Verteidigungsfähigkeit) oder eines diplomatischen Corps (Staatenverkehrsfähigkeit) abhängig.

9. Durch die **vorzeitige Anerkennung** eines vermeintlich sezedierten Staates macht sich der anerkennende Staat einer Intervention in die inneren Angelegenheiten des Mutterstaats schuldig.

10. Das **Selbstbestimmungsrecht** der Völker ist nicht nur ein Grundsatz (vgl. Art. 1 Abs. 2, 55 SVN), sondern ein echtes Recht (Art. 1 IPbürgR, Art. 1 IPwirtR sowie *Friendly-Relations-Declaration* als Ausdruck von Völkergewohnheitsrecht). Es ist allerdings nicht als Ermächtigung oder Ermunterung zu Maßnahmen aufzufassen, „welche die territoriale Unversehrtheit oder die politische Einheit souveräner und unabhängiger Staaten teilweise oder vollständig auflösen oder beeinträchtigen würden" (5. Grundsatz der FRD). Dies gilt freilich nur zugunsten solcher Staaten, „die sich in ihrem Verhalten von dem Grundsatz der Gleichberechtigung und Selbstbestimmung der Völker leiten lassen und daher eine Regierung besitzen, welche die gesamte Bevölkerung des Gebietes ohne Unterschied der Rasse, des Glaubens oder der Hautfarbe vertritt" (ebd.).

Fall 5: Gebietserwerb und -verlust

Sachverhalt

In der Morgendämmerung des 14. August 1592 sichtete ein in Diensten des Königs von Hibernia stehender Seefahrer in den Weiten des Südmeers eine unbewohnte Inselgruppe und nannte sie „Aurora". Er explorierte eine Zufahrt und ließ im Namen des Königs die Flagge von Hibernia hissen. Hierüber wurde eine Urkunde errichtet, die vorgelegt werden kann. Sodann verließ die kleine Flotte die unwirtlichen Inseln wieder. Knapp 200 Jahre später erinnerte man sich in Hibernia der entlegenen Inselgruppe wieder; man räumte ihr in Anbetracht der geänderten weltpolitischen Lage strategische Bedeutung ein und entsandte ein Truppenkontingent, das im Januar 1765 auf einer der westlichen Inseln der Aurora-Gruppe einen kleinen befestigten Hafen errichtete. Etwa zur selben Zeit (vermutlich aber schon im Herbst 1764) landeten Truppen des Königreichs Lusitania und nahmen einige Inseln im östlichen Teil der Inselgruppe in Besitz. Der König von Lusitania betrachtete sich als rechtmäßigen Herrscher über die gesamte Inselgruppe, da Papst Alexander VI. bereits 1493 Lusitania diesen Teil der damals noch unbekannten Welt zugesprochen hatte.

Zwischen Lusitania und Hibernia kam es zu gewaltsamen Auseinandersetzungen um die Herrschaft über die Inselgruppe. Um einen regelrechten Krieg zwischen den beiden Staaten zu vermeiden, einigten sich Lusitania und Hibernia am 22. Januar 1771 durch Notenwechsel, den *„status quo ante"* wieder herzustellen, wobei die unterschiedlichen Rechtsauffassungen beider Seiten betreffend die Gebietshoheit über die Inselgruppe unberührt bleiben sollten.

Einsparungsmaßnahmen im Flottenministerium von Hibernia machten es wenig später unumgänglich, entferntere Flottenstützpunkte zumindest zeitweise abzuziehen. So räumten 1774 die Truppen Hibernias die Inselgruppe wieder. Der letzte Inselkommandant ließ aus diesem Anlass auf der Insel gut sichtbar eine Bleiplatte mit folgender Inschrift anbringen: „Allen Staaten wird hiermit kund und zu wissen gegeben, dass die Aurora-Inseln weiterhin im alleinigen Besitz des Königs von Hibernia stehen." Die Bleiplatte wurde um das Jahr 1790 von Truppen aus Lusitania entfernt; sie kann noch heute in einem Museum besichtigt werden. 1806 musste sich auch Lusitania von der Inselgruppe zurückziehen, da es mit seinen nach Unabhängigkeit strebenden Kolonien in Kriege verstrickt wurde. Walfänger und Robbenschläger betrachteten in den folgenden Jahren die Inseln als „regierungsloses Gebiet". Die einige hundert Seemeilen entfernt gelegene Republik Patagonia, die 1816 von Lusitania die Unabhängigkeit erstritten hatte, selbst aber noch unter chaotischen Verhältnissen litt, beanspruchte 1822 erstmals „als Rechtsnachfolger" Lusitanias die Oberhoheit über die Inseln, konnte aber keine stabile Regierungsgewalt über Aurora errichten.

Fall 5: Gebietserwerb und- verlust

Das Königreich Lusitania erkannte die neu entstandene Republik Patagonia nicht an und äußerte sich auch nicht zu den von Patagonia erhobenen Ansprüchen auf die Aurora-Inseln. Das Königreich Hibernia protestierte gegen Patagonias Ansprüche und ließ Aurora im Dezember 1832 durch seine Flotte wieder einnehmen. Die durch innenpolitische Schwierigkeiten abgelenkte Republik Patagonia leistete hierbei keinen Widerstand.

In den folgenden Jahren besiedelte Hibernia die Inseln größtenteils mit eigenen Staatsbürgern. Patagonia erkannte die Souveränität Hibernias über die Inseln nicht förmlich an, mit der Zeit normalisierten sich jedoch die Beziehungen beider Staaten. 1849 wurde sogar ein langfristiger Handels- und Freundschaftsvertrag abgeschlossen.

Zu einer diplomatischen Kontroverse kam es erst wieder im Jahre 1933, als auf Aurora eine Briefmarke erschienen war, die der Landung der Flotte Hibernias vor 100 Jahren gedachte. Seither herrschte zwischen den beiden Staaten offener Streit über die Zugehörigkeit der Inseln. Die VN-Generalversammlung forderte 1968 Hibernia und Patagonia, beide Mitglieder der Weltorganisation, auf, die Streitfrage „durch friedliche Verhandlungen unter Beachtung der Grundsätze des Selbstbestimmungsrechts und in Übereinstimmung mit den Interessen der Bevölkerung der Aurora-Inseln zu lösen". Nach jahrzehntelangem erfolglosen Verhandeln glaubte die Regierung Patagonias aus innenpolitischen Gründen nicht mehr länger zuwarten zu dürfen, nahm am 2. Februar 1996 die Inseln mit militärischer Gewalt im Handstreich ein und erklärte Aurora zur 10. Provinz Patagonias. Der Präsident von Patagonia erklärte vor seinem Parlament, einer Kriegserklärung an Hibernia habe es nicht bedurft, da es sich lediglich um eine „Polizeiaktion" gehandelt habe, durch die man fremde Eindringlinge vom angestammten Territorium Patagonias erfolgreich und für immer vertrieben habe; im Übrigen dürfe zur Durchsetzung „antikolonialer Ansprüche" jederzeit Gewalt angewendet werden. Den auf den Inseln verbliebenen ca. 2000 Einwanderern aus Hibernia, die momentan noch für das Mutterland votierten, deren Zukunft aber allein durch das näher gelegene Patagonia gesichert werden könnte, werde man im Sinne der Resolution der VN-Generalversammlung Minderheitenschutz im Staatenverbund von Patagonia gewähren; eine so relativ kleine Gruppe wie die der Inselbevölkerung könne nicht Träger eines eigenen Selbstbestimmungsrechts der Völker sein. Der Präsident unterstrich erneut die historischen Ansprüche Patagonias auf die Inseln: Nach der sog. *Uti-possidetis*-Doktrin sei Patagonia direkter Rechtsnachfolger Lusitanias, und dieses habe ältere Rechte an Aurora als Hibernia; im Übrigen habe Hibernia die Inseln im Jahre 1774 „derelinquiert"; wegen des universellen Gewaltanwendungsverbots könne sich Hibernia auch nicht auf die gewaltsame Inbesitznahme der Inseln im Jahre 1832 berufen. Schließlich ergebe sich die Zugehörigkeit der Auroragruppe zu Patagonia schon aus „geopolitischen" Gründen, da die entlegenen Inseln von keinem anderen Staat so gut erschlossen werden könnten wie von Patagonia.

Die Regierung von Hibernia ist der Auffassung, dass bei der Abwägung widersprechender historischer Ansprüche entscheidendes Gewicht der Tatsache zu-

87

komme, dass Hibernia die Inselgruppe entdeckt und zum Zeichen der Okkupation seine Flagge gehisst habe; eine Dereliktion komme schon deshalb nicht in Betracht, weil Lusitania und seine Rechtsnachfolger – wegen der auf der Insel 1774 angebrachten Inschrift – nicht vom *animus dereliquendi* Hibernias ausgehen durften; sollte Lusitania irgendwelche Gebietsansprüche auf Aurora gehabt haben, so seien diese 1806 erloschen – bevor die Republik Patagonia 1816 entstand. Im Übrigen sei auch der über ein Jahrhundert währende ungestörte und effektive Besitz der Inseln durch Hibernia rechtsbegründend. Das Königreich Hibernia will den Verlust der Inseln nicht tatenlos hinnehmen und Aurora, wenn nötig, mit militärischer Gewalt zurückerobern. Im Außenministerium soll deshalb geprüft werden, ob man sich wegen der Vorkommnisse auf Aurora schon im Kriegszustand mit Patagonia befinde oder ob Patagonia erst der Krieg erklärt werden müsse. Es bestehen Zweifel, ob gegen Patagonia sogleich die erforderlichen militärischen Maßnahmen ergriffen werden dürfen oder ob die Verurteilung Patagonias als Friedensbrecher durch den VN-Sicherheitsrat erst abzuwarten ist; es herrscht weiter Unklarheit, ob die Kampfhandlungen auch über das Gebiet der betroffenen Inseln hinaus auf die Hohe See und möglicherweise auch auf das gesamte Staatsgebiet von Patagonia ausgedehnt werden dürfen. Die geplanten Maßnahmen erscheinen schließlich nur Erfolg versprechend, wenn Patagonia gleichzeitig von seinen wichtigsten Handelspartnern abgeschnitten werden kann. Hibernia, das Mitglied der Europäischen Gemeinschaft ist, will deshalb erreichen, dass die EG ein Embargo gegen Patagonia (das nicht Mitglied der EG ist) verhängt. Außerdem möchte Hibernia wissen, ob es selbst, unabhängig von einem Vorgehen i.R.d. EG, Embargomaßnahmen gegenüber Patagonia treffen könnte.

Bearbeitervermerk:

In einem Gutachten ist auf alle aufgeworfenen Fragen des Völker- und Europarechts einzugehen.

Falllösung

I. Gebietshoheit über Aurora

Zu klären ist zunächst die Frage der Gebietshoheit über Aurora.

1. Gebietsansprüche Patagonias

Patagonia könnte Ansprüche als „Rechtsnachfolger Lusitanias" oder originäre Ansprüche haben. Voraussetzung für das Bestehen abgeleiteter Rechte Patagonias sind ein wirksamer Gebietstitel Lusitanias und der Übergang der Rechte auf Patagonia. Anzuwenden ist das zur Zeit der Rechtshandlung geltende Völkerrecht, d.h. bei Rechtserwerb das zur Zeit des Erwerbsakts, hinsichtlich des Bestands des Titels das jeweils zeitgleich geltende Völkerrecht.[1]

a) Erwerbstitel Lusitanias und Rechtsnachfolge Patagonias

Fraglich ist, ob überhaupt ein Erwerbstitel Lusitanias bestand, in den Patagonia hätte nachfolgen können.

aa) Erwerb der Inseln durch Schiedsspruch des Papstes zugunsten Lusitanias?

Auf die Zuteilung von Gebieten allein durch Ausspruch des Papstes im 15. Jahrhundert kann sich Lusitania im 18. Jahrhundert nicht mehr berufen. An die Stelle des alten Legitimitätsprinzips – der Papst verschafft kraft seiner Autorität abstrakt Rechte an Territorien – ist bereits im 17. Jahrhundert das Effektivitätsprinzip getreten. In der Staatenpraxis ist der Besitzstand, die effektive Besitzergreifung als ausschlaggebendes Moment für die Gebietsaufteilung der außereuropäischen Erdteile anerkannt worden, so namentlich in den Verträgen von Münster (1648) und Utrecht (1713).

bb) Inbesitznahme durch Lusitania 1764/65?

Die Okkupation[2] als Rechtstitel für die Gebietshoheit erfordert eine tatsächliche Inbesitznahme der Inseln als herrenloses Gebiet (*terra nullius*), die effektive Ausübung von Herrschaftsgewalt sowie den auf Aneignung gerichteten Willen (*animus domini*).

(1) Aurora könnte bereits 1764 wegen der Entdeckung der Inseln durch hibernische Seefahrer 1592 im Fremdbesitz Hibernias gestanden haben. Einer Besitzergreifung muss aber eine kontinuierliche Ausübung von Regierungsgewalt nachfolgen, ein einmaliger Akt bei der Entdeckung reicht nicht aus. Das einmalige Hissen einer Flagge vermag die andauernde Regierungsgewalt nicht zu ersetzen. Aufgrund der über 160 Jahren fehlenden Besitzausübung seitens Hibernias ist Aurora 1764 als „herrenlos" anzusehen.

(2) Lusitania hat mit der Landung von Truppen effektiv Besitz von einem Teilgebiet der Inseln ergriffen. Die Inbesitznahme erfordert auch keine vollständige Besiedlung des Gebietes; den Umständen nach reicht bei einer abgelegenen Inselgruppe eine Siedlung aus.[3] Damit käme es auf die zeitliche Aufeinanderfolge der Besitzergreifungsakte durch Lusitania und Hibernia an. Diese Frage kann aber offen bleiben, wenn etwaige Rechte Lusitanias jedenfalls nachträglich erloschen sind.

---

[1] Intertemporales Völkerrecht, vgl. M. Huber als Schiedsrichter im Palmas-Schiedsspruch, ZaöRV 29 (1929), 3 (24).
[2] Weiterführend Epping/Gloria, in: Ipsen, § 23 Rn. 29 ff.; Verdross/Simma, § 1154.
[3] Vgl. Weber, „Falkland-Islands" oder Malvinas? (1976), S. 64.

cc) Verlust der Gebietshoheit Lusitanias?

(1) Die gewaltsamen Auseinandersetzungen zwischen Lusitania und Hibernia bis 1771 haben keine neue faktische Situation geschaffen. Der Notenwechsel von 1771 hat auch keinen Verzicht auf die jeweiligen Ansprüche beinhaltet, da die Frage der Gebietshoheit nach dem Willen beider Mächte nicht entschieden werden sollte.

(2) Denkbar wäre auch eine Dereliktion durch Rückzug Lusitanias 1806. Die Aufgabe der Souveränität über ein Gebiet im Wege der Dereliktion erfordert objektiv, dass dieses endgültig von den Vertretern des Staates verlassen wird, begleitet von dem Willen zur endgültigen Besitzaufgabe (*animus derelinquendi*).[4] Lusitania hat nach der Räumung der Inseln 1806 nie wieder Besitz von Aurora erlangt. Die Präsenz patagonischer Vertreter auf den Inseln in dem Zeitraum von 1822 bis 1832 ist einer Wiedererlangung des Besitzes durch Lusitania nicht gleichzustellen. Weder wollte Patagonia selbst für die frühere Kolonialmacht handeln – es wollte eigene Gebietshoheit erwerben – noch wollte sich Lusitania das Handeln seiner früheren Kolonie zu Eigen machen. Es hat zu den Vorgängen von 1822 geschwiegen.

Ein entsprechender *animus derelinquendi* ist zwar von Lusitania nicht ausdrücklich bekundet worden, liegt aber konkludent in dem Stillschweigen zu den späteren Vorgängen. Zudem hat Lusitania später keine Gebietsansprüche mehr auf Aurora erhoben. Somit kann die Dereliktionsabsicht unterstellt werden. Daher ist ein gegebenenfalls wirksamer Erwerbstitel Lusitanias durch Dereliktion jedenfalls wieder untergegangen.

dd) Vorherige Rechtsnachfolge Patagonias?

Ein vor diesem Rechtsverlust abgeleiteter Erwerb seitens Patagonias kommt nicht in Betracht.

(1) Ein stillschweigender Rechtsverzicht Lusitanias zugunsten Patagonias, was die Rechte auf Aurora betrifft, scheidet aus, weil Lusitania 1822 seine frühere Kolonie Patagonia selbst noch nicht anerkannte.

(2) Patagonia konnte die Gebietshoheit Lusitanias auch nicht im Wege der Staatensukzession erwerben. Es fehlt nämlich bereits am Sukzessionstatbestand selbst.[5] Staatensukzession kann nicht mit Gesamtrechtsnachfolge gleichgesetzt werden. Es muss in jedem Einzelfall geprüft werden, ob Rechtspositionen übergegangen sind. Ein „automatischer" Rechtsübergang erfolgt nur hinsichtlich der mit dem betroffenen Staatsgebiet radizierten Rechte. Gemäß der im 18. Jahrhundert geltenden *Uti-possidetis*-Doktrin ist der *status quo*, der tatsächliche Besitz-

---

[4] Verdross/Simma, § 1155.
[5] Vgl. zu dessen Voraussetzungen Seidl-Hohenveldern/Stein, Rn. 1383 ff.; Epping, in: Ipsen, § 25 Rn. 2 ff.

stand zum Zeitpunkt der Souveränitätsausübung maßgeblich.[6] Die Aurora-Inseln lagen jedoch 1822 außerhalb des Gebietes, über das Patagonia effektive Regierungsgewalt ausüben konnte. Die neuentstandene oder im Entstehen begriffene Republik befand sich selbst auf ihrem Festlandsgebiet in einer Phase der Instabilität und war umso weniger in der Lage, tatsächliche Gewalt über Aurora auszuüben. Ein abgeleiteter Gebietstitel Patagonias scheitert daher auch bei den für Patagonia jeweils günstigsten Annahmen.

b) Originärer Besitzerwerb durch Patagonia?

aa) Okkupation im Jahre 1822?

In Betracht zu ziehen ist eine Okkupation der Inseln durch die Republik im Jahre 1822. Allerdings kann offen bleiben, ob Aurora 1822 noch herrenloses Gebiet war, denn es mangelt jedenfalls am Tatbestand der effektiven Besitzergreifung durch Repräsentanten Patagonias (s.o.). Zudem stellt sich auch hier wiederum die Frage, ob Patagonia 1822 ein insoweit völkerrechtlich handlungsfähiges Subjekt war.

bb) Ansprüche Patagonias wegen geographischer Nähe der Aurora-Gruppe?

Aurora liegt außerhalb der Territorialgewässer Patagonias, gehört von daher nicht zu dessen Staatsgebiet. Die Lage Auroras zu Patagonia kann aber aus Gründen der Geopolitik und der Versorgung eine einheitliche Staatsgewalt zweckmäßig erscheinen lassen. Dieses sog. „Kontiguitätsprinzip"[7] ist jedoch politischer, nicht völkerrechtlicher Natur. Ein entsprechender Gewohnheitsrechtssatz würde zudem eine einheitliche Staatenpraxis von angemessener Dauer und eine korrespondierende Rechtsüberzeugung voraussetzen. Weder für das 19. noch das 20. Jahrhundert kann ein solches Verhalten der Staaten festgestellt werden. Die geographische Lage ist zwar ein relevanter Umstand, schafft aber als solche keine Rechte aus Kontiguität.[8] Zudem stünde ein solches Prinzip im Konflikt zum Grundsatz der Territorialhoheit. Schließlich ist das Prinzip auch wegen seiner mangelnden Präzision und Abgrenzbarkeit bei der Rechtsanwendung ungeeignet.[9]

Es fand also auf Seiten Patagonias auch kein originärer Erwerb der Aurora-Inseln statt.

---

[6] Vgl. Weber, a.a.O., S. 106; zur Uti-possidetis-Doktrin vgl. Blumenwitz, Uti possidetis iuris – uti possidetis de facto, in: FS 600 Jahre Universität Würzburg, 2002, S. 377 ff.
[7] Vgl. Seidl-Hohenveldern/Stein, Rn. 1139 ff.
[8] A.A. vertretbar. Ausnahme ist der Festlandsockel oder andere geomorphologisch abgrenzbare Gebilde wie dem Festland vorgelagerte, optisch deutlich diesem zugehörige Inseln. Vgl. Verdross/Simma, § 1155.
[9] Vgl. insgesamt den Palmas-Schiedsspruch, ZaöRV 29 (1929), 3 (35 f.).

2. Rechtstitel Hibernias für die Gebietshoheit über Aurora

a) Originärer Gebietserwerb durch die Vorgänge im August 1592?

Die Entdeckung als solche gibt nach dem anzuwendenden Völkerrecht des 16. Jahrhunderts keinen vollwertigen Titel auf Souveränität über das entdeckte Gebiet. Sie verschafft dem Entdeckerstaat nur ein „Erwerbsrecht", einen zeitlich begrenzten Vorrang vor dritten Staaten, das Gebiet in Besitz zu nehmen.[10] Es muss daher sofort oder innerhalb einer angemessenen Zeit die Inbesitznahme erfolgen, ansonsten verfällt das vorläufige Recht.

Die Akte des hibernischen Seefahrers müssten daher den Tatbestand der Okkupation ausfüllen. Die Inseln waren zu dieser Zeit noch herrenlos. Die abstrakte Zuteilung dieses Gebiets an Lusitania durch Ausspruch des Papstes hatte dem Königreich kein Besitzrecht verschafft (s.o.). Weiter ist die effektive Besitzergreifung durch Repräsentanten Hibernias erforderlich. Der Seefahrer hat im Namen Hibernias dessen Flagge auf Aurora gehisst und eine Urkunde darüber errichtet. Diese symbolischen Akte reichen jedoch für eine dauerhafte Rechtsbegründung nicht aus, die Hoheitsrechte müssen auch tatsächlich ausgeübt werden. Da jedoch die Inseln nach ihrer Entdeckung wieder verlassen wurden und für mehr als 160 Jahre keinerlei Regierungsgewalt ausgeübt wurde, lässt sich aus diesen Vorgängen kein Recht Hibernias mehr ableiten (s.o.).

b) Okkupation durch Hibernia im Jahre 1765?

Ob Aurora zu der Zeit im Fremdbesitz von Lusitania stand, hängt nicht von den päpstlichen Bullen, sondern von der Reihenfolge der tatsächlichen Besetzungen der Insel durch Truppen beider Staaten ab. Geht man davon aus, dass sich eine Inbesitznahme durch Lusitania im Herbst 1764 nicht nachweisen lässt, war Aurora im Januar 1765 als *terra nullius* anzusehen. Der Wille zur Inbesitznahme sowie die Effektivität des Besitzes sind auf Seiten Hibernias zu bejahen. Seine Truppen sorgen auch in den Folgejahren für eine kontinuierliche Präsenz, die nicht durch die Auseinandersetzungen mit Lusitania gebrochen wird. Ebenso wenig gibt Hibernia seine – vermeintlichen – Rechte durch den Vertrag von 1771 auf. Daher hat Hibernia durch Okkupation die Gebietshoheit über Aurora im Jahre 1765 erlangt.

c) Besitzaufgabe durch Truppenabzug im Jahre 1774?

Fraglich ist allerdings, ob dieser Erwerbstitel durch Dereliktion untergegangen ist. Der effektive Besitz ist Hibernia mit dem Abzug seiner Truppen verloren gegangen.[11] Dies geschah jedoch nicht in der Absicht der Aufgabe dieses Gebietes (*animus derelinquendi*). Zum einen bekundet Hibernia seinen Willen, weiterhin die Gebietshoheit über Aurora auszuüben, mit einer auf der Insel angebrachten

---

[10] Sog. „Inchoate Title", vgl. Palmas-Schiedsspruch, ZaöRV 29 (1929), 3 (24).
[11] Auch hier ist wieder abzustellen auf die Voraussetzungen der Okkupation, vgl. Verdross/Simma, § 1154; Epping/Gloria, in: Ipsen, § 23 Rn. 29 ff.

Bleiplatte. Deren Beseitigung durch Lusitania dokumentiert nur die faktischen Besitzverhältnisse 1790, ändert aber nichts am Erklärungswillen und -inhalt.

Wegen des völkerrechtlichen Effektivitätsprinzips und seiner Anwendung auf die Okkupation entfaltet jedoch eine bloße Erklärung nur begrenzte Wirkung, wenn ihr die tatsächliche Lage widerspricht. Hier ist aber von Bedeutung, dass die der Erklärung Hibernias widersprechende Präsenz lusitanischer Truppen, begleitet von entsprechenden Besitzansprüchen, mit deren Rückzug 1806 beendet wird und bis 1822 keine konkurrierenden Ansprüche auf die Insel geltend gemacht werden. Gegen die Besitzansprüche Patagonias seit 1822 wehrt sich hingegen Hibernia – zunächst verbal, schließlich durch Wiedereinnahme der Inseln 1832. Daher ist abzugrenzen, ob das Verhalten Hibernias lediglich eine rechtlich irrelevante Diskontinuität oder Dereliktion darstellt.[12] Die rechtserhaltende Ausübung der Besitzrechte hängt, was die erforderliche Regelmäßigkeit und Intensität betrifft, von geographischen, politischen und anderen Umständen ab.

Gerade bei entlegenen, unbewohnten Gebieten müssen die Anforderungen niedriger sein. Unter Berücksichtigung der Tatsache, dass Dereliktionen in der Staatenpraxis außerordentlich selten bejaht werden, wird hier trotz der relativ langen, fünfzigjährigen Nichtausübung der Hoheitsrechte eine Dereliktion Auroras durch Hibernia abzulehnen sein.

d) Die Rechtslage der Inselgruppe seit der Einnahme Auroras durch Hibernia mit militärischen Mitteln im Jahre 1832

Fraglich ist, ob und wie sich die militärische Inbesitznahme durch Hibernia auswirkt.

aa) Durchsetzung des Rechtstitels mit militärischen Mitteln?

Wenn man also davon ausgeht, dass Hibernia 1832 einen gültigen Rechtstitel bereits innehatte, bleibt nur die Frage, ob dieser mit militärischer Gewalt durchgesetzt werden durfte. Das Völkerrecht des 19. Jahrhunderts kannte noch kein allgemeines Kriegs- und Gewaltverbot. Das *ius ad bellum* stand jedem Staat kraft seiner Souveränität zu.[13] Hibernia konnte daher ohne weiteres seine Rechte gegenüber Patagonia mit militärischer Gewalt durchsetzen.

bb) Erwerb eines Rechtstitels durch militärischen Akt und nachfolgende Besitzausübung?

Geht man allerdings davon aus, dass Hibernia 1832 noch keinen gültigen Rechtstitel innehatte, ist zu klären, ob Hibernia zumindest durch den militärischen Akt und die nachfolgende Besitzausübung bis zur Gegenwart einen Rechtstitel erlangt hat. Bei dieser Alternative scheidet eine rechtsgültige Okkupation im Jahr 1832 aus, da die Inseln nicht mehr frei von Fremdbesitz waren. Hibernia hätte

---

[12] Vgl. Verdross/Simma, § 1156.
[13] Zum *ius ad bellum* im Verlauf der Völkerrechtsgeschichte s. a. Berber II, S. 26 ff.

folglich vorerst nur faktischen Besitz erlangt, begleitet allerdings von dem Willen, auch rechtlich die Gebietshoheit über Aurora auszuüben. Dieser Besitz kann zum Recht erstarken, wenn eine kontinuierliche und friedliche Entfaltung von Staatsgewalt nachfolgt.[14] Diese Art des Rechtserwerbs ist in der Staatenpraxis anerkannt, unabhängig davon, ob man dies als Anwendungsfall des *Estoppel-Prinzips* oder der Ersitzung ansieht.[15]

Das Merkmal der friedlichen Besitzausübung besagt, dass diese ungestört, unbestritten und unangefochten sein muss. Es muss aus dem Verhalten des anderen Staates der Eindruck entstehen, dass dieser die fremde Besitzausübung widerspruchslos akzeptiert. Eine ausdrückliche Anerkennung des Besitzes durch andere Staaten ist nicht erforderlich. Patagonia hat nach 1832 zunächst keine Schritte gegen die Besitzergreifung der Inseln durch Hibernia unternommen. In dem 1849 zwischen beiden Staaten geschlossenen Freundschaftsvertrag liegt vielmehr eine Bestätigung der seitdem friedlichen Beziehungen.

Hibernias Rechtsposition wird somit erst durch Patagonias Proteste anlässlich der Jubiläumsbriefmarken 1933 in Frage gestellt. Der Zeitraum von 100 Jahren ungestörten Besitzes aber reicht aus, um ein Erstarken faktischen Besitzes zum Rechtstitel zu bewirken. Damit hat Hibernia auch bei den jeweils nachteiligsten Annahmen die Souveränität über Aurora erworben.

e) Veränderung der Rechtslage durch die SVN und allgemeines Völkerrecht des 20. Jahrhunderts?

Ein „Dekolonialisierungsgebot" mit dem Inhalt, dass Hibernia zur Übertragung der Hoheitsrechte über Aurora auf Patagonia verpflichtet wäre, gibt es nicht. Art. 73 SVN sieht als Ziel die volle „Selbstregierung" für Kolonien an, allerdings nur nach Maßgabe u. a. der Interessen der Einwohner des betroffenen Gebietes.[16] Hier ist der Zusammenhang mit dem Selbstbestimmungsrecht der Völker zu beachten.

Die Einwohner Auroras – eine „Urbevölkerung" gibt es nicht – haben sich aber gerade für den Verbleib bei Hibernia ausgesprochen. Somit erübrigt sich ein näheres Eingehen auf diesen Problemkreis, da jedenfalls Patagonia daraus keine für sich günstigen Rechtsfolgen ableiten kann.[17] Unabhängig von der Größe seiner Bevölkerung ist Aurora nicht Bestandteil Patagonias, so dass dieses hinsichtlich der Inseln keine eigenen Unabhängigkeitsansprüche hat. Ebenso wenig kann es die Rechte der Inselbewohner im fremden oder eigenen Namen ausüben.

---

[14] Vgl. Palmas-Schiedsspruch, ZaöRV 29 (1929), 3 (51 f.).
[15] Zu Ersitzung vgl. Epping/Gloria, in: Ipsen, § 23 Rn. 57 ff. Die Doktrin von *estoppel* ist auf den Gedanken des Vertrauensschutzes gegründet. Indem der andere Staat keinen Versuch macht, das fragliche Gebiet zurückzuerlangen, verzichtet er sozusagen auf diesen Gebietsteil (Gedanke der *acquiescence*). Vgl. dazu auch Verdross/Simma, § 1162; Graf Vitzthum, in: Graf Vitzthum, 1. Abschn. Rn. 134.
[16] Näher zu Art. 73 SVN Fastenrath, in: Simma, UNC (2002), Art. 73 Rn. 2 ff.
[17] Vgl. hierzu ausführlich Fall 4.

II. Völkerrechtskonformität von Gewaltmaßnahmen zwischen den Streitparteien

Klärungsbedürftig ist weiterhin die Völkerrechtmäßigkeit der Gewaltmaßnahmen.

1. *Ius ad bellum*

Problematisch ist zunächst, ob sich Patagonia unter Geltung der SVN auf ein *ius ad bellum* berufen kann.

a) Die patagonischen Gewaltmaßnahmen im Februar 1996

Die Frage des *ius ad bellum* stellt sich dann nicht, wenn es sich nur um eine interne Angelegenheit Patagonias gehandelt hat. Auch das Gewaltverbot gem. Art. 2 Ziff. 4 SVN gilt nur in den internationalen Beziehungen. Das bewaffnete Vorgehen eines Staates außerhalb seiner anerkannten Staatsgrenzen – zudem gegen Vertreter und Organe eines fremden Staates gerichtet – ist jedoch keine interne Maßnahme. Aurora war zuvor Gegenstand einer internationalen Streitigkeit zwischen den beiden Staaten und Gegenstand von VN-Resolutionen. Es ist den Staaten nach Art. 2 Ziff. 4 SVN verwehrt, ihre Gebietsansprüche – ob berechtigt oder nicht – mit Gewalt durchzusetzen. Art. 2 Ziff. 4 SVN gilt für den Aurora-Konflikt, da es sich nach allem nicht um eine innere Angelegenheit Patagonias handelt.

Das Recht zur Gewaltanwendung ergibt sich nicht aus vermeintlichen Besitzansprüchen – es gilt vielmehr der Grundsatz der friedlichen Streitbeilegung, Art. 2 Ziff. 3 SVN.[18] Ein Recht zum Krieg besteht auch nicht bei „antikolonialen Aktionen". Eine solche Ansicht würde in Konflikt mit Art. 2 Ziff. 4 SVN stehen. Daraus kann sich somit kein (Gewohnheits-)Rechtssatz entwickeln. Zudem ist Patagonia nicht Träger „antikolonialer Rechte" gegen Hibernia (s. o.).

Folglich verstoßen die Maßnahmen Patagonias gegen das Kriegs- und Gewaltverbot.

b) Zulässigkeit einer militärischen Reaktion Hibernias?

Hier kann sich ein *ius ad bellum* aus dem Selbstverteidigungsrecht nach Art. 51 SVN ergeben.[19] Ein bewaffneter Angriff liegt bei der Besetzung der Inseln unter Überwindung des Widerstands hibernischer Truppen vor. Für Selbstverteidigungsmaßnahmen bedarf es nicht der vorherigen Feststellung des Vorliegens von Angriffshandlungen durch den Sicherheitsrat nach Art. 39 SVN. Art. 51 SVN besagt ausdrücklich, dass das Selbstverteidigungsrecht des Staates nicht einge-

---

[18] Zu diesem Grundsatz vgl. Tomuschat, in: Simma, UNC (2002), Art. 2 (3) Rn. 10 ff.
[19] Zu Inhalt und Bedeutung des Art. 51 SVN s. a. Randelzhofer, in: Simma, UNC (2002), Art. 51 Rn. 4 ff.

schränkt werden soll. Erforderlich ist eine solche Feststellung nur für Zwangsmaßnahmen nach dem VII. Kapitel der SVN. Solange der Sicherheitsrat keine Maßnahmen zur Friedenserhaltung ergreift, besteht nach Art. 51 SVN das Selbstverteidigungsrecht uneingeschränkt.[20] Selbstverteidigungsmaßnahmen erfordern nach heutigem Völkerrecht, insbesondere der Staatenpraxis, keine vorhergehende Kriegserklärung.[21] Erforderlich ist gem. Art. 51 SVN lediglich eine Anzeige an den Sicherheitsrat.

c) Beginn des Kriegszustands

Fraglich ist, ob und ab welchem Zeitpunkt der Kriegszustand zwischen den beiden Staaten besteht. Kriegszustand bedeutet Suspendierung des Friedensvölkerrechts und Geltung des Kriegsvölkerrechts (*ius in bello*).[22] Grundsätzlich sind die Staaten zwar gemäß dem 3. Haager Abkommen von 1907 – soweit Vertragspartei – verpflichtet, vor Gewaltmaßnahmen Kriegserklärungen abzugeben. Der Kriegszustand tritt jedoch auch dann ein, wenn ohne eine solche Erklärung der Wille zumindest eines beteiligten Staates deutlich wird, den Konflikt nicht mehr mit den Mitteln des Friedensvölkerrechts auszutragen.[23]

Das kann gerade bei lokalen Konflikten fraglich sein, je nachdem, ob die Beziehungen der Parteien insgesamt von der gewaltsamen Austragung des Konflikts geprägt werden. Hier hängt der Kriegszustand von der weiteren Entwicklung ab. Hibernia will die Inseln mit militärischer Gewalt zurückerobern. Damit entscheidet es sich für die Anwendung von Mitteln des Kriegsrechts und suspendiert konkludent das Friedensvölkerrecht.

2. Räumliche Begrenzung des Kriegsgebiets

Die räumliche Begrenzung des Kriegsgebiets richtet sich nach dem *ius in bello*. Danach gehören zum Kriegsgebiet die Staatsgebiete und Küstengewässer der beteiligten Staaten sowie die Hohe See, für die Seekriegsrecht gilt.[24] Die Kampfhandlungen sind hier somit nicht auf das Gebiet der Aurora-Inseln beschränkt und können z. B. auf Patagonia ausgedehnt werden. Die räumliche Ausdehnung von Kriegshandlungen wird im *ius in bello* nicht durch das Verhältnismäßigkeitsprinzip beschränkt; es gilt der Grundsatz, dass der Gegner im gesamten Kriegsgebiet geschädigt werden darf, selbst wenn sich dessen Angriff auf ein enges Gebiet beschränkt hat.[25]

---

[20] Vgl. Bothe, in: Graf Vitzthum, 8. Abschn. Rn. 19.
[21] Zur diesbezüglichen Ausformung des Rechts auf Selbstverteidigung vgl. Randelzhofer, in: Simma, UNC (2002), Art. 51 Rn. 9 ff.
[22] Vgl. Berber II, S. 3.
[23] Zum Beginn des Krieges siehe grundsätzlich Berber II, S. 87 ff.
[24] Vgl. dazu Berber II, S. 116 f.
[25] Vgl. im Falklandkonflikt die Versenkung des argentinischen Kriegsschiffes „General Belgrano" durch britische Streitkräfte außerhalb der von Großbritannien festgelegten Sicherheitszone („*total exclusion zone*").

III. Abbruch der Wirtschaftsbeziehungen zu Patagonia

1. Abbruch der Wirtschaftsbeziehungen durch die EG

Fraglich ist, ob seitens der EG Wirtschaftssanktionen erfolgen könnten.

a) Befugnis der EG zum Erlass von Wirtschaftssanktionen nach Art. 301 EGV

Die EG hat gem. Art. 301 EGV n.F. die Befugnis zum Erlass von Wirtschaftssanktionen. Der seit In-Kraft-Treten des Vertrages von Amsterdam geltende Art. 301 EGV n.F. entspricht in seinem Wortlaut Art. 228a EGV a.F., der durch den Vertrag von Maastricht in den EGV eingefügt wurde. Er sieht ein zweistufiges Verfahren vor:[26]

(1) Erste Voraussetzung eines Embargo nach Art. 301 EGV n.F. ist, dass ein Handelsembargo im Rahmen der Gemeinsamen Außen- und Sicherheitspolitik (GASP) als Festlegung eines gemeinsamen Standpunktes gem. Art. 12, 15 EUV[27] oder als Annahme einer gemeinsamen Aktion i.S.d. Art. 12, 14 EUV beschlossen werden muss. Der Vorschlag, einen gemeinsamen Standpunkt oder eine gemeinsame Aktion anzunehmen, kann von jedem Mitgliedstaat und auch der Kommission eingebracht werden (Art. 22 EUV). Bezüglich der Abstimmung im Rat besagt Art. 23 Abs. 1 EUV, dass die Beschlüsse im Rahmen der GASP einstimmig getroffen werden. Ausnahmsweise gilt gem. Art. 23 Abs. 2 EUV das Prinzip der qualifizierten Mehrheit, wenn auf der Grundlage einer gemeinsamen Strategie gemeinsame Aktionen oder gemeinsame Standpunkte angenommen oder Beschlüsse zu deren Durchführung getroffen werden.

Im konkreten Fall hat der Rat keine gemeinsame Strategie beschlossen, und es geht auch nicht um die Durchführung von gemeinsamen Aktionen oder Standpunkten, sondern erst um deren Annahme. Demzufolge ist im gegebenen Fall Einstimmigkeit im Rat erforderlich.

(2) Gelingt Hibernia die Herbeiführung eines entsprechenden Beschlusses im Rahmen der GASP über ein Handelsembargo gegenüber Patagonia, so trifft gem. Art. 301 EGV der Rat auf Vorschlag der Kommission die erforderlichen Sofortmaßnahmen. Allerdings sind die Mitgliedstaaten in ihrer Entscheidung im Rat der EG über ein Handelsembargo gem. Art. 301 EGV frei, da die Entscheidung gem. Art. 12, 14 und 15 EUV im Rahmen der EU fällt. Die GASP-Entscheidung vermag den Rat in seiner gemeinschaftsrechtlichen Entscheidung nicht – jedenfalls nicht rechtlich – zu binden. Liegt ein entsprechender Beschluss des Rates im Rahmen der GASP vor, die Handels- und Wirtschaftsbeziehungen zu Patagonia auszusetzen, ist gem. Art. 301 EGV stets noch ein qualifizierter Be-

---

[26] Zu den Voraussetzungen des früheren Art. 228a EGV vgl. insbesondere Garçon, Handelsembargen der Europäischen Union auf dem Gebiet des Warenverkehrs gegenüber Drittstaaten (1997), S. 115 ff.
[27] Dabei handelt es sich um die Ausformung, auf die in der Praxis meist zurückgegriffen wird, siehe z. B. die Embargoverordnung Nr. 1263/94 gegen Haiti, ABl. Nr. L 270 vom 30. Oktober 1993, S. 73.

schluss des Rats in seiner Funktion als Organ der EG zur Ergreifung der erforderlichen Maßnahmen nötig.

b) Befugnis der EG zum Abbruch der Wirtschaftsbeziehungen gem. Art. 133 EGV

Bereits vor In-Kraft-Treten des Vertrages von Maastricht wurde der EWG nach einer weit verbreiteten Auffassung eine Befugnis zur Verhängung von Handelsembargen aus Art. 113 EWGV (nunmehr Art. 133 EGV n.F.) zugesprochen.[28] Die Qualifizierung des Abbruchs der Wirtschaftsbeziehungen als Maßnahme der Handelspolitik wurde folgendermaßen begründet: Nach Art. 113 EGV a.F. (= 133 EGV n.F.) oblag den EG-Organen auch die Anordnung einseitiger handelspolitischer Maßnahmen gegenüber Drittstaaten. Umstritten war jedoch, ob Handelsembargen unter den Begriff der Handelspolitik im Sinne der Norm fielen.

Die Kommission und die h.M. vertraten die sog. „instrumentelle Theorie", wonach auf die Instrumente der Sanktionsmaßnahme abzustellen sei, die in den Bereich des Handels fallen.[29] Dementsprechend ließ sich eine Kompetenz der EG zum Erlass von Handelsembargen begründen. Allerdings war auch zu beachten, dass Handelsembargen ausschließlich außenpolitischen Zielsetzungen dienen, der EG für die Außenpolitik aber die Zuständigkeit fehlte. Nach der früheren Auffassung des Rates konnten Embargomaßnahmen daher nicht auf Art. 113 EGV a.F. gestützt werden (sog. „finalistische Theorie"), so dass mangels Rechtsgrundlage die alleinige Kompetenz bei den Mitgliedstaaten verblieb.[30] In der Praxis wurde dieser Konflikt zwischen außen- und handelspolitischen Kompetenzen später durch ein „gemischtes Vorgehen" der Mitgliedstaaten und der EG gelöst. Zunächst erfolgte ein politischer Beschluss im Rahmen der „Europäischen politischen Zusammenarbeit" (EPZ, aus der später die GASP entwickelt wurde), der dann gemäß Art. 113 EGV a.F. umgesetzt wurde.

Fraglich ist aber im vorliegenden Fall, ob die EG auch nach Einführung des Art. 228a EGV a.F. – jetzt Art. 301 EGV n.F. – noch Embargomaßnahmen auf der Grundlage von Art. 133 EGV n.F. (Art. 113 EGV a.F.) ergreifen kann, also ohne einen vorherigen Beschluss im Rahmen der GASP, wie ihn Art. 301 EGV n.F. voraussetzt. Die Einführung des Art. 228a EGV a.F. hat zumindest die rein instrumentelle Theorie widerlegt,[31] da Art. 228a EGV a.F. (301 EGV n.F.) mit dem Erfordernis eines GASP-Beschlusses hervorhebt, dass die außenpolitische Komponente von Embargomaßnahmen nicht außer Acht gelassen werden dürfe. Nach der finalistischen Theorie scheidet eine Anwendung von Art. 133 EGV n.F. von vornherein aus, s. o. Art. 228a EGV a.F. (Art. 301 EGV n.F.) hat die vor sei-

---

[28] Hierzu näher Garçon, a.a.O., S. 42 ff.
[29] Nachweise bei Vedder in: Grabitz/Hilf, Kommentar zur Europäischen Union, Art. 133 Rn. 42.
[30] Nachweise bei Vedder, a.a.O., Art. 133 Rn. 67.
[31] Vgl. Blumenwitz in: Staudinger, Kommentar zum Bürgerlichen Gesetzbuch, 13. Aufl. (1996), Anh. zu Art. 6 EGBGB Rn. 41.

ner Einführung bestehende Praxis kodifiziert, so dass zumindest jetzt Handelsembargen nicht mehr auf Art. 133 EGV n.F. gestützt werden können. Art. 301 EGV n.F. stellt insofern eine *lex specialis* zu Art. 133 EGV n.F. dar.[32]

2. Abbruch der Wirtschaftsbeziehungen durch Hibernia

Fraglich ist zunächst die völkerrechtliche Zulässigkeit eines Abbruchs der Wirtschaftsbeziehungen durch Hibernia. Hibernia könnte Repressalien nach Friedensvölkerrecht gegen Patagonia als Reaktion auf dessen völkerrechtswidrigen Angriff verhängen.[33] Die Repressalie als Zwangs- bzw. Erzwingungsmittel des betroffenen Staates rechtfertigt ein ansonsten völkerrechtswidriges Vorgehen, hier z. B. den Bruch bestehender Handelsverträge u. Ä. Auch nach Kriegsvölkerrecht kann Hibernia im Rahmen des Wirtschaftskrieges[34] den Gegner mit wirtschaftlichen Mitteln schädigen. Eventuelle vertragliche Verpflichtungen aus Wirtschaftsbeziehungen sind im Kriegsfalle suspendiert.

Problematisch ist allerdings, dass Hibernia Mitglied der EG und somit an die Regeln des EGV gebunden ist. Fraglich ist, ob die Zuständigkeit der EG im Bereich der Wirtschaftssanktionen ausschließlicher Natur ist oder ob eine Parallelkompetenz der Mitgliedstaaten besteht.

Als der Erlass eines Handelsembargo noch auf Art. 113 EGV a.F. (= 133 EGV n.F.) gestützt wurde (nach einem Beschluss der Mitgliedstaaten i.R.d. EPZ, s. o.), wurde die Befugnis der Mitgliedstaaten, eigenständig Embargen zu verhängen, verneint, da die Handelspolitik einen ausschließlichen Zuständigkeitsbereich der EG darstellt. Eine Ausnahme galt nur unter den Voraussetzungen des Art. 224 EGV a.F. (= Art. 297 EGV n.F.).[35] Art. 301 EGV n.F. verweist nicht auf Art. 133 EGV n.F. Teilweise wird daher die Auffassung vertreten, die EG besitze keine ausschließliche Kompetenz und die Mitgliedstaaten könnten unabhängige Embargomaßnahmen ergreifen.[36] Jedenfalls besteht diese Möglichkeit aber weiterhin, wenn die Voraussetzungen des Art. 297 EGV n.F. vorliegen.[37] Zwischen Patagonia und Hibernia besteht eine ernste, eine Kriegsgefahr darstellende internationale Spannung i.S.v. Art. 297 EGV n.F. Hibernia könnte daher selbst ein Embargo gegen Patagonia erlassen, unabhängig davon, ob es ihm gelingt, einen dahingehenden Ratsbeschluss herbeizuführen.

---

[32] Schweitzer/Hummer, Europarecht, 5. Aufl. (1996), Rn. 1494.
[33] Zu den Voraussetzungen der Repressalie siehe ILC-Entwurf Art. 49 ff.; Verdross/Simma, §§ 1342 f.; Seidl-Hohenveldern/Stein, Rn. 1776 ff.
[34] Unter Wirtschaftskrieg versteht man alle „Maßnahmen einer Konfliktpartei (...), deren Ziel es ist, die Wirtschaftskraft des Gegners zu schwächen und insbesondere seine Versorgung mit lebenswichtigen Gütern zu unterbinden." So Bothe, in: Graf Vitzthum, 8. Abschn. Rn. 91.
[35] Vgl. Vedder, a.a.O., Art. 133 Rn. 69.
[36] Blumenwitz, a.a.O., Anh. zu Art. 6 EGBGB Rn. 41; a.A.: Oppermann, Europarecht, 2. Aufl. (1999), Rn. 1781.
[37] Herdegen, Europarecht, 5. Aufl. (2003), Rn. 371 f.; Streinz, Europarecht, 6. Aufl. (2003), Rn. 635.

Fälle und Lösungen mit Erläuterungen

Kernsätze

1. Die **Okkupation** als Rechtstitel für Gebietshoheit erfordert die tatsächliche Inbesitznahme eines herrenlosen Gebietes (*terra nullius*), die effektive Ausübung von Herrschaftsgewalt sowie den auf Aneignung gerichteten Willen (*animus domini*). Die Aufgabe der Souveränität über ein Gebiet im Wege der **Dereliktion** erfordert objektiv, dass dieses endgültig von den Vertretern der Staaten verlassen wird, begleitet von dem Willen zur endgültigen Besitzaufgabe (*animus derelinquendi*).

2. **Staatensukzession** kann nicht mit Gesamtrechtsnachfolge gleichgesetzt werden. Es muss in jedem Einzelfall geprüft werden, ob Rechtspositionen übergegangen sind. Ein automatischer Rechtsübergang erfolgt nur hinsichtlich der mit dem betroffenen Staatsgebiet radizierten Rechte. Nach der *Uti-possidetis*-**Doktrin** ist der *status quo*, der tatsächliche Bestand zum Zeitpunkt der Souveränitätsausübung maßgeblich.

3. **Faktischer Gebietsbesitz**, begleitet vom Willen, auch rechtlich die Gebietshoheit auszuüben, kann zum Recht erstarken, wenn eine kontinuierliche und friedliche Entfaltung von Staatsgewalt nachfolgt. Die Besitzausübung muss ungestört, unbestritten und unangefochten sein, um als friedlich zu gelten.

4. Aufgrund des **universellen Gewaltanwendungsverbots** nach Art. 2 Ziff. 4 SVN ist es den Staaten verwehrt, ihre Gebietsansprüche – ob berechtigt oder nicht – mit Gewalt durchzusetzen. Für Streitfragen wie diese gilt vielmehr der Grundsatz der friedlichen Streitbeilegung nach Art. 2 Ziff. 3 SVN. Ein *ius ad bellum* als Ausnahme vom Gewaltanwendungsverbot kann sich – abgesehen von Mandatierungen des Sicherheitsrates nach Kapitel VII SVN – nur aus dem Selbstverteidigungsrecht gem. Art. 51 SVN ergeben. Selbstverteidigungsmaßnahmen erfordern dabei weder die vorherige Feststellung von Angriffshandlungen i.S.d. Art. 39 SVN noch eine vorhergehende Kriegserklärung.

5. **Kriegszustand** bedeutet Suspendierung des Friedensvölkerrechts und Geltung des Kriegsvölkerrechts. Der Kriegszustand tritt auch ohne Kriegserklärung ein, wenn der Wille eines Staates deutlich wird, den Konflikt nicht mehr im Rahmen des Friedensvölkerrechts auszutragen. Zum Kriegsgebiet gehören die Staatsgebiete und Küstengewässer der beteiligten Staaten sowie die Hohe See.

6. Gemäß Art. 301 EGV n.F. besitzt die EG die Kompetenz zur Verhängung von **Handelsembargen** gegenüber Drittstaaten. Vorgesehen ist dafür ein zweistufiges Verfahren: ein Embargobeschluss des Rates im Rahmen der GASP und ein darauf folgender Embargobeschluss des Rates der EG gem. Art. 301 EGV n.F. Art. 133 EGV n.F. scheidet als Rechtsgrundlage aus. Die EG-Mitgliedstaaten können ihre Wirtschaftsbeziehungen zu Drittstaaten eigenständig nur unter den Voraussetzungen des Art. 297 EGV n.F. abbrechen.

Fall 5: Gebietserwerb und- verlust

Tabellarische Übersicht

Anmerkung: Tatsachenfeststellungen sind in Normalschrift, rechtliche Wertungen in Kursivdruck wiedergegeben.

Zeitleiste	Hibernia	Lusitania	Patagonia
1493		Aurora von Papst Alexander VI. zugesprochen *Legitimitätsprinzip (+)*	
1592	Entdeckung, Exploration, Flagge *animus sibi habendi?* (–)		
nach 1700		*mangels effektiver Ausübung von Herrschaftsgewalt wieder herrenlos*	
1764/65	befestigter Hafen im Westen	Inbesitznahme der östlichen Inseln	
		Effektivitätsprinzip (+), aber: zeitliche Abfolge ungeklärt	
1771		*Konflikt Hibernia/Lusitania ohne rechtliche Konsequenzen: status quo ante*	
1774	Rückzug unter symbolischer Rechtsverwahrung *Dereliktion?*		
1790		Beseitigung der symbolischen Rechtsverwahrung *occupatio terrae nullius?*	
1806		Rückzug von der Inselgruppe *Dereliktion?*	
1816/22	keine Anerkennung Patagonias, Protest	keine Anerkennung Patagonias	Anspruch Patagonias auf Aurora *Sezession/Staatensukzession uti possidetis iuris*

Fälle und Lösungen mit Erläuterungen

Zeitleiste	Hibernia	Lusitania	Patagonia
1832	Wiedereinnahme und Besiedelung *occupatio terrae nullius?*		kein Protest, keine förmliche Anerkennung
1849	Freundschaftsvertrag mit Patagonia *Ersitzung*		Freundschaftsvertrag mit Hibernia
1933	diplomatische Kontroverse		diplomatische Kontroverse
1996			Einnahme der Inseln mit Gewalt *occupatio bellica*; kein Gebietserwerb

Fall 6: Völkerrechtlicher Ehrschutz

Sachverhalt

Im Sommer 1993 wurde die Weltöffentlichkeit aufgerüttelt durch Berichte über Studentenunruhen in der Volksrepublik Catagua. Tausende Studenten gingen auf die Straßen, um friedlich gegen den kommunistischen Unterdrückerapparat zu demonstrieren. Als die Demonstranten immer mehr Anhänger gewannen, gab der Regierungschef von Catagua, Ministerpräsident Voreba, seinen Miliztruppen den Befehl, die auf dem Leninplatz der Hauptstadt versammelten Demonstranten mit Waffengewalt auseinander zu treiben. Die Soldaten gingen mit Panzern und Gewehren gegen die unbewaffneten Studenten vor. Insgesamt wurden mehr als tausend Demonstranten auf zum Teil barbarische Weise getötet.

Sechs Jahre später hat sich in der Welt die seinerzeitige Empörung über das brutale Vorgehen des Ministerpräsidenten von Catagua gelegt. Obwohl international tätige Menschenrechtsorganisationen darauf hinweisen, dass in Catagua noch immer Mitglieder der politischen Opposition ohne Gerichtsurteil in Umerziehungslagern festgehalten würden und es regelmäßig zu Folterungen komme, hat die Bundesregierung als erster westlicher Staat Ministerpräsident Voreba zu einem Deutschlandbesuch eingeladen. Von dem Besuch verspricht man sich eine Intensivierung der wirtschaftlichen Kontakte zu Catagua, verbunden mit dem Abschluss von Geschäften in Höhe von mehreren Milliarden Dollar. Dadurch könnte die deutsche Exportkonjunktur einen entscheidenden Anstoß für eine positive Entwicklung erhalten, was vor allem der Lage auf dem Arbeitsmarkt zugute käme. Wegen seines besonderen Charakters findet der Besuch unter internationaler Medienaufmerksamkeit statt.

Als Voreba im Laufe des Besuchs zusammen mit dem Botschafter von Catagua in Deutschland die Botschaft seines Landes in der Berliner Innenstadt besuchen möchte, fällt ihm unmittelbar vor dem Botschaftsgebäude eine aus Deutschen und Staatsangehörigen von Catagua bestehende Gruppe von etwa 150 Demonstranten auf, die mehrere Plakate hochhalten. Diese tragen die Aufschrift „Keine Geschäfte mit Voreba, dem Mörder vom Leninplatz!" und fordern die Gewährleistung der Menschenrechte in Catagua. Außerdem skandieren die Demonstranten: „Voreba – der Schlächter ist unter uns!" Voreba gibt seiner Betroffenheit über das seiner Ansicht nach ungebührliche, ihn als offiziellen Vertreter Cataguas beleidigende Verhalten der Demonstranten unter Hinweis auf die zahlreich anwesenden internationalen Medienvertreter lautstark Ausdruck. Die ordnungsgemäß angemeldete Demonstration wird daraufhin von der zuständigen Behörde gem. § 15 Abs. 2 i.V.m. Abs. 1 VersammlG aufgelöst. Zur Begründung wird ausgeführt, die öffentliche Sicherheit und Ordnung, insbesondere die Unversehrtheit der Rechtsordnung, seien unmittelbar gefährdet. Der Schutz der guten Beziehungen zwischen Deutschland und Catagua mache die Auflösung erforderlich. Außerdem stelle die Demonstration eine Einmischung in die inneren

Fälle und Lösungen mit Erläuterungen

Angelegenheiten von Catagua dar. Die Bundesrepublik Deutschland treffe zudem die völkerrechtliche Pflicht, Ehrverletzungen gegenüber dem Staat Catagua und seinem Ministerpräsidenten Voreba – auch wenn sie von privater Seite erfolgten – zu unterbinden.

Empört über die Auflösung ihrer Demonstration begeben sich Angela Allionda, eine in Deutschland lebende Dissidentin mit der Staatsangehörigkeit von Catagua, und Bernd Becker, ein deutscher Sympathisant der Opposition von Catagua, zur Botschaft Cataguas in Berlin. Dort wollen sie eine Unterschriftenliste übergeben, in der Voreba aufgefordert wird, demokratische Reformen in seinem Land einzuleiten und die inhaftierten Oppositionellen freizulassen. Bevor Angela Allionda und Bernd Becker das Botschaftsgelände betreten können, werden sie von einer Polizeistreife angehalten. Der zuständige Polizeibeamte untersagt ihnen das Betreten des Botschaftsgeländes. Die Übergabe der Liste könne unabsehbare Auswirkungen auf die politischen und diplomatischen Beziehungen zwischen der Bundesrepublik und Catagua haben und in Deutschland eine Vielzahl von Arbeitsplätzen kosten. Bei einer Abwägung der widerstreitenden Interessen müsse die „Profilierungssucht selbst ernannter Menschenrechtler" zurücktreten.

Daraufhin erhebt Angela Allionda Klage vor dem Verwaltungsgericht (VG) Berlin mit dem Antrag festzustellen, dass die Zugangsverweigerung zur Botschaft von Catagua rechtswidrig war. Zur Begründung beruft sie sich auf die in der Wiener Diplomatenrechtskonvention enthaltenen Rechte. Der mit der Sache befasste Richter Ratlos hat Zweifel, ob Angela Allionda als Einzelperson aus Völkervertrags- bzw. Völkergewohnheitsrecht ein eigenes Recht auf Zugang zur Botschaft von Catagua herleiten könne.

Bearbeitervermerk:

In einem Gutachten sind folgende Fragen zu beantworten:

1. War die Auflösung der Demonstration gemäß § 15 Abs. 2 i.V.m. Abs. 1 VersammlG rechtmäßig? Dabei ist von der formellen Rechtmäßigkeit der Auflösung auszugehen. Strafrechtliche Vorschriften bleiben bei der Bearbeitung außer Betracht.

2. Besteht eine völkerrechtliche Pflicht der Bundesrepublik Deutschland zur Gewährung des Zugangs zur Botschaft von Catagua? Welche Personen werden gegebenenfalls von diesem Zugangsrecht erfasst?

3. Kann Richter Ratlos das Bundesverfassungsgericht mit der Frage befassen, ob Angela Allionda als Einzelperson aus Völkervertrags- bzw. Völkergewohnheitsrecht ein eigenes Zugangsrecht zur Botschaft von Catagua zusteht? Wenn ja, wie wird das Bundesverfassungsgericht entscheiden?

Fall 6: Völkerrechtlicher Ehrschutz

Hinweis:

Catagua ist Mitglied der Vereinten Nationen (VN). Bislang gehört es jedoch keinem der internationalen Menschenrechtsverträge an.

Falllösung

Frage 1: Rechtmäßigkeit der Demonstrationsauflösung

I. Rechtsgrundlage

Als belastender Verwaltungsakt bedarf die Demonstrationsauflösung einer gesetzlichen Grundlage. In Betracht kommt insoweit allein § 15 Abs. 2 i.V.m. Abs. 1 VersammlG.

II. Formelle Rechtmäßigkeit

Von der formellen Rechtmäßigkeit der Demonstrationsauflösung ist laut Bearbeitervermerk auszugehen.

III. Materielle Rechtmäßigkeit

Gem. § 15 Abs. 2 i.V.m. Abs. 1 VersammlG kann eine Versammlung aufgelöst werden im Falle einer Gefahr für die öffentliche Sicherheit oder Ordnung. Als „Versammlung" i.S.d. § 15 VersammlG gilt eine Mehrheit von natürlichen Personen, die an einem gemeinsamen Ort zusammengekommen sind, um unter Einwirkung auf die Öffentlichkeit gemeinsam in einer öffentlichen Angelegenheit eine Diskussion zu führen und/oder eine kollektive Aussage kundzutun.[1] Laut Sachverhalt besteht die Demonstrantengruppe vor der Botschaft aus etwa 150 Teilnehmern, die die Gewährleistung der Menschenrechte in Catagua fordern. Der Versammlungsbegriff des § 15 VersammlG ist damit erfüllt.

Unter „öffentlicher Sicherheit" versteht man den Schutz zentraler Rechtsgüter wie Leben, Gesundheit, Freiheit, Ehre, Eigentum und Vermögen des einzelnen sowie die Unversehrtheit der Rechtsordnung und der staatlichen Einrichtungen.[2] Im vorliegenden Fall könnte die Unversehrtheit der Rechtsordnung gefährdet sein.

---

[1] Knemeyer, Polizei- und Ordnungsrecht, 10. Aufl. (2004), Rn. 542.
[2] BVerfGE 69, 315 (353); Knemeyer, a.a.O., Rn. 100.

Anm.: Laut Bearbeitervermerk bleiben strafrechtliche Vorschriften außer Betracht. Deshalb soll an dieser Stelle lediglich der kurze Hinweis erfolgen, dass das BVerwG einen vergleichbaren Fall vorrangig am Tatbestand des § 103 StGB gemessen hat. Nach Ansicht des Gerichts käme ein Rückgriff auf die hier angesprochenen völkerrechtlichen Probleme nur dann in Betracht, wenn „das Zeigen der beiden Spruchbänder nicht schon aufgrund der vorliegend einschlägigen Vorschriften der §§ 103, 193 StGB als Störung der öffentlichen Sicherheit zu bewerten wäre."³

Zur Rechtsordnung zählen auch die für die Bundesrepublik Deutschland verbindlichen Normen des Völkerrechts. Das Grundgesetz kennt zwei Möglichkeiten, Völkerrecht in die deutsche Rechtsordnung umzusetzen („gemäßigter Dualismus"⁴): Gem. Art. 59 Abs. 2 S. 1 GG wird völkerrechtlichen Verträgen durch das Zustimmungsgesetz der innerstaatliche Rechtsanwendungsbefehl erteilt. Dagegen sind gem. Art. 25 S. 1 GG die „allgemeinen Regeln des Völkerrechts" unmittelbarer Bestandteil des Bundesrechts. Davon erfasst sind jedenfalls die Regeln des Völkergewohnheitsrechts.⁵ Im Folgenden wird daher jeweils zu prüfen sein, ob die entsprechende Völkerrechtsnorm über Art. 25 S. 1 bzw. 59 Abs. 2 S. 1 GG Eingang in die deutsche Rechtsordnung gefunden hat.

1. Belastung der Beziehungen zu Catagua

§ 15 VersammlG schützt die *Rechtsordnung*, nicht aber weiterreichende außen- oder wirtschaftspolitische *Interessen* der Bundesrepublik. Eine nur nach politischen Kriterien messbare Belastung in den Beziehungen zu Catagua muss deshalb in Kauf genommen werden, wenn es um die Verwirklichung der Meinungsäußerungs- und Demonstrationsfreiheit geht.

2. Einmischung in die inneren Angelegenheiten von Catagua

Die Demonstranten haben unter internationaler Medienaufmerksamkeit die Einhaltung der Menschenrechte in Catagua gefordert. Darin könnte ein Verstoß gegen das völkerrechtliche Einmischungsverbot zu sehen sein. Problematisch ist hier allerdings, dass allein die Demonstranten als Privatpersonen die Einhaltung der Menschenrechte gefordert haben.

a) Verantwortlichkeit für das Handeln Privater

Die Catagua möglicherweise verletzenden Handlungen gingen damit nicht unmittelbar von der Bundesrepublik Deutschland aus; diese kann völkerrechtlich relevant nur durch die zu Außenkontakten befugten Staatsorgane, nicht aber

---

[3] BVerwGE 64, 55 (59f.).
[4] Hierzu ausführlich Schweitzer, Staatsrecht III, Rn. 33 ff.
[5] Streinz, in: Sachs, GG, Art. 25 Rn. 32 f. Ob darüber hinaus auch die „allgemeinen Rechtsgrundsätze der Kulturnationen" (Art. 38 Abs. 1 lit. c IGH-Statut) unter den Begriff der „allgemeinen Regeln des Völkerrechts" zu fassen sind, ist umstritten, hierzu Streinz, a.a.O., Rn. 34 ff.

durch Individuen handeln.⁶ In Betracht kommt aber eine Verantwortlichkeit wegen Unterlassens. Ein völkerrechtliches Delikt kann nicht nur durch aktives Tun, sondern auch durch Unterlassen der rechtlich gebotenen Handlung begangen werden (vgl. Art. 2 ILC-Entwurf). Handeln Einzelpersonen, für die die Bundesrepublik völkerrechtlich Verantwortung trägt, auf eigene Initiative, so ist die Bundesrepublik im Rahmen der erforderlichen Sorgfalt („*due diligence*") verpflichtet, diese an der Verletzung völkerrechtlich geschützter Rechtsgüter zu hindern bzw. strafrechtlich zu verfolgen („*prevent or punish*").⁷ Ein Zurechnungsproblem besteht hierbei nicht, da auf das Verhalten von Staatsorganen abgestellt wird.

Kraft ihrer Territorialhoheit ist die Bundesrepublik gehalten, rechtswidrige Aktionen auf ihrem Staatsgebiet gegen Catagua zu unterbinden. Im Rahmen der *due diligence* wird man dabei der Forderung nach Einhaltung der Menschenrechte durch Privatpersonen einen geringeren Intensitätsgrad beimessen dürfen, als wenn diese Forderung von offiziellen Vertretern gestellt wird. Jedenfalls wenn eine Demonstration wie hier unter der Beobachtung durch ausländische Medien stattfindet, kommt dem jedoch eine erhöhte internationale Bedeutung zu. Durch die Duldung der Demonstration könnte die Bundesrepublik Deutschland somit gegen Völkerrecht verstoßen haben, wenn die Voraussetzungen für eine verbotene Einmischung in die inneren Angelegenheiten Cataguas vorliegen.⁸

b) Verstoß gegen das Einmischungsverbot?

Das moderne Völkerrecht ist durch einen weiten Interventionsbegriff gekennzeichnet: War der Begriff der Intervention nach klassischem Völkerrecht auf die Einmischung mit Waffengewalt beschränkt, zählen heute aufgrund der zahlreichen zwischenstaatlichen Verflechtungen neben militärischen Maßnahmen auch wirtschaftliche, politische und subversive Eingriffe dazu. Dieses weite Verständnis kommt in Resolutionen der Generalversammlung zum Ausdruck⁹ und ist im Nicaragua-Fall auch vom IGH zugrunde gelegt worden; allerdings hat der IGH klargestellt, dass nur die mit Zwang („*coercion*") verbundene Einwirkung auf das politische, wirtschaftliche, soziale oder kulturelle System eines Staates als verbotene Intervention anzusehen ist.¹⁰

---

⁶ Eine Besonderheit besteht freilich dann, wenn staatliche Stellen Handlungen Privater öffentlich unterstützen, sich deren Verhaltensweisen also zu Eigen machen. In derartigen Fällen werden die Privatpersonen als sog. „*agents of state*" dem Staat unmittelbar zugerechnet. Vgl. IGH, *United States Diplomatic and Consular Staff in Tehran*, ICJ Rep. 1980, S. 3 (33 ff.).
⁷ Verdross/Simma, § 1281; Schröder, in: Graf Vitzthum, 7. Abschn. Rn. 25 m.w.N.
⁸ Explizit zum Fall der „Intervention durch Privatpersonen" auch Fischer, in: Ipsen, § 59 Rn. 52.
⁹ Vgl. etwa die „*Declaration on the Inadmissibility of Intervention in the Domestic Affairs of States and the Protection of their Independence and Sovereignty*", GV-Res. 2131 (XX) vom 21. Dezember 1965 sowie die „*Friendly-Relations-Declaration*", GV-Res. 2625 (XXV) vom 24. Oktober 1970, dritter Grundsatz (Sart. II Nr. 4).
¹⁰ ICJ Rep. 1986, S. 14 (108).

Im Verhältnis der Vereinten Nationen und ihrer Organe zu den Mitgliedstaaten ist das Interventionsverbot in Art. 2 Ziff. 7 SVN niedergelegt. Im zwischenstaatlichen Bereich hingegen besteht es kraft Völkergewohnheitsrechts. Es ist zugleich Ausdruck der souveränen Gleichheit aller Staaten (vgl. Art. 2 Ziff. 1 SVN) und leistet einen wesentlichen Beitrag zur friedlichen Ausgestaltung der zwischenstaatlichen Beziehungen (vgl. Art. 1 Ziff. 1 und 2 SVN).[11]

Als Regel des Völkergewohnheitsrechts ist das Interventionsverbot gem. Art. 25 S. 1 GG in die innerdeutsche Rechtsordnung inkorporiert.

Schutzgut des Interventionsverbots sind die „inneren Angelegenheiten" (*domestic jurisdiction, domaine réservé*). Darunter versteht man den Bereich, der der ausschließlichen Zuständigkeit eines Staates vorbehalten ist.[12] Hierzu zählt grundsätzlich auch die Gewährleistung der Menschenrechte, denn die Ausgestaltung der Beziehungen eines Staates zu seinen Bürgern ist eine genuin innerstaatliche Aufgabe. Allerdings hat sich die Staatengemeinschaft in einer Vielzahl von Dokumenten – von der Allgemeinen Erklärung der Menschenrechte vom 10. Dezember 1948 über die beiden Menschenrechtspakte vom 19. Dezember 1966 bis hin zu einer Reihe von Einzeldeklarationen – mit Menschenrechtsfragen beschäftigt. Es ist daher wie folgt zu unterscheiden:

aa) Gehört Catagua den beiden Menschenrechtspakten an, so ist ihm die Berufung auf innere Angelegenheiten verwehrt. Durch den Abschluss eines völkerrechtlichen Vertrages macht ein Staat dessen Inhalt zum Gegenstand des zwischenstaatlichen Verkehrs. Eine Forderung nach Erfüllung des Vertrages stellt dann keine verbotene Einmischung mehr dar.[13] Catagua ist jedoch laut Hinweis im Sachverhalt nicht Vertragspartei der Menschenrechtspakte.

bb) Von daher stellt sich die Frage, ob die Menschenrechte nicht in einem gewissen Umfang dem Bereich der inneren Angelegenheiten entzogen, also gleichsam „internationalisiert" sind mit der Folge, dass schon tatbestandlich keine verbotene Intervention vorläge. Dagegen lässt sich vorbringen, dass Aufforderungen zur Beachtung der Menschenrechte zwischenstaatliche Spannungen herbeiführen und so das friedliche Zusammenleben der Staaten stören könnten. Schwerer dürfte jedoch wiegen, dass nach heutigem Verständnis die grundlegenden Menschenrechte „*concern of all States*" und eine *obligatio erga omnes* sind.[14] Ferner verpflichtet Art. 56 SVN die Staaten zur Zusammenarbeit in diesem Bereich. Deshalb wird man die Menschenrechte jedenfalls insoweit als internationalisiert ansehen dürfen, als allgemeine Aufforderungen zu ihrer Einhaltung keine verbotene Einmischung in die inneren Angelegenheiten mehr darstellen.[15] Damit aber

---

[11] Ausführlich Fischer, in: Ipsen, § 59 Rn. 54 ff. sowie Verdross/Simma, §§ 490 ff.
[12] Fischer, in: Ipsen, § 59 Rn. 53.
[13] Doehring, Rn. 193; Verdross/Simma, § 494 unter Verweis auf IGH, „*Interpretation of Peace Treaties with Bulgaria, Hungary and Romania*", ICJ Rep. 1950, S. 65 (70 f.).
[14] Vgl. IGH, „*Barcelona Traction*", ICJ Rep. 1970, S. 3 (32).
[15] Wie hier Doehring, Rn. 193; Verdross/Simma, § 494.

war insofern die Auflösung der Demonstration nicht von Völkerrechts wegen geboten. Eine Gefahr für die öffentliche Sicherheit lag insoweit nicht vor.

3. Beleidigung eines ausländischen Ministerpräsidenten

Die Demonstranten haben sich jedoch nicht auf die Forderung nach Einhaltung der Menschenrechte beschränkt. Sie haben den Ministerpräsidenten Voreba als „Mörder" und „Schlächter" bezeichnet. All dies trug sich vor der Botschaft Cataguas zu. Darin könnte eine Verletzung der Ehre des Staates Catagua liegen. Das Recht auf Ehre hat im Völkerrecht eine eigenständige Funktion. Es ist Ausfluss einer der Grundpflichten der Völkergemeinschaft und leitet sich als solche aus dem Recht jedes Staates auf Achtung seiner Rechtspersönlichkeit ab, und zwar im Sinne *ideeller* Selbstbehauptung im Gegensatz zur *territorialen* Integrität.[16] Es ist völkergewohnheitsrechtlich anerkannt[17] und deshalb über Art. 25 S. 1 GG Bestandteil der innerdeutschen Rechtsordnung.

Im Bereich des Diplomatenrechts ist die Bundesrepublik zudem durch Art. 22 Abs. 2 und 29 S. 3 WÜD gehalten, Angriffe auf die Würde der Mission bzw. der Diplomaten abzuwehren. Diese Normen sind durch Vertragsgesetz gem. Art. 59 Abs. 2 S. 1 GG in die deutsche Rechtsordnung inkorporiert worden. Da das WÜD weitestgehend bereits bestehendes Völkergewohnheitsrecht kodifiziert hat,[18] sind die gewohnheitsrechtlichen Regeln zudem über Art. 25 S. 1 GG Teil der innerstaatlichen Rechtsordnung.[19]

Somit ist wiederum zu prüfen, ob die Duldung der Voreba betreffenden Äußerungen einen Völkerrechtsverstoß der Bundesrepublik Deutschland begründet hätte.

a) Ehrverletzung

Das Recht auf Ehre verbietet es, Staatsoberhäupter, Staatsorgane oder Staatssymbole (insbesondere die Flagge) durch die Kundgabe von Missachtung oder Nichtachtung herabzuwürdigen.[20] Die Bezeichnung des Ministerpräsidenten Voreba als „Mörder" und „Schlächter" verstößt gegen diese Prinzipien des Ehrschutzes. Ebenso wurde durch das Hochhalten des Spruchbandes in unmittelbarer Nähe der Botschaft von Catagua die Würde der Mission i.S.v. Art. 22 Abs. 2 WÜD verletzt. Inwieweit daneben eine Verletzung der Würde des Botschafters von Catagua (Art. 29 S. 2 WÜD) vorliegt, lässt sich nicht abschließend klären. Die Plakate greifen den Botschafter nicht direkt an, doch lassen die näheren Um-

---

[16] Vgl. Epping, in: Ipsen, § 26 Rn. 15.
[17] Verdross/Simma, § 455; vgl. ferner die „*Declaration on the Inadmissability of Intervention in the Domestic Affairs of States and the Protection of their Independence and Sovereignty*", GV-Res. 2131 (XX) vom 21. Dezember 1965: *„recognition of the inherent dignity (...) of all members of the human family".*
[18] Vgl. nur Fischer, in: Ipsen, § 35 Rn. 3
[19] Zu diesem Problem ausführlich unten Frage 3.
[20] Vgl. Epping, in: Ipsen, § 26 Rn. 15; Berber I, S. 207.

stände – Zeigen der Spruchbänder in unmittelbarer Nähe der Botschaft – darauf schließen, dass auch der Botschafter selbst als ein Helfer des als „Mörder" und „Schlächter" bezeichneten Voreba in den Kreis der Beteiligten einbezogen sein soll.[21]

Ob es für den Staat Catagua im Bereich der Ehre ebenfalls Pflichten gibt – nämlich die, sich des Rechts auf Ehre durch ehrenhaftes Betragen würdig zu erweisen –, ist umstritten.[22] Solange die diplomatischen Beziehungen aufrecht erhalten werden, muss jedoch ein Mindeststandard an internationaler Höflichkeit eingehalten werden, der mit der Titulierung eines auswärtigen Regierungschefs als „Mörder" und „Schlächter" eindeutig unterschritten wird.

Ein Wahrheitsbeweis dahingehend, dass Voreba für die Tötungen von 1993 strafrechtlich verantwortlich und deshalb zutreffend als „Mörder" bezeichnet worden sei, erscheint daher ebenfalls nicht zulässig. Unabdingbare institutionelle Mindestvoraussetzung des friedlichen Zusammenlebens der Staaten „ist die Unverletzlichkeit der Würde der – durch ihren Ministerpräsidenten und den Leiter ihrer diplomatischen Vertretung repräsentierten – am internationalen völkerrechtlichen Verkehr beteiligten Staaten nicht zuletzt auch im Interesse des Empfangsstaates." Dieser Mindestvoraussetzung kommt „besondere Bedeutung für das friedliche Verhältnis gerade zwischen Staaten zu, deren Ordnungssysteme und Gesellschaftsordnungen sich grundsätzlich voneinander unterscheiden."[23]

b) Verantwortlichkeit für das Handeln Privater

Wie oben ausgeführt, ist der Bundesrepublik das Handeln Privater nicht direkt zurechenbar. Vielmehr kommt auch hier allein die Begehungsform des Unterlassens von Seiten der deutschen Staatsorgane in Betracht.

c) Rechtfertigung

Fraglich ist jedoch, ob sich die Bundesrepublik gegenüber Catagua nicht auf einen Rechtfertigungsgrund hätte berufen können (vgl. Art. 20 ff. ILC-Entwurf). Als solcher kämen hier die Menschenrechte in Betracht. Es ließe sich argumentieren, dass die Bundesrepublik nicht kraft Unterlassens für ein Verhalten Privater haften könne, das sie diesen völkerrechtlich gestatten dürfe oder gar müsse. Insofern könnte die in Art. 19 IPbürgR garantierte Meinungsäußerungsfreiheit angeführt werden.

Eine Berufung auf die Menschenrechte zur Rechtfertigung der über allgemeine Kritik an der menschenrechtlichen Lage in Catagua hinausgehenden Beleidigung Vorebas begegnet aber durchgreifenden Bedenken: Zwar ist das Recht der freien Meinungsäußerung in Art. 19 IPbürgR völkervertraglich verbürgt, doch ist nach dem Hinweis am Ende des Sachverhalts davon auszugehen, dass Catagua nicht

---

[21] A.A. vertretbar.
[22] Vgl. hierzu Berber I, S. 206.
[23] BVerwGE 64, 55 (64).

Vertragsstaat des IPbürgR ist. Folglich käme eine Berufung auf die Meinungsfreiheit seitens der Bundesrepublik nur dann in Betracht, wenn diese dem völkergewohnheitsrechtlich verbürgten Kernbestand der Menschenrechte zuzurechnen wäre, der Pflichten *erga omnes* begründet. Dies erscheint zweifelhaft.[24]

Doch selbst wenn man von der gewohnheitsrechtlichen Geltung der Meinungsäußerungsfreiheit ausginge, scheiterte eine Rechtfertigung jedenfalls daran, dass zumindest bei beleidigendem Verhalten die völkerrechtlich verbürgte Meinungsäußerungsfreiheit gegenüber der Unverletzlichkeit der Würde fremder Staaten zurücktritt. Zu diesem Ergebnis gelangt auch das BVerwG für die insofern vergleichbare Abwägung mit Art. 5 Abs. 1 GG.[25] Eine Duldung der Demonstration wäre daher nicht über die Menschenrechte zu rechtfertigen gewesen.

d) Ergebnis

Als Ergebnis ist somit festzuhalten, dass die Bundesrepublik Deutschland gegen Völkerrecht verstoßen hätte, wenn sie die Bezeichnung von Ministerpräsident Voreba als „Mörder" und „Schlächter" geduldet hätte. Folglich lag eine Gefahr für die öffentliche Sicherheit vor, der Tatbestand von § 15 Abs. 2 i.V.m. Abs. 1 VersammlG war also insofern erfüllt.

4. Fehlerfreie Ermessensausübung i.S.d. § 15 Abs. 2 i.V.m. Abs. 1 VersammlG

Auf der Rechtsfolgenseite besteht für die Polizei ein Ermessen, das hier jedoch fehlerfrei ausgeübt worden sein dürfte. Dass eine nach dem Grundsatz der Verhältnismäßigkeit weniger einschneidende Maßnahme als die Auflösung der Versammlung in Betracht gekommen wäre, lässt sich dem Sachverhalt nicht entnehmen. Auch ist die Maßnahmerichtung nicht zu beanstanden, da sie auf die Demonstranten als Handlungsstörer abzielte.

5. Einbeziehung der Grundrechte

Bei der Auslegung von in die innerstaatliche Rechtsordnung inkorporiertem Völkerrecht sind wie bei der Auslegung rein innerstaatlichen Rechts die Grundrechte zu beachten, Art. 1 Abs. 3 GG. Hier ist der Schutzbereich von Meinungsäußerungs- sowie Versammlungsfreiheit berührt, Art. 5 Abs. 1, 8 GG.[26] Beide Grundrechte sind aber durch Gesetzesvorbehalte beschränkt (Art. 5 Abs. 2 bzw. 8 Abs. 2 GG), zu denen auch der in Bundesrecht inkorporierte völkerrechtliche Ehrschutz zählt. Wie das BVerwG in dem bereits mehrfach angesprochenen Urteil festgestellt hat, ist es verfassungsrechtlich nicht zu beanstanden, wenn „das Grundrecht der freien Meinungsäußerung mit Rücksicht auf die Unverletzlich-

---

[24] Vgl. etwa die Aufzählung bei Doehring, Rn. 986 ff. sowie Ipsen, in: Ipsen, § 50 Rn. 6.
[25] BVerwGE 64, 55 (64); dazu näher unten.
[26] Beide Grundrechte sind nebeneinander anwendbar, vgl. Schulze-Fielitz, in: Dreier, GG, Art. 8 Rn. 125 m.w.N.

keit der Würde fremder Staaten" jedenfalls bei Vorhandensein einer Beleidigung zurücktritt.[27] Auch mit Rücksicht auf die Grundrechte ist daher an dem oben gewonnenen Ergebnis festzuhalten.

IV. Ergebnis

Die Auflösung der Demonstration gem. § 15 Abs. 2 i.V.m. Abs. 1 VersammlG war rechtmäßig.

Frage 2: Freier Zugang zur Botschaft

Ob Catagua das WÜD unterzeichnet hat, kann dahinstehen, da dessen wesentliche Bestimmungen als Völkergewohnheitsrecht auch zwischen Staaten Anwendung finden, die nicht Mitglieder des Übereinkommens sind.[28]

Art. 27 Abs. 1 S. 1 WÜD verpflichtet den Empfangsstaat, „den freien Verkehr der Mission für alle amtlichen Zwecke" zu gestatten und zu schützen. Außerdem bestimmt Art. 25 WÜD, dass der Empfangsstaat der Mission jede Erleichterung zur Wahrnehmung ihrer Aufgaben gewährt. Daraus ergibt sich eine Pflicht des Empfangsstaates zum Schutz des Botschaftsgebäudes.[29]

Fraglich ist allerdings, welchem Personenkreis der Zugang uneingeschränkt zu gewähren ist. Sowohl Art. 27 Abs. 1 S. 1 („alle amtlichen Zwecke") als auch Art. 25 WÜD („Wahrnehmung ihrer Aufgaben") nehmen den Aufgabenkatalog des Art. 3 WÜD in Bezug. Art. 3 Abs. 1 lit. b WÜD benennt als Aufgabe der diplomatischen Mission, „die Interessen des Entsendestaates und seiner Angehörigen im Empfangsstaat innerhalb der völkerrechtlich zulässigen Grenzen zu schützen." Der Empfangsstaat ist mithin verpflichtet, zur Sicherstellung der diplomatenrechtlichen Kommunikationsfreiheit den freien Zugang der Staatsangehörigen des Entsendestaates zur Botschaft des Entsendestaates sicherzustellen.[30]

Aus dem Katalog des Art. 3 WÜD ist hingegen keine Aufgabe der diplomatischen Mission ersichtlich, aus der sich auch eine Zugangsberechtigung für Staatenlose oder sonstige Staatsangehörige (des Empfangsstaates oder dritter Staaten) ergeben könnte. Die Verpflichtung aus Art. 25, 27 Abs. 1 S. 1 WÜD gilt somit nicht zugunsten dieser Personen.[31]

---

[27] BVerwGE 64, 55 (64).
[28] Statt vieler vgl. Doehring, Rn. 490.
[29] Dazu ausführlich Seidenberger, Die diplomatischen und konsularischen Immunitäten und Privilegien (1994), S. 268 ff.
[30] Vgl. Seidenberger, a.a.O., S. 343 ff., insbes. 346.
[31] Ebenso Seidenberger, a.a.O., S. 346 f.; Verdross/Simma, § 896; a.A. für den konsularrechtlichen Bereich Polakiewicz, Die völkerrechtliche Zulässigkeit der Überwachung des Telefonverkehrs von Konsulaten ausländischer Staaten, ZaöRV 50 (1990), 761 (771) mit dem Argument, dass ansonsten der „Friede der Mission" i.S.v. Art. 22 Abs. 2 WÜD gestört sei.

Anm.: Eine vollständige Abriegelung der auswärtigen Missionen für Nichtangehörige des Entsendestaates durch die Sicherheitskräfte des Empfangsstaates (so die viel kritisierte Praxis früherer Ostblockstaaten) verstößt möglicherweise gegen den völkerrechtlich garantierten „free flow of information" oder gegen die Ausreisefreiheit (Art. 12 IPbürgR) – Gesichtspunkte, die bei nur zeitweiser Blockierung der Zugangswege oder der Verhinderung des Zugangs im Einzelfall außer Betracht bleiben können.

Frage 3: Vorlage zum Bundesverfassungsgericht

In Betracht käme ein Normenverifikationsverfahren gem. Art. 100 Abs. 2 GG, §§ 13 Nr. 12, 83 f. BVerfGG.

I. Zulässigkeit

1. Vorlageberechtigung

Der in Art. 100 Abs. 2 GG zugrunde gelegte Gerichtsbegriff deckt sich mit dem in Art. 100 Abs. 1 GG verwendeten.[32] Vorlageberechtigt ist daher jeder sachlich unabhängige Spruchkörper, den ein formelles Gesetz mit den Aufgaben eines Gerichtes betraut und als Gericht bezeichnet.[33] Der Gerichtsbegriff ist unproblematisch erfüllt bei allen Organen der rechtsprechenden Gewalt i.S.d. Art. 92 GG.[34] Das VG Berlin wäre somit vorlageberechtigt.

2. Vorlagegegenstand

Möglicher Gegenstand eines Normenverifikationsverfahrens sind nur die allgemeinen Regeln des Völkerrechts i.S.d. Art. 25 GG. Dazu zählen jedenfalls alle Sätze des Völkergewohnheitsrechts, nicht aber völkerrechtliche Verträge, da diese ausschließlich über Art. 59 Abs. 2 GG in innerstaatliches Recht umgesetzt werden.[35] Vorliegend könnte sich ein Zugangsrecht für Angela Allionda aus Art. 25, 27 Abs. 1 S. 1 i.V.m. 3 Abs. 1 lit. b WÜD ergeben (s. o.). Als Bestandteil des multilateralen Völkervertragsrechts sind diese Normen jedoch nicht vorlagefähig.

Es fragt sich aber, wie zu entscheiden ist, wenn ein völkerrechtlicher Vertrag lediglich bereits bestehendes Völkergewohnheitsrecht kodifiziert hat, wie dies beim WÜD anerkanntermaßen der Fall ist.[36] Zwei Antworten sind hierauf denkbar: Man könnte davon ausgehen, dass die vertraglich fixierten Normen als *leges*

---

[32] Rühmann, in: Umbach/Clemens, BVerfGG, § 84 Rn. 17 m.w.N.
[33] BVerfGE 6, 55 (63).
[34] Klein, in: Umbach/Clemens, BVerfGG, § 80 Rn. 7.
[35] Vgl. nur Streinz, in: Sachs, GG, Art. 25 Rn. 29 ff.
[36] Vgl. nur Fischer, in: Ipsen, § 35 Rn. 3.

speciales den Normen des Gewohnheitsrechts vorgehen.[37] Dagegen spricht indes, dass die allgemeinen Regeln des Völkerrechts gem. Art. 25 S. 2 GG Anwendungsvorrang gegenüber einfachen Gesetzen genießen, also über einfachem Gesetzesrecht stehen. Hieraus folgt, dass im Fall völkervertraglicher Kodifikation bestehenden Gewohnheitsrechts die Art. 25 und 59 Abs. 2 GG in Anspruchskonkurrenz nebeneinander anwendbar sind. Den kodifizierten Rechtssätzen wird als Völkervertragsrecht über Art. 59 Abs. 2 GG, als Teil des Völkergewohnheitsrechts hingegen vermittels Art. 25 GG der innerstaatliche Rechtsanwendungsbefehl erteilt.[38] Die in Art. 25, 27 Abs. 1 S. 1 i.V.m. 3 Abs. 1 lit. b WÜD niedergelegten Rechtssätze sind daher als Völkergewohnheitsrecht tauglicher Gegenstand eines Normenverifikationsverfahrens.

3. Vorlagebefugnis/-pflicht

Gem. Art. 100 Abs. 2 GG muss die allgemeine Regel des Völkerrechts „in einem Rechtsstreite zweifelhaft" sein. Dabei meint der Begriff des „Rechtsstreits" nichts anderes als „Gerichtsverfahren"[39] und ist hier unproblematisch erfüllt. Laut Sachverhalt hat der mit der Sache befasste Richter auch „Zweifel"[40], ob Angela Allionda als Einzelperson ein Zugangsrecht zur Botschaft geltend machen kann. Die Vorlagebefugnis ist daher gegeben. Damit ist der erkennende Richter zugleich zur Vorlage verpflichtet.[41]

4. Entscheidungserheblichkeit

Eine Vorlagepflicht besteht indes nur, wenn die Vorlagefrage entscheidungserheblich ist, d. h. wenn der Entscheidungstenor des Gerichts je nach ihrer Beantwortung unterschiedlich ausfällt.[42] Dies ist zwar – im Unterschied zu Abs. 1 – nicht ausdrücklich in Art. 100 Abs. 2 GG vorgeschrieben, wird vom BVerfG aber aus Sinn und Zweck der Norm geschlossen.[43] Gem. §§ 84 i.V.m. 80 Abs. 2 BVerfGG hat das erkennende Gericht die Entscheidungserheblichkeit darzulegen. Das BVerfG prüft diese nicht vollumfänglich nach, sondern beschränkt sich insoweit auf eine Offensichtlichkeitskontrolle.[44]

---

[37] So etwa Geiger, Grundgesetz und Völkerrecht, 3. Aufl. (2002), § 31 II 1; differenzierend Jarass, in: Jarass/Pieroth, GG, Art. 25 Rn. 6.
[38] Ebenso Steinberger, in: HStR VII, § 173 Rn. 12 und 15; Streinz, in: Sachs, GG, Art. 25 Rn. 31, jeweils m.w.N. Diese Ansicht steht nicht im Widerspruch zu BVerfG 18, 441 (448f.). Das BVerfG hat in diesem Beschluss lediglich entschieden, dass bei Völkergewohnheitsrecht *abändernden* Verträgen ein Rückgriff auf Art. 25 GG ausgeschlossen sei. Zu der hier vorliegenden Fallgruppe gleich lautender völkervertraglicher und -gewohnheitsrechtlicher Bestimmungen hat es hingegen nicht Stellung genommen.
[39] BVerfGE 64, 1 (13); 75, 1 (11).
[40] Zu dem Begriff des „Zweifels" ausführlich Rühmann, in: Umbach/Clemens, BVerfGG, § 84 Rn. 20ff.
[41] Rühmann, a.a.O., § 84 Rn. 28.
[42] BVerfGE 15, 25 (30); 46, 342 (385); 75, 1 (12).
[43] BVerfGE 15, 25 (30).
[44] Rühmann, in: Umbach/Clemens, BVerfGG, § 84 Rn. 29 m.w.N.

Im vorliegenden Fall kann von der Entscheidungserheblichkeit der Vorlagefrage ausgegangen werden. Da für ein Zugangsrecht zur Botschaft aus innerstaatlichen Normen nichts ersichtlich ist, hängt die Entscheidung des VG Berlin davon ab, ob Angela Allionda als Einzelperson aus Völkergewohnheitsrecht einen Anspruch auf Zugang zur Botschaft herleiten kann oder nicht.

5. Form/Frist

Die Vorlage muss dem allgemeinen Formerfordernis des § 23 BVerfGG genügen. Eine Fristbindung besteht nicht.

6. Zwischenergebnis

Die Vorlage wäre zulässig.

II. Entscheidung des BVerfG

In dem Normenverifikationsverfahren prüft das BVerfG, (1.) ob die behauptete allgemeine Regel des Völkerrechts überhaupt besteht und (2.) ob sie subjektive Rechte verleiht.[45]

1. Bestehen des Völkerrechtssatzes

Das Bestehen der in Art. 25, 27 Abs. 1 S. 1 i.V.m. 3 Abs. 1 lit. d WÜD kodifizierten Regeln des Völkergewohnheitsrechts wird das BVerfG unschwer feststellen können (s. o.). Problematisch ist nur, ob Angela Allionda als Einzelperson hieraus Rechte herleiten kann.

2. Verleihung subjektiver Rechte

Wie bei allen Normen des Völkerrechts außerhalb des typischen menschenrechtlichen Bereichs ist auch hier davon auszugehen, dass die den Art. 25, 27 WÜD zugrunde liegenden Normen des Völkergewohnheitsrechts nur Staaten (bzw. sonstige Völkerrechtssubjekte) berechtigen und verpflichten, nicht aber Einzelpersonen. Hieran könnte sich aber für den innerstaatlichen Bereich durch Art. 25 S. 2 GG etwas ändern, wonach die allgemeinen Regeln des Völkerrechts und Pflichten „unmittelbar für die Bewohner des Bundesgebietes" erzeugen. Insoweit stellt sich insbesondere die Frage, ob die hier einschlägigen staatengerichteten Normen durch Art. 25 S. 2 GG einen Adressatenwechsel erfahren oder nicht.

---

[45] Rühmann, a.a.O., § 84 Rn. 12 f.

Von einem Teil der Lehre wird diese Frage bejaht. Die Vorschrift des Art. 25 S. 2 GG hat demzufolge *konstitutive* Bedeutung in dem Sinne, dass erst durch sie die an sich staatengerichtete allgemeine Regel des Völkerrechts individuell anwendungsfähig wird. Zur Begründung machen die Anhänger dieser Auffassung geltend, dass andernfalls sämtliche Wirkungen des Art. 25 S. 2 HS 2 GG bereits über den S. 1 einträten, die Norm also leer zu laufen drohe. Allerdings soll der besagte Adressatenwechsel nicht bei sämtlichen Normen des Völkerrechts eintreten, sondern nur bei solchen, die „ihrem materiellen Gehalt nach auch vom Individuum in Anspruch genommen werden können." Normen, bei denen dies nicht der Fall ist, sollen allein als objektives Recht Beachtung finden.[46]

Anders hingegen die Rechtsprechung des BVerfG: Ihr zufolge besagt Art. 25 S. 2 HS 2 GG lediglich, „daß die allgemeinen Regeln des Völkerrechts die gleichen Rechtswirkungen für und gegen den Einzelnen haben wie (sonstiges) innerstaatliches Recht und dabei – soweit es ihr Inhalt zuläßt – auch subjektive Rechte und Pflichten für den Einzelnen erzeugen."[47] Der Vorschrift kommt demnach im Verhältnis zu Art. 25 S. 1 GG eine rein *deklaratorische* Bedeutung zu. Dem ist zuzustimmen: Der Telos des Art. 25 GG besteht darin, einen Gleichklang der im Hoheitsbereich der Bundesrepublik Deutschland geltenden Rechtsordnung mit den allgemeinen Regeln des Völkerrechts herbeizuführen. Dieses Ziel wird nicht dadurch verkürzt, dass Art. 25 S. 2 HS 2 GG nur deklaratorische Bedeutung beigemessen wird. Insbesondere lässt sich der Norm kein Hinweis darauf entnehmen, dass die Bundesrepublik Deutschland im Rahmen ihrer völkerrechtlichen Verpflichtungen gleichsam überobligationsmäßige Leistungen erbringen soll.[48]

III. Ergebnis

Die Vorlage zum BVerfG wäre daher nur insoweit zulässig, als sie das Bestehen eines völkergewohnheitsrechtlichen Zugangsrechts zur Botschaft zum Gegenstand hat. Das BVerfG wird feststellen, dass die völkergewohnheitsrechtlich begründete Verpflichtung der Bundesrepublik Deutschland, den Zugang von Einzelpersonen ihrer Staatsangehörigkeit zu diplomatischen Missionen zu gewährleisten, keinen korrespondierenden Anspruch des einzelnen begründet.

---

[46] Grundlegend Doehring, Die allgemeinen Regeln des völkerrechtlichen Fremdenrechts und das deutsche Verfassungsrecht (1963), S. 152 ff. (Zitat auf S. 158); im Ergebnis ebenso Tomuschat, in: HStR VII, § 172 Rn. 16.
[47] BVerfGE 15, 25 (33 f.); weitere Nachweise zu der umfangreichen Rechtsprechung bei Steinberger, in: HStR, VII, § 173 Rn. 69 mit Fn. 194.
[48] Wie hier Steinberger, in: HStR VII, § 173 Rn. 71.

Fall 6: Völkerrechtlicher Ehrschutz

Kernsätze

1. Der sicherheits- bzw. polizeirechtliche Begriff der **öffentlichen Sicherheit** umfasst neben Individualrechtsgütern die Unversehrtheit der Rechtsordnung. Dazu gehören auch ihrem Ursprung nach völkerrechtliche Normen, die Eingang in das Recht der Bundesrepublik Deutschland gefunden haben.

2. Das Grundgesetz kennt zwei Möglichkeiten **der Einwirkung völkerrechtlicher Normen** in das innerstaatliche Recht:
a) Völkerrechtlichen Verträgen wird gem. **Art. 59 Abs. 2 S. 1** durch Zustimmungsgesetz der innerstaatliche Rechtsanwendungsbefehl erteilt.
b) Die allgemeinen Regeln des Völkerrechts sind kraft **Art. 25 S. 1 GG** unmittelbarer Bestandteil des Bundesrechts.

3. Das **Interventionsverbot** ist eine völkergewohnheitsrechtlich anerkannte Grundpflicht im Verhältnis der Staaten untereinander. Es ist Ausdruck der souveränen Gleichheit der Staaten (Art. 2 Ziff. 1 SVN). Das Interventionsverbot geht über das Gewaltanwendungsverbot hinaus und erfasst auch wirtschaftliche, politische und subversive Eingriffe, sofern diesen Zwangswirkung zukommt. Als **allgemeine Regel des Völkerrechts** ist es gem. Art. 25 S. 1 GG Bestandteil der deutschen Rechtsordnung.

4. Jeder Staat hat Anspruch auf **Achtung der Ehre seines Staatsoberhauptes** bei Aufenthalt in anderen Staaten. Dazu gehört auch, dass der Empfangsstaat Vorkehrungen trifft, um Eingriffe in dieses Rechtsgut zu verhindern. Dieses völkergewohnheitsrechtliche Prinzip ist kraft Art. 25 S. 1 GG ebenfalls Teil der deutschen Rechtsordnung.

5. Eine **Verantwortlichkeit eines Staates** besteht nur für das Verhalten seiner Organe und Funktionsträger, nicht aber für das Verhalten von Privatpersonen. Allerdings ist der Staat im Rahmen der erforderlichen Sorgfalt („*due diligence*") verpflichtet, durch seine Organe die Verletzung völkerrechtlich geschützter Rechtsgüter seitens Privater zu verhindern bzw. zu verfolgen. Diese Pflicht trifft den Staat sowohl hinsichtlich der eigenen Staatsbürger als auch gegenüber den sich auf seinem Territorium aufhaltenden Fremden.

6. Im Hinblick auf die herausragende Stellung und **Bedeutung der Menschenrechte** in der Völkerrechtsordnung stellt nicht jedes Verhalten, das die Menschenrechtslage in einem anderen Staat zum Gegenstand hat, eine völkerrechtswidrige Einmischung in die inneren Angelegenheiten dieses Staates dar. Zumindest allgemeine Aufforderungen zu ihrer Beachtung sind heutzutage als *concern of all States* und daher dem Bereich der inneren Angelegenheiten entzogen anzusehen.

Fall 7: Internationaler Menschenrechtsschutz

Sachverhalt

Anfang der 60-er Jahre wurde in den USA eine Gruppierung gegründet, die sich selbst als „High Church of Success" (HICOS) bezeichnet. Die Gruppierung nimmt für sich in Anspruch, den einzelnen Menschen zur persönlichen Vervollkommnung zu führen und für die Menschheit insgesamt den einzigen Weg zum dauerhaften Überleben zu weisen, indem Führungspositionen in der Gesellschaft nach und nach durch Anhänger der HICOS übernommen werden. Die HICOS ist streng hierarchisch gegliedert. Von den Mitgliedern werden absoluter Gehorsam und vollkommene Offenheit auch in persönlichsten Dingen verlangt. In den USA existieren einige Zentren, in denen Disziplinierungslager für Mitglieder eingerichtet sind, die gegen die strengen internen Regeln der HICOS verstoßen. Gegner werden von der HICOS in ihren Mitgliederbriefen regelmäßig als „menschlicher Müll" bezeichnet. In einem HICOS-internen, nur dem Führungspersonal der Gruppierung zugänglichen Schreiben des Gründers wird unter anderem ausgeführt: „Müll ist nicht nur ein Problem der gegenständlichen Welt. Viel gefährlicher als alle Giftstoffe im Umweltbereich ist der menschliche Müll, der die Gesellschaft vergiftet, Menschen, die verhindern wollen, dass HICOS sich in der Gesellschaft durchsetzt. Die Beseitigung dieses Mülls ist schwierig, muss aber von den Mitgliedern der HICOS im Interesse der gesamten Menschheit auf lange Sicht geleistet werden." In einigen Staaten, unter anderem in den USA, wird die HICOS als Religionsgemeinschaft anerkannt, womit unter anderem steuerliche Vergünstigungen verbunden sind.

Auch in Bayern wird die Gruppierung, deren deutsche Sektionen auf lokaler Ebene meist als eingetragene Vereine organisiert sind, in zunehmendem Maße aktiv. Verschiedentlich versucht die HICOS sogar, Jugendliche durch Werbekarten, die vor den Schulen verteilt werden, für sich zu gewinnen. Die Bayerische Staatsregierung ist zusehends besorgt, dass durch HICOS die gesellschaftlichen Strukturen unterwandert und damit die freiheitlich-demokratische Grundordnung gefährdet werde. Nachdem in Presseberichten aufgedeckt wird, dass in zwei Fällen Finanzbeamte, die der HICOS nahe stehen, persönliche Steuerdaten prominenter Persönlichkeiten an die HICOS verraten haben und dass ein Lehrer versucht hat, seine 12- bis 14-jährigen Schüler im Sinne der HICOS zu beeinflussen, sieht sich die Staatsregierung zum Handeln veranlasst. Nach ihrer Ansicht bestehen angesichts des Absolutheitsanspruchs der HICOS bei Angehörigen des öffentlichen Dienstes, die der Organisation angehören bzw. intensiveren Kontakt mit ihr pflegen, Zweifel an der Loyalität dem Staat gegenüber. Die Staatsregierung beschließt daher in Form einer innerdienstlichen Bekanntmachung zur Umsetzung von Art. 62 Abs. 2 S. 1 des Bayerischen Beamtengesetzes (BayBG) eine Reihe von Maßnahmen, insbesondere um zu verhindern, dass die Beamtenschaft durch Mitglieder der HICOS unterwandert wird:

„*(1.) Bewerber für ein Amt des höheren Dienstes müssen künftig bei der Einstellung auf einem Fragebogen Angaben dazu machen, ob sie der HICOS angehören oder Beziehungen zu dieser Organisation pflegen.*
(2.) Im Falle der Mitgliedschaft eines Bewerbers in der HICOS oder von Beziehungen zu ihr wird er nur dann eingestellt, wenn er insoweit bestehende Zweifel an seiner Loyalität und Verfassungstreue glaubhaft ausräumen kann.
(3.) Bei bereits im Dienst des Freistaates Bayern stehenden Beamten des höheren Dienstes kann das Bekanntwerden der Mitgliedschaft in der HICOS oder von Beziehungen zu ihr zu einer Entfernung aus dem Dienst führen, wenn sich in einem Gespräch mit dem Beamten die Zweifel an seiner Loyalität verfestigen."

I.

Wenige Tage nachdem diese Maßnahmen umgesetzt und über die Presse der breiten Öffentlichkeit bekannt gemacht wurden, erhält das Bayerische Staatsministerium des Innern ein Schreiben der internationalen Anwaltskanzlei Blood, Toil & Sweat mit folgendem Inhalt:

„Sehr geehrte Damen und Herren, wir vertreten die ‚High Church of Success' und ihre Sektionen in Deutschland. Die gegen die HICOS und ihre Sektionen in Deutschland ergriffenen Maßnahmen der bayerischen Behörden verstoßen gegen zentrale Vorschriften des Internationalen Paktes über bürgerliche und politische Rechte (IPbürgR) und der Europäischen Menschenrechtskonvention (EMRK). Die Rechtswidrigkeit Ihrer Maßnahmen hat nun auch der Ausschuss für Menschenrechte (Art. 28 IPbürgR) rechtsverbindlich zugunsten unserer Mandanten festgestellt. Wir fordern Sie hiermit auf, diese rechtswidrigen Maßnahmen sofort zu beenden. Sollten Sie hierzu binnen einer Frist von zwei Wochen nicht bereit sein, werden wir für die HICOS entsprechende Schritte vor internationalen und europäischen Gremien einleiten."

In der Anlage des Schreibens befindet sich eine Kopie der „Prüfungsberichte der eingereichten Staatenberichte – abschließende Beobachtungen des Ausschusses" vom 8. November 1998, in der es heißt: „Der Menschenrechtsausschuss ist besorgt darüber, dass in einigen Bundesländern des Vertragsstaates Bundesrepublik Deutschland die Mitgliedschaft in bestimmten Religionsgemeinschaften den Einzelnen vom öffentlichen Dienst ausschließt, wodurch unter bestimmten Voraussetzungen Bestimmungen des IPbürgR verletzt sein könnten."

II.

Mit einer Klage vor dem Europäischen Gerichtshof für Menschenrechte (EGMR) in Straßburg droht der deutsche Staatsangehörige Alfred Alf. Dessen Einstellung als Jurist in die allgemeine innere Verwaltung des Freistaates Bayern war allein an seiner Weigerung gescheitert, den Fragebogen zu seinen Beziehungen zur HICOS auszufüllen. Da er – wie er ausführt – in dieser Angelegenheit kein Vertrauen zu den deutschen Gerichten hat, will er sich unmittelbar an den EGMR wenden.

Das Bayerische Staatsministerium des Innern bleibt bei seiner Haltung. Bei HICOS, so die Auffassung, handele es sich um eine wirtschaftliche und kriminelle Vereinigung, die den Deckmantel der Religion nur benutze, um ihre gegen Demokratie und Menschenwürde gerichteten Ziele zu erreichen. Internationale Normen könnten nicht von einem Staat verlangen, die Unterwanderung seiner Bediensteten durch demokratiefeindliche Organisationen zu dulden. Auch die Religionsfreiheit könne nicht unbegrenzt Geltung beanspruchen. Im Übrigen habe man lediglich Art. 62 Abs. 2 S. 1 BayBG, der auf § 35 BRRG beruht, in die Praxis umgesetzt.

Bearbeitervermerk:

In einem Gutachten sind folgende Fragen in der vorgegebenen Reihenfolge zu beantworten:

Zu I.

1. Sind im vorliegenden Fall durch die von der Bayerischen Staatsregierung beschlossenen Maßnahmen materiell-rechtliche Vorschriften des IPbürgR verletzt?

2. a) Wie sind die „abschließenden Beobachtungen" des Ausschusses für Menschenrechte vom 8. November 1998 rechtlich einzuordnen?
    b) Wie kann seitens des Freistaates Bayern reagiert werden? Dabei ist zu berücksichtigen, dass der nächste nach Art. 40 Abs. 1 IPbürgR abzuliefernde „regelmäßige Bericht" der Bundesrepublik Deutschland erst in 3 Jahren fällig ist.

3. Im relativ jungen Staat Nirwania, der auf dem Gebiet der ehemaligen Sowjetunion entstanden ist, hat die HICOS einen bedeutenden Einfluss auf die Regierung gewonnen. Unter welcher Voraussetzung kann Nirwania vor dem Ausschuss für Menschenrechte zugunsten der HICOS eine Verletzung der Menschenrechte geltend machen?

4. Können Anhänger der HICOS, denen eine Anstellung im Freistaat Bayern verweigert wird, sich unmittelbar an den Ausschuss für Menschenrechte wenden?

Zu II.

5. Liegt in der Nichteinstellung des Alf ein Verstoß gegen materiell-rechtliche Bestimmungen der EMRK?

6. Ist ein Vorgehen des Alf ohne vorheriges Beschreiten des innerstaatlichen Rechtsweges möglich?

Fall 7: Internationaler Menschenrechtsschutz

7. Vorausgesetzt, der EGMR würde einen Verstoß gegen die EMRK feststellen: Wäre der Freistaat Bayern rechtlich zur Umsetzung der Entscheidung verpflichtet?

Hinweis:

Art. 62 BayBG lautet:

(1) ¹Der Beamte dient dem ganzen Volk, nicht einer Partei. ²Er hat die Gesetze zu beachten, seine Aufgaben unparteiisch und gerecht zu erfüllen und bei seiner Amtsführung auf das Wohl der Allgemeinheit Bedacht zu nehmen.

(2) ¹Der Beamte muss sich durch sein gesamtes Verhalten zu der freiheitlich demokratischen Grundordnung im Sinn des Grundgesetzes und der Verfassung bekennen und für ihre Erhaltung eintreten. ²Mit dieser Verpflichtung des Beamten ist insbesondere unvereinbar jede Verbindung mit einer Partei, Vereinigung oder Einrichtung, die die freiheitlich demokratische Grundordnung im Sinn des Grundgesetzes und der Verfassung ablehnt oder bekämpft, oder die Unterstützung anderer verfassungsfeindlicher Bestrebungen.

Falllösung

Frage 1: Verletzung materiell-rechtlicher Vorschriften des IPbürgR[1]

In Betracht kommen hier eine Verletzung von Art. 18 Abs. 1 und 2 IPbürgR sowie eine Verletzung von Art. 25 lit. c IPbürgR durch die bayerischen Maßnahmen.

I. Religions- und Weltanschauungsfreiheit, Art. 18 Abs. 1 und 2 IPbürgR

1. Eröffnung des Schutzbereichs

Der Schutzbereich von Art. 18 Abs. 1 und 2 IPbürgR ist weit gefasst. Art. 18 Abs. 1 S. 1 IPbürgR schützt nach seinem Wortlaut das Recht auf Gedanken-, Gewissens- und Religionsfreiheit. Die Bedeutung der Vorschrift wird im Pakt dabei schon dadurch hervorgehoben, dass sie als notstandsfestes Recht gewährt wird, Art. 4 Abs. 2 IPbürgR.

Die Religions- und Weltanschauungsfreiheit wird sowohl im privaten (im innerstaatlichen Bereich spricht die Dogmatik auch vom „*forum internum*") wie auch

---

[1] Anmerkung: Die Ausführungen zum Abschnitt I gehen bisweilen deutlich über das von den Bearbeitern in einer Prüfungsarbeit zu erwartende Wissen hinaus. Die zahlreichen Hinweise und Anmerkungen dienen aber nicht zuletzt der Vermittlung grundlegenden Verständnisses von Systematik und Inhalt des IPbürgR, der in der Examensvorbereitung gelegentlich vernachlässigt wird.

im öffentlichen (sog. „*forum externum*") Bereich geschützt.[2] Diese Differenzierung ergibt sich schon aus dem Wortlaut des Art. 18 Abs. 1 S. 2 IPbürgR, nach dem zwischen dem Recht differenziert wird, „eine Religion oder Weltanschauung eigener Wahl zu haben oder anzunehmen" und der Freiheit, diese „Religion oder Weltanschauung allein oder in Gemeinschaft mit anderen, öffentlich oder privat durch Gottesdienst, Beachtung religiöser Bräuche, Ausübung und Unterricht zu bekunden."[3] Die Bedeutung dieser Unterscheidung zeigt sich vor allem bei der Möglichkeit für die Staaten, die Freiheit einzuschränken.[4] Der Schutz der Religionsfreiheit umfasst sowohl positive wie negative Aspekte der Religionsfreiheit.[5]

Zu untersuchen ist folglich zunächst, ob die Inhalte der HICOS in den Schutzbereich des Art. 18 IPbürgR fallen. Geschützt sind durch Art. 18 Abs. 1 und 2 IPbürgR sowohl religiöse als auch nicht-religiöse Weltanschauungen.[6] Dabei sind die Begriffe eigenständig aus dem Vertrag auszulegen und unterliegen nicht einer Bestimmung durch den jeweiligen Staat. Der Begriff ist – im Interesse einer wirksamen Freiheitsverbürgung – weit zu verstehen. Eine allgemeine Definition der Religion oder Weltanschauung zu finden, ist äußerst schwierig. Es wird maßgeblich auch auf die Selbstdefinition der Gemeinschaft abzustellen sein. Erst im Zusammenspiel des Prinzips der Religionsfreiheit mit seinen Beschränkungen (Art. 18 Abs. 3 IPbürgR und Art. 5 Abs. 1 IPbürgR) lässt sich das konkrete Maß des individuellen Freiheitsrechts ausloten.[7]

Unter Zugrundelegung eines weiten Begriffsverständnisses handelt es sich bei der HICOS um eine Religionsgemeinschaft bzw. Weltanschauung. Die Lehre befasst sich nach der eigenen Darstellung mit dem Verhältnis des Menschen zur Welt. Die Gefahren und Bedrohungen, die sich durch HICOS für die staatliche Ordnung ergeben, können hinreichend bei den Schranken berücksichtigt werden. Entgegen der Ansicht des bayerischen Staatsministerium des Innern, bei HICOS handele es sich um eine „wirtschaftliche und kriminelle Vereinigung, die den Deckmantel der Religion benutzt, um ihre gegen Demokratie und Menschenwürde gerichteten Ziele zu verwirklichen", ist somit nicht schon die Eröffnung des Schutzbereichs der Religionsfreiheit zu verneinen.

---

[2] Die Gedanken- und Gewissensfreiheit (*„right to freedom of thought, conscience"*, *„droit à liberté de pensée, de conscience"*) betreffen hingegen nur den privaten, inneren Bereich. Sie meinen das Recht, Gedanken und Gewissen selbstbestimmt zu bilden. Geschützt ist damit die „geistig-sittliche Existenz eines Menschen" insbesondere gegen Indoktrination, Praktiken der Gehirnwäsche, Manipulation des Bewusstseins oder Unterbewusstseins durch Psychopharmaka u. Ä., vgl. Nowak, CCPR-Commentary (2005), Art. 18 Rn. 10. Insoweit bieten die bayerischen Maßnahmen keine Anhaltspunkte für einen entsprechenden Eingriff.
[3] Vgl. Nowak, CCPR-Commentary (2005), Art. 18 Rn. 8.
[4] Vgl. Nowak, CCPR-Commentary (2005), Art. 18 Rn. 8. Dazu sogleich unten unter 3.a.
[5] So ausdrücklich für den Bereich der passiven Religionsfreiheit: Nowak, CCPR-Commentary (1993), Art. 18 Rn. 6 und 15.
[6] Vgl. Nowak, CCPR-Commentary (2005), Art. 18 Rn. 14, wonach dies vor allem der französische Text deutlich macht.
[7] Vgl. Nowak, CCPR-Commentary (2005), Art. 18 Rn. 2.

In Anlehnung an Teile der deutschen Rechtsprechung[8] zur Beurteilung von Scientology ist aber mit guter Argumentation auch eine andere Ansicht vertretbar. Allerdings bestehen zwischen dem Schutz der Religionsfreiheit nach deutschem Recht und nach dem IPbürgR wichtige Unterschiede: So fehlt Art. 4 Abs. 1 und 2 GG eine – bspw. Art. 18 Abs. 3 IPbürgR – vergleichbare Schrankenregelung, so dass schon deshalb ein einschränkendes Verständnis des Schutzbereiches bei Art. 4 Abs. 1 und 2 GG nahe liegt.[9] Auch kann in die Beurteilung des Religionsbegriffs des Art. 4 GG die Kulturtradition[10] miteinbezogen werden, was im internationalen Bereich – mangels Einheitlichkeit – kaum möglich ist.

2. Eingriff

Ein Eingriff in die Religionsfreiheit erscheint bei der Umsetzung der bayerischen Maßnahmen in dreierlei Richtung verwirklicht:

a) Angaben auf dem Fragebogen

Zunächst stellt schon die Pflicht, auf einem Fragebogen über das eigene Verhältnis zur HICOS Zeugnis geben zu müssen, einen Eingriff in den geschützten Bereich dar. Betroffen ist die negative Religionsfreiheit aus Art. 18 Abs. 1 S. 2 IPbürgR, das Recht, seine religiöse Überzeugung nicht zu bekunden.

b) Nichteinstellung in den öffentlichen Dienst

Einen noch schwerer wiegenden Eingriff stellt die mögliche Ablehnung von Bewerbern für den öffentlichen Dienst dar. Darin ist die Ausübung von – nach Art. 18 Abs. 2 IPbürgR grds. verbotenem – Zwang zu sehen. Zwang in diesem Sinne umfasst nämlich neben physischem Zwang auch indirekte Zwangsmittel wie z. B. unzulässige Anreize. Ein solcher unzulässiger Anreiz gegen eine Zugehörigkeit zur HICOS stellt auch der zumindest erschwerte Zugang zu öffentlichen Ämtern dar.[11]

c) Entfernung aus dem öffentlichen Dienst

Am belastendsten erscheint die mögliche Entfernung von Beschäftigten aus dem Öffentlichen Dienst. Ebenso wie die mögliche Nichteinstellung stellt die Entfer-

---

[8] Das BAG (NJW 1996, 143 [146]) hat festgestellt, dass von einer Religionsgemeinschaft dann nicht mehr gesprochen werden kann, wenn die religiöse oder weltanschauliche Lehre nur als Vorwand zur Erreichung wirtschaftlicher Ziele dient; vgl. auch den Überblick zur Entwicklung der deutschen Rechtsprechung bei Segna, Die Scientology Church: (k)ein wirtschaftlicher Verein?, NVwZ 2004, 1446 ff.
[9] Zum Teil wird auch heute noch ein eurozentrierter und christlich geprägter Religionsbegriff vertreten, vgl. z. B. die Nachweise bei Kokott, in: Sachs, GG, Art. 4 Rn. 16. Allerdings gehen auch in Deutschland heute BVerfG und h.M. von einem weiteren Religionsbegriff aus, vgl. Kokott, a.a.O., Rn. 17 m.w.N.
[10] Vgl. z. B. BAG NJW 1996, 143 (146); BVerfGE 83, 341 (353).
[11] Vgl. Nowak, CCPR-Commentary (2005), Art. 18 Rn. 18 m.w.N.

nung aus dem Dienst einen grds. verbotenen indirekten Zwang im Sinne von Art. 18 Abs. 2 IPbürgR dar.

3. Schranken/Rechtfertigung des Eingriffs

Zu prüfen bleibt, ob die bayerischen Maßnahmen u.U. gerechtfertigt sind. Für eine Rechtfertigung kommen die Schrankenregelung des Art. 18 Abs. 3 IPbürgR und das allgemeine Missbrauchsverbot des Art. 5 Abs. 1 IPbürgR in Betracht. Im Hinblick auf Fanatismus und Absolutheitsanspruch vieler Gemeinschaften besteht gerade bei der Religionsfreiheit die Gefahr des Missbrauchs, d.h. es drohen die Unterdrückung der Religionsfreiheit und sonstiger Freiheitsrechte anderer durch Religionsgemeinschaften, wenn diese einen beherrschenden Einfluss in einem Staatswesen gewonnen haben.[12]

a) Die Schrankenregelung des Art. 18 Abs. 3 IPbürgR

aa) Art. 18 Abs. 3 IPbürgR ermöglicht einen Eingriff in „die Freiheit, seine Religion oder Weltanschauung zu bekunden". Schon im Hinblick auf die verlangte Auskunft über die Mitgliedschaft oder Beziehung zu HICOS erscheint eine Rechtfertigung fraglich. Art. 18 Abs. 3 IPbürgR ermöglicht nach seinem Wortlaut Einschränkungen der Freiheit zur *Bekundung* der Religionsfreiheit (sog. aktive Religionsfreiheit[13]), die nach Abs. 1 S. 2 „allein oder in Gemeinschaft mit anderen, öffentlich oder privat durch Gottesdienst, Beachtung religiöser Bräuche, Ausübung und Unterricht" erfolgen kann. Teilweise wird darüber hinaus im Wege einer systematischen Auslegung im Zusammenspiel mit dem Schutz der Privatsphäre nach Art. 17 IPbürgR die Eingriffsmöglichkeit auf die „öffentliche" Religionsfreiheit begrenzt.[14] Man könnte nun der Ansicht sein, eine Rechtfertigung sei nicht möglich, da die verlangten Angaben lediglich einen Eingriff in die *passive* Religionsfreiheit und den privaten Bereich darstellen. Ebenso gut vertretbar erscheint aber die Auffassung, dass, wenn schon die (negative) Freiheit, seine Religion nicht zu bekunden, tatbestandlich in Art. 18 Abs. 1 IPbürgR enthalten ist, sich auch die Schranke des Art. 18 Abs. 3 IPbürgR darauf beziehen müsse. Ferner stellt das Auskunftsverlangen keine isolierte Maßnahme dar, sondern muss im Zusammenhang des mit ihr verbundenen Zwecks beurteilt werden. Die verlangte Äußerung dient gerade der Abwehr von Tätigkeiten, die dem aktiven und öffentlichen Wirken für die eigene Religionsgemeinschaft zuzuordnen sind.

Auch die Rechtfertigung der Nichteinstellung und der Entfernung aus dem Dienst aus Art. 18 Abs. 3 IPbürgR ist problematisch, denn beide Maßnahmen gehen über die bloße Beschränkung der aktiven öffentlichen Religionsausübung

---

[12] Vgl. Nowak, CCPR-Commentary (2005), Art. 18 Rn. 2.
[13] So bezeichnet von Nowak, CCPR-Commentary (2005), Art. 18 Rn. 20 in Abgrenzung zur bloßen „passiven Religionsfreiheit", d.h. zur bloßen Freiheit, eine Religion zu haben.
[14] Vgl. Nowak, CCPR-Commentary (2005), Art. 18 Rn. 20 und 33.

hinaus.[15] Für eine Anwendung des Art. 18 Abs. 3 IPbürgR spricht aber, dass die Nichteinstellung bzw. Entfernung aus dem Dienst präventiv im Hinblick auf befürchtete Handlungen erfolgt, die dem *forum externum* der Religionsfreiheit zuzuordnen sind und damit mindestens indirekt eine Bekundung der Religionsfreiheit darstellen. Aus seinem Wortlaut lässt sich aber auch mit guten Gründen eine Anwendung des Art. 18 Abs. 3 IPbürgR verneinen.

bb) Voraussetzung für eine wirksame Einschränkung nach Art. 18 Abs. 3 IPbürgR ist weiterhin, dass sie „gesetzlich"[16] vorgesehen ist. Eingriffe müssen demnach in einem abstrakt-generellen Gesetz im formellen Sinne in einer ausreichend determinierten Weise normiert sein.[17] Als Rechtsgrundlage i.d.S. ist Art. 62 Abs. 2 S. 1 BayBG anzusehen. Nach dieser Bestimmung muss der Beamte „sich durch sein gesamtes Verhalten zu der freiheitlichen demokratischen Grundordnung im Sinne des Grundgesetzes und der Verfassung bekennen und für ihre Erhaltung eintreten". Die Bestimmung wird durch Art. 62 Abs. 2 S. 2 BayBG[18] weiter präzisiert, wonach „jede Verbindung mit einer Partei, Vereinigung oder Einrichtung, die die freiheitliche demokratische Grundordnung im Sinne des Grundgesetzes und der Verfassung ablehnt oder bekämpft, oder die Unterstützung anderer verfassungsfeindlicher Bestrebungen" mit dieser Verpflichtung unvereinbar ist. Es kann vom Gesetzgeber nicht erwartet werden, dass er jeden Einzelfall selbst regelt. Durch die Tatbestandsmerkmale des Art. 62 Abs. 2 BayBG, die durch die deutsche Rechtsprechung weiter konkretisiert wurden, erscheint eine hinreichend determinierte Regelung auch für Beschränkungen der Religionsfreiheit gegeben.[19] Die im Wege der Bekanntmachung erfolgte Festlegung der bayerischen Staatsregierung stellt insofern lediglich einen Umsetzungsakt der Exekutive dar, zumal die Einzelfallentscheidung bei der Einstellungsbehörde verbleibt.

cc) Ferner müssen die Maßnahmen, d.h. sowohl Art. 62 Abs. 2 BayBG als auch die Umsetzung durch die Bekanntmachung, „zum Schutz der öffentlichen Sicherheit, Ordnung, Gesundheit, Sittlichkeit oder der Grundrechte und Grundfreiheiten anderer erforderlich sein".

Das Merkmal „erforderlich"[20] impliziert das Prinzip der Verhältnismäßigkeit, d.h. Schwere und Intensität der Einschränkung müssen proportional zu dem angestrebten Zweck sein:[21] Das Bayerische Staatsministerium befürchtet eine Unterwanderung des Öffentlichen Dienstes, die die freiheitlich-demokratische Grundordnung gefährdet. Zur freiheitlich-demokratischen Grundordnung zäh-

---

[15] Eine reine Beschränkung der aktiven Religionsausübung würde etwa das Verbot darstellen, während des Dienstes für die eigene Religion zu werben.
[16] Engl.: *„prescribed by law"*; franz.: *„prévues par la loi"*.
[17] Vgl. Nowak, CCPR-Commentary (2005), Art. 18 Rn. 34, Art. 12 Rn. 28–29.
[18] Auf den S. 2 wurde im Sachverhalt nicht ausdrücklich verwiesen. Es darf aber erwartet werden, dass die Bearbeiter die Vorschrift berücksichtigen. Im Übrigen ist auch eine Argumentation allein aus S. 1 möglich.
[19] A. A. vertretbar.
[20] Engl.: *„necessary"*; franz.: *„nécessaires"*.
[21] Nowak, CCPR-Commentary (2005), Art. 18 Rn. 35.

len die Grundfreiheiten des einzelnen, die auch in verschiedenen Bestimmungen des IPbürgR ihren Niederschlag gefunden haben (vgl. z. B. Art. 6–9 IPbürgR) und die öffentliche Sicherheit und Ordnung. Ein Eingriffszweck im Sinne von Art. 18 Abs. 3 IPbürgR liegt damit vor.

Erforderlich ist weiterhin, dass die Maßnahmen zur Erreichung dieser Zwecke auch notwendig sind. Anders als Art. 14 Abs. 1 S. 3 IPbürgR, Art. 21 S. 2 IPbürgR und Art. 22 Abs. 2 S. 1 IPbürgR fehlt in Art. 18 Abs. 3 IPbürgR die Formulierung „in einer demokratischen Gesellschaft". Maßstab ist deshalb nicht ein abstrakt zu definierender demokratischer Mindeststandard, sondern die im konkreten Fall zu bestimmende Verhältnismäßigkeit.[22] Die Befürchtungen der Staatsregierung erscheinen schon im Hinblick auf die Lehre der HICOS begründet, die nach Weltherrschaft strebt, Gegner als „Müll" bezeichnet, der zu beseitigen ist, und totalitäre Züge bei der Behandlung ihrer Mitglieder zeigt. Bestätigt wird diese Befürchtung zudem durch die geschilderten einzelnen Vorkommnisse, wo Beamte zugunsten von HICOS in schwerster Weise gegen die Beamtenpflicht verstoßen und damit zugleich Rechte anderer Personen aus dem Pakt verletzt haben. So schützt Art. 17 IPbürgR die Privatsphäre, die durch den Verrat der Steuergeheimnisse verletzt wurde. Dass HICOS sogar auf 12–14-jährige Schüler Einfluss zu gewinnen versucht, lässt die Maßnahmen z. B. auch unter dem Gesichtspunkt des Elternrechts (Art. 18 Abs. 4 IPbürgR) als angezeigt erscheinen.

Die getroffenen Maßnahmen erscheinen auch geeignet zur Erreichung des angestrebten Zwecks. Zwar wäre es unverhältnismäßig, wenn allein aus der Mitgliedschaft in der HICOS so weitreichende Folgerungen wie die Entfernung aus dem Dienst oder die Nichteinstellung, d. h. die berufliche Diskriminierung folgen würden.[23] Die bayerischen Maßnahmen sehen aber gerade die Berücksichtigung des jeweiligen Einzelfalls vor. Gibt ein Bewerber nämlich auf dem Fragebogen an, Mitglied von HICOS zu sein oder Beziehungen zu ihr zu pflegen, führt dies nicht automatisch zur Nichteinstellung, sondern lediglich zu einer Einzelfallprüfung, in der der Bewerber die Zweifel an seiner Loyalität ausräumen kann. Zur Entfernung eines Beamten aus dem Dienst bei nachträglichem Bekanntwerden der Mitgliedschaft bei HICOS kommt es auch nur dann, „wenn sich in einem Gespräch Zweifel an seiner Loyalität dem Staat gegenüber verfestigen".

b) Privates Missbrauchsverbot, Art. 5 Abs. 1 IPbürgR

Das private Missbrauchsverbot des Art. 5 Abs. 1 IPbürgR stellt in der Praxis eine Verstärkung der durch die einzelnen Schrankenbestimmungen eröffneten Eingriffsmöglichkeiten dar. Keine Bestimmung soll dahingehend ausgelegt werden können, dass sie für eine Gruppe oder Person das Recht begründet, Tätigkeiten auszuüben oder Handlungen zu begehen, die auf die Abschaffung oder Be-

---

[22] Nowak, CCPR-Commentary (2005), Art. 18 Rn. 35.
[23] Vgl. insoweit das Urteil des EGMR zum sog. Radikalenerlass *Vogt* ./. Deutschland, NJW 1996, 375 ff.

schränkung der im Pakt niedergelegten Rechte und Freiheiten abzielen. Bejaht wurden die Voraussetzungen des Art. 5 Abs. 1 IPbürgR beispielsweise im Falle der Verurteilung wegen Wiedererrichtung der faschistischen Partei in Italien.[24] Sein Anwendungsbereich setzt erhebliche Anforderungen voraus.[25] Aus den Angaben im Sachverhalt kann geschlossen werden, dass HICOS auf die Abschaffung der demokratischen Ordnung und des damit verbundenen Schutzes der Rechte des einzelnen hinzielt. Die Lehre von HICOS spricht ihren Gegnern durch die Bezeichnung als „menschlicher Müll, den es zu beseitigen gilt" vom Pakt geschützte Rechte – etwa Art. 6 IPbürgR (Leben), Art. 17 IPbürgR (Privatsphäre) – ab. Sie strebt die sukzessive Übernahme der Macht in der Gesellschaft an. Die Behandlung der Mitglieder weist totalitäre Strukturen auf. Dies wird durch Einzelfälle des Verrats von Steuergeheimnissen und der versuchten Beeinflussung von 12–14jährigen Schülern unterstrichen. Die bayerischen Maßnahmen richten sich – was Art. 5 Abs. 1 IPbürgR verlangt – gegen befürchtete „aktive" Handlungen seitens der HICOS.[26]

II. Gleicher Zugang zu öffentlichen Ämtern, Verletzung von Art. 25 lit. c IPbürgR

Die Vorschrift des Art. 25 lit. c IPbürgR i.V.m. Art. 2 Abs. 1 IPbürgR schützt den gleichen Zugang zu öffentlichen Ämtern unabhängig von Religion und politischer oder sonstiger Anschauung. Im Hinblick darauf, dass es sich bei der Religion um ein in Art. 2 Abs. 1 IPbürgR genanntes Merkmal handelt, geht es auch nicht um die „Angemessenheit der Einschränkung" wie bei sonstigen Differenzierungsgründen.[27] Ein Eingriff ist durch die mögliche Nichteinstellung und durch die eventuelle Entfernung aus dem Dienst gegeben. Jedoch ist der Eingriff aufgrund der oben erfolgten Erwägungen zu Art. 5 Abs. 1 IPbürgR gerechtfertigt. Bezüglich der Eignung für den Öffentlichen Dienst erfolgt bei den ergriffenen Maßnahmen weiterhin eine Einzelfallprüfung, so dass auch die Verhältnismäßigkeit der Maßnahme gewährleistet ist.

Frage 2 a): Rechtliche Einordnung der „abschließenden Beobachtungen"

Der Ausschuss für Menschenrechte prüft gem. Art. 40 Abs. 4 S. 1 IPbürgR die von den Vertragsstaaten eingereichten Berichte und übersendet nach Art. 40 Abs. 4 S. 2 IPbürgR „den Vertragsstaaten seine eigenen Berichte sowie ihm geeignet erscheinende allgemeine Bemerkungen". Das vorliegend zu beurteilende Dokument ist schon durch seine Bezeichnung klar dem Bereich des Staatenberichtsverfahrens, Art. 40 Abs. 4 S. 2 IPbürgR, zuzuordnen. Der Inhalt bezieht sich auf konkrete Vorgänge in der Bundesrepublik Deutschland. Es handelt sich dabei

---

[24] Vgl. Nowak, CCPR-Commentary (2005), Art. 18 Rn. 38, Art. 5 Rn. 10.
[25] Vgl. Nowak, CCPR-Commentary (2005), Art. 5 Rn. 10.
[26] Vgl. Nowak, CCPR-Commentary (2005), Art. 5 Rn. 8.
[27] Vgl. Nowak, CCPR-Commentary (2005), Art. 25 Rn. 53.

daher nicht um eine „allgemeine Bemerkung" („*general comment*") im Sinne von Art. 40 Abs. 4 S. 2 Alt. 2 IPbürgR, da dieser Begriff für Stellungnahmen des Ausschusses reserviert ist, die sich nicht an einen einzelnen Staat, sondern an die Gesamtheit der Vertragsstaaten richten und Auslegungshilfen zum Verständnis des IPbürgR geben sollen.[28] Vielmehr ist das vorliegende Dokument als „eigener Bericht" im Sinne von Art. 40 Abs. 4 S. 2 Alt. 1 IPbürgR einzuordnen.

Die Auslegung und Anwendung der Bestimmung des Art. 40 Abs. 4 IPbürgR war im Menschenrechtsausschuss lange umstritten.[29] Erst während der 44. Sitzung im März/April 1992 kam der Ausschuss überein, zum Abschluss der Behandlung eines jeden Staatenberichts Anmerkungen in der jetzigen Form, insbesondere mit der Formulierung abschließender Beobachtungen („*concluding observations*") abzugeben, die die Auffassung des Ausschusses als ganzes zum Staatenbericht wiedergeben.[30] Die Berichte heben sowohl positive Aspekte („*positive aspects*") als auch mögliche Verletzungen von Bestimmungen des Paktes hervor und unterbreiten dem Vertragsstaat Vorschläge zur Verbesserung („*principal subjects of concern and suggestions and recommendations*").[31]

Der Bericht betrifft allerdings nur das Verhältnis zwischen dem Ausschuss und der Bundesrepublik Deutschland als Vertragsstaat und Völkerrechtssubjekt. Weder HICOS noch ihre Gemeinden in Deutschland noch deren Anwälte sind Beteiligte des Berichtsverfahrens. Dies ergibt sich aus dem Wesen des Staatenberichtsverfahrens, so wie es im IPbürgR geregelt ist. Demnach kann schon nicht von einer Feststellung zugunsten der HICOS oder ihrer deutschen Gemeinden gesprochen werden.

Ferner lassen sich aus den abschließenden Beobachtungen des Ausschusses auch materiell-rechtlich nicht die weitreichenden Folgerungen ableiten, die im Schreiben der Anwälte Blood, Toil & Sweat unterstellt werden. Eine dem Art. 46 EMRK vergleichbare Vorschrift fehlt in Bezug auf das Staatenberichtsverfahren. Im Gegensatz zum Individualbeschwerdeverfahren (dazu sogleich unten) sind die Bemerkungen des Ausschusses im Berichtsverfahren weder unmittelbar anwendungsfähig (i.S.v. *self executing*) noch für die Vertragsstaaten rechtlich bin-

---

[28] Vgl. Nowak, CCPR-Commentary (2005), Art. 40 Rn. 61 m.w.N. auf z.T. abweichende Literaturansichten.
[29] Vgl. zur früheren Praxis: Tomuschat, Menschenrechte, Staatenberichte, in: Wolfrum (Hrsg.), Handbuch Vereinte Nationen (1991), S. 559 ff.; Nowak, CCPR-Commentary 2005, Art. 40 Rn. 49 ff.; Bartsch, Die Entwicklung des internationalen Menschenrechtsschutzes 1983/84, NJW 1985, 1751 (1754). Detailkenntnisse bzgl. des Art. 40 Abs. 4 IPbürgR können vom Bearbeiter natürlich nicht erwartet werden.
[30] Vgl. U.N. Doc. A/47/40, Ziff. 18 und 45. Siehe auch McGoldrick/Nigel, The United Kingdom Perspective on the International Covenant on Civil and Political Rights, in: Harris/Joseph (ed.), The International Covenant on Civil and Political Rights and United Kingdom Law (1995), S. 69 (82).
[31] Harris, Introduction, in: Harris/Joseph, a.a.O., S. 1 (26).

Fall 7: Internationaler Menschenrechtsschutz

dend. Von einer rechtsverbindlichen Feststellung der Rechtswidrigkeit der bayerischen Maßnahmen seitens des VN-Menschenrechtsausschusses kann daher nicht die Rede sein. Der Ausschuss ermittelt, verhandelt und entscheidet gerade nicht wie ein internationales Gericht. Seine Feststellungen im Berichtsverfahren haben nicht die Wirkungen wie etwa die Urteile des EGMR, sondern sind in erster Linie politisch bedeutsam.[32]

Frage 2 b): Reaktionsmöglichkeiten des Freistaates Bayern

Die Länder werden in allen Belangen des IPbürgR durch die Bundesrepublik Deutschland und deren nach außen zum Handeln befugte Organe mediatisiert, auch wenn die behauptete Menschenrechtsverletzung innerstaatlich dem Kompetenzbereich der Länder zuzurechnen ist. Ein Land kann allerdings innerstaatlich auf ein Handeln der Bundesrepublik Deutschland nach außen hinwirken. Um den negativen politischen Auswirkungen der abschließenden Bemerkungen zu begegnen, hat die Bundesrepublik Deutschland zunächst die Möglichkeit, sich in ihrem nächsten regelmäßigen Bericht gem. Art. 40 Abs. 1 IPbürgR auf die Feststellung des Ausschusses zu beziehen und ihm ihre Sicht der Dinge entgegenzusetzen. Der Nachteil dieser Möglichkeit liegt allerdings in dem langen Berichtsturnus von 5 Jahren; der nächste Bericht ist nach dem Bearbeitervermerk erst in 3 Jahren fällig. Einen Ausweg bietet jedoch insoweit die unmittelbare Stellungnahme nach Art. 40 Abs. 5 IPbürgR.

Frage 3: Geltendmachung von Menschenrechtsverletzungen durch Nirwania

Nach Art. 41 IPbürgR besteht die Möglichkeit der so genannten Staatenbeschwerde. Die Bundesrepublik Deutschland hat eine Erklärung nach Art. 41 Abs. 1 S. 1 IPbürgR abgegeben.[33] Nirwania kann sich aber nur dann der Anliegen von HICOS im Wege der Staatenbeschwerde annehmen und vor dem Ausschuss geltend machen, die Bundesrepublik Deutschland käme ihren Verpflichtungen – z.B. aus Art. 18 und 25 des Pakts – nicht nach, wenn es zuvor selbst eine Erklärung nach Art. 41 Abs. 1 S. 1 IPbürgR abgegeben hat. Insoweit gilt das Prinzip der Reziprozität[34], vgl. Art. 41 Abs. 1 Satz 2 IPbürgR.

Nirwania müsste ferner das in Art. 41 Abs. 1 lit. a und b IPbürgR vorgesehene Verfahren beachten, d.h. zunächst müsste eine Mitteilung an die Bundesrepublik Deutschland erfolgt und danach eine Frist von 6 Monaten verstrichen sein. Auch setzt Art. 41 Abs. 1 lit. c IPbürgR voraus, dass der innerstaatliche Rechtsweg erschöpft wird. Dies bedeutet, dass HICOS erst alle ihr in Deutschland zur Verfügung stehenden Rechtsbehelfe, die nicht aussichtslos erscheinen oder unange-

---

[32] Vgl. zu den Wirkungen Harris, Introduction, in: Harris/Joseph, a.a.O., S. 1 (24).
[33] Vgl. die Erklärung vom 22. Januar 1997, BGBl. II S. 1355, wiedergegeben in Sart. II Nr. 20, S. 18 mit Fn. 1.
[34] Zum Gegenseitigkeitsprinzip als „Säule des Völkerrechts" vgl. Verdross/Simma, §§ 64 ff. sowie die Fälle 1 und 8.

messen lange dauern, eingelegt haben muss, bevor Nirwania die Rechte von HICOS vor dem Ausschuss geltend machen kann.

Frage 4: Unmittelbarer Zugang der HICOS-Anhänger zum Ausschuss

Insoweit kommt eine Individualbeschwerde nach dem Fakultativprotokoll zum IPbürgR in Betracht. Das (erste) Fakultativprotokoll ist für die Bundesrepublik Deutschland in Kraft getreten.[35] Damit können auch „Einzelpersonen, die behaupten, in einem ihrer im Pakt niedergelegten Rechte verletzt zu sein, dem Ausschuss eine schriftliche Mitteilung zur Prüfung einreichen".

Voraussetzung für Individualbeschwerden von Mitgliedern der HICOS ist, dass diese eine Verletzung eigener Rechte behaupten und „alle zur Verfügung stehenden innerstaatlichen Rechtsmittel erschöpft haben" (Art. 2 [1. FP]). Grundsätzlich ist erst nach Erschöpfung des deutschen Rechtswegs das Verfahren vor dem Ausschuss möglich. Für eine Ausnahme (vgl. Art. 5 Abs. 2 lit. b S. 2 [1. FP]) liegen keine Anhaltspunkte vor. Nach Art. 5 Abs. 2 lit. a (1. FP) muss sich der Beschwerdeführer entscheiden, ob er den Rechtsweg zum EGMR beschreiten oder nach dem Fakultativprotokoll zum IPbürgR Rechtsschutz suchen will, sog. „Kumulationsverbot".[36]

Frage 5: Verletzung materiell-rechtlicher Bestimmungen der EMRK durch Nichteinstellung des Alf

In Betracht kommt eine Verletzung der Bestimmungen der Art. 9 und 14 EMRK.

I. Anwendbarkeit der EMRK

Die EMRK ist im vorliegenden Fall anwendbar, und zwar *ratione personae* gem. Art. 1 EMRK – Alf unterliegt der deutschen Hoheitsgewalt –, *ratione temporis*, denn der behauptete Menschenrechtsverstoß liegt zeitlich nach dem Beitritt der Bundesrepublik Deutschland zur Konvention und *ratione materiae*, da der behauptete Verstoß durch die deutsche Staatsgewalt erfolgte.

---

[35] BGBl. 1994 II S. 311; Sart. II Nr. 20a, S. 1 mit Fn. 1 weist ausdrücklich auf das Inkrafttreten am 25. November 1993 hin; der dort außerdem abgedruckte Vorbehalt der Bundesrepublik Deutschland ist für den vorliegenden Fall nicht einschlägig (dazu Fall 8).

[36] Ein Eingehen auf diese Vorschrift ist nach der Fallfrage und dem Sachverhalt nicht zwingend veranlasst. Näher dazu Fall 8.

II. Verstoß gegen die Glaubensfreiheit gem. Art. 9 Abs. 1 EMRK

1. Alf wird allein wegen seiner Weigerung, den Fragebogen zu seinen Beziehungen zur HICOS auszufüllen, nicht in den Staatsdienst eingestellt. HICOS stellt eine Religion, zumindest aber eine Weltanschauung dar. Alf lehnt eine Äußerung ab, die Rückschlüsse auf seine religiösen Überzeugung ermöglichten. Art. 9 Abs. 1 EMRK schützt die Religions- und Weltanschauungsfreiheit des einzelnen. Diese Freiheit umfasst jeweils auch den negativen Aspekt, das heißt auch die Freiheit, seine Religion oder Weltanschauung nicht zu offenbaren.[37] Da die Einstellung in den öffentlichen Dienst von einer persönlichen Offenbarung zu einem Bereich abhängig gemacht wird, der zur religiösen Überzeugung gehört, liegt ein Eingriff in die Religionsfreiheit vor.

2. Die Offenbarungspflicht als Voraussetzung für die Einstellung könnte jedoch nach Art. 9 Abs. 2 EMRK gerechtfertigt sein. Sie ist gesetzlich vorgesehen in Art. 62 Abs. 2 S. 1 BayBG i.V.m. Art. 9 Abs. 1 Ziff. 2 BayBG, die durch die Bekanntmachung der Staatsregierung umgesetzt wurden. Durch die Erklärung über die Beziehung zu einer Gemeinschaft, die sich im Widerspruch zur demokratischen Ordnung und des damit verbundenen Schutzes der Rechte einzelner setzt, soll das Bekenntnis zur freiheitlich-demokratischen Grundordnung gewährleistet werden. Die Gewährleistung der Verfassungstreue eines Beamten ist auch „in einer demokratischen Gesellschaft" i.S.v. Art 9 Abs. 2 EMRK erforderlich. Sie ist notwendig für „die öffentliche Sicherheit, zum Schutz der öffentlichen Ordnung, Gesundheit oder Moral oder zum Schutz der Rechte und Pflichten anderer" i.S.v. Art. 9 Abs. 2 EMRK. Insofern ergeben sich keine Unterschiede zum IPbürgR.

Es liegt somit keine Verletzung von Art. 9 Abs. 1 EMRK vor, da eine Rechtfertigung nach Art. 9 Abs. 2 EMRK gegeben ist.

III. Verstoß gegen das Diskriminierungsverbot gem. Art. 14 i.V.m. 9 Abs. 1 EMRK

Möglich erscheint weiterhin eine Verletzung des Diskriminierungsverbots des Art. 14 i.V.m. Art. 9 Abs. 1 EMRK. Von wesentlicher Bedeutung ist dabei, dass das Diskriminierungsverbot in der EMRK nur in Zusammenhang mit den anderen materiellen Gewährleistungen der EMRK oder den hierzu abgeschlossenen Protokollen gilt. Dies bedeutet zwar nicht, dass Art. 14 EMRK die Verletzung einer anderen materiellen Norm der Konvention oder der Protokolle voraussetzt, jedoch muss mindestens der Schutzbereich einer oder mehrerer dieser Normen

---

[37] Im Fall „*Darby*" hat die Europäische Menschenrechtskommission im Zusammenhang mit der Kirchensteuerpflicht die Garantie der negativen Religionsfreiheit anerkannt, vgl. Frowein/Peukert, EMRK, Art. 9 Rn. 6; s. auch Grabenwarter, EMRK, § 22 Rn. 74 m.w.N.

eröffnet sein. Da der Bereich des Art. 9 Abs. 1 EMRK betroffen ist, kann dies vorliegend bejaht werden.[38]

Eine Diskriminierung könnte darin gesehen werden, dass eine Äußerung lediglich über die Beziehungen zur HICOS, nicht zu anderen Religionen und Weltanschauungsorganisationen verlangt wird. Der Eingriff ist aber in jedem Fall sachlich gerechtfertigt, da er zum Schutze der Gesellschaft und der Rechte einzelner (vgl. oben) notwendig erscheint.

Frage 6: Erschöpfung des innerstaatlichen Rechtsweges

Gem. Art. 35 Abs. 1 EMRK setzt eine Individualbeschwerde vor dem EGMR voraus, dass der innerstaatliche Rechtsweg erschöpft ist. Dabei umfasst im Sinne der EMRK der innerstaatliche Rechtsweg auch die Rechtsbehelfe vor dem Bundesverfassungsgericht. Es ist deshalb Voraussetzung, dass eine Verfassungsbeschwerde in zulässiger Weise erhoben und erfolglos geblieben ist, wobei für Letzteres die Abweisung im Vorprüfungsverfahren als offensichtlich unbegründet ausreicht.[39] Anhaltspunkte für die Ausnahmefälle ineffektiver Rechtsbehelfe[40] sind im Sachverhalt nicht ersichtlich.

Frage 7: Umsetzung der Entscheidung durch den Freistaat Bayern

Eine Verpflichtung zur Umsetzung kann sich aus der nach Art. 59 Abs. 2 S. 1 GG in Bundesrecht transformierten EMRK ergeben, die

1. in Art. 9 EMRK die Religionsfreiheit verbürgt *und*

2. die Bundesrepublik nach Art. 46 EMRK verpflichtet, in allen Rechtssachen, in denen sie Partei ist, das endgültige Urteil zu befolgen.

Zweifel an der Kompetenz des Bundes zum Abschluss und zur Durchführung der EMRK sind nicht ersichtlich. Die Auswirkungen der EMRK auf den öffentlichen Dienst der Länder werden jedenfalls durch die Rahmengesetzgebungskompetenz in Art. 75 Ziff. 1 GG gedeckt („Rechtsverhältnisse der im öffentlichen Dienst der Länder [...] stehenden Personen").

Lehnt man die Kompetenz zur bundesrechtlichen Einwirkung auf das öffentliche Dienstrecht der Länder ab, so wäre zu prüfen, ob der Grundsatz der Bundestreue die Ausübung der Länderkompetenzen in einer Weise erfordert, die die völkerrechtliche Haftung des Bundes vermeidet. Die Bundestreue kann allerdings nicht die fehlende Kompetenz des Bundes ersetzen. Erfordert die Erfül-

---

[38] Vgl. etwa das Urteil des EGMR zur Feuerschutzabgabe vom 18. Juli 1994, Série A vol. 291, S. 26 ff. (deutsche Übersetzung in NVwZ 1995, 365 f.), in der er seine frühere Rechtsprechung ausdrücklich bestätigt; ferner die Urteile *Abdulaziz, Cabales* und *Balkandali* ./. Vereinigtes Königreich vom 28. Mai 1985, Série A vol. 94, S. 35 Tz. 71 (= EuGRZ 1985, 567 ff.) und *Inze* ./. Österreich vom 28. Oktober 1987, Série A vol. 126, S. 17 Tz. 36; siehe auch Frowein/Peukert, EMRK, Art. 14 Rn. 2 ff.

[39] Vgl. dazu eingehend die Ausführungen von Grabenwarter, EMRK, § 13 Rn. 23 ff.

[40] (Von vornherein) unwirksame Rechtsbehelfe brauchen nicht erschöpft zu werden, vgl. Grabenwarter, EMRK, § 13 Rn. 23.

lung einer völkerrechtlichen Verpflichtung ein gesetzliches Handeln der Länder in ihrem Kompetenzbereich, so kann der Bund ein solches Handeln aus dem Grundsatz der Bundestreue nur fordern, wenn er selbst sich „ländertreu" verhalten hat – etwa dadurch, dass er sich vor Vertragsabschluss des Einvernehmens der Länder versichert.[41]

Kernsätze

1. Der Schutzbereich der **Religions- und Weltanschauungsfreiheit** ist in Art. 18 Abs. 1, 2 IPbürgR/Art. 9 Abs. 1 EMRK weit gefasst: Er beinhaltet *forum internum* und *externum*, öffentliche und private Bekundung, positive und negative Freiheit, Selbstdefinition der Gemeinschaft. Erst im Zusammenspiel dieser Freiheiten mit ihren Beschränkungen (Art. 18 Abs. 3 IPbürgR/Art. 9 Abs. 2 EMRK) lässt sich das konkrete Maß des individuellen Freiheitsrechts ausloten.

2. Maßnahmen im Rahmen von Art. 18 Abs. 3 IPbürgR/Art. 9 Abs. 2 EMRK zum Schutze der öffentlichen Sicherheit usw. bedürfen einer **gesetzlichen Grundlage** und müssen **verhältnismäßig** sein.

3. Die Berichte des Ausschusses für Menschenrechte (*Human Rights Committee*) gem. Art. 40 Abs. 4 S. 2 IPbürgR im **Staatenberichtsverfahren** sind weder unmittelbar anwendungsfähig (*self executing*) noch für die Vertragsstaaten rechtlich bindend. Der Ausschuss verhandelt und entscheidet in diesem Verfahren *nicht* wie ein Gericht.

4. Das **Staatenbeschwerdeverfahren** nach Art. 41 IPbürgR kann nur von einem Vertragsstaat eingeleitet werden, der für sich selbst die Zuständigkeit des Menschenrechtsausschusses anerkannt hat, Art. 41 Abs. 1 S. 2 IPbürgR (Grundsatz der **Reziprozität**).

5. Das (erste) Fakultativprotokoll zum IPbürgR ermöglicht die Erhebung von **Individualbeschwerden**, sofern der betroffene Staat Vertragspartei des Protokolls ist, Art. 1 (1. FP) und der innerstaatliche Rechtsweg ausgeschöpft wurde, Art. 2 (1. FP).

6. Gem. Art. 46 EMRK sind die Mitgliedstaaten zur **Befolgung der Urteile des EGMR** verpflichtet. In der Bundesrepublik werden die Auswirkungen der EMRK auf den öffentlichen Dienst der Länder über Art. 59 Abs. 2 Satz 1 GG i.V.m. der Rahmenkompetenz des Bundes nach Art. 75 Ziff. 1 GG gedeckt.

---

[41] Zu den Problemen des Bund-Länderverhältnisses beim Abschluss völkerrechtlicher Verträge vgl. grundlegend Blumenwitz, Der Schutz innerstaatlicher Rechtsgemeinschaften beim Abschluß völkerrechtlicher Verträge (1972). Zum Problem der Bundestreue im Einzelnen Blumenwitz, a.a.O., S. 304, Streinz, in: Sachs, GG, Art. 32 Rn. 38 m.w.N.

Fall 8: Wahlrecht für Auslandsdeutsche

Sachverhalt

I.

Nach mehreren parlamentarischen Anläufen plant die Bundesregierung, den sog. Auslandsdeutschen endlich das aktive Wahlrecht zum Deutschen Bundestag zukommen zu lassen. Als „Auslandsdeutsche" bezeichnet man Personen ohne inländischen Wohnsitz, die zeitweilig, langfristig oder dauernd ihren Wohnsitz im Ausland genommen haben. Zu ihrer Wahlbeteiligung werden verschiedene Modelle erwogen:

- Beim sog. Aufenthalterstimmrecht können nur diejenigen ihr Wahlrecht ausüben, die sich am Wahltag im Inland aufhalten. Diese Variante bietet den Vorteil eines geringen verwaltungsmäßigen Aufwandes, rechtspolitisch spricht allerdings gegen sie, dass regelmäßig nur im grenznahen Ausland Wohnende von ihrem Wahlrecht auch effektiv Gebrauch machen können.
- Diese Nachteile vermeidet die Briefwahl. Bei ihr erfolgt nur ein Teilakt des Wahlvorgangs, nämlich das Ausfüllen des Stimmzettels und Absenden des Wahlbriefes, auf fremdem Territorium. Die Auszählung der Stimmen findet dagegen im Inland statt.
- Ähnlich verhält es sich bei der Wahl durch Stellvertreter. Vom Ausland aus erfolgt lediglich die Benennung und Unterrichtung des Stellvertreters, die Stimmabgabe ist vollständig in das Inland verlegt.
- Schließlich sehen einige Staaten für ihre im Ausland lebenden Staatsbürger die Möglichkeit vor, in den diplomatischen oder konsularischen Vertretungen ihre Stimme abzugeben. Bei dieser Variante erfolgt auch die Stimmauszählung im Ausland, das Wahlergebnis wird von den jeweiligen diplomatischen bzw. konsularischen Vertretern an den Heimatstaat weitergeleitet.

Im Auswärtigen Amt stoßen die meisten dieser Modelle auf Bedenken. Es wird darauf hingewiesen, dass einige Staaten die Teilnahme an Parlamentswahlen des Heimatstaats auf ihrem Territorium als hoheitliche Tätigkeit des Staatsorgans „Volk" und daher als einen Verstoß gegen ihre territoriale Souveränität betrachteten. Dies gelte nicht nur für die Stimmabgabe in den diplomatischen oder konsularischen Vertretungen, sondern auch hinsichtlich der Brief- und Stellvertreterwahl, selbst wenn hier nur ein Teilakt auf fremdem Territorium erfolge und die „Wirkungen" der Stimmabgabe ausschließlich im Inland einträten. Im Innenministerium meint man dagegen, die bloße *Verleihung* des Wahlrechts sei völkerrechtlich jedenfalls unproblematisch. Im Hinblick auf die *Betätigung* des Wahlrechts durch Auslandsdeutsche meint man, durch die Teilnahme an den Wahlen zum Deutschen Bundestag werde die territoriale Souveränität des Aufenthaltsstaats schon deshalb nicht verletzt, weil von der Stimmabgabe keinerlei Zwangswirkung ausgehe. Außerdem unterstünden die Auslandsdeutschen ja nach wie

Fall 8: Wahlrecht für Auslandsdeutsche

vor der Personalhoheit der Bundesrepublik Deutschland. Jedenfalls die Briefwahl sei völkerrechtlich unproblematisch, weil Auslandsdeutsche auch andere für die Behörden der Bundesrepublik Deutschland bestimmte Erklärungen im Ausland aufsetzen und absenden dürften. Schließlich könnten zumindest diejenigen Staaten, die ihrerseits das Wahlrecht für Auslandsstaatsbürger vorsähen, der Wahlteilnahme Auslandsdeutscher von ihrem Territorium aus nicht widersprechen.

Gedanken macht man sich weiterhin über die wahlrechtliche Behandlung deutsch-ausländischer Mehrstaater. Das Innenministerium vertritt hierzu die Auffassung, bei Aufenthalt eines Mehrstaaters in seinem zweiten Heimatstaat sei die Bundesrepublik Deutschland völkerrechtlich verpflichtet, die fremde Staatsangehörigkeit als die effektivere zu respektieren und die betreffende Person vom Kreis der Wahlberechtigten auszunehmen. Dies folge aus einer analogen Heranziehung der Grundsätze über die Ausübung diplomatischen Schutzes zugunsten von Mehrstaatern. Das Auswärtigen Amt wendet dagegen ein, Analogieschlüsse begegneten im Völkerrecht Bedenken im Hinblick auf die Staatensouveränität, wie sich an sämtlichen Völkerrechtsquellen nachweisen lasse. Da völkerrechtliche Regeln über die wahlrechtliche Behandlung von Mehrstaatern nicht existierten, sei die Bundesrepublik Deutschland nicht gehindert, allen Deutschen, die im Besitz einer oder mehrerer weiterer Staatsangehörigkeiten seien, das aktive Wahlrecht zukommen zu lassen.

Schließlich stellt man sich die Frage, ob deutsche Seeleute, die sich auf Seeschiffen unter deutscher Flagge aufhalten, den Inlands- oder den Auslandsdeutschen gleichzustellen seien.

Bearbeitervermerk:

Der federführende Bundesminister des Innern bittet um die Erstellung eines Gutachtens, in dem alle aufgeworfenen völkerrechtlichen Fragen umfassend geklärt werden. Vorschriften des Bundeswahlgesetzes bleiben für die Bearbeitung außer Betracht.

II.

Noch bevor die Bundesregierung ihre Pläne zur Einführung des Auslandsdeutschenwahlrechts verwirklichen kann, möchte der in Basel geborene und ansässige Deutsche Hans Meyer sich die Möglichkeit der Wahlteilnahme verschaffen. Er meldet sich daher in der grenznahen deutschen Gemeinde Lörrach als wohnhaft, obwohl er dort nur über eine sog. Briefkastenadresse verfügt. Eine solche genügt nach deutschem Wahlrecht nicht, um eine Wohnung im Wahlgebiet als Wahlrechtsvoraussetzung zu begründen. Wer trotz fehlenden materiellen Wahlrechts an einer Wahl teilnimmt, macht sich gem. § 107a StGB wegen Wahlfälschung strafbar. In der Folgezeit nimmt Hans Meyer an der Bundestags-, Europa-, Landtags- sowie Kommunalwahl teil.

Durch einen unglücklichen Zufall wird die Vorgehensweise Hans Meyers der zuständigen Staatsanwaltschaft bekannt. Sie erhebt Anklage gegen ihn wegen Wahlfälschung in vier Fällen. Hans Meyer wird antragsgemäß zu einer Geldstrafe verurteilt. Seine hiergegen eingelegten Rechtsmittel einschließlich der Verfassungsbeschwerde zum Bundesverfassungsgericht bleiben ohne Erfolg. Daraufhin erhebt Hans Meyer Beschwerde zum Europäischen Gerichtshof für Menschenrechte in Straßburg. Er rügt eine Verletzung seiner Rechte aus Art. 3 des 1. Zusatzprotokolls (1. ZP) zur EMRK. In dem Verfahren vor dem EGMR macht der Vertreter der Bundesrepublik Deutschland geltend, die Beschwerde sei unzulässig, da Art. 3 (1. ZP) als reine Staatenverpflichtung formuliert sei und folglich keine subjektiven Rechte enthalte. Ferner sei der Grundsatz der Allgemeinheit der Wahl, demzufolge grundsätzlich jeder Staatsbürger das Recht habe zu wählen und gewählt zu werden, in der Vorschrift überhaupt nicht genannt. Europa-, Landtags- sowie Kommunalwahlen fielen schon deshalb nicht in den Anwendungsbereich der Norm, weil es sich hierbei nicht um Wahlen zu einer „gesetzgebenden Körperschaft" i.S.d. Art. 3 (1. ZP) handle.

Nach der seiner Ansicht nach unbefriedigenden Entscheidung des EGMR richtet Hans Meyer noch eine Mitteilung an den VN-Menschenrechtsausschuss mit der Behauptung, in seinen Rechten aus Art. 25 lit. b IPbürgR verletzt zu sein.

Bearbeitervermerk:

In einem Gutachten ist folgende Frage zu beantworten: Hat die Beschwerde bzw. Mitteilung des Hans Meyer Aussicht auf Erfolg? Dabei ist – nötigenfalls hilfsgutachtlich – auf alle im Sachverhalt angesprochenen Rechtsfragen einzugehen.

Falllösung

Teil I

Das vom Bundesminister des Innern erbetene Gutachten betrifft neben der grundsätzlichen völkerrechtlichen Zulässigkeit der Auslandswahl in ihren verschiedenen Erscheinungsformen (A) die Frage der wahlrechtlichen Behandlung deutsch-ausländischer Mehrstaater (B) sowie der Behandlung von Schiffen unter deutscher Flagge (C).

A. Grundsätzliche völkerrechtliche Zulässigkeit der Auslandswahl

Die Verleihung des aktiven Wahlrechts zum Deutschen Bundestag an Auslandsdeutsche könnte einen Verstoß gegen die Souveränität des jeweiligen Aufenthaltsstaats darstellen.

I. Unterscheidung zwischen *jurisdiction to prescribe* und *jurisdiction to enforce*

Grundlegend für die völkerrechtliche Beurteilung ist dabei die Unterscheidung zwischen *jurisdiction to prescribe* und *jurisdiction to enforce*. Während ein Staat nämlich in der hoheitlichen *Durchsetzung* seiner Rechtsordnung grundsätzlich auf das eigene Staatsgebiet beschränkt ist, steht ihm die bloße *Regelung* auch im Ausland belegener Sachverhalte in großem Umfang frei. Insoweit besitzt die Aussage des Ständigen Internationalen Gerichtshofs (StIGH) aus dem Jahr 1927 auch heute noch uneingeschränkte Gültigkeit: *„Far from laying down a general prohibition to the effect that States may not extend the application of their laws and the jurisdiction of their courts to persons, property and acts outside their territory, it leaves them in this respect a wide measure of discretion which is only limited in certain cases by prohibitive rules; as regards other cases, every State remains free to adopt the principles which it regards as best and most suitable."*[1] In der Literatur ist für die Regelung im Ausland belegener Sachverhalte die Forderung nach einer „sinnvollen Anknüpfung" zu finden.[2]

Für die Problematik des Auslandsdeutschenwahlrechts bedeutet dies, dass der bloße Akt der Wahlrechts*verleihung* als völkerrechtlich unproblematisch zu gelten hat. Eine „sinnvolle Anknüpfung" ist angesichts der fortbestehenden deutschen Staatsangehörigkeit des betroffenen Personenkreises ohne weiteres gegeben.

II. Ausübung des Wahlrechts

Bei der *Ausübung* des Wahlrechts durch Deutsche im Ausland handelt es sich hingegen um einen Fall der Rechts*durchsetzung* im weitesten Sinne. Hier und nur hier stellt sich die Frage, ob die Souveränitätsrechte des Aufenthalt gewährenden Staates verletzt werden. Dies könnte dann der Fall sein, wenn die Teilnahme an den Parlamentswahlen des Heimatstaates nicht als bloßes Privathandeln (*acta iure gestionis*), sondern als Hoheitsakt (*acta iure imperii*) einzustufen wäre.

---

[1] StIGH, „Lotus", PCIJ Series A 10 (1927), S. 19.
[2] Vgl. Dahm/Delbrück/Wolfrum, Bd. I/1, S. 320f. m.w.N. in Fn. 21.

1. Wahlteilnahme ein Hoheitsakt?

Ein Staat kann als juristische Person nie selbst handeln, sondern immer nur durch seine Organe. Fraglich ist, welches staatliche „Organ" bei der Stimmabgabe im Rahmen von Wahlen tätig wird. In diesem Zusammenhang ist auf die Rechtsprechung des Bundesverfassungsgerichts hinzuweisen, welches – freilich für das innerstaatliche Verfassungsrecht – davon ausgeht, dass die Bürger bei der Stimmabgabe nicht als private Subjekte, sondern als Mitglieder des Staatsorgans „Volk" im *status activus* tätig werden.[3] Für den internationalen Bereich kann insoweit nichts anderes gelten. Insbesondere kann es keinen Unterschied machen, ob ein Staat durch in einem geregelten Verfahren eingesetzte Organe wie z. B. Beamte oder direkt durch das Staatsvolk handelt – stets ist ein dem Staat zurechenbares Verhalten, eine Willensäußerung „des Staates" und nicht etwa ein bloßes Privathandeln seiner Staatsangehörigen gegeben. Die Wahlteilnahme stellt daher hoheitliches Handeln dar, welches nach Völkergewohnheitsrecht im Ausland grundsätzlich verboten ist.

2. Reichweite des Verbots

Allerdings muss festgestellt werden, dass die Reichweite des Verbots hoheitlichen Handelns im Ausland – ungeachtet der grundsätzlichen Akzeptanz dieses Völkergewohnheitsrechtssatzes – erhebliche Unschärfen aufweist. So wird beispielsweise von offizieller österreichischer Seite die Auffassung vertreten, das besagte Verbot greife nicht, wenn die Wirkungen eines Hoheitsakts ausschließlich im Inland einträten.[4] Zur Begründung wird darauf verwiesen, dass ein im Ausland weilendes Staatsoberhaupt gemeinhin berechtigt sei, Gesetze auszufertigen, Minister zu vereidigen oder Behörden seines Heimatstaates Anweisungen zu erteilen.[5] Ob allerdings von dieser begrenzten Fallgruppe auf einen dahinter stehenden Satz des Völkergewohnheitsrechts geschlossen werden darf, erscheint mehr als fraglich,[6] lässt sich doch das angeführte Beispiel auch über eine zusammen mit der Einladung des ausländischen Staatsoberhaupts erteilte konkludente Einwilligung des Besuchsstaats erklären.[7] Die Stimmabgabe im Ausland ist daher nicht schon deshalb zulässig, weil deren „Wirkungen" nur im Inland eintreten.

Weiterhin wird von Österreich die Auffassung vertreten, ein auf fremdem Territorium verbotener Hoheitsakt liege nur dann vor, wenn von diesem eine Zwangswirkung ausgehe.[8] Zwar scheint der englische Terminus *„jurisdiction to enforce"* zunächst in diese Richtung zu deuten. Doch zeigt die Völkerrechtspra-

---

[3] BVerfGE 83, 60 (71) m.w.N.
[4] Fischer/Hafner, Aktuelle österreichische Praxis zum Völkerrecht, ÖZöRV 30 (1979), 339 (362 ff.) m.w.N.
[5] Seidl-Hohenveldern/Stein, Rn. 1504.
[6] Ebenso Epping/Gloria, in: Ipsen, § 23 Rn. 71; w.N. bei Breuer, Verfassungsrechtliche Anforderungen an das Wahlrecht der Auslandsdeutschen (2001), S. 190 mit Fn. 1028.
[7] Breuer, a.a.O., S. 190 f.; Geck, „Hoheitsakte auf fremdem Staatsgebiet", in: Strupp/Schlochauer (Hrsg.), Wörterbuch des Völkerrechts, Band 1, 2. Aufl. (1960), S. 795 f.
[8] Fischer/Hafner, ÖZöRV 30 (1979), 339 (362 ff.) m.w.N.

xis, dass auch Verhaltensweisen ohne jeden Zwangscharakter als verbotenes hoheitliches Handeln angesehen werden wie etwa das Tragen von Uniformen[9] oder das Zeigen von Hoheitszeichen[10] im Ausland durch Organe eines fremden Staates. Auch insofern lässt sich also nicht argumentieren, die Stimmabgabe im Ausland sei wegen fehlender Zwangswirkung völkerrechtlich unbedenklich.

> *Anm.: Nähere Kenntnisse der Haltung Österreichs sind nicht vorausgesetzt, erforderlich ist vielmehr eine begründete Auseinandersetzung mit den im Sachverhalt gelieferten Argumenten.*

3. Konsequenzen für die Formen der Auslandswahl

Für die verschiedenen Gestaltungsformen der Auslandswahl ergibt sich daraus Folgendes:

a) Das *Aufenthalterstimmrecht* hat als völkerrechtlich unbegrenzt zulässig zu gelten. Indem die Stimmabgabe hier vollständig in das Inland verlegt ist, werden Akte hoheitlicher Art im Ausland nicht gesetzt. Vorbereitende Tätigkeiten wie z. B. die Bekanntgabe des Wahltermins oder die Übersendung von Informationsmaterial sind als vom eigentlichen Wahlakt gesonderte Handlungen völkerrechtlich nicht zu beanstanden.[11]

b) Die *briefliche* Stimmabgabe im Ausland ist dagegen völkerrechtlich grundsätzlich unzulässig. Der Umstand, dass hier nur ein Teilakt auf fremdem Territorium gesetzt wird und die eigentlichen „Wirkungen" der Stimmenauszählung allein im Inland eintreten, spielt nach dem oben Gesagten keine Rolle. Unerheblich ist ebenfalls, dass Auslandsdeutsche auch andere für die Behörden der Bundesrepublik Deutschland bestimmte Erklärungen im Ausland aufsetzen und absenden dürfen, denn dies stellt keine Betätigung im staatsbürgerlichen *status activus* und folglich kein Organhandeln dar.[12]

c) Die völkerrechtliche Beurteilung der *Stellvertreterwahl* aus dem Ausland hängt davon ab, ob die Benennung und Unterrichtung des Stellvertreters bereits als ein Teilakt der Wahl oder als bloße vorbereitende Tätigkeit qualifiziert wird. Keine Rolle kann insoweit spielen, dass der Vertretene in der Regel keine Möglichkeit hat, dem Vertreter verbindliche Instruktionen zu erteilen, denn auf die etwaige „Zwangswirkung" hoheitlichen Handelns kommt es nach den obigen Ausführungen ohnehin nicht an. Vielmehr erscheinen die Benennung und Unterrichtung des Stellvertreters als derart eng mit der eigentlichen Stimmabgabe verbunden, dass beide einen einheitlichen Lebenssachverhalt bilden. Auch die

---

[9] Seidl-Hohenveldern/Stein, Rn. 1504; Verdross/Simma, § 456.
[10] Breuer, a.a.O. , S. 190.
[11] Breuer, a.a.O., S. 191; Siegrist, Hoheitsakte auf fremdem Staatsgebiet (1987), S. 203.
[12] Nach der hier vertretenen Auffassung verhielt sich die Schweizerische Postverwaltung also völkerrechtskonform, als sie im Jahr 1987 die Beförderung deutscher Wahlbriefe verweigerte. Mittlerweile wird die Stimmabgabe auf dem Korrespondenzweg von der Schweiz allerdings geduldet, vgl. Breuer, a.a.O., S. 189 m.w.N.

Auslandswahl im Wege der Stellvertretung stellt daher einen grundsätzlich verbotenen Hoheitsakt auf fremdem Territorium dar.[13]

d) Bei der *Stimmabgabe in Gesandtschaftsgebäuden* schließlich erfolgt der gesamte Wahlakt – also Stimmabgabe einschließlich der Stimmenauszählung – im Ausland, so dass ohne weiteres ein Hoheitsakt auf fremdem Territorium vorliegt. Die Frage, ob die Funktion als Wahlbüro nicht möglicherweise zum Aufgabenbereich einer Botschaft bzw. eines Konsulats zählt, betrifft dagegen die Rechtfertigungsebene und wird daher erst weiter unten geprüft.

> *Anm.: Andere Ansichten waren hier bei entsprechender Begründung selbstverständlich vertretbar.*

4. Rechtfertigung

Die Stimmabgabe im Ausland wäre jedenfalls dann gerechtfertigt, wenn die Bundesrepublik Deutschland verlangen könnte, dass der Aufenthaltsstaat die Wahl auf seinem Territorium duldet. Ein solcher Duldungsanspruch könnte sich ergeben (a) aus der fortbestehenden Personalhoheit der Bundesrepublik Deutschland, (b) aus völkerrechtlichen Verträgen sowie (c) aus dem Prinzip der Gegenseitigkeit.

a) Personalhoheit

Die Frage, welche Rechte ein Staat auf seinem Territorium weilenden Ausländern gewähren muss, beantwortet sich nach den Grundsätzen des völkerrechtlichen Mindeststandards. Dieser garantiert Ausländern gewisse grundlegende Rechte wie z. B. das Recht auf Leben und körperliche Unversehrtheit, auf Anerkennung als Rechtspersönlichkeit oder auf rechtliches Gehör. Politische Rechte fallen jedoch nicht hierunter, so dass aus der fortbestehenden Personalhoheit der Bundesrepublik Deutschland über ihre im Ausland weilenden Staatsangehörigen kein Anspruch auf Zulassung der Auslandswahl hergeleitet werden kann.[14]

b) Völkerrechtliche Verträge

Die Stimmabgabe in den Gesandtschaftsgebäuden wäre völkerrechtlich zulässig, wenn die Funktion als Wahlbüro in den Aufgabenkatalogen des WÜD (Art. 3) bzw. WÜK (Art. 5) zu finden wäre. Ausdrücklich wird diese Tätigkeit dort allerdings nicht erwähnt. Auch erscheint es nicht angängig, die Funktion als Wahlbüro dem Begriff der Ausübung notarieller, standesamtlicher oder ähnlicher Befugnisse (Art. 5 lit. j WÜK) zuzuordnen, denn es fehlt insoweit an der Vergleichbarkeit. Bei der Entgegennahme von Stimmen handelt es sich auch

---

[13] Wie hier Breuer, a.a.O., S. 193, gegen Siegrist, a.a.O., S. 206.
[14] Breuer, a.a.O., S. 193 f. gegen Schreiber, Wahlrecht zum Deutschen Bundestag der außerhalb der Bundesrepublik Deutschland lebenden Deutschen, DÖV 1974, 829 (835).

nicht um die Übermittlung gerichtlicher oder außergerichtlicher Urkunden (Art. 5 lit. j WÜK). Die Zulässigkeit sonstiger Aufgaben (Art. 5 lit. m WÜK) schließlich ist ausdrücklich vom Einverständnis des Empfangsstaats abhängig, so dass die Auslandswahl in den Gesandtschaftsgebäuden ohne die Zustimmung des Empfangsstaates völkerrechtlich nicht gestattet ist.[15]

c) Prinzip der Gegenseitigkeit

Ein Anspruch auf Duldung der Stimmabgabe im Ausland könnte sich jedoch aus dem Prinzip der Gegenseitigkeit (Reziprozität) ergeben. Dieser Grundsatz ist nicht allein für die Zuständigkeitsbegründung internationaler Gerichtsbarkeit (vgl. Art. 36 Abs. 2 IGH-Statut),[16] sondern für das Völkerrecht insgesamt von überragender Bedeutung, da die Völkerrechtsordnung wegen ihres geringen Grades an Institutionalisierung nach wie vor wesentlich auf freiwillige Befolgung angewiesen ist.[17] Für die Fallgestaltung der Auslandswahl lässt sich dem Reziprozitätsgrundsatz die Aussage entnehmen, dass ein Staat, der seinen eigenen Auslandsstaatsbürgern die Teilnahme an den heimischen Parlamentswahlen vom Ausland her gestattet, einer Stimmrechtsausübung auf seinem Territorium durch Angehörige anderer Staaten nicht widersprechen kann. Der Bundesrepublik Deutschland steht daher gegenüber allen Staaten, die ihrerseits die Auslandswahl vorsehen (das völkerrechtlich unbedenkliche Aufenthalterstimmrecht ausgenommen), ein Duldungsanspruch im oben beschriebenen Sinne zu.[18]

d) Einwilligung

Gegenüber solchen Staaten, die die Auslandswahl für ihre eigenen Staatsangehörigen nicht kennen, bleibt der Rechtfertigungsgrund der ausdrücklichen oder stillschweigenden Einwilligung, die nach dem Grundsatz *„volenti non fit iniuria"* den Unrechtstatbestand entfallen lässt.[19]

---

[15] Breuer, a.a.O., S. 194; Siegrist, a.a.O., S. 219 f. Zur Bestätigung kann auch auf die Praxis der Bundesrepublik Deutschland verwiesen werden, die im Jahr 1981 ausdrücklich die Stimmabgabe in auf ihrem Territorium errichteten Auslandsvertretungen untersagte und erst 1994 dazu überging, einseitige Gestattungen auszusprechen, vgl. Breuer, a.a.O., S. 194 f. m.w.N.
[16] Siehe Fall 1.
[17] Simma, „Reciprocity", EPIL Volume IV (2000), S. 29 f.
[18] Ebenso Breuer, a.a.O., S. 196 f. Zur Bestätigung sei auf das Beispiel der Schweiz verwiesen, die seit der Einführung des Briefwahlrechts für Auslandsschweizer einer Wahlteilnahme in der Schweiz lebender Ausländer auf dem Korrespondenzweg nicht mehr widerspricht, vgl. Breuer, a.a.O., S. 189 m.w.N. Desgleichen vertritt die Bundesregierung seit der einseitigen Gestattung von Stimmabgaben in Gesandtschaftsgebäuden die Auffassung, dass Deutschland nun seinerseits zu einer Einführung des Konsulatswahlrechts befugt wäre, vgl. Breuer, a.a.O., S. 197 m.w.N.
[19] Breuer, a.a.O., S. 197 m.w.N.

III. Ergebnis

Die Stimmabgabe im Rahmen von Wahlen ist als hoheitliches Handeln einzustufen. Neben dem völkerrechtlich unbedenklichen Aufenthalterstimmrecht sind die übrigen Gestaltungsformen der Auslandswahl gegenüber solchen Staaten völkerrechtlich zulässig, die ihrerseits den eigenen Auslandsstaatsbürgern das Wahlrecht einräumen. Ansonsten ist die Auslandswahl völkerrechtlich zulässig, solange ein Staat der Wahlteilnahme von seinem Territorium aus nicht explizit widerspricht. Völkerrechtliche Gründe stehen somit einer Einführung des Auslandsdeutschenwahlrechts nicht grundsätzlich entgegen.

Anm.: Tatsächlich wurde das aktive Wahlrecht für Auslandsdeutsche im Jahr 1985 von der liberal-konservativen Regierung eingeführt.[20] Nach dem Bearbeitervermerk hatten allerdings Vorschriften des Bundeswahlgesetzes außer Betracht zu bleiben, so dass der konkreten Ausgestaltung des § 12 Abs. 2 BWahlG keine Bedeutung zukam.

B. Wahlrechtliche Behandlung deutsch-ausländischer Mehrstaater

Umstritten ist weiterhin die wahlrechtliche Behandlung deutsch-ausländischer Mehrstaater. Da konkrete Regeln hierzu auf völkerrechtlicher Ebene nicht existieren,[21] könnte sich eine Pflicht zur Beachtung der effektiven Staatsangehörigkeit, wie sie das Innenministerium vertritt, aus einer analogen Heranziehung der Grundsätze über die Gewährung diplomatischen Schutzes ergeben.

I. Die Regeln des diplomatischen Schutzes von Mehrstaatern

Die Regeln diplomatischer Schutzgewährung zugunsten von Mehrstaatern sind völkervertraglich in den Art. 3 bis 5 der Haager *Convention on Certain Questions relating to the Conflict of Nationality Laws* vom 12. April 1930[22] (im Folgenden: Haager Konvention) niedergelegt. Die dort getroffenen Regelungen stimmen im Wesentlichen mit den völkergewohnheitsrechtlichen Grundsätzen der diplomatischen Schutzgewährung überein. Danach ist im Grundsatz davon auszugehen, dass jeder Staat das Recht hat, einen Mehrstaater als eigenen Staatsangehörigen zu behandeln (Art. 3 Haager Konvention). Ausgeschlossen ist die Gewährung diplomatischen Schutzes zwischen zwei Staaten, deren beider

---

[20] Siebtes Gesetz zur Änderung des Bundeswahlgesetzes vom 8. März 1985, BGBl. I S. 521; zur Entstehung vgl. Breuer, a.a.O., S. 66 ff.
[21] Kammann, Probleme mehrfacher Staatsangehörigkeit: unter besonderer Berücksichtigung des Völkerrechts (1984), S. 185.
[22] LNTS vol. 179, S. 89.

Staatsangehörigkeit der Mehrstaater besitzt (Art. 4 Haager Konvention).[23] Gegenüber Drittstaaten hingegen kommt es für die Ausübung des diplomatischen Schutzes auf die effektive Staatsangehörigkeit an (Art. 5 Haager Konvention). Diese bestimmt sich wesentlich, wenn auch nicht ausschließlich, über den gewöhnlichen Aufenthalt des Mehrstaaters.[24]

Wollte man diese Regeln auf die Problematik des Auslandswahlrechts übertragen, hieße dies, dass ein deutsch-ausländischer Doppelstaater, der in seinem zweiten Heimatstaat lebt, nicht als Deutscher zu behandeln wäre und folglich auch nicht das aktive Wahlrecht zum Deutschen Bundestag erhalten dürfte. Bei Wohnsitz in einem Drittstaat käme es auf die Effektivität der deutschen Staatsangehörigkeit an.

II. Analogien im Völkerrecht?

Fraglich ist jedoch, ob das Völkerrecht Analogieschlüsse überhaupt zulässt. Dafür könnte sprechen, dass sich internationale Gerichte dieses Instruments bedient haben.[25] Allerdings ging es dabei zumeist eher um die Ermittlung der *opinio iuris* zum Nachweis eines Gewohnheitsrechtssatzes als um echte Analogien.[26]

Argumente gegen die Zulässigkeit von Analogien lassen sich hingegen aus dem Völkervertrags-, dem Völkergewohnheitsrecht sowie den allgemeinen Rechtsgrundsätzen herleiten (vgl. Art. 38 Abs. 1 lit. a-c IGH-Statut): Gem. Art. 34 WVRK begründet ein völkerrechtlicher Vertrag für einen Drittstaat ohne dessen Zustimmung weder Rechte noch Pflichten (Verbot des Vertrags zu Lasten Dritter). Die Bildung von Völkergewohnheitsrecht ist vom Vorhandensein einer *opinio iuris* abhängig.[27] Konstanter Widerspruch eines Staates (*„persistent objection"*) vermag zwar nicht die Entstehung von Völkergewohnheitsrecht zu verhindern, führt aber dazu, dass der widersprechende Staat nicht an den betreffenden Gewohnheitsrechtssatz gebunden ist.[28] Schließlich kann auch nicht argumentiert werden, gem. Art. 38 Abs. 1 lit. c IGH-Statut sei die „analoge" Heranziehung von innerstaatlichen Rechtsgrundsätzen gestattet.[29] Denn die „von den Kulturvölkern anerkannten allgemeinen Rechtsgrundsätze" haben ihrerseits

---

[23] Diese Regel ist auch vom IGH als *„ordinary practice"* bezeichnet worden, vgl. IGH, *Reparation for Injuries*, ICJ Rep. 1949, S. 174 (186). Da Mehrstaater durch diese Regel allerdings partiell rechtlos gestellt werden, sind eine Reihe von internationalen Schiedsgerichten in der Folge des *Mergé*-Falles dazu übergegangen, auch in diesem Fall auf die effektive Staatsangehörigkeit abzustellen; hierzu bereits oben Fall 3.
[24] Doehring, Rn. 84.
[25] Fastenrath, Lücken im Völkerrecht (1991), S. 137f.; Dahm/Delbrück/Wolfrum, Bd. I/1, S. 81, jeweils m.w.N.
[26] Heintschel v. Heinegg, in: Ipsen, § 19 Rn. 13.
[27] Heintschel v. Heinegg, in: Ipsen, § 16 Rn. 12 ff.
[28] Vgl. Heintschel v. Heinegg, in: Ipsen, § 16 Rn. 26 f.
[29] So aber Bleckmann, Analogie im Völkerrecht, AVR 17 (1977/78), 161 (168).

wiederum einen Staatenkonsens zur Voraussetzung und wahren so die Grenzen der staatlichen Souveränität.[30] Allgemein lässt sich daher festhalten, dass ein Staat nur solche Regeln zu befolgen hat, denen er sich willentlich unterworfen hat. Gegen diesen Grundsatz verstößt der Analogieschluss, indem er, anders als die Auslegung, die Grenzen des Wortlauts überschreitet. Aus diesen Gründen ist von einer generellen Analogiefeindlichkeit des Völkerrechts auszugehen.

Anm.: Die Zulässigkeit von Analogieschlüssen im Völkerrecht wurde bereits in Fall 4 angesprochen, dort aber offen gelassen, da die Voraussetzungen der Analogie eindeutig nicht gegeben waren. Dogmatisch sprechen aber wohl doch eher die besseren Gründe für eine generelle Analogiefeindlichkeit des Völkerrechts, so dass hier der gewählten Vorgehensweise der Vorzug gegeben wurde. Wer dagegen die Zulässigkeit von Analogien im Völkerrecht bejaht, muss sich der – schwer zu entscheidenden – Frage stellen, ob eine planwidrige Lücke und eine vergleichbare Interessenlage vorliegen. Hier sind bei entsprechender Begründung sicher beide Lösungen gut vertretbar.

Dies bedeutet aber, dass es bei der Grundregel des Art. 3 Haager Konvention bleibt, wonach jeder Staat berechtigt ist, Mehrstaater als eigene Staatsangehörige zu behandeln. Die Bundesrepublik Deutschland ist daher völkerrechtlich nicht verpflichtet, deutsch-ausländische Mehrstaater mit effektiver ausländischer Staatsangehörigkeit von den Wahlen zum Deutschen Bundestag auszunehmen.

C. Wahlrechtliche Behandlung von Schiffen unter deutscher Flagge

Schließlich ist zu überlegen, ob deutsche Seeleute, die sich auf Seeschiffen unter deutscher Flagge aufhalten, den Inlands- oder den Auslandsdeutschen gleichzustellen sind.

I. Die Stellung von Schiffen mit deutscher Staatszugehörigkeit

Zur Beantwortung dieser Frage ist zunächst darauf hinzuweisen, dass sich die Staatszugehörigkeit[31] eines Seeschiffes nach der Flagge bestimmt, unter der es fährt, Art. 91 Abs. 1 S. 2 SRÜ 1982[32]. In der Literatur ist vereinzelt die Auffassung vertreten worden, Seeschiffe mit deutscher Staatszugehörigkeit würden völkerrechtlich als deutsches Hoheitsgebiet angesehen.[33] Dem kann jedoch nicht

---

[30] Breuer, a.a.O., S. 260 f.
[31] Ähnlich wie bei juristischen Personen spricht man bei Seeschiffen nicht von Staats*an*gehörigkeit, sondern von Staats*zu*gehörigkeit.
[32] Seerechtsübereinkommen der Vereinten Nationen vom 10. Dezember 1982, abgedruckt Sart. II Nr. 350.
[33] Voigt, Die Änderungen des Bundeswahlgesetzes in der Neufassung vom 1.9.1975, DVBl. 1976, 430 (432).

gefolgt werden. Zwar unterstehen Seeschiffe unter deutscher Flagge auf Hoher See der ausschließlichen Hoheitsgewalt der Bundesrepublik Deutschland (vgl. Art. 92 Abs. 1 SRÜ 1982). Bereits im Küstenmeer kollidiert aber die aus der deutschen Staatszugehörigkeit fließende deutsche Hoheitsgewalt mit der Gebietshoheit des Küstenstaates.[34] Im Hafen unterliegen sie sogar vollumfänglich der Gebietshoheit des Küstenstaates.[35] Nach zutreffender h.M. gelten Seeschiffe daher nicht als „schwimmende Teile des Staatsgebiets", unter dessen Flagge sie fahren, sondern als Ausland.[36]

II. Ergebnis

Da Seeschiffe mit deutscher Staatszugehörigkeit völkerrechtlich als Ausland angesehen werden, sind Seeleute, die nicht über einen Inlandswohnsitz verfügen, sondern ausschließlich auf dem Schiff leben, als Auslandsdeutsche zu behandeln.

Teil II

A. Beschwerde zum EGMR

Die Beschwerde zum EGMR hat Aussicht auf Erfolg, wenn sie zulässig und begründet ist.

I. Zulässigkeit

1. Zuständigkeit

Der EGMR ist für die von Hans Meyer erhobene Beschwerde gem. Art. 34 S. 1 EMRK zuständig, denn bei Hans Meyer handelt es sich um eine natürliche Person, und die Bundesrepublik Deutschland ist Vertragsstaat sowohl der EMRK als auch des 1. ZP.

2. Beschwerdegegenstand

Beschwerdegegenstand ist die Verurteilung wegen Wahlbetrugs.

---

[34] Gloria, in: Ipsen, § 52 Rn. 11; Dahm/Delbrück/Wolfrum, Bd. I/1, S. 435 f.
[35] Gloria, in: Ipsen, § 51 Rn. 8; Seidl-Hohenveldern/Stein, Rn. 1199.
[36] Vgl. nur Seidl-Hohenveldern/Stein, Rn. 1260.

3. Beschwerdebefugnis

Hans Meyer beruft sich in seiner Beschwerde auf Art. 3 (1. ZP). Es erscheint jedoch fraglich, ob dieser Vorschrift tatsächlich eine subjektiv-rechtliche Gewährleistung der Allgemeinheit der Wahl entnommen werden kann.[37]

a) Dagegen spricht zum einen die Formulierung „Die Hohen Vertragschließenden Teile verpflichten sich". Während die EMRK stets Formulierungen enthält wie „Jedermann hat Anspruch auf" (vgl. z.B. Art. 6 Abs. 1 S. 1, 8 Abs. 1, 9 Abs. 1 EMRK) oder „Niemand darf" (etwa Art. 3, 4 Abs. 1 und 2, 7 Abs. 1 EMRK), ist Art. 3 (1. ZP) dem bloßen Wortlaut nach als eine reine Staatenverpflichtung gefasst. Dementsprechend lehnte die Kommission es zunächst ab, aus Art. 3 (1. ZP) subjektive Rechte abzuleiten.[38] Später gab sie diese Position aber mit der Erwägung auf, sowohl die Präambel als auch Art. 5 des 1. Zusatzprotokolls zeigten, dass diesem ein ergänzender Charakter gegenüber der EMRK zukäme, und da die EMRK ausschließlich subjektiv-rechtliche Gewährleistungen enthielte, könne für das 1. Zusatzprotokoll nichts anderes gelten.[39]

b) Zum anderen erscheint fraglich, ob Art. 3 (1. ZP) die Allgemeinheit der Wahl garantiert, denn wiederum nach dem reinen Wortlaut sind lediglich „freie und geheime Wahlen unter Bedingungen (...), welche die freie Äußerung der Meinung des Volkes" gewährleisten, garantiert. Auch hier hat die Kommission indes nach anfänglichem Zögern eine progressive Haltung eingenommen mit dem Argument, die Anerkennung freier Wahlen impliziere die Garantie der Allgemeinheit der Wahl.[40] Der EGMR hat diese Entwicklung der Kommissions-Spruchpraxis in seiner grundlegenden Entscheidung in dem Fall *Mathieu-Mohin* und *Clerfayt* in vollem Umfang bestätigt.[41] In neueren Entscheidungen beschränkt er sich darauf festzustellen *„that Article 3 of Protocol No. 1 implies subjective rights to vote and to stand for election."*[42]

c) Eine weitere Beschränkung enthält Art. 3 (1. ZP) über den Begriff der „gesetzgebenden Körperschaft". Dieser Begriff umfasst nicht nur die nationalen Parlamente, sondern muss im Lichte der Verfassungsstruktur des jeweiligen Staates interpretiert werden.[43] Freilich muss es sich um „gesetzgebende" Körperschaften handeln. Dementsprechend lassen sich Landtage relativ unproblematisch als „ge-

---

[37] Zum Folgenden ausführlich Breuer, a.a.O., S. 118 ff.
[38] EKMR, X ./. Deutschland, Entscheidung vom 4. Januar 1960, YB 3 (1960), 184 (190).
[39] EKMR, X ./. Belgien, Entscheidung vom 30. Mai 1975, YB 18 (1975), 236 (244).
[40] EKMR, X ./. Deutschland, Entscheidung vom 6. Oktober 1967, YB 10 (1967), 336 (338 f.).
[41] EGMR, *Mathieu-Mohin* und *Clerfayt* ./. Belgien, Urteil vom 2. März 1987, Ser. A vol. 113, Tz. 51.
[42] EGMR, *Gitonas* und andere ./. Griechenland, Urteil vom 1. Juli 1997, Reports 1997-IV, No. 42, Tz. 39; *Ahmed* und andere ./. Vereinigtes Königreich, Urteil vom 2. September 1998, Reports 1998-VI, No. 87, Tz. 75.
[43] EGMR, *Mathieu-Mohin* und *Clerfayt* ./. Belgien, Urteil vom 2. März 1987, Ser. A vol. 113, Tz. 53; bestätigt in *Matthews* ./. Vereinigtes Königreich, Urteil vom 18. Februar 1999, EuZW 1999, 308 (310) Tz. 40.

setzgebende Körperschaften" anerkennen.[44] Problematisch erscheint diese Voraussetzung dagegen bei Gemeinde- und Europawahlen.

aa) Im Hinblick auf die Kommunalwahl ist darauf hinzuweisen, dass nach dem Öffentlichen Recht der Bundesrepublik Deutschland der Gemeinderat – ungeachtet der gelegentlichen Bezeichnung als „Gemeindeparlament" – kein Parlament im staatsorganisationsrechtlichen Sinne ist, sondern ein Verwaltungsorgan.[45] Zwar besitzt er die Befugnis zum Erlass von Satzungen und Verordnungen (für Bayern vgl. Art. 23 S. 2 GO), sowohl Kommission als auch EGMR haben dies jedoch in vergleichbaren Fällen nicht als ausreichend erachtet, um von einer „gesetzgebenden Körperschaft" zu sprechen.[46] Gemeindewahlen sind daher von Art. 3 (1. ZP) nicht erfasst.[47]

bb) Was das Europäische Parlament angeht, so ist von Bedeutung, dass auch nach den Verträgen von Maastricht und Amsterdam das Hauptrechtsetzungsorgan der EG nach wie vor der Rat ist und nicht das Parlament. Gleichwohl hat das Europäische Parlament durch die genannten Verträge eine deutliche Aufwertung erfahren. In seiner Entscheidung im Fall *Matthews* führt der EGMR hierzu aus: „Seit dem Vertrag von Maastricht wird die Rechtsstellung des Europäischen Parlaments nicht mehr durch die Begriffe ‚Beratungs- und Kontrollbefugnisse' beschrieben. Die Aufhebung dieser Begriffe ist als Hinweis darauf zu verstehen, daß das Europäische Parlament aufgehört hat, ein rein beratendes Gremium darzustellen, und sich zu einem Organ entwickelt, das berufen ist, im Gesetzgebungsprozeß der Europäischen Gemeinschaft eine entscheidende Rolle zu spielen."[48] Zur Untermauerung dieser Aussage verweist der EGMR auf die Mitwirkungsbefugnisse des Europäischen Parlaments gem. Art. 189b und 189c EGV a.F. [= Art. 251, 252 EGV n.F.], auf das Erfordernis der Zustimmung des Europäischen Parlaments bei der Aufnahme neuer Mitgliedstaaten oder dem Abschluss von bestimmten Typen internationaler Verträge sowie die Kontrollbefugnisse gegenüber der Kommission (Art. 144, 158, 206 EGV a.F. [= Art. 201, 214, 276 EGV n.F.]) und kommt daher zu dem Ergebnis, dass das Europäische Parlament eine „gesetzgebende Körperschaft" i.S.d. Art. 3 (1. ZP) darstellt.

Anm.: A. A. mit der Kommission und dem Minderheitenvotum im Fall Matthews gut vertretbar.[49]

---

[44] EKMR, *Timke* ./. Deutschland, Entscheidung vom 11. September 1995, Nr. 27311/95.
[45] H. M., vgl. nur Dreier, in: Dreier, GG, Art. 28 Rn. 70 m.w.N.
[46] EKMR, X ./. Vereinigtes Königreich, Entscheidung vom 12. Juli 1976, DR 6, 13 ff.; *Booth-Clibborn* und andere ./. Vereinigtes Königreich, Entscheidung vom 5. Juli 1985, DR 43, 236 ff. EGMR, *Cherepkov* ./. Russland, Entscheidung vom 25. Januar 2000, Nr. 51501/99.
[47] A. A. vertretbar.
[48] EGMR, *Matthews* ./. Vereinigtes Königreich, Urteil vom 18. Februar 1999, EuGRZ 1999, 200 (203), Tz. 50.
[49] EKMR, *Matthews* ./. Vereinigtes Königreich, Entscheidung vom 29. Oktober 1997, EuGRZ 1999, 206 f.; EGMR, *Matthews* ./. Vereinigtes Königreich, Urteil vom 18. Februar 1999, EuGRZ 1999, 200 (205 f.).

Insgesamt kann daher festgestellt werden, dass sich Hans Meyer grundsätzlich auf Art. 3 (1. ZP) berufen kann. Allein die Beschwerde im Zusammenhang mit der Gemeindewahl ist unzulässig, da sie *ratione materiae* von vornherein nicht in den Anwendungsbereich von EMRK bzw. 1. Zusatzprotokoll fällt, Art. 35 Abs. 3 Alt. 1 EMRK.[50]

Anm.: Die Abweisung als unzulässig entspricht der Praxis des EGMR. In der Klausur wäre es aber auch vertretbar, die vorstehenden Ausführungen erst im Rahmen der Begründetheit zu bringen, um die Zulässigkeitsprüfung nicht zu überfrachten.

4. Rechtswegerschöpfung

Hans Meyer hat den Rechtsweg erschöpft. Zu beachten ist, dass im Verfahren vor dem EGMR auch die Klage zum Bundesverfassungsgericht zum Rechtsweg gehört.[51]

5. Frist

Die Wahrung der 6-Monatsfrist aus Art. 35 Abs. 1 EMRK ist mangels gegenteiliger Anhaltspunkte zu unterstellen.

6. Art. 35 Abs. 2 EMRK

Ebenso ist zu unterstellen, dass die Beschwerde des Hans Meyer nicht anonym eingereicht wurde, Art. 35 Abs. 2 lit. a EMRK, und nicht mit einer vom EGMR bereits geprüften Beschwerde im Wesentlichen übereinstimmt, Art. 35 Abs. 2 lit. b Alt. 1 EMRK. Die Sache darf ferner gem. Art. 35 Abs. 2 lit. b Alt. 2 EMRK nicht bereits einer anderen internationalen Instanz unterbreitet sein. Diese Voraussetzung ist vorliegend gewahrt, da Hans Meyer die Mitteilung an den Menschenrechtsausschuss erst *nach* dem Urteilsspruch des EGMR eingelegt hat.

7. Art. 35 Abs. 3 EMRK

Die Beschwerde ist auch nicht offensichtlich unbegründet i.S.d. Art. 35 Abs. 3 EMRK (s. o.).

8. Art. 28 EMRK

Schließlich dürfte die Sache auch nicht gem. Art. 28 EMRK von einem Ausschuss für unzulässig erklärt worden sein.

---

[50] Vgl. EGMR, *Cherepkov ./. Russland*, Entscheidung vom 25. Januar 2000, Nr. 51501/99.
[51] Frowein/Peukert, EMRK, Art. 26 Rn. 28.

9. Zwischenergebnis

Die Beschwerde ist hinsichtlich der Bundestags-, Landtags- sowie Europawahlen zulässig. Im Übrigen ist sie unzulässig.

II. Begründetheit

1. Schutzbereich

Die Allgemeinheit der Wahl, welche von Art. 3 (1. ZP) entgegen dem scheinbaren Wortlaut geschützt ist (s. o.), umfasst das Recht jedes Staatsbürgers zu wählen und gewählt zu werden (vgl. insoweit die im Sachverhalt gegebenen Definition). Hans Meyer als deutscher Staatsbürger fällt in den Schutzbereich dieser Norm.

2. Eingriff

Indem das deutsche Wahlrecht den Besitz einer Wohnung im Wahlgebiet zur Voraussetzung des materiellen Wahlrechts macht (vgl. Sachverhaltsangabe, im Übrigen § 12 Abs. 1 Nr. 2 BWahlG), schließt es Hans Meyer als in der Schweiz ansässigen Deutschen von den Wahlen aus. Da auch eine sog. Briefkastenadresse nicht genügt und die Wahlteilnahme trotz fehlenden materiellen Wahlrechts strafbewehrt ist, liegt ein Eingriff in den Schutzbereich des Art. 3 (1. ZP) vor.

3. Rechtfertigung

a) Allgemeine Zulässigkeit von Wahlrechtsbeschränkungen

Nach der Rechtsprechung des EGMR stellt allerdings nicht jeder Eingriff in die Allgemeinheit der Wahl auch eine Verletzung dieses Rechts dar. Vielmehr geht der EGMR davon aus, dass die Vertragsstaaten der EMRK in diesem Bereich über einen weiten Ermessensspielraum (*„a wide margin of appreciation"*) verfügen. Allerdings sei es letztlich Sache des Gerichtshofs zu entscheiden, ob die Voraussetzungen des Art. 3 (1. ZP) gewahrt seien. Insofern erachtet es der Gerichtshof als entscheidend, dass die Beschränkungen des Wahlrechts nicht einen Grad erreichen, der die genannten Rechte in ihrem Wesensgehalt beeinträchtigt und sie ihrer Effektivität beraubt; ferner müssen sie einen legitimen Zweck verfolgen und dürfen nicht unverhältnismäßig sein.[52]

> *Anm.: Nähere Kenntnisse dieser Rechtsprechung wurden selbstverständlich nicht erwartet.*

---

[52] Grundlegend EGMR, *Mathieu-Mohin* und *Clerfayt* ./. Belgien, Urteil vom 2. März 1987, Ser. A vol. 113, Tz. 52; seither st. Rspr.

b) Wahlrechtsausschluss von Staatsbürgern im Ausland

Vor diesem Hintergrund ist der Wahlrechtsausschluss von Staatsbürgern mit Wohnsitz im Ausland zu beurteilen. Folgende Gesichtspunkte hält der EGMR in diesem Zusammenhang für maßgeblich: erstens die Tatsache, dass ein im Inland nicht sesshafter Bürger weniger direkt oder weniger kontinuierlich von den alltäglichen Problemen seines Staates betroffen ist und sie weniger gut kenne; weiterhin die Tatsache, dass es für die Kandidaten der Wahl schwierig sein könne, die verschiedenen Wahlmöglichkeiten den Auslandsstaatsbürgern darzulegen, und dass die Auslandsstaatsbürger keinen Einfluss auf die Auswahl der Kandidaten sowie die Formulierung des Wahlprogramms hätten; und schließlich den Zusammenhang zwischen dem Recht zu wählen und der direkten Betroffenheit von Entscheidungen des zu wählenden Organs.[53]

Zwar erscheint es möglich, dass einige dieser Gesichtspunkte auf Hans Meyer nicht zutreffen. Der Gesetzgeber ist aber zum Erlass genereller Normen verpflichtet und kann daher nicht jeder Situation Rechnung tragen.[54] Der Wahlrechtsausschluss Hans Meyers ist daher gerechtfertigt.

4. Ergebnis

Soweit die Klage zulässig ist, ist sie unbegründet.

B. Mitteilung an den Menschenrechtsausschuss

Die Mitteilung an den Menschenrechtsausschuss hat Aussicht auf Erfolg, wenn sie zulässig und begründet ist.

I. Zulässigkeit

1. Zuständigkeit

Der Menschenrechtsausschuss ist zuständig für Beschwerden von Einzelpersonen gegen Staaten, die sowohl dem IPbürgR als auch dem 1. Fakultativprotokoll angehören, Art. 1 (1. FP). Diese Voraussetzung ist bei der Beschwerde des Hans Meyer gegen die Bundesrepublik Deutschland erfüllt.

2. Gegenstand

Beschwerdegegenstand ist wiederum die Verurteilung wegen Wahlbetrugs.

---

[53] EGMR, *Hilbe ./. Liechtenstein*, Entscheidung vom 7. September 1999, Nr. 31981/96 (abgedruckt bei Breuer, a.a.O., S. 287 ff.).
[54] EGMR, a.a.O.

3. Aktivlegitimation

Hans Meyer beruft sich in seiner Beschwerde auf Art. 25 lit. b IPbürgR. Dieser enthält bereits dem einfachen Wortlaut nach das Recht jedes Staatsbürgers, bei allgemeinen Wahlen zu wählen und gewählt zu werden. Eine Beschränkung auf Wahlen zu gesetzgebenden Körperschaften, wie sie Art. 3 (1. ZP) enthält, kennt Art. 25 lit. b IPbürgR nicht. Hans Meyer ist daher in vollem Umfang beschwerdebefugt, Art. 2 (1. FP).

4. Rechtswegerschöpfung

Hans Meyer hat den innerstaatlichen Rechtsweg erschöpft, wie dies Art. 2, 5 Abs. 2 lit. b (1. FP) verlangen.

5. Form

Mangels gegenteiliger Anhaltspunkte ist davon auszugehen, dass die Schriftform gewahrt ist, Art. 2 (1. FP).

6. Art. 3 (1. FP)

Desgleichen ist zu unterstellen, dass die Beschwerde nicht anonym und nicht rechtsmissbräuchlich eingelegt wurde, Art. 3 (1. FP).

7. Art. 5 Abs. 2 lit. a (1. FP)

Gem. Art. 5 Abs. 2 lit. a (1. FP) prüft der Menschenrechtsausschuss Mitteilungen nur, wenn dieselbe Sache nicht gleichzeitig in einem anderen internationalen Untersuchungs- oder Streitregelungsverfahren geprüft wird. Dies ist vorliegend nicht der Fall, da das Verfahren vor dem EGMR bereits abgeschlossen ist.

Allerdings ist zu beachten, dass die Bundesrepublik Deutschland einen Vorbehalt (Art. 19 WVRK) dahingehend angebracht hat, dass der Menschenrechtsausschuss auch für solche Mitteilungen unzuständig ist, die bereits in einem internationalen Untersuchungs- oder Streitregelungsverfahren geprüft *wurden*.[55] Dies könnte hier angesichts des vorangegangenen EGMR-Verfahrens der Fall sein. Es fragt sich allerdings, ob bezüglich aller Beschwerdegegenstände von einer „Prüfung" durch den EGMR ausgegangen werden kann. Fraglich erscheint dies insbesondere im Hinblick auf die Gemeindewahl, da der EGMR diesbezüglich überhaupt nicht in eine Sachprüfung eingestiegen ist, sondern die Beschwerde als unzulässig *ratione materiae* abgewiesen hat. Der Menschenrechtsausschuss, der sich schon öfter mit vergleichbaren Vorbehalten anderer Mitgliedstaaten des Europarats auseinander zu setzen hatte, differenziert insoweit: Ist eine Beschwerde

---

[55] Der Vorbehalt ist abgedruckt in Sart. II Nr. 20a, S. 1 Fn. 1.

vom EGMR (in früheren Fällen auch von der Kommission) als offensichtlich unbegründet („*manifestly ill-founded*", Art. 35 Abs. 3 Alt. 2 EMRK) zurückgewiesen worden, liegt eine Prüfung im Sinne des Vorbehalts vor.[56] Weist der EGMR hingegen die Beschwerde zurück, weil bereits der Schutzbereich der EMRK oder eines ihrer Zusatzprotokolle nicht tangiert ist (Unzulässigkeit *ratione materiae*, Art. 35 Abs. 2 Alt. 1 EMRK), liegt keine Prüfung im genannten Sinne vor.[57] Entscheidend ist also, ob der EGMR eine Sachprüfung vorgenommen hat oder nicht.[58]

> *Anm.: Von daher spielt es keine Rolle, ob man die Beschwerde zum EGMR hinsichtlich der Gemeindewahl als unzulässig oder unbegründet ansieht; entscheidend ist vielmehr, dass der EGMR bereits die Eröffnung des Schutzbereichs verneint und folglich keine Sachprüfung erfolgt.*

8. Zwischenergebnis

Die Mitteilung des Hans Meyer ist hinsichtlich Bundestags-, Landtags- sowie Europawahl unzulässig, hinsichtlich der Gemeindewahl ist sie dagegen zulässig.

II. Begründetheit

1. Schutzbereich

Der Schutzbereich des Art. 25 lit. b IPbürgR ist hinsichtlich der Gemeindewahl eröffnet (vgl. oben).

2. Eingriff

Das strafbewehrte Verbot der Teilnahme an der Gemeindewahl stellt einen Eingriff in das Recht Hans Meyers aus Art. 25 lit. b IPbürgR dar.

3. Rechtfertigung

Dieser Eingriff ist jedoch aus denselben Gründen gerechtfertigt wie in der Beschwerde zum EGMR. Insbesondere ist nicht davon auszugehen, dass der IPbürgR ein höheres Schutzniveau aufweist als die EMRK.[59]

---

[56] Vgl. *V. O.* ./. Norwegen, No. 168/1984, Tz. 4.4; *Glaziou* ./. Frankreich, CCPR/C/51/D/452/1991, Tz. 7.2; *Valentijn* ./. Frankreich, CCPR/C/57/D/584/1994, Tz. 5.2.
[57] Vgl. *Casanovas* ./. Frankreich, CCPR/C/51/D/441/1990, Tz. 5.1.
[58] Nowak, CCPR-Commentary (2005), Art. 5 First OP Rn. 21.
[59] Tatsächlich hat der Menschenrechtsausschuss in seinem *General Comment* 25 (57), in dem die Grundlinien einer Auslegung des Art. 25 IPbürgR niedergelegt sind, die Auslandsstaatsbürger aus dem ursprünglichen Entwurf gestrichen, vgl. näher Breuer, a.a.O., S. 130.

4. Ergebnis

Die Mitteilung ist, soweit zulässig, unbegründet.

III. Hilfsgutachten

Gleiches gilt im Hinblick auf Bundestags-, Landtags- und Europawahlen.

Anm.: Auch das BVerfG lehnt es in st. Rspr. ab, aus Art. 38 Abs. 1 S. 1 GG einen Anspruch Auslandsdeutscher auf Teilnahme an den Bundestagswahlen abzuleiten.[60]

Kernsätze

1. Für gesetzgeberische Tätigkeit im Hinblick auf Auslandssachverhalte ist zwischen der *jurisdiction to prescribe* und der *jurisdiction to enforce* zu unterscheiden. Während die **Regelungshoheit** eines Staates weit über das eigene Staatsgebiet hinausreicht, indem lediglich eine „sinnvolle Anknüpfung" erforderlich ist, beschränkt sich die hoheitliche **Durchsetzung** der eigenen Rechtsordnung grundsätzlich auf das Inland.

2. Die **Ausübung des Wahlrechts** ist als hoheitliches Handeln (*acta iure imperii*) zu qualifizieren, das im Ausland völkerrechtlich grundsätzlich verboten ist. Daran ändert nichts die Tatsache, dass die Wirkungen der Wahlteilnahme ausschließlich im Inland eintreten (**kein Auswirkungsprinzip**), ebenso wenig, dass vom Wahlakt keinerlei **Zwangswirkung** ausgeht. Auch Verhaltensweisen ohne jeden Zwangscharakter (Tragen von Uniformen, Zeigen von Hoheitszeichen durch Organe eines fremden Staates) sind nach Völkergewohnheitsrecht im Ausland grundsätzlich nicht gestattet.

3. Die fortbestehende **Personalhoheit** bietet keinen Rechtfertigungsgrund für hoheitliches Handeln im Ausland in Form der Stimmabgabe. Die vom Aufenthaltsstaat auf seinem Territorium weilenden Ausländern zu gewährenden Rechte bestimmen sich nach dem **fremdenrechtlichen Mindeststandard**. Politische Betätigung fällt ganz allgemein nicht hierunter.

4. Die **Stimmabgabe in Gesandtschaftsgebäuden** gehört nicht zum Aufgabenkreis der Art. 3 WÜD, 5 WÜK. Solange ein Staat daher nicht eine einseitige Gestattung ausspricht, ist die Stimmabgabe in der Botschaft bzw. im Konsulat völkerrechtswidrig.

5. Nach dem Grundsatz der **Gegenseitigkeit (Reziprozität)** kann ein Staat, der seinen im Ausland lebenden Staatsangehörigen die Teilnahme an den heimischen

---

[60] Vgl. BVerfGE 5, 2 ff.; 36, 139 ff.; 58, 202 ff.; krit. dazu jetzt Breuer, a.a.O., S. 168 ff.

Parlamentswahlen gestattet, nicht den im Inland lebenden Ausländern gleiches verwehren.

6. **Hoheitliches Handeln im Ausland** kann auch über eine ausdrückliche oder stillschweigende **Einwilligung** gerechtfertigt sein.

7. In der wahlrechtlichen Behandlung von **Mehrstaatern** ist ein Staat grundsätzlich frei, da völkerrechtliche Regeln hierfür nicht existieren und die analoge Heranziehung der Regeln über die diplomatische Schutzgewährung an der generellen Analogiefeindlichkeit des Völkerrechts scheitert.

8. **Seeschiffe** unter deutscher Flagge besitzen die deutsche Staatszugehörigkeit. Dennoch sind sie völkerrechtlich nicht als „schwimmende Teile des Staatsgebiets", sondern als Ausland anzusehen. Allein auf **Hoher See** unterstehen sie der alleinigen Hoheitsgewalt des Flaggenstaats. Bereits im **Küstenmeer** kollidiert diese mit der Gebietshoheit des Küstenstaats. Im **Hafen** schließlich unterliegen Seeschiffe generell der ausschließlichen Gebietshoheit des Küstenstaats.

9. Auch wenn Art. 3 (1. ZP) seinem Wortlaut nach als **reine Staatenverpflichtung** formuliert ist, enthält er ein **subjektives Recht** zu wählen und gewählt zu werden. Der Anwendungsbereich des Art. 3 (1. ZP) ist allerdings auf Wahlen zu „gesetzgebenden Körperschaften" beschränkt. Hierunter fallen die Bundestags-, Landtags- sowie Europawahlen, nicht hingegen Kommunalwahlen.

10. Der Wahlrechtsausschluss im Ausland ansässiger Staatsbürger ist nach Ansicht von Kommission wie auch EGMR gerechtfertigt, da diese schlechter über das Geschehen im Inland informiert seien, keinen Einfluss auf die Auswahl der Kandidaten hätten und auch weniger direkt von Entscheidungen der heimatlichen Parlamente betroffen seien.

11. Der von der Bundesrepublik Deutschland erklärte **Vorbehalt** zum 1. Fakultativprotokoll bezieht sich nur auf Gegenstände, die von anderen internationalen Instanzen bereits „geprüft" wurden. Dies ist der Fall, wenn eine Beschwerde vom EGMR als **offensichtlich unbegründet** zurückgewiesen wurde, nicht hingegen bei einer Zurückweisung wegen **Unanwendbarkeit der EMRK** *ratione materiae*.

12. Der Wahlrechtsausschluss von Auslandsstaatsbürgern verstößt nicht gegen Art. 25 lit. b IPbürgR.

Fall 9: Humanitäre Intervention

Sachverhalt

Der Staat Anarchia wurde als ehemalige Kolonie auf dem afrikanischen Kontinent in den 50-er Jahren in die Unabhängigkeit entlassen. In seinem Staatsgebiet leben verschiedene Ethnien zusammen. Seit der Unabhängigkeit herrschte der Diktator Mufo Musocho, offiziell Vorsitzender der Partei Movement Free Anarchia (MFA). Mufo Musocho gehört der Gruppe der Niamniam an, die nur 10 % der Bevölkerung in Anarchia ausmacht. Die Belanda (25 % der Bevölkerung), die Manugas (25 % der Bevölkerung), die Tinga (25 % der Bevölkerung) und weitere kleinere Ethnien wurden grausam unterdrückt; Führungspositionen in Staat, Wirtschaft und Politik blieben den Niamniam vorbehalten. 1990 kam es durch Oberst Kounga, ein ehemaliges Mitglied der Kolonialtruppen und Angehöriger der Ethnie der Tinga zum Putsch. Mitglieder der Niamniam wurden daraufhin verfolgt, alle anderen Ethnien blieben weiter unterdrückt.

Nach einer scheinbaren Beruhigung des Landes kommt es im Laufe des Novembers 2000 plötzlich zu bürgerkriegsähnlichen Zuständen. Im „Lord of the Sea", einem Nobelhotel an der Küste, wurden dabei auch Touristen, darunter 15 deutsche Urlauber, von Anhängern des Rebellen Semo Seki grausam massakriert. Im Landesinnern hat sich eine Gruppe von 20 Entwicklungshelfern verschiedener Nationalitäten in das Missionskloster Bon Repos geflüchtet. Deutsche sind nicht darunter. Das Kloster wird zwar auch von Truppen des Rebellen Seki umzingelt, ist aber wegen seiner 20 bewaffneten Wächter bislang noch nicht erstürmt worden. Die Lage spitzt sich jedoch immer mehr zu.

Gleichzeitig sitzen in der Hauptstadt Bablonia der deutsche Botschafter, seine beiden Mitarbeiter, 15 weitere Deutsche und 30 weitere Europäer und Amerikaner im Botschaftsgebäude fest, das immer öfter zum Ziel leichter Waffen wird. Auch hier wird die Lage bedrohlich. Es muss befürchtet werden, dass die Gruppe eines der „warlords" die Botschaft plündert und die darin befindlichen Personen verschleppt oder gar grausam tötet.

Im Bundeskanzleramt wird ein Krisenstab gebildet, der aus dem Bundeskanzler, dem Außenminister, dem Innenminister und den Fraktionsvorsitzenden der Fraktionen des Deutschen Bundestages besteht. Seitens der USA, Großbritanniens und Frankreichs wird eine Evakuierungsaktion für die an verschiedenen Punkten verschanzten Ausländer in Anarchia geplant. Da die drei Staaten aber gleichzeitig in einem Konflikt des Nahen Ostens ein großes Truppenkontingent im Einsatz haben, mangelt es an Spezialkräften für den Auftrag. Deshalb soll ein koordiniertes Eingreifen vereinbart werden, wobei die Bundesrepublik ihr Botschaftsgebäude und das Kloster Bon Repos evakuieren soll. Gedacht ist an den Einsatz der Sondereinsatztruppe „Kommando Spezialkräfte" der Bundeswehr mit Unterstützung durch Tornados der Luftwaffe sowie – bei der Evakuierung

Fälle und Lösungen mit Erläuterungen

der Botschaft – der GSG 9 des Bundesgrenzschutzes. Die Mitglieder des Krisenstabes spielen daraufhin verschiedene Einsatzszenarien durch. Der Krisenstab geht davon aus, dass bislang noch nicht von einem vollständigen Zusammenbruch der Staatsgewalt in Anarchia gesprochen werden kann. Bei den Sitzungen tauchen jedoch zahlreiche rechtliche Fragestellungen auf, die in einem Gutachten geklärt werden sollen.

Bearbeitervermerk:

Das Gutachten ist zu erstellen. Dabei ist in der vorgegebenen Reihenfolge auf folgende Fragen einzugehen:

1. Darf die Bundesrepublik Deutschland – allein vom völkerrechtlichen Standpunkt aus betrachtet – die beiden Gebäude durch einen militärischen Einsatz ihrer Truppen evakuieren, ohne dass zuvor ein Organ der VN zu dem entsprechenden Einsatz Stellung bezogen hat?

2. Kann der Sicherheitsrat eine Befreiungsaktion unter Beteiligung der Bundeswehr ohne das Einvernehmen der Bundesrepublik Deutschland verbindlich anordnen?

3. China blockiert aus Verärgerung über Vorwürfe in der westlichen Presse eine Beschlussfassung des Sicherheitsrates. Daraufhin handelt die Generalversammlung, indem sie einen Einsatz unter Beteiligung der Bundeswehr empfiehlt. Welche rechtlichen Folgen ergeben sich hieraus?

4. Innerstaatlich ist der Einsatz ebenfalls umstritten. Auch nachdem im Sicherheitsrat der Beschluss gefasst wird, eine Rettungsaktion unter Einsatz militärischer Mittel durchzuführen, lehnt die Bundestagsfraktion der XY-Partei eine Beteiligung der Bundeswehr ab, da der Einsatz nicht der Verteidigung der Bundesrepublik diene und damit auch von der deutschen Rechtsordnung nicht zugelassen werde. Wie ist diese Ansicht verfassungsrechtlich zu beurteilen?

5. Darf der Bundesgrenzschutz für die Befreiung der Botschaft eingesetzt werden?

Falllösung

Frage 1: Völkerrechtliche Zulässigkeit der geplanten Evakuierungsaktion

Eine militärische Evakuierung beider Gebäude durch Einheiten der Bundeswehr und des Bundesgrenzschutzes könnte gegen das völkerrechtliche universelle Gewaltanwendungsverbot oder zumindest gegen das allgemeine Interventionsverbot verstoßen.

I. Verstoß gegen das universelle Gewaltanwendungsverbot

1. Begriff der „Gewalt" i. S. d. Art. 2 Ziff. 4 SVN

Anders als die Völkerbundsatzung (1919) und der Kelloggpakt (1928) geht das universelle Gewaltanwendungsverbot in seiner derzeit geltenden Ausformung über ein reines Kriegsverbot hinaus.[1] Art. 2 Ziff. 4 SVN verbietet den Staaten in den internationalen Beziehungen jede Androhung oder Anwendung von Gewalt.

Der Begriff der „Gewalt" in Art. 2 Ziff. 4 SVN ist zwar nicht unumstritten: So waren die Staaten des Ostblocks und auch Entwicklungsländer früher der Auffassung, auch wirtschaftlicher und politischer Zwang fiele unter den Terminus „Gewalt".[2] Nach h.M. ist unter dem Gewaltbegriff des Art. 2 Ziff. 4 SVN jedoch allein die militärische Gewalt, mithin die Anwendung jeglicher Art von Waffengewalt zu verstehen.[3] Einwirkungen auf einen anderen Staat, die nicht als militärische Aktionen zu bezeichnen sind, fallen nicht darunter, mögen sie auch gravierende Folgen für den betroffenen Staat haben.[4] Das universelle Gewaltanwendungsverbot der SVN ist dabei nicht von der Charakterisierung des bewaffneten Einsatzes als Krieg abhängig, sondern umfasst auch militärische Gewalt unterhalb der Schwelle eines Krieges, also auch Maßnahmen, die – wie die sog. humanitäre Intervention – als *„measures short of war"* bezeichnet werden können und nach klassischem Friedensvölkerrecht als gewaltsame Repressalien zur Aufrechterhaltung der Völkerrechtsordnung erlaubt waren.[5] Mit dieser Entwicklung sind aber die Probleme einer näheren Inhaltsbestimmung nicht vollständig beseitigt. Auch die von der GV diesbezüglich verabschiedeten Resolutionen, die sog. *Friendly-Relations-Declaration*[6] und die sog. Aggressionsdefinition[7] schaffen – ungeachtet der Problematik ihrer Rechtsverbindlichkeit – keine vollständige Klarheit.[8] Im *Nicaragua*-Fall etwa hat der IGH es für möglich gehalten, dass die Unterstützung bewaffneter Rebellen als Gewaltausübung i.S.v. Art. 2 Ziff. 4 SVN angesehen werden könnte.[9] Andererseits wird man angesichts der Staatenpraxis annehmen können, dass eine Mindestgrenze an Intensität der Gewaltanwendung zu fordern ist, so dass Maßnahmen der „kleinen Gewalt", z.B. kurzzeitige Grenzverletzungen, nicht unter das Verbot des Art. 2 Ziff. 4 SVN fallen.[10]

---

[1] Vgl. Fischer, in: Ipsen, § 59 Rn. 2ff. Der IGH hat im *Nicaragua*-Fall hingegen die wirtschaftlichen Maßnahmen der USA nicht unter dem Gesichtspunkt des Gewaltverbotes geprüft, vgl. ICJ Rep. 1986, S. 14 (116).
[2] Vgl. z.B. Randelzhofer, in: Simma, UNC (2002), Art. 2 Rn. 16 ff; Fischer, in: Ipsen, § 59 Rn. 14.
[3] Vgl. Fischer, in: Ipsen, § 59 Rn. 12.
[4] Vgl. Bothe, in: Graf Vitzthum, 8. Abschn. Rn. 10.
[5] Vgl. Fischer, in: Ipsen, § 59 Rn. 11.
[6] GV-Res. Nr. 2625 (XXV) vom 24. Oktober 1970, deutsche Übersetzung in Sart. II Nr. 4.
[7] GV-Res. Nr. 3314 (XXIX) vom 14. Dezember 1974, deutsche Übersetzung in Sart. II Nr. 5.
[8] Vgl. Bothe, in: Graf Vitzthum, 8. Abschn. Rn. 10.
[9] Vgl. ICJ Rep. 1986, S. 14 (104).
[10] Vgl. hierzu näher Fall 1.

2. Humanitäre Intervention als „kleine Gewalt" unterhalb der Schwelle des Art. 2 Ziff. 4 SVN?

Anm.: Die humanitäre Intervention wird heute im Allgemeinen unter zwei rechtlichen Gesichtspunkten behandelt: (1) Der Schutz eigener und fremder Staatsangehöriger in einem Drittsstaat, wobei sich der Schutz fremder Staatsangehöriger dabei regelmäßig als Annex der Rettung eigener Staatsangehöriger darstellt. (2) Der Schutz Fremder in deren eigenem Land, die humanitäre Intervention im engeren und eigentlichen Sinn des Wortes. Die Lösung selbst ist unabhängig davon, wie der einzelne Bearbeiter die Begrifflichkeit verwendet; geachtet werden sollte lediglich auf eine Einheitlichkeit der Begriffsverwendung.

Die Evakuierungsmaßnahmen sowohl des Klosters Bon Repos als auch der deutschen Botschaft erfordern, wie der Sachverhalt vorgibt, den Einsatz erheblicher militärischer Mittel. Es sollen Spezialtruppen der Bundeswehr und des Bundesgrenzschutzes mit der Unterstützung von Kampfbombern der Luftwaffe zum Einsatz kommen. In einem solchen Fall wird man trotz der nur kurzzeitigen Grenzverletzung nicht vom Vorliegen „kleiner Gewalt" ausgehen können. Der Einsatz fällt daher unter den Tatbestand des Art. 2 Ziff. 4 SVN.

3. Rechtfertigung nach Art. 51 SVN oder nach einem weitergehenden gewohnheitsrechtlichen Selbstverteidigungsrecht?

Fraglich ist, ob ein Einsatz durch das von Art. 51 SVN den Staaten ausdrücklich zugestandene Selbstverteidigungsrecht gerechtfertigt wäre. Der Wortlaut des Art. 51 SVN normiert als Voraussetzung des Selbstverteidigungsrechts (Notwehr und Nothilfe, auch kollektiv!) einen „bewaffneten Angriff auf ein Mitglied der Vereinten Nationen". Diese Formulierung spricht dafür, dass das Selbstverteidigungsrecht grundsätzlich nur durch Angriffe auf das Staatsgebiet ausgelöst wird. Übergriffe auf einzelne Staatsangehörige können daher – wiewohl das Staatsvolk konstitutives Element des Staates ist – nicht als Angriffe auf „Außenposten" des Heimatstaates gewertet werden. Diese Auslegung findet in der Aggressionsdefinition der GV eine Bestätigung.[11] Ein anderes Verständnis des Art. 51 SVN würde Missbräuchen Tür und Tor öffnen. Zu bedenken ist auch, dass ein Angriff auf einzelne Staatsbürger die Existenz eines Staates ungleich weniger belastet als ein Angriff auf das Staatsgebiet.[12] Auch ein Angriff auf das durch die Regelung des Art. 22 WÜD umfassend geschützte Botschaftsgebäude ist einer Verletzung der territorialen Integrität des Entsendestaates nicht gleichzusetzen. Die auf Grotius zurückgehende Vorstellung von der Exterritorialität

---

[11] Vgl. Randelzhofer, in: Simma, UNC (2002), Art. 51 Rn. 27 m.w.N.; siehe auch Fischer, in: Ipsen, § 59 Rn. 34 f.
[12] Epping, Die Evakuierung deutscher Staatsbürger im Ausland als neues Kapitel der Bundeswehrgeschichte ohne rechtliche Grundlage? – Der Tirana-Einsatz der Bundeswehr auf dem Prüfstand –, AVR 124 (1999), 424 (460 f.).

der Mission und ihrer Räumlichkeiten entspricht nicht dem heutigen Verständnis der diplomatischen Vorrechte und Immunitäten.[13]

Immer wieder wird jedoch vorgebracht, dass neben dem in Art. 51 SVN niedergelegten noch ein gewohnheitsrechtliches Selbstverteidigungsrecht fortbestehe, das Maßnahmen gegen Angriffe auf eigene Staatsbürger rechtfertige.[14] Die Staatenpraxis hat sich daher bis in die jüngste Zeit hinein darauf berufen, dass das universelle Gewaltanwendungsverbot (Art. 2 Ziff. 4 SVN) die Anwendung militärischer Gewalt zur Rettung eigener Staatsangehöriger nicht ausschließe, wenn deren Leben, Gesundheit oder Freiheit[15] in einem fremden Staat, der den Schutz nicht wahrnehmen kann oder will, gefährdet sind.[16]

Bei der Bewertung dieser Staatenpraxis darf nicht außer Acht gelassen werden, dass die Anwendung bewaffneter Gewalt zur Verhinderung massiver Menschenrechtsverletzungen in einem fremden Staat vom zuständigen Organ der VN, dem Sicherheitsrat, nie verurteilt wurde; es sind auch bislang keine Zwangsmaßnahmen gegen die gewaltsam intervenierenden Staaten verhängt worden. In der Staatenpraxis ist daher die Tendenz unverkennbar, die Schutzmaßnahmen zwar nicht generell zu rechtfertigen,[17] aber doch im Einzelfall zu tolerieren, wenn eine besondere Notlage der Betroffenen andere wirksame Hilfe nicht erwarten lässt.[18] Völkerrechtlich zählte die Aktion zur Rettung eigener oder fremder Staatsangehöriger aus Drittstaaten gleichwohl in den vergangenen Jahren zu den rechtlich umstrittensten Fragen des Gewaltanwendungsverbotes.

Im Hinblick auf die Notwendigkeit eines umfassenden Gewaltverbotes und die Beschränkung des Selbstverteidigungsrechts nach der SVN auf den bewaffneten Angriff erscheint allerdings die Zulässigkeit der Intervention zum Schutz eigener Staatsangehöriger ausgeschlossen.[19]

---

[13] Vgl. Fischer, in: Ipsen, § 35 Rn. 34.
[14] Zu dieser vor allem in der US-amerikanischen Lehre vertretenen These vgl. etwa Bothe, in: Graf Vitzthum, 8. Abschn. Rn. 21 mit umfangreichen Nachweisen.
[15] Im Schrifttum wird z. T. auch der Schutz des Eigentums miteinbezogen. Dies geht ebenso zu weit wie die von Großbritannien und Frankreich in der Suez-Krise 1956 (vgl. AdG 1956, 6072 ff. und 6083 ff.) vertretene These, dass einem Staat gegenüber, der die Regeln des völkerrechtlichen Gewohnheitsrechts oder Vertragsrechts verletzt, ein Interventionsrecht bestünde, um den Rechtsbrecher zur Befolgung dieser Regeln zwingen zu können.
[16] Zu den bedeutsameren Vorfällen der letzten 20 Jahre zählen u. a. die versuchte Befreiungsaktion im Iran 1980, die vorübergehende Besetzung der Insel Grenada durch die USA und karibische Staaten 1983 (vgl. hierzu Blumenwitz, Grenada – Kanonenbootpolitik und humanitäre Intervention, in: Europa 1984/11, 33 ff.), die Evakuierungsaktionen in Ruanda 1994 unter Einsatz der Bundeswehr im März 1997 zur Evakuierung von deutschen Staatsangehörigen aus Albanien (vgl. hierzu Kreß, Die Rettungsoperation der Bundeswehr in Albanien am 14. März 1997 aus völker- und verfassungsrechtlicher Sicht, ZaöRV 57 [1997], 324 ff.; Epping, AVR 124 [1999], 424 [457 ff.]).
[17] Allerdings haben Staaten der Europäischen Gemeinschaft die israelische Rettungsaktion in Entebbe ausdrücklich positiv gewürdigt, vgl. Randelzhofer, in: Simma, UNC (2002), Art. 2 (4) Rn. 59.
[18] Verdross/Simma, § 1338.
[19] Vgl. Blumenwitz, Die humanitäre Intervention, in: Aus Politik und Zeitgeschichte (Beilage zur Wochenzeitschrift Das Parlament), B 47/94, 3 ff.; Epping, AVR 124 (1999), 424 (460 ff.); Fischer, in: Ipsen, § 59 Rn. 36; Bothe, in: Graf Vitzthum, 8. Abschn. Rn. 21.

Anm.: Erfolgt der Einsatz von Polizeikräften oder Truppen auf Ersuchen oder mit Billigung der legitimen Staatsgewalt, stellen diese keine verbotene Gewaltanwendung im Sinne des Art. 2 Ziff. 4 SVN dar.[20]

4. Rechtfertigung als Repressalie?

Ein mit militärischen Mitteln durchgeführter und damit gewaltsamer Einsatz kann nicht auf den Rechtfertigungsgrund der Repressalie gestützt werden, da gerade ein Verbot von Art. 2 Ziff. 4 SVN widersprechenden Gegenmaßnahmen besteht.[21]

5. Rechtfertigung[22] aus Pflichtenkollision?

Das als Grundsatz in Art. 2 Ziff. 4 SVN niedergelegte Gewaltverbot, das mit den Zielen der vorangehenden Ziff. 1 und 2 korrespondiert, ist zwar ein zentrales, aber nicht das einzige von der SVN geforderte Prinzip in den Beziehung der Staaten untereinander. Die SVN setzt sich daneben auch den Schutz der Menschenrechte (Art. 1 Ziff. 3 SVN) zum Ziel, deren Förderung als Aufgabe nochmals ausdrücklich im IX. Kapitel (Art. 55 lit. c SVN) genannt ist. Alle Mitgliedstaaten sind verpflichtet, „gemeinsam und jeder für sich mit der Organisation [der Vereinten Nationen] zusammenzuarbeiten" (Art. 56 SVN), um dieses Ziel zu erreichen.

Zu berücksichtigen ist ferner die Stellung, die den Menschenrechten und dem Gewaltverbot in der Völkerrechtsordnung insgesamt zukommt. Das moderne Völkerrecht unterscheidet seine Normen nicht nur nach den Rechtsentstehungsquellen, sondern es differenziert auch nach Rang und Geltung. Zentralen Normen misst es eine besondere, herausgehobene Stellung zu. Dies zeigt die Existenz zwingender Normen (*ius cogens*), d. h. von Normen, „die von der internationalen Staatengemeinschaft in ihrer Gesamtheit angenommen und anerkannt" werden als Normen, von denen „nicht abgewichen werden darf" und die nur durch spätere Normen „des allgemeinen Völkerrechts derselben Rechtsnatur geändert werden" dürfen, Art. 53 S. 2 WVRK. Die Definition gibt das allgemeine Verständnis der Völkerrechtsordnung über die Existenz zwingender Normen wieder, das auch außerhalb des Bereichs der WVRK gilt.[23]

Der geplante Evakuierungseinsatz dient dem Schutz des menschlichen Lebens und der körperlichen Unversehrtheit der in der Botschaft festsitzenden Personen. Beide Schutzgüter sind Gegenstand international verbürgter Menschenrechte (vgl. Art. 6, 7 IPbürgR). Dabei ist das Recht auf Leben von elementarer

---

[20] Vgl. Bothe, in: Graf Vitzthum, 8. Abschn. Rn. 23.
[21] Ausführlich zum Rechtfertigungsgrund der Repressalie vgl. Fall 1.
[22] Zum Problem der systemlogischen Einordnung der humanitären Intervention vgl. vor allem Doehring, Rn. 1008 ff.
[23] Die Existenz von zwingendem Völkerrecht ist heute in der Staatenpraxis, dem Völkervertragsrecht und der Rechtstheorie anerkannt, vgl. etwa Verdross/Simma, § 524.

Bedeutung, denn es schafft erst die Voraussetzung dafür, dass andere Menschenrechte überhaupt zum Tragen kommen können.

Teilweise wird vertreten, die internationalen Menschenrechtspakte seien insgesamt zum *ius cogens* zu zählen.[24] Ob dem zu folgen ist, kann hier dahinstehen. Jedenfalls die elementaren Menschenrechte sind dem *ius cogens* zuzurechnen.[25] Das Recht auf Leben ist heute in praktisch allen Menschenrechtsverträgen abgesichert. Darin zeigt sich nicht nur die gewohnheitsrechtliche Verfestigung dieses Rechtes auf internationaler Ebene, die Anerkennung dieses Rechts ist zugleich ein Indiz für die Zugehörigkeit zu den elementaren, grundlegenden Menschenrechten, d. h. für die Annahme und Anerkennung durch die internationale Staatengemeinschaft in ihrer Gesamtheit als Norm, von der nicht abgewichen werden darf, vgl. Art. 53 WVRK.

Auf der anderen Seite ist auch das Gewaltverbot heute so zentral, dass es als Bestandteil des völkerrechtlichen *ius cogens* anzusehen ist. Zwar gab es auch nach dem Zweiten Weltkrieg (insbesondere nach dem Ende des Kalten Krieges) unter der Geltung der SVN zahlreiche bewaffnete Konflikte und Kriege. Gleichwohl versuchen nahezu alle Staaten, Gewaltanwendungen systemkonform zum allgemeinen Gewaltanwendungsverbot und seinen wenigen Ausnahmen zu rechtfertigen, sei es als Selbstverteidigung (USA nach dem 11. September 2001), als sog. Polizeieinsatz (militärische Hilfe für eine *de iure* Regierung auf deren ausdrücklichen Wunsch) oder als innerstaatliche Gewaltanwendung (Falkland, Kuwait: Argentinien und Irak beanspruchten jeweils für sich, lediglich Polizeieinsätze auf „eigenem Hoheitsgebiet" durchzuführen). Auch insoweit ist eine übereinstimmende Rechtsüberzeugung und hinreichende Übung festzustellen, die eine Einordnung als *ius cogens* zulässt.

Normen des *ius cogens* gehören gleichzeitig zur *„international public order"* (auch *„public order of the international community"* oder *„international ordre public"*), d. h. zu denjenigen Prinzipien und Regeln, die grundlegend für das System des Völkerrechts sind (*„the fundamental basis of the international legal system"*).[26] Kennzeichnend für die Normen der *„international public order"* ist, dass sie im Interesse der gesamten Staatengemeinschaft bestehen. Sie stellen somit eine *„obligatio erga omnes"* dar, so dass nicht nur die jeweils konkret von einem Verstoß betroffenen Staaten, sondern die gesamte Staatengemeinschaft auf der Einhaltung dieses Grundsatzes bestehen kann.[27]

Die bestehende Pflichtenkollision ist durch eine Güterabwägung zu entscheiden. Auf der einen Seite steht das Interesse der vier Staaten (einschließlich der Bundesrepublik Deutschland) am Schutz ihrer Staatsbürger und der Staatsangehörigen weiterer Drittstaaten, denen akut schwerste Menschenrechtsverletzungen

---

[24] So z. B. Bleckmann, Allgemeine Staats- und Völkerrechtslehre (1995), S. 847.
[25] Vgl. Heintschel v. Heinegg, in: Ipsen, § 15 Rn. 59; § 46 Rn. 11; Frowein, „Jus Cogens", EPIL Volume III (1997), S. 67; Verdross/Simma, § 528.
[26] Vgl. dazu Jaenicke „International Public Order", EPIL Volume II (1995), S. 1348 ff.
[27] Vgl. im einzelnen Schütz, Der internationale ordre public (1984).

drohen. Auf der anderen Seite steht die Verletzung der territorialen Integrität Anarchias, die allerdings zeitlich strikt begrenzt ist. Unter diesen Umständen überwiegt das Interesse am Schutz der Menschenrechte der bedrohten Staatsbürger und gestattet den Heimatstaaten auch gewaltsame Schutzaktionen, die sich aber im Rahmen des unbedingt Erforderlichen halten müssen.[28]

Demnach könnte die Bundesrepublik – rein völkerrechtlich betrachtet – ohne Verstoß gegen das Gewaltverbot aus Art. 2 Ziff. 4 SVN die beiden Gebäude durch einen militärischen Einsatz ihrer Truppen evakuieren, wenn sich der Einsatz im Rahmen des unbedingt Erforderlichen hält.

II. Verstoß gegen das allgemeine Interventionsverbot

Das Interventionsverbot ist eine völkergewohnheitsrechtlich anerkannte Grundpflicht der Staaten. In Art. 2 Ziff. 7 SVN hat es eine spezielle Ausprägung im Verhältnis der Vereinten Nationen zu ihren Mitgliedstaaten gefunden. Es gilt aber darüber hinaus gewohnheitsrechtlich auch im Verhältnis der Staaten zueinander und entspringt dem Grundsatz der souveränen Gleichheit aller Staaten (Art. 2 Ziff. 1 SVN). Das Interventionsverbot geht in seinem Anwendungsbereich über das Gewaltanwendungsverbot hinaus, insbesondere erfasst es auch nichtmilitärischen Zwang. Allerdings geht Art. 2 Ziff. 4 SVN normsystematisch dem allgemeinen Interventionsverbot als *lex specialis* vor, so dass ein Rückgriff hier ausscheidet.

Frage 2: Anordnung eines Bundeswehreinsatzes durch den Sicherheitsrat

Der Sicherheitsrat kann eine Befreiungsaktion unter Beteiligung der Bundeswehr dann verbindlich anordnen, wenn er eine entsprechende Kompetenz aus der SVN hat. „Verbindlich unter Beteiligung der Bundeswehr" heißt in diesem Zusammenhang, dass die Bundesrepublik Deutschland völkerrechtlich dazu verpflichtet sein muss, sich mit eigenen militärischen Truppen an dem Einsatz zu beteiligen. Eine entsprechende Kompetenz des Sicherheitsrats könnte sich aus Art. 39, 42 SVN ergeben.

I. Feststellung gem. Art. 39 SVN

Dem Sicherheitsrat obliegt nach Art. 39 SVN die für Mitglieder verbindliche Feststellung, ob eine Bedrohung oder ein Bruch des Friedens oder eine Angriffshandlung vorliegt. Angriffshandlung („*act of aggression*"), Bruch des Friedens („*breach of the peace*") oder Bedrohung des Friedens („*threat to the peace*") sind

---

[28] Vgl. z. B. Schweisfurth, Operations to Rescue Nationals in Third States Involving the Use of Force in Relation to the Protection of Human Rights, GYIL 23 (1980), 159 (177). A.A. – wie oben – vertretbar.

unbestimmte Rechtsbegriffe. Bei der Rechtsanwendung eröffnen sich dem Sicherheitsrat weite Ermessensspielräume.

Angriffshandlung ist der direkte oder indirekte Einsatz von Waffengewalt. Sie ist immer auch Friedensbruch, deren besondere Erwähnung deshalb gerechtfertigt ist, weil bei der Aggression derjenige, der den Friedensbruch begangen hat, ausdrücklich genannt ist. Die Generalversammlung hat eine Definition der Aggression[29] angenommen, die allerdings den Sicherheitsrat nicht bindet.

Ein Friedensbruch ist jedenfalls dann gegeben, wenn es zu Kampfhandlungen zwischen bewaffneten Einheiten zweier Staaten kommt. Im Rahmen von Sezessionsprozessen kann es u. U. fraglich sein, ob (bereits) zwei oder mehrere Staaten vorliegen.[30] Allerdings wird auch dann ein Friedensbruch angenommen, wenn Gewalt gegen ein *De-facto-Régime* ausgeübt wird, das faktische Voraussetzungen der Staatlichkeit auf dem beherrschten Gebiet geschaffen hat.[31]

Friedensbedrohung ist der unschärfste der drei Begriffe: Insbesondere zu dem Begriff der Friedensgefährdung in Art. 34 und 37 des VI. Kapitels der SVN („*endanger the maintenance of international peace*") ist eine exakte Abgrenzung kaum möglich.

Fraglich ist, ob bei Vorliegen oder Drohen schwerster Menschenrechtsverletzungen von einer Friedensbedrohung gesprochen werden kann. Dies erscheint möglich, wenn der Begriff des Friedens nicht ausschließlich negativ (im Sinne der bloßen Abwesenheit zwischenstaatlicher militärischer Gewalt) definiert, sondern als gute Ordnung verstanden wird, die den Völkern und Menschen angemessene Existenzbedingungen gewährleistet.[32] Friedensbedrohend wirkt sich dann vor allem die Verletzung der *erga omnes* wirkenden Normen des *ius cogens* aus, wie z. B. massive Verletzungen des Rechts auf Leben, des Verbots des Völkermordes, des Verbots der Zerstörung der Lebensgrundlagen der Menschheit und des Gewaltverbots.

In der Praxis des Sicherheitsrats zeigt sich, dass auch Zustände innerhalb eines Staates als objektive Bedrohung des Weltfriedens beurteilt wurden.[33] Die neue Sicht der Interventionsbefugnisse bei massiven Menschenrechtsverletzungen dokumentiert die Somalia-Resolution 794 vom 3. Dezember 1992[34], wo festgestellt wird, dass die menschliche Tragödie, die durch die Behinderung der Verteilung

---

[29] GV-Res. Nr. 3314 (XXIX) vom 14. Dezember 1974, deutsche Übersetzung abgedruckt im Sart. II Nr. 5. Zum Problem der Rechtswirkung von Resolutionen allgemein vgl. Graf Vitzthum, in: Graf Vitzthum, 1. Abschn. Rn. 146 und 150.
[30] Der Staatsbegriff wird allgemein anhand der Drei-Elementen-Lehre bestimmt, d.h. durch Staatsgebiet, Staatsvolk und effektive Herrschaftsmacht; ausführlich Fall 4.
[31] Siehe Frowein/Krisch in: Simma, UNC (2002), Art. 39 Rn. 11 f.
[32] Blumenwitz, Grenzen der Interventionsmöglichkeiten, in: Das Parlament, Heft 34/99, 4 ff.; ders., Die Grundlagen eines Friedensvertrages mit Deutschland (1966), S. 19 f.
[33] Insbesondere die Somalia-Krise hat die Bereitschaft des Sicherheitsrates bekräftigt, in solchen Konflikten die Möglichkeiten des VII. Kapitels zu nutzen; vgl. SR-Res. 733 (1992).
[34] SR-Res. 794 (1992).

von Hilfsgütern bewirkt wird, eine Bedrohung des Weltfriedens und der internationalen Sicherheit darstellt.[35]

Nach dem Sachverhalt ist es in Anarchia bereits zu massiven Verletzungen der Menschenrechte, insbesondere des Rechts auf Leben, bei den dort lebenden Ausländern gekommen. Im Hotel „Lord of the Sea" wurden Touristen auf grausame Art getötet. Die Staatsgewalt von Anarchia kann jedenfalls derzeit den Schutz der in Anarchia festsitzenden Ausländer nicht sicherstellen.

Nach alledem erscheint die Feststellung einer Friedensbedrohung gerechtfertigt. Maßnahmen, die der Sicherheitsrat bei festgestellter Friedensbedrohung nach dem VII. Kapitel der SVN ergreift, sind keine Intervention; sie sind gem. Art. 2 Ziff. 7 SVN ausdrücklich von dem sonst geltenden Verbot an alle VN-Organe ausgenommen, sich in die inneren Angelegenheiten der Mitgliedstaaten einzumischen.

II. Verbindliche Anordnung eines Streitkräfteeinsatzes, Art. 42 SVN

Gem. Art. 39 HS 2 SVN fasst der Sicherheitsrat schließlich auch mandatorische, d. h. die Mitgliedstaaten verpflichtende Beschlüsse. In Betracht kommen: gewaltlose Sanktionen nach Art. 41 SVN und Streitkräfteeinsatz durch den Sicherheitsrat (Art. 42 S. 1 SVN).

Der Beschluss setzt die politisch-militärische Kontrolle durch operative Führung seitens des Sicherheitsrates voraus. Er ist grundsätzlich ohne vorheriges Sonderabkommen verbindlich. Demnach könnte der Sicherheitsrat im vorliegenden Fall einen Truppeneinsatz grundsätzlich verbindlich beschließen.

III. Beteiligungspflicht der Bundeswehr aus Art. 43 SVN?

Bezüglich der Teilnahmepflicht gilt Art. 43 SVN als *lex specialis* gegenüber Art. 25 SVN. Die Truppengestellung bedarf eines Sonderabkommens. Jedes Mitglied muss über den Abschluss eines solchen Abkommens zumindest verhandeln.[36] Nachdem entsprechende Abkommen bislang nicht geschlossen wurden, kann der Sicherheitsrat jedoch keine bestimmte Beteiligung der Bundeswehr an der Evakuierung fordern. Er kann lediglich verlangen, dass die Bundesrepublik über ein Sonderabkommen im Sinne des Art. 43 SVN verhandelt.[37]

---

[35] Zur Bedeutung der Resolution für die Interpretation vgl. ausführlich Bartl, Die humanitäre Intervention durch den Sicherheitsrat der Vereinten Nationen im „Failed State" (1999), S. 127 ff.
[36] Vgl. Blumenwitz, Der Einsatz deutscher Streitkräfte nach der Entscheidung des BVerfG vom 12. Juli 1994, BayVBl. 1994, 641 (642).
[37] Insofern enthält Art. 43 Abs. 1 SVN ein *pactum de contrahendo* nur hinsichtlich des „Ob" der Beistandsleistung; bezüglich der Art und Zahl der Streitkräfte beschränkt sich Art. 43 Abs. 2 SVN auf ein *pactum de negotiando*.

Der Sicherheitsrat kann daher eine Befreiungsaktion zugunsten der in Anarchia festsitzenden Ausländer unter Beteiligung der Bundeswehr nur im Einvernehmen mit der Bundesrepublik anordnen, da ein Abkommen nach Art. 43 SVN bislang nicht geschlossen wurde.[38]

> *Anm.: Nach Art. 48 Abs. 1 SVN kann der Sicherheitsrat alle oder einzelne Mitgliedstaaten zur Durchführung von militärischen Sanktionen ermächtigen, wobei sich die autorisierten Mitgliedstaaten auch geeigneter internationaler Einrichtungen („international agencies"), deren Mitglieder sie sind, bedienen dürfen (Art. 48 Abs. 2 SVN). Dem entspricht auch der Wortlaut des Art. 42 S. 2 SVN. Außerdem besteht nach Art. 53 S. 1 SVN die Möglichkeit für den Sicherheitsrat, sich regionaler Abmachungen oder Einrichtungen („regional arrangements or agencies") zur Durchführung militärischer Sanktionen zu bedienen, etwa der NATO.*

Frage 3: Bedeutung der Empfehlung der Generalversammlung

I. Empfehlungskompetenz der Generalversammlung

Wenn nach der Blockade einer Beschlussfassung des Sicherheitsrats durch China die Generalversammlung handelt, indem sie einen Einsatz unter Beteiligung der Bundeswehr empfiehlt, stellt sich zunächst die Frage, ob sich die Generalversammlung überhaupt mit der Sache befassen darf. Eine Erörterungs- und Empfehlungskompetenz der Generalversammlung könnte allenfalls nach dem Muster der GV-Resolution *„Uniting for Peace"*[39] in Betracht kommen.

Nach Art. 24 Abs. 1 SVN trägt der Sicherheitsrat die Hauptverantwortung für die Wahrung des Weltfriedens und der internationalen Sicherheit. Dementsprechend sieht Kapitel VII SVN nur Zwangsmaßnahmen vor, die vom Sicherheitsrat zu beschließen sind. Eine Zuständigkeit der Generalversammlung wird in diesen Bestimmungen nicht ausdrücklich erwähnt. Auch die *Uniting for Peace*-Resolution kann keine Kompetenz der Generalversammlung schaffen, die nicht schon in der Satzung angelegt ist. Möglich ist aber, dass die Generalversammlung in diesem Bereich eine durch Auslegung der Satzung zu ermittelnde subsidiäre Kompetenz hat, die durch diese Resolution lediglich konkretisiert bzw. deklaratorisch festgestellt wurde.

Dabei ist zunächst zu klären, ob die Generalversammlung sich überhaupt mit einer Bedrohung des Weltfriedens befassen darf. Durch den Wortlaut des Art. 24 SVN, der die „Hauptverantwortung" in diesem Bereich dem Sicherheitsrat überträgt, erscheint eine subsidiäre Zuständigkeit der Generalversammlung nicht ausgeschlossen. Die Wahrung des Friedens ist das wichtigste Ziel der Vereinten Nationen, auf das auch bei einem Versagen des Sicherheitsrats nicht verzichtet

---

[38] Vgl. Frowein/Krisch, in: Simma, UNC (2002), Art. 43 Rn. 10 f., dort auch zu den sog. Stand-By Arrangements zur Erfüllung von Peacekeeping-Aufgaben durch die VN.
[39] GV-Res. 377 (V) vom 3. November 1950.

werden darf. Die Satzung muss deshalb so ausgelegt werden, dass Mängel in diesem Bereich, wenn nicht durch andere Vorschriften der Satzung ausgeschlossen, durch eine subsidiäre Zuständigkeit der Generalversammlung behoben werden.[40] Nach Art. 10 SVN hat die Generalversammlung ein umfassendes Erörterungsrecht in Bezug auf alle Fragen und Angelegenheiten, die in den Rahmen der Satzung fallen. Art. 11 Abs. 2 i.V.m. Abs. 4 SVN betont ausdrücklich, dass die Generalversammlung alle (konkreten) die Wahrung des Weltfriedens und der internationalen Sicherheit betreffenden Fragen erörtern darf. Nach beiden Vorschriften (Art. 10, 11 Abs. 2 SVN) hat die Generalversammlung das Recht, an die Mitgliedstaaten Empfehlungen zu richten.

Dieses Recht ist durch Art. 12 Abs. 1 SVN nur vorübergehend eingeschränkt. Danach darf die Generalversammlung zu einer Streitigkeit oder Situation nur solange keine Empfehlung abgeben, als der Sicherheitsrat in dieser Streitigkeit oder Situation die ihm in der Satzung zugewiesenen Aufgaben „wahrnimmt". Die *Uniting for Peace*-Resolution legt diesen Begriff dahin aus, dass auch in einer Blockade des Sicherheitsrats durch das Veto eines seiner ständigen Mitglieder (Art. 27 Abs. 3 SVN) ein Fall der Nichtwahrnehmung zu sehen ist. Diese Auffassung entspricht der ständigen Praxis der Vereinten Nationen (vgl. Art. 31 Abs. 3 lit. b WVRK).[41] Von daher war die Generalversammlung auch im Falle Anarchias sowohl zu allgemeinen Erörterungen als auch zu Empfehlungen befugt.

II. Rechtliche Wirkung der Empfehlung

Fraglich ist aber, welche rechtliche Wirkung die Anordnung bzw. Billigung eines militärischen Einsatzes hatte. Nach der *Uniting for Peace*-Resolution kann die Generalversammlung den Mitgliedern geeignete Empfehlungen für Kollektivmaßnahmen geben, die bei Friedensbrüchen oder Angriffshandlungen erforderlichenfalls auch den Einsatz von Streitkräften einschließen können. Der Gebrauch des Begriffs Empfehlung bedeutet, dass die Generalversammlung keine die Mitgliedstaaten bindenden Beschlüsse fassen kann. Die Mitgliedstaaten sind lediglich gehalten, nach Treu und Glauben zu prüfen, ob sie der Empfehlung Folge leisten können.

Zu überlegen ist, ob eine solche Aufforderung oder Billigung einen besonderen Rechtfertigungsgrund der Gewaltanwendung darstellt. Nach einer Auffassung war es der Zweck von *Uniting for Peace*, eine Lücke in der SVN auszufüllen. Die Generalversammlung trete subsidiär in vollem Umfang an die Stelle des Sicherheitsrates, ohne allerdings – wegen der generellen Beschränkung der Generalversammlung auf Empfehlungen – einen Einsatz verbindlich anordnen zu können.[42]

---

[40] Siehe auch Dahm, Bd. 2, S. 402.
[41] Skept. Hailbronner/Klein, in: Simma, UNC (2002), Art. 12 Rn. 12 f.
[42] Vgl. Schaefer, Die Funktionsfähigkeit des Sicherheitsmechanismus der Vereinten Nationen (1981), S. 50 ff.

Ein solcher Beschluss der Generalversammlung hat dieser Auffassung zufolge rechtfertigende Wirkung. Hiergegen spricht aber, dass der Begriff der Empfehlung nicht nur eine Einschränkung hinsichtlich der Bindungswirkung eines solchen Beschlusses enthält. Die Generalversammlung kann auch nicht zur Gewaltanwendung autorisieren. Andernfalls würde das Verhältnis von Sicherheitsrat und Generalversammlung in Fragen des Weltfriedens und der internationalen Sicherheit, wie es in der Satzung vorgesehen ist, in der Praxis in ihr Gegenteil verkehrt. Auch würde das als umfassend konzipierte Gewaltanwendungsverbot durch eine zusätzliche Ausnahme durchbrochen. Eine Anordnung des Einsatzes durch die Generalversammlung kann deshalb lediglich als Empfehlung von Maßnahmen gesehen werden, für die die vier Staaten ohnehin eine Kompetenz haben.[43] Insoweit kann auf Frage 1 verwiesen werden.

Anm: Auch nachträgliche Billigung eines Einsatzes durch die Generalversammlung stellt lediglich die Äußerung einer Rechtsansicht der Generalversammlung dar.

Frage 4: Verfassungsrechtliche Zulässigkeit eines Bundeswehreinsatzes

Bis zur Entscheidung des BVerfG vom 12. Juli 1994[44] war die innerstaatliche Rechtslage hinsichtlich eines Einsatzes der Bundeswehr außerhalb des NATO-Gebietes umstritten. Kern der Diskussion war die Interpretation der Begriffe „Verteidigung" und „Einsatz" in Art. 87a GG und die Frage, ob es einer Grundgesetzänderung bedürfe, um Auslandseinsätze der Bundeswehr in anderen Fällen als denen der Landesverteidigung zu ermöglichen. So wurde teilweise vorgeschlagen, eine humanitäre Intervention über eine restriktive Interpretation des Einsatzbegriffes – als „Nichteinsatz" – zu ermöglichen; nach anderer Ansicht sollte etwa Art. 87a GG im Wege einer weiten Interpretation völkerrechtlich erlaubte Einsätze im Rahmen der VN bzw. NATO umfassen.[45] In seiner Grundsatzentscheidung erklärte das BVerfG auch Kampfeinsätze der Bundeswehr außerhalb des NATO-Bündnisgebietes für verfassungskonform. Anders als die bis dahin herrschende Staatsrechtslehre stützte das BVerfG die Zulässigkeit der in dem Verfahren streitigen Auslandseinsätze nicht auf Art. 87a GG, sondern griff auf Art. 24 Abs. 2 GG zurück.

Der amtliche Leitsatz stellt in Ziff. 1 als Auslegungsergebnis zu dieser Norm fest: „Die Ermächtigung des Art. 24 Abs. 2 GG berechtigt den Bund nicht nur zum Eintritt in ein System gegenseitiger kollektiver Sicherheit und zur Einwilligung in damit verbundene Beschränkungen seiner Hoheitsrechte. Sie bietet vielmehr auch die verfassungsrechtliche Grundlage für die Übernahme der mit der Zugehörigkeit zum System typischerweise verbundenen Aufgaben und damit auch

---

[43] Verdross/Simma, § 407; Dahm, Bd. 2, S. 403.
[44] BVerfGE 90, 286 ff.
[45] Zum damaligen Streitstand vgl. Blumenwitz, Die Vereinten Nationen als Friedensstifter und Friedenswahrer, BayVBl. 1995, 705 (709).

für eine Verwendung der Bundeswehr zu Einsätzen, die im Rahmen und nach den Regeln dieses Systems stattfinden".[46]

Der Beitritt ermöglicht somit verfassungsrechtlich auch die militärische Mitwirkung in einem solchen Sicherheitssystem. Der Begriff „System gegenseitiger kollektiver Sicherheit i.S.d. Art. 24 Abs. 2 GG" gewinnt dabei entscheidende Bedeutung. Auch insoweit ist das Ergebnis der Entscheidung in den Leitsätzen festgehalten. In Leitsatz 5 legt das BVerfG fest: „a) Ein System gegenseitiger kollektiver Sicherheit im Sinne des Art. 24 Abs. 2 GG ist dadurch gekennzeichnet, daß es durch ein friedenssicherndes Regelwerk und den Aufbau einer eigenen Organisation für jedes Mitglied einen Status völkerrechtlicher Gebundenheit begründet, der wechselseitig zur Wahrung des Friedens verpflichtet und Sicherheit gewährt. Ob das System dabei ausschließlich oder vornehmlich unter den Mitgliedstaaten Frieden garantieren oder bei Angriffen von außen zum kollektiven Beistand verpflichten soll, ist unerheblich."[47]

In den internationalen Beziehungen wird allgemein zwischen „kollektiver Sicherheit" und „kollektiver Selbstverteidigung" unterschieden. Ein System gegenseitiger kollektiver Sicherheit garantiert vornehmlich, wenn nicht gar ausschließlich, den Frieden unter den Mitgliedstaaten, Bündnisse kollektiver Selbstverteidigung verpflichten zum kollektiven Beistand bei Angriffen von außen. Das BVerfG kommt jedoch zu dem Ergebnis, dass es für die Auslegung von Art. 24 Abs. 2 GG keine strikte Gegenläufigkeit von kollektiver Sicherheit und kollektiver Selbstverteidigung gibt, wenn und insoweit die Verteidigungssysteme strikt auf die Friedenswahrung verpflichtet sind.[48] Es legt damit den Begriff der kollektiven Sicherheit in Art. 24 Abs. 2 GG weiter aus, als es dem Begriffsverständnis im Rahmen der internationalen Beziehungen entspricht.

Vorliegend kommt Art. 87a GG als Einsatzgrundlage nicht in Betracht. Wie in Frage 1 gezeigt, handelt es sich beim Schutz eigener Staatsangehöriger nicht um „Verteidigung" im Sinne der SVN und des Völkerrechts. Art. 24 Abs. 2 GG setzt den Einsatz im Rahmen und nach den Regeln eines Systems kollektiver Sicherheit voraus. Da die Rettungsaktion nach dieser Fallvariante mit Billigung des Sicherheitsrates erfolgt, findet die Teilnahme deutscher Streitkräfte in Art. 24 Abs. 2 GG ihre verfassungsrechtliche Absicherung.[49] Die Ansicht der XY-Fraktion entspricht damit nicht der geltenden Verfassungsrechtslage.

Anm. 1: Mittlerweile ist das sog. Parlamentsbeteiligungsgesetz in Kraft getreten, mit dem insbesondere die Aussagen des BVerfG zum Erfordernis eines konstitutiven Parlamentsbeschlusses für die Streitkräfteentsendung

---

[46] BVerfGE 90, 286.
[47] BVerfGE 90, 286.
[48] Leitsatz 5 b der Entscheidung. Die friedenswahrende Qualifikation der Bündnisse ergibt sich bereits satzungsgemäß (Art. 1 NATO-Vertrag) aus dem Bekenntnis zu den Zielen der VN, insbesondere zum Gewaltverbot; ein Angriffsbündnis verstieße gegen zwingende Normen des Völkerrechts (*ius cogens*) und wäre nach Art. 25, 26 GG verfassungswidrig.
[49] Problematisch gestaltet sich die Frage nach der verfassungsrechtlichen Zulässigkeit, wenn sich die NATO – wie beim Einsatz im Kosovo – ohne entsprechende SR-Resolution militärisch betätigt.

(Bundeswehr als „Parlamentsheer") nunmehr einfachgesetzlich geregelt werden.[50]

Anm. 2: Beachte zur vorliegenden Thematik auch die folgende neuere Rechtsprechung:

– *BVerfGE 100, 266 ff. betr. einen Antrag der PDS-Fraktion im Rahmen eines Organstreitverfahrens gegen Beschlüsse des Deutschen Bundestages, mit denen der Beteiligung der Bundeswehr am NATO-Einsatz im ehemaligen Jugoslawien zugestimmt wurde; das BVerfG verneinte die Antragsbefugnis der PDS-Fraktion, da weder ihre eigenen noch Rechte des Bundestages verletzt sein könnten.*
– *BVerfGE 104, 151 ff. zu der Frage, ob der Deutsche Bundestag dem sog. neuen Strategischen Konzept der NATO von 1999 hätte zustimmen müssen; das BVerfG verneinte dies mit der Begründung, durch die Fortentwicklung des NATO-Konzepts sei der NATO-Vertrag inhaltlich nicht abgeändert worden, vielmehr sei die Fortentwicklung noch von dem ursprünglichen Zustimmungsgesetz zum NATO-Vertrag gedeckt.*

Frage 5: Einsatz des Bundesgrenzschutzes

Den Einsatz des Bundesgrenzschutzes regelt das Bundesgrenzschutzgesetz (BGSG).[51] Dieses Gesetz hat mit dem Gesetz zur Neuregelung der Vorschriften über den Bundesgrenzschutz vom 19.10. 1994 eine umfassende Neuregelung erfahren. Den Einsatz des Bundesgrenzschutzes im Ausland regelt § 8 BGSG. Fraglich ist, ob danach ein Einsatz bei der Evakuierung des Botschaftsgebäudes möglich ist.[52]

I. § 8 Abs. 1 BGSG als Einsatzgrundlage

Ein Einsatz nach § 8 Abs. 1 BGSG setzt zunächst voraus, dass es sich um eine „polizeiliche oder andere nicht-militärische" Aufgabe handelt. Schon daran bestehen im vorliegenden Fall erhebliche Zweifel. Was eine „militärische Aufgabe" darstellt, ist gesetzlich nicht definiert und bedarf der Auslegung. Eindeutig nicht-militärisch ist ein Einsatz als Wahlbeobachter (so in der Vergangenheit in Südafrika) oder zur Wahrnehmung von echten Polizeiaufgaben (wie in Mostar). Entsprechend der bisherigen Einsatzpraxis geht es also zumeist darum, die örtlichen Polizeikräfte zu überwachen und etwaige Unregelmäßigkeiten den internationalen Dienststellen zu melden, um der Bevölkerung hierdurch Schutz vor

---

[50] Vgl. BGBl. 2005 I S. 775. Siehe hierzu auch Schröder, Das neue Parlamentsbeteiligungsgesetz, NJW 2005, 1401 ff.; Wiefelspütz, Das Parlamentsbeteiligungsgesetz vom 18. 3. 2005, NVwZ 2005, 496 ff.
[51] Sart. I Nr. 90
[52] An dieser Stelle kann von den Bearbeitern kein Detailwissen hinsichtlich der Auslegung von § 8 BGSG verlangt werden. Maßgeblich ist allein die genaue Subsumtion anhand der Vorschrift, die an mehreren Stellen verschiedene Interpretationsmöglichkeiten zulässt.

Willkür zu vermitteln.[53] Die geplante Evakuierungsaktion des Botschaftsgebäudes soll nach den Angaben des Sachverhalts Teil eines koordinierten Vorgehens mit Einheiten aus den USA, aus Frankreich und Großbritannien sein. Für den militärischen Charakter des Einsatzes spricht neben dem koordinierten Truppeneinsatz durch mehrere Staaten der unterstützende Einsatz von Kampfflugzeugen der Bundesluftwaffe. Letzteres deutet klar auf den militärischen Charakter der geplanten Aktion hin. Insofern scheidet § 8 Abs. 1 BGSG als Einsatzgrundlage aus.

II. § 8 Abs. 2 BGSG als Einsatzgrundlage

Einsatzgrundlage könnte allenfalls § 8 Abs. 2 BGSG sein.

1. Voraussetzungen des § 8 Abs. 2 S. 1 BGSG

Nach § 8 Abs. 2 S. 1 BGSG ist zunächst erforderlich, dass die Verwendung „im Einzelfall zur Rettung von Personen aus einer gegenwärtigen Gefahr für Leib oder Leben im Ausland" erfolgt. Durch die Einzelfallbezogenheit wird eine Trennung zwischen polizeilichen und militärischen Auslandsverwendungen vollzogen. Ein Einsatz des BGS ist daher nicht zur groß angelegten Rettung ganzer Bevölkerungsgruppen vorgesehen, sondern – wie hier – zur Befreiung einzelner Personen aus einer bedrohlichen Lage.[54] Gegenwärtigkeit der Gefahr bedeutet, dass die Einwirkung des schädigenden Ereignisses bereits begonnen hat oder unmittelbar bzw. in allernächster Zeit mit einer an Sicherheit grenzenden Wahrscheinlichkeit bevorsteht.[55] Nach den Angaben im Sachverhalt spitzt sich die Lage um das Botschaftsgebäude immer mehr zu. Das Gebäude wird immer öfter zum Ziel leichter Waffen und es besteht die Gefahr der Verschleppung oder grausamen Tötung der darin befindlichen Personen. Insofern kann von einer gegenwärtigen Gefahr gesprochen werden.

2. Voraussetzungen des § 8 Abs. 2 S. 2 BGSG

Problematischer ist das Vorliegen der Voraussetzungen des Abs. 2 S. 2. Danach ist die Verwendung „nur für humanitäre Zwecke oder zur Wahrung dringender Interessen der Bundesrepublik Deutschland und im Einvernehmen mit dem Staat, auf dessen Hoheitsgebiet die Maßnahme stattfinden soll, zulässig."

Eine humanitäre Zwecksetzung wäre im vorliegenden Fall (Rettung von eigenen und fremden Staatsbürgern aus akuter Lebensgefahr) zu bejahen. Auch die Wah-

---

[53] Vgl. Schulz, Die Auslandsentsendung von Bundeswehr und Bundesgrenzschutz zum Zwecke der Friedenswahrung und Verteidigung (1998), S. 312 f. unter Verweis auf die amtliche Gesetzesbegründung.
[54] Vgl. Schulz, a.a.O., S. 316.
[55] Vgl. Fischer/Hitz/Laskowski/Walter, Kommentar zum BGSG, 2. Aufl. (1996), § 8 Rn. 13.

rung dringender Interessen der Bundesrepublik Deutschland wäre gegeben. Allerdings stellt sich die Frage, ob sich der letzte Teil des Satzes „und im Einvernehmen" auch auf § 8 Abs. 2 S. 1 BGSG oder auf beide Alternativen des S. 2 oder gar nur auf die Verwendung zur Wahrung dringender Interessen der Bundesrepublik Deutschland bezieht. Rein grammatikalisch sind mehrere Deutungen möglich. Systematisch könnte man argumentieren, dass im Hinblick auf Abs. 1 nur ein sehr eingeschränkter Anwendungsbereich bleibt, wenn auch für humanitäre Aktionen das Einvernehmen des betroffenen Staates vorausgesetzt wird. Andererseits ist zu beachten, dass es sich bei § 8 Abs. 2 S. 2 BGSG um eine inhaltliche Konkretisierung des vorangehenden Satzes handelt und nicht um selbständige Einsatztatbestände.[56] Damit wird deutlich, dass das Einvernehmen des betroffenen Staates eine Grundvoraussetzung eines jeden Einsatzes nach § 8 Abs. 2 BGSG darstellt, und zugleich klargestellt, dass der Anwendungsbereich des § 8 Abs. 2 BGSG gerade nicht die mit dem Gewalt- oder Interventionsverbot kollidierenden humanitären Interventionen im herkömmlichen Sinn umfasst.[57] Insofern kann ein Einsatz des Bundesgrenzschutzes nach Art. 8 Abs. 2 BGSG nur im Einvernehmen mit dem betroffenen Staat erfolgen.

Ein Einsatz der GSG 9 erweist sich somit insgesamt als problematisch: § 8 Abs. 1 BGSG scheidet im Hinblick auf den militärischen Charakter des Einsatzes aus, § 8 Abs. 2 BGSG erfordert ein Einvernehmen mit dem betroffenen Staat.

Ergänzende Anmerkungen:

1. Humanitäre Aktion zur Rettung fremder Staatsangehöriger in deren eigenem Land?
Unter den Begriff der humanitären Intervention fällt nicht nur die Rettung eigener oder fremder Staatsangehöriger, die sich in einem dritten Staat befinden, sondern auch eine Situation, in der fremde Staatsangehörige in ihrem eigenen Land massiv bedroht sind, etwa Konfliktlagen, wie sie in Ruanda oder im Kosovo vorlagen. Würden also die Regierungen der USA, Großbritanniens, Frankreichs und Deutschlands im vorliegenden Fall nach den erfolgreichen Befreiungsaktionen weiter überlegen, ob sie die Grausamkeiten und den Massenmord zwischen den verschiedenen Bevölkerungsgruppen Anarchias militärisch beenden, und wäre es aus Zeitgründen oder wegen des Vetos eines ständigen Mitglieds des Sicherheitsrates nicht möglich, den Sicherheitsrat einzuschalten, wäre auch eine solche Militäraktion ein Problem der humanitären Intervention. Das Bild bei der völkerrechtlichen Einschätzung der humanitären Intervention im engeren und eigentlichen Sinne (Schutz fremder Bürger, Minderheiten oder Volksgruppen vor schweren Verletzungen der Menschen- oder Gruppenrechte) entspricht weitge-

---

[56] Vgl. Schulz, a.a.O., S. 317 unter Verweis auf die amtliche Gesetzesbegründung.
[57] Vgl. Schulz, a.a.O., S. 318.

hend dem Ergebnis beim Schutz eigener Staatsangehöriger im Ausland.[58] *Auch insoweit ist der o.a. Ansatz über die Pflichtenkollision einschlägig. Bei der Abwägung im konkreten Kollisionsfall zwischen Gewaltverbot und bedrohten Rechten wird im Hinblick auf den Massenmord die Seite der Menschenrechte noch schwerer wiegen. Allerdings sind die Folgen und der Umfang der jeweils angewendeten militärischen Mittel in die Abwägung miteinzubeziehen; auch ist zu beachten, dass jede als zulässig erachtete Ausnahme vom Gewaltverbot Gefahr läuft, als Deckmantel zu dessen Unterminierung missbraucht zu werden.*

2. Intervention im failed state:
Nach dem Sachverhalt ist nicht klar, ob im Falle Anarchias vom Vorliegen eines sog. „failed state" auszugehen ist, d. h. von einem Staat, bei dem die effektive Staatsgewalt als konstitutives Element der Staatseigenschaft weggefallen ist. In der völkerrechtlichen Literatur wird zum Teil die Ansicht vertreten, der Wegfall der effektiven Staatsgewalt begründe ein Interventionsrecht.[59] *Problematisch ist aber insoweit auch die Frage, ob nicht die Lehre von dem „pouvoir constituant" des Volkes gerade eine Einmischung dann verbietet, wenn sich die Staatsgewalt neu formiert; völkerrechtlich könnte dieses Problem auch unter dem Gesichtspunkt des Selbstbestimmungsrechts behandelt werden.*[60] *Auch für den an die Einwilligung des betroffenen Staates gebundenen Einsatz des BGS nach § 8 Abs. 2 BGSG ist die Rechtslage im Hinblick auf den failed state problematisch, da hier aus tatsächlichen Gründen kein Einvernehmen hergestellt werden kann. Vertretbar erscheint es, in diesem Fall auf das Erfordernis der Einwilligung zu verzichten; nach anderer Ansicht wäre ein Einsatz des BGS mangels Vorliegen aller Voraussetzungen des § 8 Abs. 2 BGSG unzulässig.*[61]

Kernsätze

1. Nach dem Kriterium der Staatsangehörigkeit lassen sich begrifflich **drei Fallgruppen der humanitären Intervention** bilden: Der intervenierende Staat schützt eigene Staatsangehörige im Ausland. Der intervenierende Staat schützt Fremde in deren eigenem Land. Der intervenierende Staat schützt Fremde in einem dritten Staat.

2. Das **Interventionsverbot** ist eine völkergewohnheitsrechtlich anerkannte Grundpflicht im Verhältnis der Staaten untereinander. In Art. 2 Ziff. 7 SVN hat es eine spezielle Ausprägung für die Verpflichtung der Vereinten Nationen ge-

---

[58] Eingehend Pauer, Die humanitäre Intervention (1985), insbesondere S. 123 ff.
[59] Vgl. Herdegen, Der Wegfall effektiver Staatsgewalt: „The failed state", BDGVR 34 (1995), 58 ff.
[60] Vgl. hierzu Bartl, Die humanitäre Intervention durch den Sicherheitsrat der Vereinten Nationen im „Failed State" (1999), S. 178 ff.
[61] So das Ergebnis von Schulz, a.a.O., S. 318 f.

funden. Das Interventionsverbot ist in seinem Anwendungsbereich weiter als das Gewaltverbot, es umfasst auch **nichtmilitärischen Zwang**.

3. Anders als das reine *Kriegsverbot* der Völkerbundssatzung (1919) und des Kelloggpaktes (1928) umfasst der **Begriff der „Gewalt"** in Art. 2 Ziff. 4 SVN jegliche militärische Gewalt, selbst wenn diese unterhalb der Schwelle eines Krieges bleibt (*„measures short of war"*).

4. Zu fordern ist aber eine gewisse Mindestintensität der Gewalt. Die von der Staatenpraxis akzeptierte **„kleine Gewalt"** unterfällt nicht dem Gewaltbegriff des Art. 2 Ziff. 4 SVN.

5. Zwischenstaatliche Gewalt kann nach Art. 51 SVN oder nach einem weitergehenden gewohnheitsrechtlichen **Selbstverteidigungsrecht** gerechtfertigt sein. Notwehrfähiges Rechtsgut im Sinne des Art. 51 SVN (bzw. im Sinne eines eventuellen gewohnheitsrechtlichen Selbstverteidigungsrechts) ist jedoch nicht die Unversehrtheit einzelner Staatsbürger, sondern lediglich die territoriale Integrität eines Staates.

6. Eine humanitäre Intervention kann aufgrund einer Pflichtenkollision gerechtfertigt sein. Sowohl das Gewaltverbot als auch der **Schutz der Menschenrechte** (vgl. Art. 1 Ziff. 3 SVN; Art. 55 lit. c i.V.m. Art. 56 SVN) sind zentrale Ziele der Vereinten Nationen. Ebenso wie das universelle Gewaltanwendungsverbot gehören die elementaren Menschenrechte, insbesondere das Recht auf Leben, zum völkerrechtlichen *ius cogens* und zum *international public order* und entfalten Wirkung *erga omnes*. Gewaltsame Schutzaktionen sind aus dieser Pflichtenkollision dann gerechtfertigt, wenn sie sich an das unbedingt Erforderliche halten und das Interesse am Schutz der Menschenrechte im konkreten Fall überwiegt.

7. Als *ius cogens* werden Normen bezeichnet, von denen „nicht abgewichen werden darf" und die nur durch spätere Normen „des allgemeinen Völkerrechts derselben Rechtsnatur geändert werden" dürfen (vgl. Art. 53 S. 2 WVRK).

8. Den *international public order* (auch *public order of the international community* oder *international ordre public*) bilden diejenigen Prinzipien und Regeln, die grundlegend für das System des Völkerrechts sind („*the fundamental basis of the international legal system"*). Normen des *ius cogens* gehören stets zu diesem Bereich.

9. Verpflichtungen *erga omnes* sind dadurch gekennzeichnet, dass sie im Interesse der gesamten Staatengemeinschaft bestehen. Daher kann nicht nur der jeweils konkret von einem Verstoß betroffene Staat, sondern die gesamte Staatengemeinschaft die Rechtsfolgen aus der Verletzung geltend machen.

10. Vom Vorliegen einer **Friedensbedrohung** im Sinne von Art. 39 S. 1 SVN kann auch ausgegangen werden, wenn schwerste Menschenrechtsverletzungen (insbesondere Verstöße gegen *erga omnes* wirkende Normen des *ius cogens*, wie z.B. massive Verletzungen des Rechts auf Leben, Völkermord oder die Zerstörung der Lebensgrundlagen der Menschheit) vorliegen oder unmittelbar drohen.

11. **Art. 43 SVN** geht als *lex specialis* dem Art. 25 SVN vor. Art. 43 Abs. 2 SVN begründet ein *pactum de contrahendo* lediglich hinsichtlich des „Ob" der Beistandsleistung; bezüglich der Art und Zahl der Streitkräfte beschränkt sich Art. 43 Abs. 2 SVN auf ein *pactum de negotiando*. Der Sicherheitsrat kann daher ohne Sonderabkommen keine Beteiligung der Bundeswehr an einem Einsatz verlangen.

12. Die Anordnung oder nachträgliche Billigung einer humanitären Intervention durch die **Generalversammlung** stellt keine selbständige Rechtfertigungsgrundlage im Hinblick auf das Gewaltverbot dar.

13. Art. 24 GG tritt nach der Entscheidung des BVerfG als **zusätzliche Einsatznorm** für die Bundeswehr neben Art. 87a GG. Eine humanitäre Intervention unter Beteiligung der Bundeswehr *außerhalb* von Systemen kollektiver Sicherheit kann nicht auf Art. 24 Abs. 2 GG gestützt werden.

14. Ein **Einsatz des Bundesgrenzschutzes** im Ausland ist grundsätzlich nur zur Mitwirkung an nichtmilitärischen Aufgaben zulässig, § 8 Abs. 1 BGSG. Im Einzelfall kann der Einsatz auch der Rettung einzelner Personen aus lebensbedrohlichen Situationen dienen; stets erforderlich ist dabei das Einvernehmen des betroffenen Staates, § 8 Abs. 2 BGSG.

Fall 10: Europäischer Menschenrechtsschutz

Sachverhalt

I.

Max Huber lebt mit seiner Familie in unmittelbarer Nähe des Flughafens München II. Seit 1998 leiden die Familienmitglieder unter zunehmenden, erheblichen Schlafstörungen. Ursache hierfür ist eine Änderung der Start- und Landebedingungen auf dem Flughafen: Bis 1998 waren nach dem Planfeststellungsbeschluss der Regierung von Oberbayern die Starts und Landungen zur Nachtzeit (zwischen 22.00 Uhr und 6.00 Uhr) zahlenmäßig beschränkt. Im Jahr 1998 wurde der Planfeststellungsbeschluss dahingehend geändert, dass ein „Quotensystem" eingeführt wurde. Danach wurde jeder Flugzeugtype eine von ihrem Lärmpegel abhängige „Quotenzahl" zugewiesen; in der Zeit von 22.00 Uhr bis 6.00 Uhr durfte ein bestimmter Schwellenwert, der sich aus der Addierung der jeweiligen Quotenzahlen ergab, nicht überschritten werden.

Der Einführung des Quotensystems war eine umfangreiche Studie im Zusammenhang mit der Überprüfung der Beschränkungen von Nachtflügen vorausgegangen, die zu dem Ergebnis kam, dass nur sehr wenige Personen (2–3 %) der Gefahr erheblicher Schlafstörungen ausgesetzt seien. Eine weitere Studie ergab, dass von einer beträchtlichen Anzahl von Luftverkehrs- und Handelsunternehmen die Bedeutung von Nachtflügen als hoch bewertet wurde. Die Einführung des Quotensystems verfolgt das erklärte Ziel, den vom Flughafen München II ausgehenden Fluglärm zu verringern, indem die Industrie vor die Alternative gestellt wird zwischen der Nutzung vieler lärmärmerer Flugzeuge und der Nutzung weniger lärmintensiverer Flugzeuge. Wie sich im Nachhinein herausstellt, führt das Quotensystem allerdings statt der erhofften Verringerung zu einer Erhöhung des Fluglärms während der Nachtzeit.

Gegen den Änderungsplanfeststellungsbeschluss erhebt Huber form- und fristgerecht Anfechtungsklage vor dem VG München. Das VG weist seine Klage als zulässig, aber unbegründet ab. Die hiergegen eingelegte Berufung bleibt ohne Erfolg, die Zulassung der Revision wird vom VGH abgelehnt. Das BVerwG weist die Nichtzulassungsbeschwerde ab, die gegen diesen Beschluss eingelegte Verfassungsbeschwerde wird vom BVerfG nicht zur Entscheidung angenommen.

Im Anschluss hieran legt Huber form- und fristgerecht Beschwerde beim Europäischen Gerichtshof für Menschenrechte (EGMR) in Straßburg ein. Er macht eine Verletzung von Art. 8 EMRK durch den Fluglärm geltend. Insbesondere trägt er vor, die Behörden seien dazu verpflichtet, einen wirksamen Schutz der in Art. 8 EMRK garantierten Rechte sicherzustellen. Art. 8 EMRK sei verletzt, wenn der Staat keinen gerechten Ausgleich zwischen den widerstreitenden Interessen hergestellt oder wenn er einen Verfahrensfehler begangen habe. Ein gerechter Ausgleich sei aber aufgrund der unzumutbaren Lärmimmissionen nicht erreicht worden; wegen der Bedeutung erholsamen Schlafes für die Gesundheit der Person sei insoweit ein strenger Maßstab anzulegen. Zudem sei der Änderungsplanfeststellungsbeschluss verfahrensfehlerhaft, weil die Behörden nur Ermittlungen zu lärmbedingten Schlafstörungen, nicht aber zu lärmbedingter Schlaflosigkeit angestellt hätten. Die Bundesregierung, der die Beschwerde vom EGMR zugestellt wird, tritt dem Vorbringen entgegen und beruft sich auf einen weiten staatlichen Beurteilungsspielraum. Es gebe nicht eine einzig richtige Lösung für Nachtflüge. Das Verwaltungsverfahren einschließlich der erforderlichen Untersuchungen sei in erster Linie Sache der Behörden, die der Kontrolle durch staatliche Gerichte unterlägen. Der EGMR müsse sich darauf beschränken einzugreifen, wenn es Anzeichen für willkürliche oder eindeutig unzureichende Untersuchungen gebe.

Bearbeitervermerk:

In einem Gutachten sind folgende Fragen zu beantworten:

1. Ist die Beschwerde des Huber begründet?
2. Angenommen, der EGMR würde in seinem Urteil eine Verletzung des Art. 8 EMRK feststellen: Ergibt sich eine Pflicht zur Wiederaufnahme des rechtskräftig abgeschlossenen Gerichtsverfahrens Hubers
a) aus der EMRK?
b) aus dem Grundgesetz?

II.

Ortwin Ohnesorg ist zwischen 1997 und Anfang 1999 mit Lola Lustig liiert. Aus der Beziehung geht das im August 1999 nichtehelich geborene Kind Peter hervor. Ortwin hat im Mai 1999 von Lolas Schwangerschaft erfahren und sich wöchentlich nach dem ungeborenen Kind erkundigt, im Juli 1999 bricht der Kontakt zur Kindsmutter allerdings vollständig ab. Unmittelbar nach Peters Geburt gibt Lola ohne Wissen von Ortwin das Kind zur Adoption frei. Das örtliche Jugendamt benachrichtigt umgehend Herrn und Frau A., die vier Tage später Peter zu sich nach Hause holen. Erst im Oktober 1999 erfährt Ortwin von der Geburt seines Sohnes und beantragt sogleich seinerseits die Adoption. Seine Vaterschaft wird gerichtlich festgestellt.

Zudem beantragt Ortwin das Sorge- und Umgangsrecht für Peter, beides wird ihm erstinstanzlich gewährt. Das OLG hebt die Übertragung der elterlichen Sorge auf und schließt das Umgangsrecht für ein Jahr aus. Die hiergegen gerichtete Verfassungsbeschwerde wird vom BVerfG zwar zur Entscheidung angenommen, das Gericht kommt aber zu dem Ergebnis, Art. 6 GG sei nicht verletzt. Ortwin ruft daraufhin form- und fristgerecht den EGMR an. Dieser kommt zu dem Ergebnis, dass durch die Verweigerung des Sorge- wie des Umgangsrechts Art. 8 EMRK verletzt worden ist. Weiter heißt es in den Urteilsgründen, dass „dem Beschwerdeführer mindestens der Umgang mit seinem Kind ermöglicht werden muss".

Daraufhin überträgt das AmtsG – FamG – Ortwin antragsgemäß die elterliche Sorge und räumt ihm im Wege der einstweiligen Anordnung von Amts wegen ein Umgangsrecht ein. Die Entscheidung zum Umgangsrecht wird vom OLG mit der Begründung aufgehoben, der Urteilsspruch binde nur die Bundesrepublik Deutschland als Völkerrechtssubjekt, nicht hingegen deren Organe, Behörden und die nach Art. 97 Abs. 1 GG unabhängigen Organe der Rechtsprechung. Nach Auffassung des OLG schütze Art. 8 EMRK zwar nicht generell nur eheliche Familienverhältnisse, für die Eröffnung des Schutzbereichs müsse aber verlangt werden, dass das nichtehelich geborene Kind und sein leiblicher Vater zumindest zu irgendeinem Zeitpunkt zusammengelebt hätten; daran fehle es hier. Selbst wenn man aber mit dem EGMR von der Eröffnung des Schutzbereichs ausgehe, sei die Versagung des Umgangsrechts jedenfalls angesichts des dem Gericht zustehenden Beurteilungsspielraums von der EMRK gedeckt; das OLG sei aufgrund des direkten Kontakts mit dem Kind besser in der Lage, eine Entscheidung im Sinne des Kindeswohls zu treffen, als der EGMR, der allein nach Aktenlage urteile.

Eine formale Bindung an das Urteil des EGMR könne auch deshalb nicht bestehen, weil sich in der Zwischenzeit die tatsächlichen Grundlagen, von denen der EGMR in seinem Urteilsspruch ausgegangen sei, maßgeblich geändert hätten. Peter habe eine starke Bindung an Herrn und Frau A. aufgebaut, durch das Hinzutreten von Ortwin würde das Kind erheblichen Spannungen ausgesetzt werden. Einer Befolgung des EGMR-Urteils stehe auch entgegen, dass das BVerfG vor der Anrufung des EGMR eine Verletzung des Art. 6 GG verneint habe; das OLG sei insoweit an das Grundgesetz als die höherrangige Norm gebunden. Schließlich käme eine Befolgung des EGMR-Urteils auch deshalb nicht in Betracht, weil der Straßburger Gerichtshof in seinem Verfahren einseitig nur die Belange des leiblichen Vaters berücksichtigt habe; Lola sei an dem Verfahren in keiner Weise beteiligt gewesen.

Gegen den Beschluss des OLG erhebt Ortwin form- und fristgerecht Verfassungsbeschwerde zum BVerfG.

Bearbeitervermerk:

In einem Gutachten sind folgende Fragen zu beantworten:

1. Kann Ortwin mit der Verfassungsbeschwerde die Nichtbeachtung des EGMR-Urteils durch das OLG rügen?
2. a) Ist die Ansicht des OLG zutreffend, dass Art. 8 EMRK nicht verletzt ist?
   b) Ist die Verfassungsbeschwerde des Ortwin begründet?

Hinweis:

Es ist davon auszugehen, dass das Institut der Rechtskraft einer Berücksichtigung des EGMR-Urteils nicht entgegensteht, da Sorge- und Umgangsrechtsentscheidungen nicht in materielle Rechtskraft erwachsen.

Falllösung

Vorbemerkung: Den beiden hier behandelten Fällen liegen jeweils Urteile des EGMR zugrunde. Diese Urteile dokumentieren, in welch starkem Maße die Bedeutung der EMRK seit In-Kraft-Treten des Protokolls Nr. 11 zugenommen hat: Auch das Verwaltungs- und Familienrecht stehen heute unter dem Einfluss der Konvention, der Rechtsanwender hat die Konventionsgarantien bei der Rechtsfindung mit zu berücksichtigen. Der EGMR versteht sich heute zunehmend als eine Art „Quasi-Verfassungsgericht" und beschränkt seine Kontrolldichte längst nicht mehr auf das absolut unabdingbare Minimum. Grund hierfür ist die Haltung des EGMR, dass die zunehmend hohen Anforderungen an den Schutz der Menschenrechte und Grundfreiheiten in Europa „entsprechend und unvermeidlich eine größere Strenge bei der Bewertung der Verletzungen von Grundwerten der demokratischen Gesellschaft erfordern".[1]

Teil I

Frage 1: Begründetheit der Beschwerde des Max Huber

Die Beschwerde wäre begründet, wenn Huber in einem Konventionsrecht verletzt wäre. Vorliegend kommt eine Verletzung von Art. 8 EMRK in Betracht.

Anm. 1: Daneben rügte der Beschwerdeführer im Originalfall noch eine Verletzung von Art. 13 EMRK. Dieser Aspekt soll hier unberücksichtigt bleiben.

Anm. 2: Zum Verständnis der nachfolgenden Bearbeitung ist vorab darauf hinzuweisen, dass der zugrunde liegende Fall Hatton zunächst von einer Kammer der Dritten Sektion des EGMR entschieden wurde (Urteil vom 2. Oktober 2001, ÖJZ 2003, 72 ff.). Gegen dieses Urteil beantragte das unterlegene Vereinigte Königreich die Verweisung an die Große Kammer gem. Art. 43 EMRK, die dann durch Urteil vom 8. Juli 2003 (NVwZ 2004, 1465 ff.) entschied. – Bei der Verweisung handelt es sich um eine Art „Rechtsmittel", das von jeder Partei in Ausnahmefällen innerhalb von drei Monaten beantragt werden kann. Ein aus fünf Richtern bestehender Aus-

---

[1] EGMR (GK), *Selmouni ./. Frankreich*, NJW 2001, 56, Tz. 101.

schuss entscheidet über die Annahme des Antrags; die Annahme setzt voraus, dass die Rechtssache eine schwer wiegende Frage der Auslegung oder Anwendung der EMRK bzw. der Protokolle oder eine schwer wiegende Frage von allgemeiner Bedeutung aufwirft. Nach der Annahme durch den Fünferausschuss entscheidet die aus 17 Richtern bestehende Große Kammer. Abgesehen von der Verweisung gem. Art. 43 EMRK kann ein Fall auch dadurch vor die Große Kammer kommen, dass die Kammer, bei der ein Fall anhängig ist, diesen von sich aus an die Große Kammer abgibt, Art. 30 EMRK. Voraussetzung hierfür ist, dass keine der Parteien widerspricht.

I. Schutzbereich

Art. 8 EMRK schützt das Recht des Einzelnen auf Achtung seines Privat- und Familienlebens, seiner Wohnung und seiner Korrespondenz. Ein „Recht auf eine saubere und ruhige Umwelt" als solches ist in Art. 8 EMRK nicht enthalten. Allerdings können negative Umwelteinflüsse die Qualität des Privatlebens und die Möglichkeit zur Nutzung der eigenen Wohnung nachhaltig beeinflussen. Laut Sachverhalt leiden Huber und seine Familienmitglieder unter zunehmenden, erheblichen Schlafstörungen. Der Schutzbereich des Art. 8 EMRK ist daher eröffnet.[2]

II. Eingriff

Fraglich ist, ob ein Eingriff des Staates vorliegt. Zwar hat die Regierung von Oberbayern – deren Handeln nach allgemeinen völkerrechtlichen Grundsätzen dem nach der EMRK verantwortlichen Gesamtstaat zugerechnet wird[3] – insoweit aktiv gehandelt, als sie den Planfeststellungsbeschluss für den Flughafen München II geändert hat. Die unmittelbare Beeinträchtigung geht jedoch von Privatrechtssubjekten aus, nämlich von den Fluglinien, die den Flughafen nutzen. Von daher ist zu überlegen, ob ein staatlicher Eingriff überhaupt bejaht werden kann.

Auch wenn die Konventionsrechte in erster Linie als Abwehrrechte gegen den Staat konzipiert sind, ist der EGMR bei diesen Verständnis nicht stehen geblieben. Gerade aus Art. 8 EMRK, wo von der Pflicht zur „Achtung" der genannten Rechte die Rede ist, hat er schon früh Gewährleistungspflichten (*positive obligations*) hergeleitet.[4] Die Bundesrepublik Deutschland könnte folglich auch dadurch gegen Art. 8 EMRK verstoßen haben, dass sie es unterlassen hat, angemes-

---

[2] EGMR (GK), *Hatton ./. Vereinigtes Königreich*, NVwZ 2004, 1465, Tz. 96.
[3] Frowein/Peukert, EMRK, Art. 27 Rn. 49. Etwas anders sieht die Rechtslage unter der AMRK aus, vgl. die Bundesstaatenklausel in Art. 28 AMRK.
[4] Grundlegend EGMR (Plenum), *Marckx ./. Belgien*, EuGRZ 1979, 454, Tz. 31; ausführlich Grabenwarter, EMRK, § 19.

sene Vorschriften für die Nutzung des Flughafens München II durch Private zu erlassen.⁵ Vorliegend ist von einem solchen Eingriff durch Unterlassen auszugehen.⁶

III. Rechtfertigung

Der EGMR versteht Art. 8 Abs. 2 EMRK in dem Sinne, dass die sich hieraus ergebenden Anforderungen unmittelbar nur für aktive Eingriffe des Staates gelten. Für Eingriffe durch Unterlassen kommt es darauf an, ob der Staat vernünftige und angemessene Maßnahmen zur Gewährleistung der Rechte aus Art. 8 Abs. 1 EMRK getroffen hat. In beiden Fällen muss allerdings darauf geachtet werden, dass ein gerechter Ausgleich zwischen den einander widersprechenden Interessen des Einzelnen und der Gemeinschaft insgesamt hergestellt wird. In beiden Fällen kommt dem Staat insoweit ein gewisser Beurteilungsspielraum zu, wobei auch im Falle der positiven Verpflichtungen aus Art. 8 Abs. 1 EMRK die in Absatz 2 genannten Ziele für den erforderlichen Ausgleich eine gewisse Bedeutung haben.⁷

Vorliegend hat eine Studie vor Einführung des Quotensystems ergeben, dass die Bedeutung von Nachtflügen von Luftverkehrs- und Handelsunternehmen als hoch bewertet wurde. Zudem liegt der Betrieb des Flughafens München II im wirtschaftlichen Interesse des Staates insgesamt. Da gem. Art. 8 Abs. 2 EMRK Einschränkungen zum „wirtschaftlichen Wohl des Landes" wie auch „zum Schutz der Rechte und Freiheiten anderer" zulässig sind, durften derartige Belange von staatlicher Seite berücksichtigt werden.⁸

Fraglich ist allerdings, ob ein gerechter Ausgleich zwischen den Interessen des Beschwerdeführers und den Interessen der Allgemeinheit hergestellt wurde. Eine Konventionsverletzung kann vom EGMR nur dann festgestellt werden, wenn der den innerstaatlichen Stellen zustehende Beurteilungsspielraum (*margin of appreciation*)⁹ überschritten ist. Dabei hat der EGMR in Fällen, in denen ein besonders intimer Bereich des Privatlebens betroffen war, einen strengen Prüfungsmaßstab angelegt. Andererseits hat er in Fällen, die z.B. die Planfeststellung betrafen, den Konventionsstaaten einen weiten Beurteilungsspielraum eingeräumt. Im vorliegenden Fall ist daher entscheidend, ob den innerstaatlichen Behörden ein enger oder ein weiter Beurteilungsspielraum zukam.

---

⁵ EGMR (GK), *Hatton ./. Vereinigtes Königreich*, NVwZ 2004, 1465, Tz. 98.
⁶ So auch das Kammerurteil im Fall Hatton, ÖJZ 2003, 72, Tz. 95; die Große Kammer hat die Frage offen gelassen, weil in beiden Fällen gleiche Grundsätze gelten, NVwZ 2004, 1465, Tz. 119.
⁷ EGMR (GK), *Hatton ./. Vereinigtes Königreich*, NVwZ 2004, 1465, Tz. 98.
⁸ EGMR (GK), *Hatton ./. Vereinigtes Königreich*, NVwZ 2004, 1465, Tz. 121; anders hingegen das Kammerurteil: Die Kammer kritisierte, die Regierung habe sich nicht einfach auf die Angaben der Industrie verlassen dürfen, sondern hätte selbst eigene Ermittlungen anstellen müssen, vgl. ÖJZ 2003, 72, Rz. 100.
⁹ Vgl. näher Brems, The Margin of Appreciation Doctrine in the Case-Law of the European Court of Human Rights, ZaöRV 56 (1996), 240 ff.

Der vorliegende Fall weist nicht das Maß an Eingriffsintensität auf, das eine strenge Kontrolle rechtfertigen würde. In denjenigen Fällen, in denen der EGMR einen engen Beurteilungsspielraum angenommen hat, ging es um die Strafbarkeit homosexueller Handlungen.[10] Damit kann der vorliegende Fall nicht verglichen werden.[11] Folglich stand den bundesdeutschen Behörden ein weiter Beurteilungsspielraum zu. Wenn man auf der einen Seite die grundsätzliche Bedeutung des Flugverkehrs für die wirtschaftlichen Interessen des Landes berücksichtigt und auf der anderen Seite bedenkt, dass nach der Schlafstudie davon auszugehen war, dass nur 2–3 % der Betroffenen der Gefahr von Schlafstörungen ausgesetzt sein würden, ist insofern von einem angemessenen Ausgleich auszugehen.[12] Die Behörden waren nicht verpflichtet, neben den Untersuchungen zu Schlafstörungen auch Nachforschungen zur lärmbedingten Schlaflosigkeit anzustellen.[13]

IV. Ergebnis

Insgesamt ist damit festzuhalten, dass Art. 8 EMRK nicht verletzt worden ist.

Anm.: Eine a. A. ist hier bei entsprechender Argumentation in Übereinstimmung mit der Kammerentscheidung selbstverständlich vertretbar.

Frage 2 a): Pflicht zur Wiederaufnahme aus der EMRK?

Für die Bearbeitung der Frage 2 ist davon auszugehen, dass der EGMR eine Verletzung von Art. 8 EMRK festgestellt hat. Fraglich ist, welche Rechtsfolgen sich hieraus für das rechtskräftig abgeschlossene innerstaatliche Gerichtsverfahren ergeben, insbesondere, ob das letztinstanzliche Urteil wieder aufgenommen werden muss.

Eine ausdrückliche Pflicht zur Wiederaufnahme ist in der EMRK nicht enthalten. Nach der Systematik der EMRK kann der EGMR lediglich eine Konventionsverletzung feststellen[14] und gegebenenfalls – sofern das innerstaatliche Recht

---

[10] Vgl. EGMR (Plenum), *Dudgeon* ./. Vereinigtes Königreich, EuGRZ 1983, 488, Tz. 52.
[11] So EGMR (GK), *Hatton* ./. Vereinigtes Königreich, NVwZ 2004, 1465, Tz. 123; anders der Ansatz der Kammer: Diese ging davon aus, dass die Staaten seien verpflichtet, soweit als möglich den Eingriff zu minimieren, indem sie versuchen, Alternativlösungen zu finden, und indem sie allgemein danach trachten, ihre Ziele auf die am wenigsten belastende Weise zu erreichen, ÖJZ 2003, 72, Tz. 97.
[12] Dies das Ergebnis von EGMR (GK), *Hatton* ./. Vereinigtes Königreich, NVwZ 2004, 1465, Tz. 126f.
[13] So aber EGMR, *Hatton* ./. Vereinigtes Königreich, ÖJZ 2003, 72, Tz. 103.
[14] Grundlegend EGMR (Plenum), *Marckx* ./. Belgien, EuGRZ 1979, 454, Tz. 58: Eine Entscheidung des EGMR „hat im wesentlichen Feststellungscharakter und überläßt dem Staat die Wahl der Mittel in seiner innerstaatlichen Rechtsordnung, um die ihm aus Art. 53 [= Art. 46 Abs. 1 EMRK n. F.] obliegende Verpflichtung zu erfüllen".

nur eine unvollkommene Wiedergutmachung zulässt[15] – eine gerechte Entschädigung in Geld zusprechen, Art. 41 EMRK. In Art. 46 Abs. 1 EMRK haben sich die Vertragsstaaten zudem verpflichtet, alle endgültigen Urteile des EGMR zu befolgen; die Überwachung der Urteilsumsetzung ist gem. Art. 46 Abs. 2 EMRK Sache des Ministerkomitees des Europarates.

Zwar hat der EGMR anerkannt, dass es zu den aus Art. 46 Abs. 1 EMRK fließenden Verpflichtungen der EMRK-Staaten gehört, bei Feststellung einer Konventionsverletzung so weit wie möglich den vor der Verletzung bestehenden Zustand wiederherzustellen.[16] Allerdings ergibt sich in systematischer Auslegung aus Art. 41 EMRK, dass es die Konvention sehr wohl hinnimmt, dass in gewissen Fällen eine vollständige Wiederherstellung (*restitutio in integrum*) nach innerstaatlichem Recht ausgeschlossen sein kann. Auch folgt aus der Überwachungsfunktion des Ministerkomitees, dass die Frage der Urteilsumsetzung einer unmittelbaren Kontrolle durch den EGMR entzogen ist; insbesondere kann der EGMR nicht selbst eine Wiederaufnahme anordnen.[17]

Anm. 1: Dieses Ergebnis wird durch die historische Auslegung – der freilich bei völkerrechtlichen Verträgen lediglich eine subsidiäre Bedeutung zukommt, Art. 32 WVRK – bestätigt: Denn bei den Verhandlungen zur EMRK stieß der Vorschlag, dem EGMR die Aufhebung innerstaatlicher Entscheidungen zu ermöglichen, auf Ablehnung.[18]

Anm. 2: Auch wenn der EGMR in seiner jüngsten Rechtsprechung weitergegangen ist und den Staaten konkret vorgeschrieben hat, welche Maßnahmen sie zur Beendigung einer noch fortdauernden Konventionsverletzung zu ergreifen haben,[19] so ergibt sich für die hier untersuchte Problematik doch kein anderes Ergebnis. Denn die Anordnung diente in den genannten Fällen jeweils der Durchsetzung bereits ergangener innerstaatlicher Urteile und stand nicht in Widerspruch zu diesen.[20] Aus dieser Rechtsprechung lassen sich daher keine erweiterten Handlungskompetenzen des EGMR herleiten.

---

[15] Allerdings hat der EGMR diese Voraussetzung früh eingeschränkt mit dem Argument, es sei dem Beschwerdeführer nicht zuzumuten, nach Erschöpfung des innerstaatlichen Rechtswegs und Anrufung des EGMR für die Entschädigungsfrage abermals auf den innerstaatlichen Rechtsweg verwiesen zu werden, vgl. EGMR (Plenum), *De Wilde u. a. ./.* Belgien, Series A No. 14, Tz. 16.
[16] EGMR (GK), *Scozzari und Giunta ./.* Italien, ÖJZ 2002, 74, Tz. 249.
[17] EGMR, *Lyons ./.* Vereinigtes Königreich, EuGRZ 2004, 777 (778) m. w. N.
[18] Näher Polakiewicz, Die Verpflichtungen der Staaten aus den Urteilen des Europäischen Gerichtshofs für Menschenrechte, 1992, S. 11 ff.
[19] Vgl. EGMR (GK), *Asanidse ./.* Georgien, EuGRZ 2004, 268 (Tenor Ziff. 14 lit. a: Freilassung des Beschwerdeführers); EGMR (GK), *Broniowski ./.* Polen, EuGRZ 2004, 472 (Tenor Ziff. 4: Durchsetzung des Eigentumsrechts oder Entschädigung).
[20] Vgl. Breuer, EuGRZ 2004, 257 (263); für gewisse Irritationen hat insofern das (Kammer-)Urteil im Fall *Sejdovic ./.* Italien gesorgt, vgl. EuGRZ 2004, 779 mit krit. Anm. Breuer a.a.O., 782 (784f.). Der Fall wird derzeit von der Großen Kammer überprüft.

Teilweise ist in der Literatur vertreten worden, eine Pflicht zur Wiederaufnahme ergebe sich aus Art. 13 EMRK.[21] Art. 13 EMRK enthält das Recht auf eine „wirksame Beschwerde". Allerdings ist den Anforderungen des Art. 13 EMRK vorliegend durch die Bereitstellung innerstaatlichen gerichtlichen Rechtsschutzes (vor Einlegung der Beschwerde in Straßburg) genügt; Art. 13 EMRK begründet keinen Anspruch auf Erweiterung der im innerstaatlichen Recht vorgesehenen Gründe für die Wiederaufnahme rechtskräftig abgeschlossener Verfahren.[22]

Dies bedeutet nicht, dass Umsetzungsmaßnahmen eines in Straßburg „verurteilten" Staates überhaupt nicht in die Zuständigkeit des Gerichtshofs fielen. So ist es nach der Verfahrensordnung möglich, dass der EGMR in einem Urteil, in dem er eine Konventionsverletzung feststellt, sich die Frage der gem. Art. 41 zu gewährenden gerechten Entschädigung vorbehält (Art. 75 Abs. 1 HS 2 VerfO[23]). Bei der späteren Entscheidung über die Entschädigung kann der EGMR dann sehr wohl die in der Zwischenzeit erfolgten Umsetzungsmaßnahmen berücksichtigen. Außerdem kann es in Staaten, die nach nationalem Recht eine Wiederaufnahme des Verfahrens zulassen, während des Wiederaufnahmeverfahrens zu einem erneuten EMRK-Verstoß kommen.[24] Allerdings ist keiner dieser Fälle hier einschlägig.

Damit bleibt es bei dem Ergebnis, dass sich aus der EMRK keine Pflicht zur Wiederaufnahme rechtskräftig abgeschlossener Verfahren ergibt.

Anm.: Das Ministerkomitee des Europarats hat den Konventionsstaaten empfohlen, eine Wiederaufnahmemöglichkeit einzuführen, wenn (1.) die verletzte Partei wegen der innerstaatlichen Entscheidung weiterhin an sehr schwer wiegenden Folgen leidet und (2.) aus dem Urteil des EGMR hervorgeht, dass die innerstaatliche Entscheidung entweder materiell im Widerspruch zur EMRK steht oder unter Verstoß gegen die Verfahrensgarantien der EMRK ergangen ist und der Verstoß derart schwer wiegt, dass ernsthafte Zweifel am Ausgang des innerstaatlichen Verfahrens bestehen.[25] Hierbei handelt es sich aber um eine politische Forderung, die die Verpflichtungen aus der EMRK unberührt lässt.

Frage 2 b): Pflicht zur Wiederaufnahme aus dem GG?

Auch wenn die EMRK als solche nicht zur Wiederaufnahme verpflichtet, könnte eine solche Pflicht aus dem GG herzuleiten sein. Insoweit bieten sich zwei Ansatzpunkte:

1. Eine Pflicht zur Wiederaufnahme könnte aus der Pflicht zur Gewährung rechtlichen Gehörs (Art. 103 Abs. 1 GG) folgen. Insoweit gilt jedoch das Gleiche wie das zu Art. 13 EMRK Gesagte: Das rechtliche Gehör ist bereits dadurch hin-

---

[21] Nachweise bei BVerfG EuGRZ 1985, 654 (655).
[22] BVerfG EuGRZ 1985, 654 (655).
[23] Sart. II Nr. 137.
[24] EGMR, Lyons ./. Vereinigtes Königreich, EuGRZ 2004, 777 (778f.) m.w.N.
[25] Empfehlung Nr. R. (2000) 2, abgedruckt in EuGRZ 2004, 808f.

reichend gewährleistet worden, dass Huber den Änderungsplanfeststellungsbeschluss vor den nationalen Gerichten anfechten konnte. Eine weitergehende Verpflichtung enthält Art. 103 Abs. 1 GG nicht.[26]

2. Eine Pflicht zur Wiederaufnahme könnte sich auch aus allgemeinen völkerrechtlichen Grundsätzen ergeben, die gem. Art. 25 S. 1 GG innerstaatlich beachtet werden müssten. Zwar ist völkergewohnheitsrechtlich anerkannt, dass einen Staat, der das Völkerrecht verletzt, eine Pflicht zur Naturalrestitution trifft.[27] Es ist aber umstritten, ob die Pflicht zur Naturalrestitution auch die Pflicht zur Aufhebung rechtskräftig abgeschlossener Gerichtsverfahren beinhaltet.[28] Diese Frage braucht aber nicht abschließend entschieden zu werden, da die EMRK, die über Art. 59 Abs. 2 S. 1 GG in innerstaatliches Recht umgesetzt worden ist, insoweit als *lex specialis* der Regel des allgemeinen Völkerrechts vorgeht und aus der EMRK, wie oben festgestellt, keine Pflicht zur Wiederaufnahme folgt.[29]

Anm.: Das BVerfG geht in der zitierten Entscheidung nicht auf das in Fall 6 angesprochene Problem ein, dass eine allgemeine Regel des Völkerrechts gem. Art. 25 S. 1 GG Übergesetzesrang genießt, sich also innerstaatlich gegenüber völkerrechtlichen Verträgen, die auf der Stufe eines einfachen Gesetzes stehen (Art. 59 Abs. 2 S. 1 GG), durchsetzt. Wer daher den Vorrang des Völkervertragsrechts verneint, müsste zu der Frage Stellung nehmen, ob die Staaten völkerrechtlich zu einer Wiederaufnahme völkerrechtswidriger Urteile verpflichtet sind, was aber zu verneinen sein dürfte (siehe auch Fall 11).

Damit ist festzuhalten, dass auch aus dem GG keine Pflicht zur Wiederaufnahme rechtskräftiger Urteile nach Feststellung eines Konventionsverstoßes in Straßburg folgt.

Anm.: Der einfache Gesetzgeber hat eine ausdrückliche Wiederaufnahmeklausel im Hinblick auf EGMR-Urteile in § 359 Nr. 6 StPO normiert. Für die ZPO ist die analoge Anwendung der Wiederaufnahmevorschriften umstritten, vom OLG Brandenburg ist sie jüngst abgelehnt worden.[30] Auch das BVerwG hat für die Bestimmung des § 97 Abs. 2 Nr. 1 BDO eine Analogie verneint.[31]

---

[26] Etwas anders die Begründung des BVerfG, EuGRZ 1985, 654: keine Pflicht zur Wiederaufnahme, wenn die Verfahrensgestaltung den Grundsätzen des GG genügte und „nur darüber hinausgehenden, einer anderen Rechtsquelle entspringenden Anforderungen nicht standhielt".
[27] StIGH, *Factory Chorzów*, PCIJ Ser. A Nr. 17, S. 47. Heute vgl. Art. 35 ILC-Entwurf und unten Fall 11.
[28] BVerfG EuGRZ 1985, 654 (655) m. w. N.
[29] BVerfG EuGRZ 1985, 654 f.
[30] VIZ 2004, 525 ff.
[31] NJW 1999, 1649 ff. mit Anm. Bausback, NJW 1999, 2483 f.

Teil II

Frage 1: Rügefähigkeit der Nichtbeachtung des EGMR-Urteils mit der Verfassungsbeschwerde

Mit der Verfassungsbeschwerde kann die Verletzung der Grundrechte oder der grundrechtsgleichen Rechte aus Art. 20 Abs. 4, 33, 38, 101, 103 und 104 GG gerügt werden (Art. 93 Abs. 1 Nr. 4a GG). Fraglich ist, ob durch die Nichtbeachtung des EGMR-Urteils zugleich eine Grundrechtsverletzung eingetreten ist. Dies hängt maßgeblich von der Stellung ab, die der EMRK im verfassungsrechtlichen System des GG zukommt. Diese Frage ist in der Literatur umstritten.

> *Anm.*: *Wäre nach der Zulässigkeit einer Verfassungsbeschwerde gefragt, müssten die folgenden Ausführungen im Rahmen der Beschwerdebefugnis gemacht werden.*

1. Den Ausgangspunkt bildet insoweit die Überlegung, dass völkerrechtliche Verträge gem. Art. 59 Abs. 2 S. 1 GG durch einfaches Vertragsgesetz in innerstaatliches Recht umgesetzt werden. Ob dies im Wege der Transformation oder des Vollzugs der völkerrechtlichen Norm[32] geschieht, ist nicht mit letzter Sicherheit geklärt. Die Rechtsprechung des BVerfG wurde bislang so gedeutet, als folge sie der Vollzugslehre; jüngste Äußerungen des BVerfG haben indes Zweifel hieran genährt, da das Gericht von der „Transformation" der EMRK in das deutsche Recht gesprochen hat.[33] Für die hier untersuchte Fragestellung kann dieser Punkt letztlich offen bleiben, da es insoweit lediglich darauf ankommt, dass ein in innerstaatliches Recht umgesetzter völkerrechtlicher Vertrag im Rang eines einfachen Gesetzes steht und damit jedenfalls nicht Verfassungsrang genießt.

2. Dieses Ergebnis ist mit Blick auf die EMRK schon früh als unbefriedigend empfunden worden. Die Literatur hat daher verschiedene Ansätze entwickelt, um der EMRK verfassungsrechtliche Bedeutung zukommen zu lassen:

a) Teilweise ist vertreten worden, die EMRK sei kraft Art. 1 Abs. 2 GG verbindliches Verfassungsrecht.[34] Diese These stützt sich vor allem auf das Argument, dass der Kern der „unverletzlichen und unveräußerlichen" Menschenrechte bereits über Art. 1 Abs. 1 GG geschützt sei, die Vorschrift des Art. 1 Abs. 2 GG also weitgehend leer liefe, wenn man ihr nicht einen weitergehenden Inhalt beimesse. In diesem Zusammenhang wird die Vorbildfunktion hervorgehoben, die der Allgemeinen Erklärung der Menschenrechte vom 10. Dezember 1948 für die Ausarbeitung des Grundgesetzes zukam. Die mit der Allgemeinen Erklärung im Wesentlichen deckungsgleiche EMRK erfülle aber „materiell und prozedural die Funktion einer Grundrechtsverfassung", so dass die EMRK-Rechte insgesamt in

---

[32] Vgl. hierzu Geiger, Grundgesetz und Völkerrecht, 3. Aufl. (2002), § 32 II 2.
[33] BVerfG NJW 2004, 3407 (3408); krit. Cremer, Zur Bindungswirkung von EGMR-Urteilen, EuGRZ 2004, 683 (686 f.); Klein, Anmerkung, JZ 2004, 1176.
[34] So zuletzt Hoffmeister, Die Europäische Menschenrechtskonvention als Grundrechtsverfassung und ihre Bedeutung in Deutschland, Der Staat 40 (2001), 349 (367 ff.).

Art. 1 Abs. 2 GG enthalten seien. Gegen die These von der „Grundrechtsverfassung" spricht indes, dass die EMRK gerade keine eigene Hoheitsgewalt verfasst, sondern nur andere Hoheitsgewalten begrenzt; die EMRK erfüllt damit nicht sämtliche Verfassungsfunktionen und kann daher nationalstaatliche Verfassungen nicht ersetzen, sondern nur ergänzen.[35]

b) Von *Frowein* stammt der Vorschlag, die EMRK-Rechte über Art. 2 Abs. 1 GG vor dem Bundesverfassungsgericht rügefähig zu machen.[36] Er vertritt hierzu die Ansicht, dass die Verbürgungen der EMRK in dem nicht einschränkbaren Wesensgehalt des Art. 2 Abs. 1 GG enthalten seien. Es wird jedoch nicht klar, warum sämtliche Konventionsrechte vom Wesensgehalt der allgemeinen Handlungsfreiheit erfasst sein sollen.[37]

c) Der frühere deutsche Richter am EGMR, *Ress*, hat die Auffassung vertreten, das Straßburger System des Menschenrechtsschutzes sei als „Konventionsgemeinschaft" i. S. d. Art. 24 Abs. 1 GG qualifiziert.[38] Dagegen spricht jedoch, dass eine „zwischenstaatliche Einrichtung" in diesem Sinne nach bislang h. M. dadurch charakterisiert ist, dass sie Durchgriffswirkung auf den Einzelnen ausübt, was auf den EGMR gerade nicht zutrifft.[39]

d) Das BVerfG hat ebenfalls bereits frühzeitig das Problem erkannt, dass eine Verurteilung der Bundesrepublik Deutschland in Straßburg so weit wie möglich vermieden werden muss. Auch wenn es formal am einfachgesetzlichen Rang der EMRK festhielt, hat es doch verschiedene Ansätze entwickelt, um dieses Ziel zu erreichen:

– Zum einen sind die deutschen Grundrechte aufgrund der Völkerrechtsfreundlichkeit des Grundgesetzes (ein u. a. aus Art. 1 Abs. 2, 23–26 GG abgeleiteter Verfassungsgrundsatz) menschenrechtskonform auszulegen. Die EMRK und die Rechtsprechung des EGMR sind insoweit als Auslegungshilfe anerkannt.[40] Eine Verfassungsbeschwerde kann also mit dem Argument auf ein deutsches Grundrecht gestützt werden, dieses müsse menschenrechtskonform ausgelegt werden.

– Zum anderen hat das BVerfG in einigen Entscheidungen geprüft, ob die Instanzgerichte die EMRK willkürfrei ausgelegt hätten (Art. 3 Abs. 1 GG).[41] Danach könnte jedenfalls eine willkürliche Nichtbeachtung der EMRK durch ein deutsches Gericht mit der Verfassungsbeschwerde gerügt werden.

---

[35] Walter, Die Europäische Menschenrechtskonvention als Konstitutionalisierungsprozeß, ZaöRV 59 (1999), 961 (973).
[36] Frowein, Bundesverfassungsgericht und Europäische Menschenrechtskonvention, in: Festschrift für Zeidler, Band 2, 1987, S. 1763 (1768 ff.).
[37] Sommermann, Völkerrechtlich garantierte Menschenrechte als Maßstab der Verfassungskonkretisierung, AöR 114 (1989), 391 (409).
[38] Ress, Verfassungsrechtliche Auswirkungen der Fortentwicklung völkerrechtlicher Verträge, in: Festschrift für Zeidler, Band 2, 1987, S. 1775 (1791 ff.); in diesem Sinne jetzt auch Walter (Fn. 35), S. 974 ff.
[39] Hoffmeister (Fn. 34), S. 366 m. w. N.
[40] BVerfGE 74, 358 (370); 83, 119 (128); BVerfG NJW 2001, 2245; NJW 2004, 3407 (3408).
[41] BVerfGE 64, 135 (157); 74, 102 (128).

– Einen wesentlichen Schritt weiter ist das BVerfG jetzt in seinem Beschluss vom 14. Oktober 2004 gegangen. Danach kann die Nichtbeachtung eines EGMR-Urteils wie im vorliegenden Fall mit der Verfassungsbeschwerde gerügt werden, und zwar unter Berufung auf das einschlägige deutsche Grundrecht i. V. m. dem Rechtsstaatsprinzip, da aus dem Rechtsstaatsprinzip eine Pflicht zur „Berücksichtigung" des EGMR-Urteils folge.[42] Damit hat das BVerfG ein neues Grundrecht kreiert, nämlich das Grundrecht auf „Berücksichtigung" eines EGMR-Urteils.[43]

Folglich kann Ortwin die Nichtbeachtung des EGMR-Urteils mit der Verfassungsbeschwerde zum BVerfG rügen.

Frage 2 a): Verletzung von Art. 8 EMRK

Durch die Nichtgewährung des Umgangsrechts könnte Art. 8 EMRK verletzt sein.

I. Schutzbereich

Das OLG geht in seinem Beschluss davon aus, dass der Schutzbereich des Art. 8 EMRK zwar nicht auf eheliche Familienverhältnisse beschränkt sei, jedoch müssten das nichtehelich geborene Kind und sein leiblicher Vater zumindest zu irgend einem Zeitpunkt zusammengelebt haben. Die Annahme des OLG, dass nicht allein eheliche Beziehungen vom Schutzbereich des Art. 8 EMRK erfasst seien, entspricht der ständigen Rechtsprechung des EGMR. Dieser begründet seine Auffassung damit, dass Art. 8 EMRK bereits nach seinem Wortlaut „jeder Person" das Recht auf Familienleben garantiert, nicht allein verheirateten Personen. Zudem verbiete Art. 14 EMRK Diskriminierung u. a. aus Gründen der Geburt.[44]

Im Unterschied zum OLG sieht der EGMR aber auch faktische Familienbande als von Art. 8 EMRK erfasst an. Nach Auffassung des EGMR ist das nichtehelich geborene Kind durch den bloßen Umstand seiner Geburt Teil des faktischen „Familien"-Verbands.[45] Die Tatsache, dass die biologischen Eltern im Zeitpunkt der Geburt möglicherweise nicht mehr zusammenleben, ist insoweit irrelevant.[46]

---

[42] BVerfG NJW 2004, 3407ff.
[43] So Breuer, Karlsruhe und die Gretchenfrage: Wie hast du's mit Straßburg?, NVwZ 2005, 412f.
[44] EGMR (Plenum), *Marckx* ./. Belgien, EuGRZ 1979, 454 Tz. 31.
[45] Statt vieler EGMR (GK), *Elsholz* ./. Deutschland, NJW 2001, 2315 Tz. 43.
[46] EGMR, *Berrehab* ./. Niederlande, EuGRZ 1993, 547 Tz. 21; *Keegan* ./. Irland, NJW 1995, 2153 Tz. 44. Diese Rechtsprechung ist mittlerweile derart etabliert, dass sie vom EGMR im Fall *Görgülü* nicht mehr eigens wiederholt wird, vgl. EGMR, *Görgülü* ./. Deutschland, NJW 2004, 3397, Tz. 35.

II. Eingriff

Das Zusammensein zwischen Elternteil und Kind wird vom EGMR als grundlegender Bestandteil des Familienlebens begriffen, selbst wenn die Beziehung zwischen den Eltern zerbrochen ist. Sorgerechts- oder Umgangsregelungen greifen daher in den Schutzbereich des Art. 8 EMRK ein.[47]

III. Rechtfertigung

Für die Frage der Rechtfertigung kommt es darauf an, ob der Eingriff „in einer demokratischen Gesellschaft notwendig" i.S.d. Art. 8 Abs. 2 EMRK ist. Entscheidend ist auch hier wiederum der den innerstaatlichen Stellen zukommende Beurteilungsspielraum (*margin of appreciation*), auf den sich auch das OLG beruft. Freilich billigt der EGMR den nationalen Gerichten nur bei Sorgerechtsentscheidungen einen weiten Beurteilungsspielraum zu. Bei Umgangsregelungen geht der EGMR von einem eingeschränkten Beurteilungsspielraum aus, da eine das Umgangsrecht ausschließende Entscheidung die Gefahr berge, die Familienbeziehungen zwischen Eltern und Kind endgültig zu zerstören.[48]

Das OLG macht insoweit geltend, dass es aufgrund des direkten Kontakts mit dem Kind besser in der Lage sei, eine Entscheidung im Sinne des Kindeswohls zu treffen, als der EGMR, welcher allein nach Aktenlage urteile. Der EGMR erkennt zwar grundsätzlich an, dass der nationale Richter den betroffenen Personen „näher" ist als der europäische Richter.[49] Gleichwohl müssen alle Möglichkeiten ausgeschöpft werden, ein Kind und seinen biologischen Vater zusammenzuführen. Die bloße Behauptung, das Kindeswohl besser zu kennen als die Straßburger Richter, genügt hierfür nicht; das OLG hätte nachvollziehbar begründen müssen, warum es im konkreten Fall einen Ausschluss des Umgangsrechts für notwendig erachtete.

> *Anm.: Im Fall Görgülü bejahte der EGMR eine Verletzung des Art. 8 EMRK sowohl hinsichtlich der Sorgerechts- als auch hinsichtlich der Umgangsregelung.*[50]

IV. Ergebnis

Durch die Entscheidung des OLG ist Art. 8 EMRK (abermals) verletzt worden.

---

[47] EGMR (GK), *Elsholz* ./. Deutschland, NJW 2001, 2315 Tz. 43 m.w.N.
[48] EGMR, *Görgülü* ./. Deutschland, NJW 2004, 3397, Tz. 42 m.w.N.
[49] Vgl. EGMR, *Hoppe* ./. Deutschland, Urteil vom 5.12.2002, Nr. 28422/95, Tz. 50 (abrufbar unter www.egmr.org).
[50] EGMR, *Görgülü* ./. Deutschland, NJW 2004, 3397, Tz. 44 ff.; 48 ff.

Frage 2 b): Begründetheit der Verfassungsbeschwerde

Die Verfassungsbeschwerde des Ortwin wäre begründet, wenn durch den Beschluss des OLG sein verfassungsrechtlich geschütztes Recht auf Berücksichtigung eines EGMR-Urteils (s. o. Frage 1) verletzt wäre. Fraglich ist insoweit zunächst, was unter „Berücksichtigung" zu verstehen ist.

Nach Aussagen des BVerfG entfalten Urteile des EGMR keine Bindungswirkung wie etwa Urteile des BVerfG gem. § 31 Abs. 1 BVerfGG. Die aus dem Rechtsstaatsprinzip folgende Pflicht zur „Berücksichtigung" eines EGMR-Urteils erfordere zumindest, dass die entsprechenden Texte und Judikate zur Kenntnis genommen würden und in den Willensbildungsprozess des zu einer Entscheidung berufenen Gerichts einflössen. Die zuständigen Gerichte müssten sich mit der Entscheidung des EGMR erkennbar auseinandersetzen und gegebenenfalls nachvollziehbar begründen, warum sie der völkerrechtlichen Rechtsauffassung gleichwohl nicht folgten.[51] Hierfür bringt das OLG verschiedene Argumente vor:

1. Zunächst macht das OLG geltend, dass sich die tatsächlichen Grundlagen geändert hätten. Peter habe eine starke Bindung an Herrn und Frau A. aufgebaut, durch das Hinzutreten von Ortwin würde das Kind erheblichen Spannungen ausgesetzt werden. Hierzu ist anzumerken, dass eine Veränderung der Tatsachenbasis grundsätzlich sehr wohl in der Lage ist, eine Pflicht zur „schematischen" Befolgung eines EGMR-Urteils entfallen zu lassen.[52] Dies hängt damit zusammen, dass sich ein Urteil des EGMR stets darauf beschränkt, eine in der Vergangenheit liegende Konventionsverletzung zu beurteilen. Daraus kann zwar bei sog. Dauerdelikten für den betroffenen Konventionsstaat die Verpflichtung folgen, die noch andauernde Verletzung zu beenden. Haben sich aber in der Zwischenzeit neue Tatsachen ergeben, die eine andere Würdigung rechtfertigen, so kann dadurch die Pflicht zur „schematischen" Urteilsbefolgung entfallen, ebenso wie auch während des Straßburger Verfahrens eine Änderung der tatsächlichen Umstände zum Wegfall des Opferstatus im Sinne des Art. 34 EMRK führen kann.[53] Gerade in Kindschaftssachen werden sich hier oftmals Gründe für eine Nichtbefolgung ergeben, da die Kinder älter geworden sind und sich ihr Verhältnis zu den Bezugspersonen verändert hat. Allerdings ist es in Fällen wie dem vorliegenden geradezu typisch, dass es durch die Gewährung des Umgangs mit dem leiblichen Vater zunächst zu einer gewissen psychischen Belastung des Kindes kommt. Jedenfalls solange keine erheblichen Gefährdungen des Kindeswohls erkennbar sind, wird man wohl „in dubio pro patre" entscheiden müssen, um

---

[51] BVerfG NJW 2004, 3407 (3410).
[52] So auch BVerfG NJW 2004, 3407 (3410, 3411).
[53] Ein Beispiel hierfür bietet der Fall *Senator Lines* ./. 15 EU-Staaten, NJW 2004, 3617, in dem die beschwerdeführende Gesellschaft eine Konventionsverletzung durch ein von der EU-Kommission verhängtes Bußgeld in Millionenhöhe geltend gemacht hatte. Da das Bußgeld während des Verfahrens in Straßburg vom EuG aufgehoben wurde, entschied die Große Kammer des EGMR, dass die Opfereigenschaft entfallen sei.

den Anforderungen des EGMR nachzukommen. Der Argumentation des OLG kann daher insoweit nicht gefolgt werden.

> *Anm.: Eine a. A. ist bei entsprechender Begründung selbstverständlich vertretbar.*

2. Das OLG wendet weiterhin ein, eine Befolgung des EGMR-Urteils sei ausgeschlossen, da das BVerfG vor der Anrufung des EGMR eine Verletzung des Art. 6 GG verneint habe und das OLG insoweit an das Grundgesetz als die höherrangige Norm gebunden sei. Diese Argumentation erscheint jedenfalls im Ansatzpunkt zutreffend. Wie bereits dargelegt wurde, geht das BVerfG in ständiger Rechtsprechung davon aus, dass die EMRK selbst nicht Verfassungsrang genießt, sondern im Rang eines einfachen Bundesgesetzes steht (s. o. Frage 1). Im Fall eines echten Normenkonflikts setzt sich daher innerstaatlich das Grundgesetz gegenüber der EMRK durch.[54]

> *Anm.: Aus Sicht der EMRK (ebenso wie im Europäischen Gemeinschaftsrecht) ist es hingegen unerheblich, ob ein Konventionsverstoß aus einer einfachgesetzlichen Norm oder aus der Verfassung herrührt.[55] In einem solche Fall könnte lediglich der verfassungsändernde Gesetzgeber einen dauerhaften Konflikt zwischen Grundgesetz und EMRK verhindern.*

Fraglich ist allerdings, ob hier tatsächlich ein echter Normkonflikt gegeben ist. Dagegen spricht zunächst einmal der Umstand, dass das BVerfG lediglich entschieden hat, die Vorenthaltung des Umgangsrechts zum Nachteil des Ortwin sei mit Art. 6 GG *vereinbar*; es hat hingegen nicht entschieden, dass durch eine Gestattung des Umgangs Art. 6 GG *verletzt* wäre. Von daher erscheint fraglich, ob durch eine Umgangsgewährung tatsächlich ein Konflikt mit dem Grundgesetz entstehen würde.

Abgesehen davon ist aber zu berücksichtigen, dass das BVerfG die EMRK – wie gezeigt – bei der Auslegung der Grundrechte als „Interpretationshilfe" mit heranzieht. Das Urteil des EGMR könnte dem BVerfG daher Anlass geben, seine Auslegung des Grundgesetzes noch einmal zu überdenken. Angesichts der Völkerrechtsfreundlichkeit des Grundgesetzes wird das BVerfG im Zweifel nur dann an seiner früheren Auffassung festhalten, wenn das Urteil des EGMR im Widerspruch zu einer eindeutigen, nicht weiter auslegungsfähigen Norm des Grundgesetzes stehen sollte. Ein solcher Fall dürfte hier nicht gegeben sein.

> *Anm. 1: Das BVerfG hat auch in früheren Fällen schon seine Rechtsprechung nach einem Urteil aus Straßburg überdacht. So hatte es im Fall der baden-württembergischen Feuerschutzabgabe zunächst eine dagegen gerichtete Verfassungsbeschwerde nicht zur Entscheidung angenommen. Nach dem Urteil des EGMR im Fall Karlheinz Schmidt, in dem der Gerichtshof*

---

[54] Siehe auch BVerfG NJW 2004, 3407 (3411): Die Befolgung eines EGMR-Urteils sei ausgeschlossen, „soweit die Anwendung […] gegen höherrangiges Recht, insbesondere gegen Verfassungsrecht verstößt".
[55] Hoffmeister (Fn.34), S. 362 f.

auf eine Verletzung der Konvention erkannt hatte,[56] änderte das BVerfG seine Rechtsprechung, freilich ohne dies ausdrücklich mit dem Urteil des EGMR zu begründen.[57]

Anm. 2: Vom OLG nicht näher thematisiert worden ist eine weitere Fallgruppe, bei der nach Auffassung des BVerfG die Befolgung eines EGMR-Urteils ausgeschlossen sein kann, nämlich wenn die Beachtung der Straßburger Entscheidung gegen „eindeutig entgegenstehendes Gesetzesrecht" verstieße[58]. Auch dies wird allerdings nur höchst selten der Fall sein. Denn soweit das einfache Gesetzesrecht Auslegungs- und Abwägungsspielräume eröffnet, besteht nach dem BVerfG eine „Pflicht, der konventionsgemäßen Auslegung den Vorrang zu geben."[59] Zudem gilt der lex posterior-Grundsatz bei EMRK-widrigem einfachem Gesetzesrecht nur eingeschränkt: Denn das nationale Recht ist unabhängig von dem Zeitpunkt seines In-Kraft-Tretens nach Möglichkeit im Einklang mit dem Völkerrecht auszulegen.[60] Grundsätzlich wird davon ausgegangen, dass das Parlament keine Gesetze schaffen will, welche die völkerrechtliche Verantwortlichkeit der Bundesrepublik Deutschland begründen.*

3. Schließlich beruft sich das OLG noch darauf, dass der EGMR in seinem Verfahren einseitig nur die Belange des leiblichen Vaters berücksichtigt habe; Lola als die Kindsmutter sei an dem Verfahren in keiner Weise beteiligt gewesen. Dieses Argument ist in ähnlicher Weise vom BVerfG gebraucht worden. Nach Auffassung des BVerfG kann die Befolgung eines EGMR-Urteils bei sog. „mehrpoligen Grundrechtsverhältnissen" ausgeschlossen sein, bei denen die innerstaatliche Rechtsordnung „widerstreitende Grundrechtspositionen durch die Bildung von Fallgruppen und abgestuften Rechtsfolgen zu einem Ausgleich" bringt.[61] Hier sei es Aufgabe der deutschen Gerichte, eine Entscheidung des EGMR in den betroffenen Teilrechtsbereich „einzupassen", wofür eine „wertende Berücksichtigung" erforderlich sei. Dabei könne auch in Rechnung gestellt werden, dass das Verfahren vor dem EGMR „die beteiligten Rechtspositionen und Interessen möglicherweise nicht vollständig abbildet". Verfahrensbeteiligte vor dem EGMR sei neben dem Beschwerdeführer nur die betroffene Vertragspartei; die Möglichkeit einer Beteiligung Dritter an dem Beschwerdeverfahren (vgl. Art. 36 Abs. 2 EMRK) sei „kein institutionelles Äquivalent" für die Rechte und Pflichten als Prozesspartei oder weiterer Beteiligter im nationalen Ausgangsverfahren.[62]

Der Sache nach läuft die Argumentation des BVerfG auf nichts anderes hinaus, als dem EGMR in gewissen Fällen eine Einseitigkeit zugunsten des Beschwerde-

---

[56] EGMR, Karlheinz Schmidt ./. Deutschland, EuGRZ 1995, 392.
[57] BVerfGE 92, 91 ff.; hierzu Bausback, Die Feuerschutzabgabe als Entscheidungsgegenstand des EGMR und des BVerfG, BayVBl. 1995, 737 ff.
[58] BVerfG NJW 2004, 3407 (3411).
[59] BVerfG NJW 2004, 3407 (3411).
[60] BVerfGE 74, 358 (370); BVerfG NJW 2004, 3407 (3410).
[61] BVerfG NJW 2004, 3407 (3410, 3411).
[62] BVerfG NJW 2004, 3407 (3411).

führers in Straßburg zu unterstellen. Dieses Argument vermag freilich nicht zu überzeugen, da nicht nur vor dem EGMR, sondern auch vor dem BVerfG jeweils nur der Beschwerdeführer auftritt; am Ausgangsrechtsstreit beteiligte Dritte können in Karlsruhe nur über § 94 Abs. 3 BVerfGG am Verfassungsbeschwerdeverfahren beteiligt werden. Würde das Argument des BVerfG tragen, müsste man also den Instanzgerichten auch nach einer Entscheidung aus Karlsruhe eine erneute Wertungsmöglichkeit einräumen, was freilich § 31 Abs. 1 BVerfGG verbietet.[63]

Die Entscheidung des BVerfG ist jedoch nicht nur rechtsdogmatisch, sondern auch rechtspolitisch verfehlt. Wenn sich ein deutsches Gericht unter Berufung auf die Figur des „mehrpoligen Grundrechtsverhältnisses" über eine Wertung des EGMR hinwegsetzte und dies vom BVerfG nicht beanstandet würde, so hätte der Betroffene die Möglichkeit, abermals den EGMR anzurufen. Das Verbot der Mehrfachbeschwerde (Art. 35 Abs. 2 lit. b EMRK) stünde dem nicht entgegen, da durch die Gerichtsentscheidungen eine neue Tatsachengrundlage geschaffen wäre. Der EGMR würde aber dann mit größter Wahrscheinlichkeit erneut einen Konventionsverstoß feststellen. Letztlich könnte in einem solchen Fall nur der Gesetzgeber eine der EMRK entsprechende Lösung herstellen. Eine eigene Wertentscheidung der nationalen Gerichte bei „mehrpoligen Grundrechtsverhältnissen" ist folglich prinzipiell abzulehnen.

4. Ergebnis:

Die Verfassungsbeschwerde ist begründet (*a. A. vertretbar*).

Anm.: In dem hier nachgezeichneten Fall Görgülü hob das BVerfG mit der Begründung, das Recht auf Berücksichtigung eines EGMR-Urteils sei verletzt, die das Umgangsrecht ausschließenden Entscheidung des OLG Naumburg[64] auf. Das OLG schloss jedoch in einem weiteren Beschluss das Umgangsrecht aus,[65] woraufhin das BVerfG im Wege einer einstweiligen Anordnung das Umgangsrecht gewährte.[66] Die gegen diese Entscheidung gerichteten Widersprüche wurden vom BVerfG verworfen.[67]

> Kernsätze

1. Die **Große Kammer des EGMR** kann auf zweierlei Weise mit einer Sache befasst werden: Entweder indem eine Kammer gem. Art. 30 EMRK von sich aus die Sache abgibt (was voraussetzt, dass keine der Parteien widerspricht); oder indem eine der Parteien nach Ergehen des Kammerurteils gem. Art. 43 EMRK die

---

[63] Breuer, NVwZ 2005, 412 (414); siehe auch Cremer, EuGRZ 2004, 683 (696).
[64] EuGRZ 2004, 749 ff.
[65] Az. 14 WF 236/04.
[66] BVerfG FamRZ 2005, 173 mit Anm. Rixe.
[67] BVerfG EuGRZ 2005, 186.

Verweisung an die Große Kammer beantragt (hierfür ist eine Annahme durch einen aus fünf Richtern bestehenden Ausschuss erforderlich).

2. Art. 8 EMRK ist nicht nur ein **Abwehrrecht**, sondern enthält auch **Gewährleistungspflichten** (*positive obligations*) des Staates. In beiden Fällen muss zwischen den einander widersprechenden Interessen des Einzelnen und der Gemeinschaft ein gerechter Ausgleich hergestellt werden, wobei den innerstaatlichen Stellen je nach Eingriffsintensität ein unterschiedlicher **Beurteilungsspielraum** (*margin of appreciation*) zukommt.

3. Aus der EMRK folgt **keine Pflicht zur Wiederaufnahme** rechtskräftig abgeschlossener nationaler Gerichtsverfahren. Zwar folgt aus Art. 46 Abs. 1 EMRK, dass der Staat bei Feststellung einer Konventionsverletzung so weit wie möglich den ursprünglichen Zustand wiederherzustellen hat. Doch erkennt die EMRK selbst in Art. 41 an, dass es Fälle geben kann, in denen eine vollständige Wiederherstellung (*restitutio in integrum*) ausgeschlossen ist. Ein derartiges Hindernis ist auch die Rechtskraft innerstaatlicher Gerichtsurteile.

4. Auch das Grundgesetz verpflichtet **nicht zu einer Wiederaufnahme** nach einer „Verurteilung" in Straßburg. Art. 103 GG setzt nicht voraus, dass die bereits erfolgte Gewährung rechtlichen Gehörs nach einem Urteil des EGMR noch einmal wiederholt wird. Eine über Art. 25 S. 1 GG beachtliche allgemeine Regel des Völkerrechts wäre, sofern sie denn bestünde, jedenfalls von der EMRK als *lex specialis* verdrängt.

5. Die EMRK steht innerstaatlich im **Rang eines einfachen Gesetzes** (Art. 59 Abs. 2 S. 1 GG). Eine Rangerhöhung ist weder über Art. 1 Abs. 2 GG noch Art. 2 Abs. 1 GG oder über Art. 24 Abs. 1 GG möglich. Allerdings dienen EMRK und Rechtsprechung des EGMR als **Auslegungshilfe** für die Grundrechtsinterpretation. Nach der neueren Rechtsprechung des BVerfG kann zudem die fehlende Berücksichtigung eines EGMR-Urteils mit der Verfassungsbeschwerde angegriffen werden, und zwar unter Berufung auf das nationale Grundrecht *i. V. m.* dem Rechtsstaatsprinzip („Grundrecht auf Berücksichtigung eines EGMR-Urteils").

6. **Nichteheliche Lebensbeziehungen** sind vom Schutz der „Familie" i. S. d. Art. 8 EMRK erfasst. Nichtehelich geborene Kinder sind daher kraft ihrer Geburt Teil eines solchen „Familien"-Verbands. **Sorgerechts- und Umgangsentscheidungen** greifen in diesen Schutzbereich ein, wobei den nationalen Stellen nach der Rechtsprechung des EGMR bei der Bestimmung der elterlichen Sorge ein weiter, bei Umgangsregelungen hingegen ein enger Beurteilungsspielraum zusteht.

7. „Berücksichtigung" eines EGMR-Urteils bedeutet weniger als eine strikte Bindung. Es kann Fälle geben, in denen sich das nationale Recht gegenüber der EMRK durchsetzt, insbesondere (1.) wenn sich die **Tatsachengrundlage geändert** hat, (2.) wenn eine eindeutige, **nicht weiter auslegungsfähige Bestimmung des Grundgesetzes** der Berücksichtigung entgegensteht, (3.) wenn ein einfaches Gesetz **nicht EMRK-konform ausgelegt** werden kann und die im Fall der EMRK akzeptierte, weitgehende **Relativierung des *lex posterior*-Grundsatzes**

am eindeutigen Gesetzeswortlaut scheitert sowie (4.) bei **mehrpoligen Grundrechtsverhältnissen,** wenn das Verfahren in Straßburg die beteiligten Rechtspositionen und Interessen nicht vollständig abbildet (str.).

Fall 11: Diplomatischer Schutz

Sachverhalt

Die Brüder Alfred und Berthold begehen im Oktober 1982 im Staat Unitaria gemeinschaftlich einen Raubmord. Alfred ist bei Tatbegehung 20, Berthold 17 Jahre alt. Die Brüder werden gefasst und vor Gericht gestellt. In dem sich anschließenden Strafverfahren wird keiner der beiden auf die Möglichkeit hingewiesen, sich um Rechtsbeistand an den deutschen Konsul zu wenden. Alfred und Berthold besitzen als Kinder einer deutschen Mutter beide die deutsche Staatsangehörigkeit, Alfred als in Unitaria Geborener allerdings zusätzlich die unitarische. Beide Brüder sind im Wesentlichen in Unitaria aufgewachsen und sprechen fast kein deutsch.

Die den Brüdern zugewiesenen Pflichtverteidiger erfüllen ihre Aufgabe derart mangelhaft, dass die schlechte Verteidigung im Laufe des Verfahrens sogar von einem der befassten Gerichte gerügt wird. Insbesondere machen die Rechtsanwälte die unterbliebene Information über die Möglichkeit konsularischen Beistands erst vor den Gerichten höherer Instanz geltend, die diese Rüge jedoch aufgrund Verspätung als unzulässig zurückweisen. Die Brüder werden gemäß den Gesetzen von Unitaria zum Tode verurteilt, alle eingelegten Rechtsmittel bleiben bis in die letzte Instanz ohne Erfolg. Die Hinrichtung Alfreds wird auf den 20. Februar 1999, die Hinrichtung Bertholds auf den 4. März 1999 festgesetzt. Die Bundesregierung, die erst seit 1992 von der Inhaftierung der beiden Deutschen weiß, erfährt Anfang 1999 von deren bevorstehenden Hinrichtungen. Daraufhin unternimmt sie intensive diplomatische Bemühungen mit dem Ziel, die Umwandlung der Urteile in lebenslange Freiheitsstrafen zu erwirken. Unitaria weist das Einschreiten der Bundesrepublik zugunsten des Alfred als unzulässig zurück; auch mit Blick auf Berthold bleiben die Bemühungen der Bundesregierung ergebnislos.

Am 20. Februar 1999 wird Alfred hingerichtet. In einem der letzten Gnadenverfahren zugunsten Bertholds stellt sich heraus, dass die unitarischen Behörden, die bislang vorgegeben hatten, von der deutschen Nationalität beider Brüder nichts gewusst zu haben, in Wirklichkeit von Beginn an Kenntnis von dieser Tatsache hatten. Die Bundesregierung erhebt daraufhin am 2. März 1999 Klage beim IGH mit dem Ziel, das Strafurteil gegen Berthold für nichtig erklären zu lassen. Am 3. März beantragt sie, angesichts der extremen Schwere der unmittelbar bevorstehenden Hinrichtung eines deutschen Staatsangehörigen Unitaria „zu verpflichten, alle ihr zur Verfügung stehenden Maßnahmen zu ergreifen," um die Hinrichtung von Berthold „vorbehaltlich einer endgültigen Entscheidung zu verhindern". Der IGH gibt am nächsten Tag dem Antrag der Bundesrepublik Deutschland mit der folgenden Anordnung statt:

„Unitaria sollte alle ihm zur Verfügung stehenden Maßnahmen ergreifen, um sicherzustellen, dass Berthold ... bis zum Erlass des Endurteils in diesem Verfahren nicht hingerichtet wird."

Die Regierung von Unitaria übermittelt der zuständigen Behörde noch am selben Tag die Anordnung des IGH, enthält sich jedoch jeder weiteren Stellungnahme hierzu; insbesondere unterlässt sie es darauf hinzuweisen, dass einstweilige Anordnungen des IGH nach umstrittener, in der völkerrechtlichen Lehre aber nicht unbeachtlicher Meinung verbindlich sind. Das oberste Gericht in Unitaria war in einem Parallelverfahren zu der Überzeugung gelangt, derartige Anordnungen hätten lediglich empfehlenden Charakter. Entgegen der Anordnung des IGH wird Berthold noch am selben Tag hingerichtet.

Daraufhin ergänzt die Bundesregierung ihre Klage vom 2. März 1999 um den Antrag auf Feststellung, dass Unitaria die Anordnung der vorsorglichen Maßnahmen in jedem Fall hätte beachten und ihnen rechtliche Wirkung hätte verschaffen müssen.

Bearbeitervermerk:

In einem Gutachten sind folgende Fragen zu beantworten:

1. War die Bundesrepublik Deutschland völkerrechtlich berechtigt, gegenüber Unitaria zugunsten der Brüder diplomatisch einzuschreiten?
2. Unterstellt, Unitaria habe durch die unterbliebene Information der Brüder hinsichtlich der Möglichkeit konsularischen Beistands gegen seine völkerrechtlichen Pflichten verstoßen: Welche Rechtsfolgen ergeben sich hieraus auf völkerrechtlicher Ebene?
3. Wie wird der IGH im Hinblick auf die Nichtbeachtung der Anordnung vom 4. März 1999 durch Unitaria entscheiden?

Hinweis:

Unitaria ist Mitglied der Vereinten Nationen. Außerdem gehört es der Wiener Vertragsrechtskonvention vom 23. Mai 1969, der Wiener Konsularrechtskonvention vom 24. April 1963 sowie dessen Fakultativprotokoll über die obligatorische Beilegung von Streitigkeiten von demselben Datum an, das im Anhang auszugsweise abgedruckt ist. Weiterhin ist Unitaria mit Wirkung vom 8. September 1982 dem Internationalen Pakt über bürgerliche und politische Rechte (IPbürgR) beigetreten, hat bei Hinterlegung der Ratifikationsurkunde am 8. Juni 1982 aber u. a. folgende Erklärung abgegeben:

„Der Staat Unitaria behält sich das Recht vor, vorbehaltlich seiner verfassungsmäßigen Beschränkungen die Todesstrafe gegen jeden (ausgenommen schwangere Frauen) zu verhängen, der nach geltenden oder künftigen Gesetzen, welche die Verhängung der Todesstrafe zulassen, ordnungsgemäß verurteilt ist, einschließlich der Todesstrafe für strafbare Handlungen, die von Jugendlichen unter 18 Jahren begangen worden sind."

Diese Erklärung wurde der Bundesrepublik Deutschland vom Generalsekretär der Vereinten Nationen am 1. Oktober 1982 notifiziert. Die Bundesregierung erklärte daraufhin am 29. September 1983:

„Die Regierung der Bundesrepublik Deutschland erhebt Einspruch gegen den Vorbehalt des Staates Unitaria zu Artikel 6 Absatz 5 des Paktes, der die Todesstrafe für strafbare Handlungen, die von Jugendlichen unter 18 Jahren begangen worden sind, verbietet. Der Vorbehalt zu dieser Bestimmung ist mit dem Wortlaut sowie mit Ziel und Zweck des Artikels 6 unvereinbar, der, wie in Artikel 4 Absatz 2 verdeutlicht, die Mindestnorm für den Schutz des Rechts auf Leben festlegt."

Andere Vertragsstaaten des IPbürgR haben dagegen auf die Erklärung Unitarias nicht reagiert.

Für die Bearbeitung ist davon auszugehen, dass sich eine allgemeine Staatenpraxis, nach der die Verhängung der Todesstrafe über im Zeitpunkt der Tatbegehung unter 18-jährige verboten wäre, nicht nachweisen lässt.

Anhang I
Fakultativprotokoll über die obligatorische Beilegung von Streitigkeiten
[Auszug; Quelle: BGBl. 1969 II S. 1686]

Artikel I
Streitigkeiten über die Auslegung oder Anwendung des Übereinkommens unterliegen der obligatorischen Gerichtsbarkeit des Internationalen Gerichtshofs und können diesem daher durch Klage einer Streitpartei unterbreitet werden, die Vertragspartei dieses Protokolls ist.

Anhang II
Art. 41 IGH-Statut in englischer/französischer Fassung

„Article 41

1. The Court shall have the power to indicate, if it considers that circumstances so require, any provisional measures which ought to be taken to preserve the respective rights of either party.

2. Pending the final decision, notice of the measures suggested shall forthwith be given to the parties and to the Security Council."

«Article 41

1. La Cour a le pouvoir d'indiquer, si elle estime que les circonstances l'exigent, quelles mesures conservatoires due droit de chacun doivent être prises à titre provisoire.
2. En attendant l'arrêt définitif, l'indication de ces mesures est immédiatement notifiée aux parties et au Conseil de sécurité.»

Falllösung

Frage 1: Zulässigkeit diplomatischen Einschreitens zugunsten der Brüder

Gefragt ist nach der Zulässigkeit diplomatischen Einschreitens der Bundesrepublik Deutschland zugunsten Alfreds und Bertholds. Auch wenn der in diesem Zusammenhang einschlägige Begriff des „diplomatischen Schutzes" zunächst etwas anderes nahe zu legen scheint, ist darauf hinzuweisen, dass von diesem Begriff sowohl Tätigkeiten diplomatischer als auch solche konsularischer Organe erfasst werden.[1] Für die Fallbearbeitung ist es daher unerheblich, ob die Bundesrepublik Deutschland ihren Einfluss auf diplomatischem oder konsularischem Weg geltend gemacht hat.

Unter „diplomatischem Schutz" versteht man das Einschreiten eines Staates aus eigenem Recht für die Belange eines seiner Staatsangehörigen wegen einer jenem Staatsangehörigen zugefügten Rechtsverletzung, welche aus dem von einem anderen Staat begangenen Völkerrechtsverstoß herrührt.[2] Die Ausübung diplomatischen Schutzes zugunsten der Brüder ist danach von folgenden Voraussetzungen abhängig:

1. Alfred und Berthold müssten die deutsche Staatsangehörigkeit besessen haben (und noch immer besitzen),[3] sog. *nationality rule*.
2. Unitaria muss gegenüber der Bundesrepublik Deutschland einen Völkerrechtsverstoß begangen haben.

---

[1] Vgl. Geck, *Diplomatic Protection*, EPIL Volume I (1992), S. 1045 (1046); Hailbronner, in: Graf Vitzthum, 3. Abschn. Rn. 110. Teilweise wird allerdings auch zwischen „diplomatischem" und „konsularischem" Schutz differenziert, vgl. Küng/Eckert, Repetitorium zum Völkerrecht, 1993, Rn. 275, 277.
[2] Vgl. Art. 1 der Draft Articles on Diplomatic Protection in ihrer von der International Law Commission vorläufig angenommenen Fassung, ILC-Report 2004 (abrufbar unter www.un.org/law/ilc/), Doc. A/58/10, Rn. 152: „Diplomatic protection consists of resort to diplomatic action or other means of peaceful settlement by a State adopting in its own right the cause of its national in respect of an injury to that national arising from an internationally wrongful act of another State."
[3] Nach h.M. endet das Recht diplomatischer Schutzgewährung, wenn es zu einem Staatsangehörigkeitswechsel kommt, krit. Seidl-Hohenveldern/Stein, Rn. 1705 m.w.N.

3. Zudem müssten die Brüder in Unitaria den innerstaatlichen Rechtsweg erschöpft haben.[4]

I. Deutsche Staatsangehörigkeit von Alfred und Berthold

Nach den Informationen des Sachverhalts besaß Berthold im Zeitpunkt der Tatbegehung ausschließlich die deutsche Staatsangehörigkeit, Alfred hingegen war deutsch-unitarischer Doppelstaater. Ein Wechsel in der Staatsangehörigkeit hat nicht stattgefunden. Zunächst ist daher zu klären, welche Auswirkungen die staatsangehörigkeitsrechtliche Lage auf das Recht der Bundesrepublik Deutschland zur diplomatischen Schutzgewährung hat.

1. Berechtigung zum diplomatischen Eingreifen zugunsten Alfreds

In Fällen mehrfacher Staatsangehörigkeit ist wie folgt zu differenzieren: Nach klassischem Völkerrecht ist die Ausübung diplomatischen Schutzes gegenüber dem Staat der zweiten Staatsangehörigkeit generell ausgeschlossen.[5] Diese Regel wird aus dem Grundsatz der Staatengleichheit hergeleitet und hat auch völkervertraglich in Art. 4 der Haager *Convention on Certain Questions relating to the Conflict of Nationality Laws* vom 12. April 1930[6] Anerkennung gefunden. Freilich führt dies zu dem wenig befriedigenden Ergebnis, dass Doppelstaater durch den Besitz der zweiten Staatsangehörigkeit partiell schutzlos gestellt werden. Die internationale Schiedsgerichtsbarkeit ist daher in derartigen Fällen dazu übergegangen, die Gewährung diplomatischen Schutzes durch denjenigen Staat zuzulassen, dessen Staatsangehörigkeit als die „effektive" anzusehen ist.[7] Die Effektivität bestimmt sich dabei maßgeblich – wenn auch nicht ausschließlich – über den gewöhnlichen Aufenthalt des Doppelstaaters.

Anders hingegen, wenn die diplomatische Schutzgewährung nicht gegenüber dem anderen Heimatstaat, sondern gegenüber einem Drittstaat erfolgt: In diesem Fall ist nach klassischem Völkerrecht derjenige Staat als schutzberechtigt anzusehen, dessen Staatsangehörigkeit die „effektive" ist (Erfordernis des *„genuine link"*[8]).[9] Dem stehen andere internationale Entscheidungen gegenüber, denen sich jetzt auch die *International Law Commission* angeschlossen hat, die in Fäl-

---

[4] Sog. *local-remedies*-Rule, vgl. näher Doehring, *Local Remedies, Exhaustion of*, EPIL Volume III (1997), S. 238 ff.; Verdross/Simma, §§ 1306 ff.
[5] Vgl. IGH, *Reparation for Injuries*, ICJ Rep. 1949, S. 174 (186); Doehring, Rn. 82; Geck, *Diplomatic Protection*, EPIL Volume I (1992), S. 1045 (1050); Gloria, in: Ipsen, § 24 Rn. 34.
[6] LNTS Volume 179, S. 89.
[7] Grundlegend der sog. *Mergé*-Fall (RIAA, Bd. 14, S. 236 [241 ff.]); so jetzt etwa Hailbronner, in: Graf Vitzthum, 3. Abschnitt Rn. 95. Darstellung auch bei Doehring, Rn. 84; Geck, *Diplomatic Protection*, EPIL Volume I (1992), S. 1045 (1050 f.).
[8] Vgl. die grundlegende Entscheidung des IGH im Fall „*Nottebohm*", ICJ Rep. 1955, S. 4 (24).
[9] Art. 5 der Konvention, LNTS Volume 179, S. 89; ebenso Dahm/Delbrück/Wolfrum, Bd. I/2, S. 135; Doehring, Rn. 871; Hailbronner, in: Graf Vitzthum, 3. Abschn. Rn. 112; Seidl-Hohenveldern/Stein, Rn. 1338.

len mit Drittstaatsbeteiligung jedem Staat, dessen Nationalität der Verletzte besitzt, die Berechtigung zur Schutzgewährung zugestehen.[10]

Im Falle des Alfred ist die erste Fallgruppe, also die Schutzgewährung gegenüber dem zweiten Heimatstaat, einschlägig. Nach klassischem Völkerrecht war das Einschreiten der Bundesrepublik Deutschland zu seinen Gunsten jedenfalls unzulässig. Nach anderer Ansicht käme es auf die Effektivität der deutschen bzw. unitarischen Staatsangehörigkeit an. Da aber Alfred kaum über Bindungen zu Deutschland verfügt, insbesondere im Wesentlichen in Unitaria aufgewachsen ist und auch kaum deutsche Sprachkenntnisse besitzt, wäre vorliegend die unitarische als die effektive Staatsangehörigkeit zu werten. Da somit beide Ansichten hier zum selben Ergebnis kommen, kann ausnahmsweise auf eine Entscheidung in der Sache verzichtet werden. Die Ausübung diplomatischen Schutzes zugunsten von Alfred durch die Bundesrepublik Deutschland war jedenfalls unzulässig.

2. Berechtigung zum diplomatischen Eingreifen zugunsten Bertholds

Anders als Alfred ist Berthold allein deutscher Staatsbürger. In derartigen Fällen bestehen an der Berechtigung des Heimatstaats zum diplomatischen Einschreiten regelmäßig keine Bedenken. Vorliegend könnte dies allerdings anders sein, da die Vorschrift des Art. 36 Abs. 1 lit. b WÜK, gegen die Unitaria möglicherweise verstoßen hat (dazu näher unten), erkennbar auf andere Fallkonstellationen als die des Berthold zugeschnitten ist: Der Sinn des konsularischen Beistands besteht regelmäßig gerade darin, den verhafteten Ausländer, der sich mit einer ihm fremden Rechtsordnung konfrontiert sieht und der zudem unter Umständen die Landessprache nicht oder nur unzureichend beherrscht, vor unberechtigter Inhaftierung zu schützen. Berthold hingegen ist in Unitaria aufgewachsen und daher mit der unitarischen Rechtsordnung vertraut; die mangelhafte Verteidigung durch seinen Pflichtverteidiger erweist sich insofern als ein allgemeines Prozessrisiko, das nicht durch seine deutsche Staatsangehörigkeit bedingt ist. Daher erscheint fraglich, ob nicht bei behaupteten Verstößen gegen Art. 36 Abs. 1 lit. b WÜK eine teleologische Reduktion geboten ist in dem Sinne, dass die Gewährung diplomatischen Schutzes vom Vorliegen einer ausländerspezifischen Gefährdungslage abhängt.[11]

Diese Frage ist jedoch zu verneinen. Neben dem Gesichtspunkt der Rechtssicherheit[12] spricht dagegen die Überlegung, dass der Betroffene in derartigen Fällen *de facto* zu einem Staatenlosen gemacht würde:[13] Die Ausübung diplomatischen Schutzes durch den Staat der „ineffektiven" Staatsangehörigkeit wäre ausgeschlossen, anders als im Falle Alfreds wäre bei Berthold aber kein zweiter

---

[10] Vgl. Art. 5 der Draft Articles on Diplomatic Protection in ihrer von der International Law Commission vorläufig angenommenen Fassung, ILC-Report 2002 (beide abrufbar unter www.un.org/law/ilc/), Doc. A/57/10, mit Erläuterung.
[11] Vgl. Hillgruber, JZ 2002, 94 (95).
[12] Hierauf stellt Hillgruber, JZ 2002, 94 (95), ab.
[13] Vgl. auch Czarnecki/Lenski, S. 166.

Staat vorhanden, der diplomatischen Schutz gewähren könnte. Von daher ist die deutsche Staatsangehörigkeit, auch wenn sie bei Berthold nur noch „auf dem Papier" bestanden haben mag, ausreichend und ausschlaggebend für die Ausübung diplomatischen Schutzes durch die Bundesrepublik Deutschland.

Festzuhalten bleibt, dass das diplomatische Einschreiten der Bundesrepublik Deutschland zugunsten des Alfred völkerrechtlich unzulässig war. Im Folgenden ist deshalb lediglich zu prüfen, ob im Falle Bertholds die übrigen Voraussetzungen für die Gewährung diplomatischen Schutzes vorgelegen haben.

Anm.: Die Frage, ob Berthold einen Anspruch auf Einschreiten der Bundesrepublik Deutschland hat, wird vom Völkerrecht nicht beantwortet. Das Völkerrecht regelt lediglich, unter welchen Voraussetzungen ein Heimatstaat zur Gewährung diplomatischen Schutzes berechtigt, nicht aber, ob er hierzu auch verpflichtet ist. Dies ist allein eine Frage des innerstaatlichen Rechts.

Für die deutsche (Verfassungs-)Rechtsordnung fällt insoweit auf, dass sich das Grundgesetz – anders als Art. 3 Abs. 6 der Verfassung des Deutschen Reiches und Art. 112 Abs. 2 der Weimarer Reichsverfassung – einer ausdrücklichen Regelung des Auslandsschutzes enthält. Im Einklang mit der Rechtsprechung des BVerfG wird heute die Verpflichtung zum Auslandsschutz aber aus dem objektiven Wertgehalt der betroffenen Grundrechtsnormen und der grundgesetzlichen Schutzpflicht des Staates hergeleitet. Die Grundrechte als objektive Wertentscheidungen genießen besonderen staatlichen Schutz;[14] dieser Schutz obliegt dem Staat als „objektive Rechtspflicht". Der Staat ist verpflichtet, sich aller Eingriffe in Grundrechte zu enthalten und außerdem dafür Sorge zu tragen, dass die in den Grundrechten enthaltenen Werte vor Eingriffen von anderer Seite geschützt werden. Der bloße Abwehranspruch gegen staatliche Grundrechtseingriffe (sog. status negativus) erweitert sich zu einem Leistungsanspruch des Bürgers gegen den Staat (sog. status positivus), wenn elementare Grundrechte nur durch staatliche Vorkehrungen verwirklicht oder geschützt werden können.

Demgemäß obliegt den Organen der Bundesrepublik Deutschland von Verfassungs wegen die Pflicht zum Schutz der deutschen Staatsangehörigen und ihrer Interessen gegenüber fremden Staaten.[15] Dieser staatlichen Schutzpflicht steht ein entsprechender Anspruch des Einzelnen auf Schutzgewähr gegenüber.[16] Sind grundrechtliche Werte durch fremde Hoheitsgewalt verletzt, muss die Bundesregierung in eine Abwägung darüber eintreten, ob und wie sie zum Schutz der verletzten Rechte einschreiten will.[17] Die Gewährung von diplomatischem Schutz erscheint damit als Ausnahme von der

---

[14] BVerfGE 49, 88 (142).
[15] BVerfGE 55, 349 (364); 40, 141 (177).
[16] BVerfGE 55, 349 (364 f.); BVerwGE 62, 11 (14).
[17] Vgl. E. Klein, Diplomatischer Schutz und grundrechtliche Schutzpflicht, DÖV 1977, 707; ders., Bundesverfassungsgericht und Ostverträge, 2. Aufl. (1985), S. 36 f.

Regel, dass Individuen auf die Führung der zwischenstaatlichen Beziehungen keinen Einfluss nehmen können.[18]
Nach der Rechtsprechung der Verwaltungsgerichte und des BVerfG besteht also ein aus dem Grundgesetz ableitbarer, über die Verwaltungsgerichte – meist in der Form der allgemeinen Leistungsklage – zu verfolgender, subjektiv-öffentlichrechtlicher Anspruch auf die Gewährung diplomatischen Schutzes. Allerdings wird der Exekutive hinsichtlich der Entscheidung, ob und in welcher Form dieser Schutz zu gewähren ist, ein sehr weiter Ermessensspielraum zugestanden.[19] *Die Gewährung breiten Ermessens hat ihren Grund darin, dass die Gestaltung auswärtiger Beziehungen, Verhältnisse und Geschehensabläufe nicht allein vom Willen der Bundesregierung abhängig ist. Diese muss ihre jeweiligen politischen Ziele durchsetzen; nur sie kann außenpolitisch erhebliche Sachverhalte und die Zweckmäßigkeit möglichen Verhaltens einschätzen.*[20] *Seine Grenze findet der Ermessensspielraum allerdings im Rechtsstaatsprinzip (Art. 20 GG), in den Einzelnen tangierten Grundrechten und der in ihnen verkörperten Wertordnung sowie im Willkürverbot (Art. 3 Abs. 1 GG).*

Bei der Frage, „wie" Auslandsschutz zu gewähren ist, ist der Ermessensspielraum naturgemäß größer als bei der Frage, „ob" überhaupt diplomatische Schutzmaßnahmen ergriffen werden. Das BVerfG weist ausdrücklich darauf hin, dass Gerichte die Bundesrepublik Deutschland nicht zu bestimmten Erklärungen und Handlungen im internationalen Bereich verpflichten können.[21] *Letztlich dürfte daher selbst bei Vorliegen deutscher Staatsangehörigkeit ein Anspruch auf diplomatischen Schutz kaum durchsetzbar sein.*

II. Völkerrechtsverstoß Unitarias gegenüber der Bundesrepublik Deutschland

Unitaria müsste gegenüber der Bundesrepublik Deutschland einen Völkerrechtsverstoß begangen haben.[22] Hier kommen insbesondere Verstöße gegen zwei Rechtsnormen in Betracht: gegen Art. 36 WÜK sowie gegen Art. 6 IPbürgR.

---

[18] Vgl. Blumenwitz, Schutzpflicht der Bundesrepublik Deutschland, a.a.O., S. 443 ff.
[19] Aus der Rspr. vgl. etwa die Hess-Entscheidung des BVerfG, BVerfGE 55, 349 (364 f., 367 f.); ferner BVerwGE 62, 11; BVerwG NJW 1989, 2208; BVerwG, Buchholz 11, Art. 32 GG Nr 2.
[20] Vgl. BVerfGE 55, 349 (364 f.); BVerwGE 62, 11 (14).
[21] BVerfGE 55, 349 (364).
[22] Zu weitgehend erscheint es demgegenüber, wenn verlangt wird, durch den Verstoß müssten „Rechte derjenigen Person verletzt[t] [sein], für die diplomatischer Schutz begehrt wird", so aber Dahm/Delbrück/Wolfrum, Bd. I/2, S. 135. Zur Frage, ob in Fällen diplomatischer Schutzgewährung nur ein Recht des Staates oder (auch) ein Individualrecht verletzt ist, vgl. unten Anm. 1.

1. Verstoß gegen Art. 36 WÜK

Das WÜK hat im Wesentlichen bereits bestehendes Völkergewohnheitsrecht kodifiziert. Auch wenn somit eine mit Art. 36 WÜK weitgehend inhaltsgleiche gewohnheitsrechtliche Norm existiert, ist doch vorrangig die Verletzung des WÜK zu prüfen, da insoweit die Vertragsnorm als *lex specialis* der Gewohnheitsrechtsnorm vorgeht.

Gem. Art. 36 Abs. 1 lit. b Satz 3 WÜK war Unitaria völkerrechtlich verpflichtet, die Brüder von der Möglichkeit der Inanspruchnahme diplomatischen Schutzes durch ihren Heimatstaat zu unterrichten. Die Untätigkeit der unitarischen Behörden ist dem Staat unmittelbar zurechenbar. Folglich hat Unitaria Art. 36 Abs. 1 lit. b Satz 3 WÜK verletzt.

Anm. 1: Umstritten ist, ob es sich beim diplomatischen Schutz um ein Staatenrecht, ein (vom Staat im Wege der Prozessstandschaft geltend zu machendes) Recht des verletzten Individuums oder um Rechte beider handelt. Nach herkömmlicher Auffassung handelt der Heimatstaat bei der Ausübung diplomatischen Schutzes allein aus eigenem Recht. Diese Auffassung fußt auf der im 19. Jahrhundert herrschenden Vorstellung, dass nur Staaten Subjekte des Völkerrechts sein könnten; der Einzelne wird auf völkerrechtlicher Ebene durch seinen Heimatstaat mediatisiert. Während die zweite Auffassung kaum Anhänger gefunden hat, wird von einigen namhaften Völkerrechtlern die dritte These vertreten: Durch den völkerrechtswidrigen Akt seien zwei Ansprüche auf völkerrechtlicher Ebene entstanden, ein Anspruch des verletzten Individuums, der in Prozessstandschaft durch den Heimatstaat geltend gemacht wird, und ein Anspruch des Heimatstaates selbst.[23] Die International Law Commission ist in ihren Draft Articles on Diplomatic Protection der herkömmlichen Sichtweise verhaftet geblieben,[24] während der IGH in dem Fall LaGrand ausführlich zu der Frage Stellung genommen hat, ob die Rechte aus Art. 36 Abs. 1 lit. b WÜK individualschützenden Charakter hätten.[25] Freilich darf man sich insoweit nicht verwirren lassen: Denn die Frage, wer Inhaber des diplomatischen Schutzrechts ist, muss unterschieden werden von der Frage nach dem Recht, durch dessen Verletzung überhaupt erst der diplomatische Schutzanspruch entsteht. Während es bei der zuletzt genannten Thematik um die Voraussetzungen des diplomatischen Schutzes – also die Tatbestandsseite – geht, betrifft Erstere die Rechtsfolgenseite. In diesem Sinne erscheint es unschädlich, wenn der IGH

---

[23] Vgl. überblicksartig Doehring, in: Ress/Stein, Der diplomatische Schutz im Völker- und Europarecht, 1996, S. 14 ff; Geck, *Diplomatic Protection*, EPIL Volume I (1992), S. 1045 (1056 ff.).

[24] Vgl. Art. 3 Draft Articles, mit Erläuterungen veröffentlicht in ILC-Report 2000 (abrufbar unter www.un.org/law/ilc/), Doc. A/55/10, Rn. 440 ff.

[25] IGH, *LaGrand*, ICJ Rep. 2001, S. 466, Rn. 77 = EuGRZ 2001, 287 (deutsche Übersetzung). Der Inter-Amerikanische Gerichtshof für Menschenrechte leitet aus Art. 36 WÜK sogar ein Menschenrecht her, vgl. Advisory Opinion OC-16/99 vom 1. Oktober 1999, Series A No. 16 = HRLJ 2000, 24 (auch abrufbar unter www.corteidh.or.cr). Skeptisch insoweit der IGH, *Avena and Other Mexican Nationals*, Urteil vom 31. März 2004, ILM 2004, 581, Rn. 124.

zum individualschützenden Charakter von Art. 36 Abs. 1 lit. b WÜK Stellung nimmt. Da der Gerichtshof in früheren Urteilen der traditionellen Sichtweise gefolgt ist und das LaGrand-Urteil keine Anhaltspunkte für einen Meinungswandel enthält,[26] dürften die entsprechenden Passagen maßgeblich dadurch beeinflusst worden sein, dass die Bundesrepublik Deutschland neben der Feststellung einer Verletzung eigener Rechte auch die Feststellung einer Verletzung individueller Rechte ausdrücklich beantragt hatte.

Anm. 2: Der IGH bejaht im Verhältnis zur Bundesrepublik Deutschland (nicht aber im Hinblick auf die LaGrand-Brüder!) neben einer Verletzung von Art. 36 Abs. 1 lit. b WÜK auch einen Verstoß gegen Art. 36 Abs. 1 lit. a und c WÜK.[27] Da es für die Frage der diplomatischen Schutzgewährung nach der hier vertretenen Auffassung allein auf die Verletzung eines Staatenrechts ankommt, wäre wohl auch insoweit eine Verletzung zu bejahen.

Anm. 3: Eine Weiterentwicklung des LaGrand-Falles stellt das Urteil des IGH im Fall Avena[28] dar: Hier hatte der IGH Gelegenheit, zu der Frage Stellung zu nehmen, ab wann von einem Verstoß gegen die Verpflichtungen aus Art. 36 WÜK auszugehen ist. Dabei differenziert der IGH folgendermaßen: Die Pflicht des Aufenthaltsstaates, einen Festgenommenen über sein Recht auf konsularischen Beistand aufzuklären, entsteht, sobald die Behörden Anhaltspunkte für das Vorliegen einer fremden Staatsangehörigkeit haben. Behauptet der Festgenommene, Staatsangehöriger des Aufenthaltsstaats zu sein, und liegen keine weiteren Anhaltspunkte vor, dass diese Auskunft falsch sein könnte, wird Art. 36 Abs. 1 lit. b WÜK durch den unterbliebenen Hinweis auf die Möglichkeit konsularischen Beistands nicht verletzt.[29] Ist der Festgenommene hingegen erkennbar Ausländer, gilt eine 40 Stunden nach der Festnahme erfolgte Information über seine konsularischen Rechte nicht mehr als „unverzüglich" i. S. der Vorschrift.[30] Von der Informationspflicht gegenüber dem Einzelnen zu unterscheiden ist die gegenüber dem Heimatstaat bestehende Pflicht des Aufenthaltsstaates aus Art. 36 Abs. 1 lit. b WÜK, diesen über die Verhaftung eines seiner Staatsangehörigen zu informieren. Diese Pflicht ist nicht verletzt, wenn der Festgenommene der Mitteilung an den Konsul widerspricht.[31] Anders als bei der Informationspflicht gegenüber dem Festgenommenen lässt der IGH hier einen längeren Zeitraum genügen: So hat er eine fünf Tage bzw. drei Werktage nach der Festnahme erfolgte Information des Konsulats als „unverzüglich" i. S. der Norm gewertet.[32] Ein Verstoß gegen Art. 36 Abs. 1 lit. b WÜK

---

[26] Ebenso Hillgruber, JZ 2002, 94 (94).
[27] IGH, *LaGrand*, ICJ Rep. 2001, S. 466, Rn. 73.
[28] IGH, *Avena and Other Mexican Nationals*, Urteil vom 31. März 2004, ILM 2004, 581 ff.; hierzu Ghandhi, ICLQ 53 (2004), 738 ff.
[29] IGH, a. a. O., Rn. 63 ff., insbes. 66 und 74.
[30] IGH, a. a. O., Rn. 89.
[31] IGH, a. a. O., Rn. 92.
[32] IGH, a. a. O., Rn. 97.

gegenüber dem Heimatstaat hat regelmäßig auch eine Verletzung von Art. 36 Abs. 1 lit. a (Recht des Konsularbeamten, mit Angehörigen des Entsendestaats zu verkehren und sie aufzusuchen) und lit. c (Recht des Konsularbeamten, einen Angehörigen des Entsendestaats aufzusuchen) zur Folge.³³ Dagegen ist ein Verstoß gegen Art. 36 Abs. 1 lit. c WÜK im Hinblick auf das Recht des Konsularbeamten, für die Vertretung des Festgenommenen in rechtlicher Hinsicht zu sorgen, jedenfalls dann ausgeschlossen, wenn der Heimatstaat aus anderen Informationsquellen von der Festnahme seines Staatsangehörigen erfahren hat und folglich für dessen rechtliche Vertretung hätte sorgen können.³⁴ Schließlich hat der IGH einen Verstoß gegen Art. 36 Abs. 2 WÜK nur dann angenommen, wenn die unter Verletzung von Art. 36 Abs. 1 WÜK zustande gekommenen Urteile rechtkräftig geworden waren.³⁵

2. Verstoß gegen Art. 6 IPbürgR

Neben der Verletzung der WÜK kommt noch ein Verstoß gegen den IPbürgR in Betracht, da Berthold bei Tatbegehung 17 Jahre alt war und der IPbürgR, dem sowohl Unitaria als auch die Bundesrepublik Deutschland angehören, in Art. 6 Abs. 5 die Verhängung der Todesstrafe in derartigen Fällen untersagt. Fraglich ist jedoch, ob diese Bestimmung überhaupt Bestandteil der vertraglichen Beziehungen geworden ist, da Unitaria bei Hinterlegung der Ratifikationsurkunde eine Erklärung abgegeben hat, dass es die Todesstrafe auch für Straftaten von Tätern unter 18 Jahren verhängen werde. Die Beantwortung dieser Frage hängt von der rechtlichen Einordnung der Erklärung ab.

a) Vorbehalt oder Interpretationserklärung?

In der Erklärung Unitarias könnte ein Vorbehalt zu sehen sein. Hierunter ist gem. Art. 2 Abs. 1 lit. d WVRK eine „wie auch immer formulierte oder bezeichnete, von einem Staat bei der Unterzeichnung, Ratifikation, Annahme oder Genehmigung eines Vertrags […] abgegebene einseitige Erklärung" zu verstehen, „durch die der Staat bezweckt, die Rechtswirkungen einzelner Vertragsbestimmungen in der Anwendung auf diesen Staat auszuschließen oder zu ändern". Während der Vorbehalt somit auf den Ausschluss oder die Änderung von Vertragsbestimmungen abzielt, dient die hiervon abzugrenzende Interpretationserklärung³⁶ lediglich der Klarstellung.

Im vorliegenden Fall ist es das Ziel Unitarias, die Anwendung von Art. 6 Abs. 5 IPbürgR für sich auszuschließen. Dies stellt keine bloße Klarstellung dar, sondern dient dem Ausschluss einer Vertragsbestimmung, wie sie für den Vorbehalt charakteristisch ist. Die Erklärung wurde auch zusammen mit der Ratifikation

---

33 IGH, a.a.O., Rn. 102.
34 IGH, a.a.O., Rn. 104.
35 IGH, a.a.O., Rn. 113 f.
36 Hierzu statt vieler Doehring, Rn. 353; Heintschel v. Heinegg, in: Ipsen, § 14 Rn. 4.

abgegeben. Somit ist sie als Vorbehalt i. S. d. Art. 2 Abs. 1 lit. d WVRK einzuordnen.

b) Zulässigkeit des Vorbehalts

Nach der Erklärung der Bundesrepublik Deutschland vom 29. September 1993 verstößt der Vorbehalt Unitarias u. a. gegen Sinn und Zweck des IPbürgR. Die Bundesrepublik macht damit geltend, der Vorbehalt sei unzulässig i. S. d. Art. 19 lit. c WVRK. Diese Auffassung, zu der im Übrigen auch der Menschenrechtsausschuss in einem Staatenbericht die USA betreffend gekommen ist,[37] erscheint insbesondere angesichts der Bestimmung in Art. 4 Abs. 2 IPbürgR gerechtfertigt, derzufolge es sich bei Art. 6 IPbürgR um ein notstandsfestes Recht handelt. Nach Auffassung des Menschenrechtsausschusses trifft den Staat, der zu einem notstandsfesten Recht einen Vorbehalt erklärt, *„a heavy onus to justify such a reservation"*.[38] Vorliegend sind keine Gesichtspunkte ersichtlich, die den erklärten Vorbehalt rechtfertigen könnten.

Die Qualifikation des Vorbehalts als unzulässig i. S. v. Art. 19 lit. c WVRK hat indes nicht automatisch zur Folge, dass der Vorbehalt als unwirksam zu betrachten wäre. Auch wenn der Wortlaut des Art. 19 lit. c WVRK den Eindruck nahe legt, dass hierin eine *objektive* Zulässigkeitsvoraussetzung aufgestellt würde, haben es nach den Regeln des allgemeinen Völkerrechts letztlich die Staaten in der Hand, einen Vorbehalt als zulässig zu behandeln oder nicht.[39] Im Gegensatz dazu hat der Menschenrechtsausschuss in seinem *General Comment 24 (52)* eigene, hiervon abweichende Regeln über die Wirkung unzulässiger Vorbehalte entwickelt. Im Folgenden werden daher zwei alternative Lösungen dargestellt.

c) Unwirksamkeit des Vorbehalts wegen Verstoßes gegen ius cogens?

Zunächst allerdings ist zu überlegen, ob der Vorbehalt nicht wegen Verstoßes gegen zwingendes Völkerrecht *(ius cogens)* unwirksam ist, so dass es auf die Rechtsfolge überhaupt nicht mehr ankäme. Die Unwirksamkeit könnte sich aus dem Rechtsgedanken des Art. 53 WVRK ergeben, der die Nichtigkeit von gegen *ius cogens* verstoßenden völkerrechtlichen Verträgen festschreibt.

Ob eine entsprechende Rechtsfolge für Vorbehalte angenommen werden kann, erscheint allerdings fraglich. Dagegen spricht vor allem die folgende Überlegung:[40] Wenn und soweit ein völkerrechtlicher Vertrag *ius cogens* kodifiziert, kann sich ein Vorbehalt allein auf die vertragsrechtliche Regelung beziehen. Der gewohnheitsrechtliche *ius cogens*-Satz bleibt hiervon unberührt. Gerade im Be-

---

[37] Vgl. CCPR/C/79/Add.50, Rn. 14: „The Committee is also particularly concerned at reservations to article 6, paragraph 5 [...] of the Covenant, which it believes to be incompatible with the object and purpose of the Covenant."
[38] Vgl. General Comment 24 (52) vom 4. November 1994, abgedruckt bei: Nowak, CCPR-Commentary (2005), S. 1128 ff.
[39] Heintschel v. Heinegg, in: Ipsen, § 14 Rn. 14.
[40] Vgl. E. Klein, in: Ziemele (Hrsg.), Reservations to Human Rights Treaties and the Vienna Convention Regime, 2004, S. 59 ff.

reich der Menschenrechtsverträge bedeutet dies aber, dass ein Vorbehalt zu einer *ius cogens*-Norm etwa des IPbürgR lediglich zur Folge hätte, dass sich der Vertragsstaat insoweit der Überwachung durch den Menschenrechtsausschuss entzieht. Ob bereits hierin ein Verstoß gegen *ius cogens* gesehen werden kann, erscheint zweifelhaft.

Vorliegend braucht auch diese Frage nicht entschieden zu werden. Nach den Hinweisen zum Sachverhalt ist davon auszugehen, dass sich eine allgemeine Staatenpraxis, nach der die Verhängung der Todesstrafe über im Zeitpunkt der Tatbegehung unter 18-jährige verboten wäre, nicht nachweisen lässt. Folglich fehlt es insoweit an einem Satz des Völkergewohnheitsrechts und damit erst recht auch an einer *ius cogens*-Norm.

Anm.: Die Inter-Amerikanische Menschenrechtskommission ist im Jahr 2002 in dem Fall Domingues v. USA zu dem gegenteiligen Ergebnis gekommen, dass nämlich eine Norm des Völkergewohnheitsrechts mit ius cogens-Charakter existiert, die die Verhängung der Todesstrafe über im Zeitpunkt der Tatbegehung unter 18-jährige verbietet.[41] Damit revidierte sie ihre 1987 eingenommene Haltung, nach der zwar ein Verbot der Verhängung der Todesstrafe über Kinder völkergewohnheitsrechtlich zwingend vorgeschrieben sei, nicht aber das Mindestalter von 18 Jahren.[42]

d) Rechtsfolgen nach allgemeinem Völkerrecht

Nach allgemeinem Völkerrecht haben es die Staaten letztlich in der Hand, einen Vorbehalt als zulässig oder unzulässig zu behandeln. Danach käme es für die Rechtswirkungen des von Unitaria erklärten Vorbehalts entscheidend auf Art. 20 f. WVRK an.

aa) Da der von Unitaria erklärte Vorbehalt nicht ausdrücklich im IPbürgR zugelassen ist, ist Art. 20 Abs. 1 WVRK vorliegend nicht einschlägig.

bb) Auch geht aus Ziel und Zweck des IPbürgR nicht hervor, dass ein Vorbehalt von allen Vertragsstaaten angenommen werden müsste, Art. 20 Abs. 2 WVRK.[43]

cc) Da der IPbürgR auch nicht die Gründungsurkunde einer Internationalen Organisation darstellt (Art. 20 Abs. 3 WVRK), ist hier Art. 20 Abs. 4 WVRK einschlägig. Danach wird die mit einem Vorbehalt versehene Zustimmung zu einem

---

[41] Inter-American Commission on Human Rights, *Michael Domingues v. USA*, Case 12.285, Report No. 62/02 vom 22. Oktober 2002, Doc. 5 rev. 1 at 913 (2002) (www1.umn.edu/humarts/cases/62–02.html).
[42] Inter-American Commission on Human Rights, *Roach and Pinkerton v. USA*, Case 9647, Resolution No. 3/87 vom 22. September 1987, OEA/Ser.L/V/II.71, Doc. 9 rev. 1 (1986–87), im Internet abrufbar unter: www.wcl.american.edu/humright/digest/1986/res0387.cfm.
[43] Diese Vorschrift ist Ausdruck der bis Mitte des 20. Jh. in Westeuropa vorherrschenden sog. *absoluten Theorie*, derzufolge bereits der Widerspruch einer einzigen Vertragspartei den Beitritt des den Vorbehalt erklärenden Staates zum Vertrag verhindert, vgl. Heintschel v. Heinegg, in: Ipsen, § 14 Rn. 11; s. a. Dahm/Delbrück/Wolfrum, Bd. I/3, S. 561; zu deren Ablehnung vgl. im Übrigen das Gutachten des IGH zur Völkermordkonvention, ICJ Rep. 1951, S. 15 (24).

Vertrag wirksam, sobald mindestens ein anderer Vertragsstaat den Vorbehalt angenommen hat, Art. 20 Abs. 4 lit. c WVRK. Aus dem Hinweis zum Sachverhalt geht hervor, dass außer der Bundesrepublik Deutschland kein anderer Staat dem Vorbehalt Unitarias widersprochen hat. Gem. Art. 20 Abs. 5 WVRK gilt mit Ablauf von zwölf Monaten die Zustimmung zu dem Vorbehalt von diesen Staaten als erteilt. Damit ist der IPbürgR jedenfalls im gegenseitigen Verhältnis dieser Staaten in Kraft getreten. Fraglich ist, ob dies auch für das Verhältnis Unitarias zur Bundesrepublik Deutschland zutrifft.

dd) Diese Frage ist in Art. 20 Abs. 4 lit. b WVRK geregelt. Danach wird durch den Einspruch eines Vertragsstaats gegen einen Vorbehalt das In-Kraft-Treten des Vertrags zwischen dem den Einspruch erhebenden und dem den Vorbehalt anbringenden Staat grundsätzlich nicht ausgeschlossen, es sei denn der den Einspruch erhebende Staat brächte seine gegenteilige Absicht eindeutig zum Ausdruck. Bei dem von der Bundesrepublik Deutschland erhobenen Einspruch sind keine dahingehenden Anhaltspunkte ersichtlich, so dass der IPbürgR grundsätzlich auch im Verhältnis der Bundesrepublik zu Unitaria in Kraft getreten ist. Weiterhin ist allerdings zu fragen, mit welchem Inhalt.

ee) Die diesbezügliche Rechtsfolge ergibt sich aus Art. 21 Abs. 3 WVRK. Danach finden die Bestimmung, auf die sich der Vorbehalt bezieht, zwischen dem den Vorbehalt erklärenden und dem Einspruch erhebenden Staat keine Anwendung.[44] Dies aber bedeutet, dass Art. 6 Abs. 5 IPbürgR im Verhältnis Unitaria/Bundesrepublik Deutschland nicht Vertragsbestandteil geworden ist und dass diesbezüglich somit auch keine Vertragsverletzung eingetreten ist. Dieses Ergebnis erscheint insofern paradox, als die Bundesrepublik Deutschland mit ihrem Einspruch die Wirkung des von Unitaria angebrachten Vorbehalts gerade ausschalten wollte, letztlich aber Unitaria sich mit seinem Anliegen, Art. 6 Abs. 5 IPbürgR aus dem Vertragsregime zu eliminieren, durchgesetzt hat. An diesem Punkt setzt die Kritik ein, die letztlich auch der vom Menschenrechtsausschuss geäußerten Auffassung zugrunde liegt.

e) Rechtsfolgen nach General Comment 24 (52)

Nach Ansicht des Menschenrechtsausschusses kann das Konsensprinzip,[45] welches den Regeln des allgemeinen Völkerrechts zugrunde liegt, im Falle des IPbürgR nicht uneingeschränkt gelten. Im Unterschied zu „gewöhnlichen" völkerrechtlichen Verträgen existiert für den IPbürgR eine objektive Instanz, die über die Einhaltung der Vertragsbestimmungen wacht (vgl. Art. 40 Abs. 4 IPbürgR). Diese Aufgabe kann der Menschenrechtsausschuss nur dann sinnvoll erfüllen, wenn er selbst über die Zulässigkeit oder Unzulässigkeit von Vorbehalten ent-

---

[44] Dies ist der Inhalt der sog. *erweiterten relativen Theorie*, vgl. Heintschel v. Heinegg, in: Ipsen, § 14 Rn. 12.
[45] Der Begriff „Konsensprinzip" bezeichnet in diesem Zusammenhang das Erfordernis der Zustimmung aller Vertragsstaaten als Ausdruck des Verbots von Verträgen zu Lasten Dritter (*pacta tertiis nec nocent nec prosunt*, vgl. Art. 34 WVRK) und ist zu unterscheiden vom Konsensprinzip als Grundlage der internationalen Gerichtsbarkeit (vgl. Art. 36 IGH-Statut, hierzu unten Frage 3, II.).

scheiden kann. Kommt er dabei zu dem Ergebnis, dass der erklärte Vorbehalt nicht mit Ziel und Zweck des IPbürgR übereinstimmt, so bemisst sich die Rechtsfolge nicht nach den Art. 20 f. WVRK. Vielmehr ist der Vorbehalt als unwirksam anzusehen und kommt der Vertrag ohne die durch den Vorbehalt bezweckte Einschränkung zustande.[46] Der Menschenrechtsausschuss hat sich damit eine Lösung zu Eigen gemacht, die zuvor schon vom EGMR für den Bereich der EMRK entwickelt worden war.[47]

Da bereits oben festgestellt worden ist, dass der Vorbehalt Unitarias nicht mit Ziel und Zweck des IPbürgR vereinbar ist, wäre die Konvention nach dieser Auffassung auch im Verhältnis Unitaria/Bundesrepublik Deutschland in vollem Umfang zustande gekommen und hätte Unitaria durch die Verhängung der Todesstrafe gegenüber Berthold gegen Art. 6 Abs. 5 IPbürgR verstoßen.

Anm.: In der Klausur muss sich der Student mit einer nachvollziehbaren Begründung für eine der beiden Ansichten entscheiden.

3. Verstoß gegen ein völkergewohnheitsrechtliches Verbot der Todesstrafe

Unabhängig davon, welcher der beiden dargestellten Ansichten man sich anschließt, wäre ein Verstoß gegen ein etwaiges völkergewohnheitsrechtliches Verbot der Verhängung der Todesstrafe über Täter, die bei Tatbegehung jünger als 18 Jahre waren, jedenfalls ausgeschlossen, da im Verhältnis Unitaria/Bundesrepublik Deutschland der IPbürgR als *lex specialis* vorrangig Anwendung fände. Wie bereits festgestellt, besteht kein *ius cogens*-Satz, der gem. Art. 53 WVRK zur Unwirksamkeit der vertraglichen Regelung führen würde.

III. Rechtswegerschöpfung

Die Ausübung diplomatischen Schutzes durch die Bundesrepublik Deutschland wäre völkerrechtlich nur dann zulässig, wenn Berthold nach dem innerstaatlichen Recht Unitarias sämtliche Rechtsmittel erschöpft hätte *(local remedies rule).*[48] Zwar liegt laut Sachverhalt ein letztinstanzliches Urteil vor. Allein dies genügt aber nicht, um die Rechtswegerschöpfung bejahen zu können. Vielmehr müsste Berthold nach allgemeinen Grundsätzen in verfahrensrechtlich zulässiger

---

[46] General Comment 24 (52), Rn. 18. Die USA, Großbritannien sowie Frankreich haben hiergegen protestiert, vgl. E. Klein, in: Deutsches Institut für Menschenrechte (Hrsg.), Die „General Comments" zu den VN-Menschenrechtsverträgen, 2005, S. 23 m. w. N.
[47] Vgl. EGMR, *Belilos* ./. Schweiz, EuGRZ 1989, 21, Rn. 50 ff.
[48] Vgl. IGH, *Interhandel,* ICJ Rep. 1959, S. 6 (27); jetzt auch Art. 8 Draft Articles on Diplomatic Protection, ILC-Report 2003 = Art. 14 i.d.F. des ILC-Report 2004 (beide abrufbar unter www.un.org/law/ilc/).

Art und Weise von den verfügbaren Rechtsmitteln Gebrauch gemacht haben.[49] Dies erscheint hier fraglich, da gerade der Einwand der unterbliebenen Information über die Möglichkeit konsularischen Beistands von den Instanzgerichten als unzulässig zurückgewiesen wurde mit dem Argument, diese Rüge hätte bereits in der ersten Instanz geltend gemacht werden können und müssen.

Die Besonderheit des vorliegenden Falles besteht darin, dass Unitaria selbst durch sein völkerrechtswidriges Verhalten dazu beigetragen hat, dass Berthold die Rüge des Verstoßes gegen Art. 36 Abs. 1 lit. b WÜK abgeschnitten wurde. In einem derartigen Fall wäre es treuwidrig, ihm die nicht ordnungsgemäße Erschöpfung des Rechtswegs entgegenzuhalten. Aus diesem Grunde ist der Rechtsweg als erschöpft anzusehen.[50]

Anm.: Hinzuweisen ist noch darauf, dass der IGH im Fall Avena von dem Erfordernis zur Erschöpfung des Rechtswegs nur hinsichtlich der individualschützenden Rechte aus Art. 36 WÜK, nicht aber hinsichtlich der gleichzeitig hieraus ableitbaren Staatenrechte ausgegangen ist.[51]

IV. Ergebnis

Damit ist als Ergebnis festzuhalten, dass die Bundesrepublik Deutschland hinsichtlich Alfreds nicht zur Gewährung diplomatischen Schutzes berechtigt war. Hinsichtlich Bertholds war der diplomatische Schutz jedenfalls wegen des Verstoßes gegen Art. 36 WÜK berechtigt; geht man von der Unwirksamkeit des von Unitaria erklärten Vorbehalts hinsichtlich Art. 6 Abs. 5 IPbürgR aus, war die Ausübung diplomatischen Schutzes auch insofern gerechtfertigt.

Frage 2: Rechtsfolgen des Völkerrechtsverstoßes Unitarias

Die Rechtsfolgen des festgestellten Völkerrechtsverstoßes – gefragt ist nur nach den Rechtsfolgen der unterbliebenen Information über die Möglichkeit konsularischer Unterstützung – bestimmen sich nach dem Recht der völkerrechtlichen Verantwortlichkeit. Zu deren Begründung genügt nach h.L. jeder dem Staat zurechenbare Völkerrechtsverstoß. Das Verschulden[52] gehört danach ebenso wenig

---

[49] Dieser allgemeine völkerrechtliche Grundsatz ist vom EGMR mehrfach ausgesprochen worden, u.a. im Fall *Cardot* ./. Frankreich, EuGRZ 1992, 437, Rn. 34; vgl. auch die Erläuterung zu Art. 8 Draft Articles on Diplomatic Protection, ILC-Report 2003, Rn. 7: „[The foreign litigant] cannot use the international remedy afforded by diplomatic protection to overcome faulty preparation or presentation of his claim at the municipal level."
[50] Vgl. IGH, *LaGrand*, ICJ Rep. 2001, S. 466, Rn. 60.
[51] IGH, *Avena* (Fn. 28), Rn. 40.
[52] Sofern in der Völkerrechtslehre bei Unterlassensdelikten z.T. ein Verschuldenselement in Form der Außerachtlassung der erforderlichen Sorgfalt (*due diligence*) gefordert wird (vgl. z.B. Schröder, in: Graf Vitzthum, 7. Abschn. Rn. 12), wäre dieses vorliegend zu bejahen, denn bei Anwendung der gebotenen Sorgfalt hätten die unitarischen Behörden Berthold auf die Möglichkeit der Inanspruchnahme konsularischen Beistands hingewiesen.

zum Tatbestand der Verantwortlichkeit wie der Eintritt eines Schadens.[53] Vorliegend hat Unitaria gegen Art. 36 Abs. 1 lit. b WÜK und jedenfalls nach einer Ansicht auch gegen Art. 6 Abs. 5 IPbürgR verstoßen.

Die generelle Rechtsfolge eines Völkerrechtsverstoßes ist die Pflicht des Rechtsbrechers zur Wiedergutmachung (*reparation*), Art. 31 ILC-Entwurf.[54] Hiervon zu unterscheiden sind jedoch zunächst noch zwei weitere Verpflichtungen: diejenige zur Beendigung des völkerrechtswidrigen Verhaltens (*cessation*), Art. 30 lit. a ILC-Entwurf, und diejenige zur Zusicherung der Nichtwiederholung (*guarantee of non-repetition*), Art. 30 lit. b ILC-Entwurf. Von der Pflicht zur Wiedergutmachung unterscheiden sie sich insofern, als es hierbei nicht um die Beseitigung der sich aus dem Völkerrechtsverstoß ergebenden Schäden geht, sondern um die Beseitigung des Völkerrechtsverstoßes selbst, also der Schadensursache als solcher. Handelt es sich bei der Pflicht zur Wiedergutmachung um eine typische Sekundärpflicht, ist die Pflicht zur Beendigung des Rechtsverstoßes „zwischen" Primär- und Sekundärpflicht anzusiedeln: Denn sie gehört aus den angegebenen Gründen nicht zum Bereich der Sekundärpflicht, ist aber andererseits auch nicht Teil der Primärverpflichtung (etwa im vorliegenden Fall der Pflicht zur Informierung über die Möglichkeit konsularischen Beistands), sondern greift erst dann ein, wenn gegen die Primärpflicht verstoßen worden ist.[55]

1. Beendigung des Völkerrechtsverstoßes

Die Pflicht zur Beendigung setzt ein sog. Dauerdelikt voraus. Der Völkerrechtsverstoß darf sich nicht in einem singulären Akt erschöpft haben, sondern muss andauern. Im vorliegenden Fall hat Unitaria zwar durch die Vorenthaltung der notwendigen Informationen über den konsularischen Schutz fortdauernd gegen seine Pflichten aus Art. 36 WÜK verstoßen, dieser Verstoß wurde aber in dem Moment gegenstandslos, als die Brüder auf anderem Wege von der Möglichkeit konsularischen Beistands erfuhren. Eine förmliche Nachholung durch Unitaria zu verlangen, wäre ein bloßer Formalismus.

2. Zusicherung der Nichtwiederholung

Anders sieht es hinsichtlich der Zusicherung der Nichtwiederholung aus: Sofern in Unitaria die Gefahr besteht, dass sich entsprechende Verstöße wiederholen, ist der Staat zu einer derartigen Zusicherung verpflichtet. Dementsprechend informierten die Vereinigten Staaten in den Fällen *LaGrand* und *Avena* den IGH

---

[53] Sofern teilweise im völkerrechtlichen Schrifttum der Schadenseintritt als konstituierendes Element der Staatenverantwortlichkeit gefordert wird, ist der Schadensbegriff derart weit gefasst (jede Beeinträchtigung einer völkerrechtlich begründeten Rechtsposition), dass von einer eigenständigen, haftungsbegrenzenden Bedeutung nicht gesprochen werden kann, vgl. Ipsen, in: Ipsen, § 39 Rn. 43.
[54] Im Folgenden genannte Artikel sind solche des Entwurfs der ILC zur Staatenverantwortlichkeit aus dem Jahr 2001 (Sart. II, Nr. 6), Doc. A/56/10, chpt. IV.E.1.
[55] Vgl. die Erläuterungen zu Art. 30 ILC-Entwurf zur Staatenverantwortlichkeit 2001, Doc. A/56/10, chpt. IV.E.1., Rn. 6 f.

über die zur Vermeidung zukünftiger Verstöße gegen die Informationspflicht aus Art. 36 WÜK ergriffenen Maßnahmen, und der IGH wertete diese Informationen als hinreichend, um dem Verlangen der Bundesrepublik Deutschland bzw. Mexikos nach Zusicherung der Nichtwiederholung zu genügen.[56]

3. Wiedergutmachung

Der Begriff der Wiedergutmachung beinhaltet wiederum verschiedene Aspekte: die Wiederherstellung des ursprünglichen Zustands (*restitution*), Art. 35 ILC-Entwurf, Schadensersatz (*compensation*), Art. 36 ILC-Entwurf, sowie Genugtuung (*satisfaction*), Art. 37 ILC-Entwurf; unter die letztgenannte Kategorie fallen symbolische Wiedergutmachungshandlungen wie etwa die Anerkennung des Völkerrechtsbruchs durch den Verletzerstaat, eine Äußerung des Bedauerns, eine formelle Entschuldigung etc. Im vorliegenden Fall ist insbesondere fraglich, ob die Bundesrepublik Deutschland von Unitaria vor der Hinrichtung Bertholds neben einer formellen Entschuldigung und ggf. einer Entschädigungszahlung auch Wiedergutmachung verlangen konnte. Jedenfalls nach dem ursprünglichen Klageantrag verfolgte die Bundesrepublik Deutschland ja das Ziel, die unter Verstoß gegen Art. 36 WÜK ergangenen Urteile für nichtig erklären zu lassen, ein Begehren, das sich mit der Hinrichtung der Brüder erledigt hat. Problematisch hieran könnte vor allem die Rechtskraft der die Hinrichtung anordnenden Gerichtsurteile sein: Zwar steht die gerichtliche Unabhängigkeit nicht von vornherein der Zurechnung eines von Gerichten begangenen Völkerrechtsverstoßes entgegen; sofern ein Urteil in Rechtskraft erwachsen ist, kann aber die vollständige Wiederherstellung des ursprünglichen Zustands im innerstaatlichen Recht an Grenzen stoßen. Der IGH hat im Fall *Avena* dieser Erkenntnis Rechnung getragen und eine Pflicht zur „*review and reconsideration*" der völkerrechtswidrigen Urteile nur in den Fällen bejaht, in denen der Rechtsweg noch nicht erschöpft war; in den anderen Fällen kann ein Gnadenverfahren helfen, den Völkerrechtsverstoß zu beheben.[57]

Frage 3: Entscheidung des IGH im Hinblick auf die Nichtbeachtung der Anordnung vom 4. März 1999

I. Parteifähigkeit

1. Gem. Art. 34 Abs. 1 IGH-Statut haben nur Staaten Zugang zum IGH; dieser ist daher als ein reines Staatengericht zu qualifizieren. Bei der Bundesrepublik Deutschland handelt es sich fraglos um einen Staat im Sinne des Völkerrechts,

---

[56] IGH, *LaGrand*, ICJ Rep. 2001, S. 466, Rn. 124 und 128 Ziff. 6; *Avena* (Fn. 28), Rn. 150 und 153 Ziff. 10.
[57] IGH, *Avena* (Fn. 28), Rn. 143.

die Staatsqualität Unitarias ist mangels gegenteiliger Anhaltspunkte zu unterstellen.

2. Um vor dem IGH klagen zu können, müssten die Parteien zur Gerichtsgemeinschaft des IGH gehören, Art. 35 Abs. 1 IGH-Statut. Da sowohl die Bundesrepublik Deutschland als auch – laut dem Hinweis zum Bearbeitervermerk – Unitaria VN-Mitglieder sind, gehören sie über Art. 93 Abs. 1 SVN ohne weiteres zugleich auch zu den Vertragsparteien des IGH-Statuts.

II. Zuständigkeit

Der IGH kann über eine Klage nur entscheiden, wenn zusätzlich zu den obigen Voraussetzungen beide Parteien seine Zuständigkeit anerkannt haben, Art. 36 IGH-Statut. Vorliegend gehören beide Staaten dem Fakultativprotokoll zum WÜK an, welches ein Übereinkommen i. S. d. Art. 36 Abs. 1 Alt. 2 IGH-Statut darstellt. In diesem Zusammenhang stellen sich jedoch zwei Probleme:

Zum einen erscheint fraglich, ob die Entscheidung über die Nichtbeachtung der Anordnung vom 4. März 1999 vom Anwendungsbereich des Fakultativprotokolls erfasst ist. Gemäß dessen Art. I können dem IGH „Streitigkeiten über die Auslegung oder Anwendung des Übereinkommens" unterbreitet werden. Die Missachtung der einstweiligen Anordnung durch Unitaria wirft jedoch eher eine Frage der Auslegung von Art. 41 IGH-Statut über die Anordnung vorsorglicher Maßnahmen auf denn eine Frage über die Auslegung des WÜK. Diese rein schematische Betrachtung würde jedoch andererseits übersehen, dass sich die Frage der Auslegung von Art. 41 IGH-Statut in einem Fall stellt, der in der Hauptsache die Auslegung von Art. 36 WÜK betrifft und damit eine *subject matter*, die jedenfalls vom Anwendungsbereich des Art. I Fakultativprotokoll erfasst ist. Wegen des engen Zusammenhangs kann der IGH daher auch über die Nichtbeachtung der einstweiligen Anordnung entscheiden.[58]

Das zweite Problem folgt aus dem Umstand, dass der Streitgegenstand „Missachtung der einstweiligen Anordnung" erst *nach* Klageerhebung entstanden ist. Daher erscheint fraglich, ob die Bundesrepublik Deutschland diese Thematik nachträglich in ihre Klage einbeziehen kann. Wie der IGH jedoch bereits in dem Fall *Fisheries Jurisdiction* anerkannt hat, kann der Gerichtshof, um einen Streit umfassend betrachten zu können, auch nach Klageerhebung entstandene Tatsachen berücksichtigen, sofern diese in unmittelbarem Zusammenhang mit dem Streitgegenstand stehen.[59] Dies ist hier der Fall.

Anm.: Für die Anordnung der vorsorglichen Maßnahme als solcher lässt es der IGH genügen, dass seine Gerichtsbarkeit jedenfalls prima facie gegeben ist.[60] *Hierdurch sucht er das Bedürfnis nach schneller Entscheidung mit dem*

---

[58] Vgl. IGH, *LaGrand*, ICJ Rep. 2001, S. 466, Rn. 45.
[59] IGH, *Fisheries Jurisdiction*, ICJ Rep. 1974, S. 175 (203), Rn. 72.
[60] IGH, *LaGrand*, ICJ Rep. 1999, S. 9, Rn. 13.

Konsensprinzip zu vereinbaren. Bislang ist nur ein Fall bekannt, in dem der IGH eine vorsorgliche Maßnahme angeordnet, später aber seine Gerichtsbarkeit verneint hat.[61]

III. Zulässigkeit

Besondere Zulässigkeitsprobleme sind nicht ersichtlich.

IV. Begründetheit

Gefragt ist nur nach der Entscheidung des IGH wegen der Nichtbeachtung der Maßnahme des IGH durch Unitaria. Hierfür kommt es zunächst auf die generelle Wirkung vorsorglicher Maßnahmen (1.) und sodann auf die konkrete Wirkung der Maßnahme vom 4. März 1999 an (2.). Schließlich ist zu fragen, ob Unitaria durch die ergriffenen Maßnahmen der Anordnung nachgekommen ist (3.).

1. Gem. Art. 41 ist der Gerichtshof befugt, vorsorgliche Maßnahmen zu „bezeichnen". Ob der IGH hiernach die Befugnis besitzt, Maßnahmen mit verbindlicher Wirkung anzuordnen, ist seit langem umstritten. Zur Entscheidung dieser Frage ist auf die englische bzw. französische Textfassung zurückzugreifen, da das IGH-Statut gem. Art. 92 SVN integraler Bestandteil der SVN ist und die deutsche Fassung gem. Art. 111 SVN nicht zu den authentischen Sprachfassungen zählt. Zugleich legt Art. 111 SVN fest, dass der englische und französische Wortlaut gleichermaßen verbindlich sind.[62]

Die englische Fassung erlaubt keine eindeutige Antwort auf die hier gestellte Frage. Dort ist davon die Rede, der Gerichtshof habe die Befugnis „to *indicate* [...] any provisional measures which *ought to be* taken", was eher auf eine nichtverbindliche Anordnung hinzudeuten scheint. Die französische Fassung spricht zwar ebenfalls nur von der Befugnis „*d'indiquer* [...] [des] mesures conservatoires", zusätzlich hierzu heißt es aber, „[qui] *doivent* être prises". Auch wenn dieser zweite Satzteil grammatikalisch eindeutig vom ersten abhängig ist,[63] erscheint die Aussage, eine Maßnahme *müsse* ergriffen werden, doch nur dann sinnvoll, wenn die Maßnahme als solche einen verbindlichen Charakter hat. Damit liegen zwei nicht vollständig deckungsgleiche Sprachfassungen vor, die nach den Regeln des Völkergewohnheitsrechts, wie sie in Art. 31ff. WVRK ihren Ausdruck gefunden haben, in Übereinstimmung gebracht werden müssen.[64]

---

[61] Nämlich im Fall *Anglo-Iranian Oil Co.*, vgl. IGH, ICJ Rep. 1951, S. 89ff. (Vorsorgliche Maßnahme) und ICJ Rep. 1952, S. 93ff. (Urteil).
[62] Vgl. IGH, *LaGrand*, ICJ Rep. 1999, S. 9, Rn. 101.
[63] Dies der Einwand Froweins, ZaöRV 62 (2002), 55 (58).
[64] Eine unmittelbare Anwendung von Art. 31 WVRK scheidet aus, da die Konvention jüngeren Datums ist als das IGH-Statut.

Gem. Art. 33 Abs. 4 WVRK ist bei einer anders nicht zu behebenden Differenz zwischen mehreren Sprachfassungen derjenigen der Vorzug einzuräumen, die mit Ziel und Zweck des Vertrags am besten übereinstimmt. Hauptaufgabe des IGH ist die Streitbeilegung zwischen den Parteien durch bindende Entscheidungen (vgl. Art. 59 IGH-Statut). Diese Aufgabe wäre erheblich erschwert, sollte der IGH nicht durch vorläufige Maßnahmen eine verbindliche Regelung treffen und sich so die Möglichkeit zur endgültigen Entscheidung in der Hauptsache erhalten können. Sinn und Zweck des IGH-Statuts verlangen daher nach einer verbindlichen Anordnung vorläufiger Maßnahmen durch den IGH.

Zwar könnte dagegen eingewandt werden, dass dem IGH die Mittel zur zwangsweisen Durchsetzung seiner Maßnahmen fehlen. Dasselbe gilt indes auch für die Hauptsacheentscheidung des IGH, deren Verbindlichkeit Art. 59 IGH-Statut anordnet: Auch hier ist der Gerichtshof letztlich auf die freiwillige Befolgung durch die Streitparteien angewiesen. Die Möglichkeit zwangsweiser Durchsetzung ist daher von der Verbindlichkeit der Entscheidung als solcher zu trennen.

Daneben ist Art. 94 SVN zu berücksichtigen: Wenn es dort in Abs. 1 heißt, die Mitglieder der VN verpflichteten sich, die „Entscheidungen" des IGH zu befolgen, so könnte darin eine Bestätigung der Verbindlichkeit vorsorglicher Maßnahmen gesehen werden. Dies setzt allerdings voraus, dass der Begriff „Entscheidung" in einem weiten Sinne verstanden wird, also nicht als Synonym für „Urteil", ein Begriff, der in Art. 94 Abs. 2 SVN auftaucht. Selbst wenn man aber die Begriffe „Entscheidung" und „Urteil" in Art. 94 Abs. 1 und 2 SVN gleichsetzen würde, so bedeutete dies nur, dass *jedenfalls* die Urteile des IGH verbindlichen Charakter hätten; daraus wäre nicht *e contrario* zu schließen, dass andere Entscheidungen als Urteile stets unverbindlich sein müssten. Art. 94 SVN steht daher einer Auslegung des Art. 41 IGH-Statut im oben bezeichneten Sinne nicht entgegen.

Als Zwischenergebnis bleibt somit festzuhalten, dass der Gerichtshof gem. Art. 41 IGH-Statut zur verbindlichen Anordnung vorsorglicher Maßnahmen befugt ist.[65]

Anm.: Auch der EGMR hat mittlerweile seine anders lautende frühere Rechtsprechung aufgegeben und erachtet einstweilige Maßnahmen nunmehr als verbindlich.[66]

2. Die bloße Befugnis des IGH zur verbindlichen Anordnung vorsorglicher Maßnahmen sagt jedoch noch nichts über die Entscheidung im Einzelfall aus. Maßgebend hierfür ist vielmehr der Wortlaut der jeweiligen Anordnung, hier also derjenigen vom 4. März 1999. Wenn es dort heißt, Unitaria „sollte" alle ihm zur Verfügung stehenden Maßnahmen ergreifen, so könnte daraus auf einen rein

---

[65] IGH, *LaGrand*, ICJ Rep. 1999, S. 9, Rn. 109; zustimmend etwa Oellers-Frahm, EuGRZ 2001, 265 (268 ff.); s. a. bereits zuvor dies., EuGRZ 1999, 437 ff.
[66] Vgl. EGMR, *Mamatkulov u. a. ./.* Türkei, EuGRZ 2003, 704 mit Anm. Oellers-Frahm, EuGRZ 2003, 689 ff. Bestätigt durch das Urteil der Großen Kammer vom 4. Februar 2005 (abrufbar unter http://hudoc.echr.coe.int).

empfehlenden Charakter geschlossen werden. Andererseits ist die Anordnung im Zusammenhang mit dem Antrag der Bundesrepublik Deutschland zu lesen, der darauf abzielte, Unitaria zur Ergreifung von Maßnahmen zu verpflichten. Da der IGH mit seiner Anordnung dem Antrag stattgegeben hat, ist daraus zu schließen, dass dieser verbindlichen Charakter hat.[67]

3. Somit ist in einem letzten Schritt zu klären, ob Unitaria durch die von ihm ergriffenen Maßnahmen der Anordnung vom 4. März 1999 Genüge getan hat. Laut Sachverhalt hat die Regierung von Unitaria die Anordnung des IGH noch am selben Tag der zuständigen Behörde übermittelt. Hierbei hat sie sich indes jeder weiteren Stellungnahme enthalten, was insbesondere vor dem Hintergrund Bedeutung erlangt, dass das oberste Gericht in Unitaria derartige Anordnungen als nichtverbindlich bezeichnet hat. Obwohl deshalb damit zu rechnen war, dass sich die Behörde der Rechtsauffassung des obersten Gerichts anschließen und die vorsorgliche Maßnahme ignorieren würde, unterließ es die Regierung von Unitaria darauf hinzuweisen, dass entsprechende Anordnungen des IGH nach teilweise vertretener Ansicht der Völkerrechtslehre als verbindlich zu betrachten sind. Auch wenn aber die Anordnung vom 4. März 1999 ihrem Wortlaut nach dem Staat Unitaria keine Ergebnispflicht, sondern eine reine Verhaltenspflicht auferlegt, hätten die staatlichen Behörden doch mehr tun können, um der Anordnung des IGH nachzukommen.[68]

V. Ergebnis

Der IGH wird im Hinblick auf die Anordnung vom 4. März 1999 feststellen, dass Unitaria durch die Nichtbeachtung gegen die sich aus der Anordnung ergebenden Verpflichtungen verstoßen hat.

Kernsätze

1. Für die Ausübung diplomatischen Schutzes zugunsten von **Doppelstaatern** ist zu differenzieren: Nach klassischem Völkerrecht ist im **Verhältnis der zwei Heimatstaaten** die Schutzgewährung generell ausgeschlossen; die internationale Schiedsgerichtsbarkeit stellt insoweit zunehmend auf die effektive Staatsangehörigkeit ab. Im **Verhältnis zu Drittstaaten** steht nach klassischem Völkerrecht das Schutzrecht dem Staat der effektiven Staatsangehörigkeit, nach einer im Vordringen befindlichen Auffassung hingegen beiden Staaten zu. Bei **Monostaatern** dagegen ist die Ausübung des Schutzes auch dann zulässig, wenn die Staatsangehörigkeit völlig ineffektiv ist.

---

[67] So auch IGH, *LaGrand*, ICJ Rep. 1999, S. 9, Rn. 110.
[68] Vgl. IGH, *LaGrand*, ICJ Rep. 1999, S. 9, Rn. 111 ff.

2. Für die Wirksamkeit eines Vorbehalts kommt es – im Interesse der weiten Verbreitung von multilateralen Verträgen (**Universalitätsprinzip**) – in der Regel nicht mehr auf die Annahme eines Vorbehalts durch alle übrigen Vertragsparteien an (wie nach dem früher vertretenen **Integritätsprinzip** erforderlich, das sich heute nur noch in Art. 20 Abs. 2 u. 3 WVRK findet), vgl. Art. 20 WVRK.

3. Ob ein Vorbehalt mit Ziel und Zweck eines völkerrechtlichen Vertrages unvereinbar und daher gem. Art. 19 lit. c WVRK unzulässig ist, unterliegt der **Selbstbeurteilung** der übrigen Vertragsstaaten. Legen Staaten aus diesem Grund Einspruch gegen den Vorbehalt ein, führt dies grundsätzlich nur zur Nichtanwendbarkeit der von Vorbehalt und Einspruch betroffenen Bestimmungen zwischen den beiden Staaten (Art. 21 Abs. 3 WVRK). Damit findet im Verhältnis zu einem Einspruch einlegenden Staat die vom Vorbehalt betroffene Bestimmung überhaupt keine Anwendung – eine gerade im Menschenrechtsbereich unbefriedigende Lösung, da die Intention des widersprechenden Staates regelmäßig die Sicherstellung der *unbeschränkten* Anwendbarkeit der Vorschrift, nicht aber ihre Nichtanwendbarkeit ist.

4. Daher vertritt der UN-Menschenrechtsausschuss die Ansicht, dass im Falle des IPbürgR der Ausschuss selbst **objektiv und mit absoluter Wirkung** zur Entscheidung darüber berufen sei, ob ein Vorbehalt mit Ziel und Zweck des Vertrags vereinbar ist. Die Unzulässigkeit eines Vorbehalts hindere nicht das In-Kraft-Treten des Vertrags für die betreffende Partei, sondern führe zur Teilnichtigkeit nur der Vorbehaltserklärung. Der Vertrag sei daher in dem ohne den Vorbehalt garantierten Ausmaß anwendbar.

5. Rechtsfolge eines Völkerrechtsverstoßes ist grundsätzlich eine Pflicht des Rechtsbrechers zur **Wiedergutmachung** (*reparation*). Diese kann die Form der **Wiederherstellung** des ursprünglichen Zustands (*restitution*), der **Entschädigung** in Geld (*compensation*) oder **symbolischer** Wiedergutmachungshandlungen (*satisfaction*) annehmen. Hiervon zu unterscheiden ist der Anspruch auf **Einstellung** des völkerrechtswidrigen Verhaltens (*cessation*) (nur bei Dauerdelikten) und auf **Zusicherung der Nichtwiederholung** (*guarantee of non-repetition*).

6. Gem. Art. 41 IGH-Statut besitzt der IGH die Befugnis, für die Parteien **verbindlich** vorsorgliche Maßnahmen anzuordnen. Ob eine Anordnung verbindlicher Natur ist, bestimmt sich durch Auslegung nach dem Wortlaut der jeweiligen Maßnahme.

Die mündliche Prüfung
im Ersten Juristischen Staatsexamen:
Die völkerrechtlichen Aspekte des Irak-Konflikts

Vorbemerkung: Gegenstand der mündlichen Prüfung ist ein Prüfungsgespräch, in dessen Verlauf die Kandidaten Verständnis für die rechtlichen Zusammenhänge zeigen sollen. Allgemeinbildung, geschichtliche und politische Grundlagenkenntnisse sind im Wahl- und Schwerpunktfach „Völkerrecht" besonders gefordert und wichtiger Teil der mündlichen Prüfung. Ausgangspunkt des Prüfungsgesprächs ist meist ein kleiner Fall[1] oder ein zeitgeschichtliches Ereignis mit zwischenstaatlichem Bezug. In letzterem Falle entwickelt der Prüfer die völkerrechtlich interessanten Aspekte des Sachverhalts im Laufe des Prüfungsgesprächs und dem Kandidaten ist es gestattet, eine der weiteren Aufklärung des rechtlich relevanten Sachverhalts dienende Rückfrage zu stellen. Das folgende Prüfungsgespräch behandelt:

Völkerrechtliche Fragen des Irak-Konflikts

Prüfer: Wohl kein Ereignis seit dem Ende des Zweiten Weltkriegs und der Gründung der Vereinten Nationen hat das Völkerrecht in so grundsätzlicher Weise berührt wie der Irak-Konflikt.[2] Um welche völkerrechtlichen Aspekte geht es?

Kandidat: Es geht um das universelle Gewaltverbot (Art. 2 Ziff. 4 UN-Charta) und seine beiden wichtigsten Ausnahmen, nämlich Maßnahmen der kollektiven Sicherheit (VII. Kapitel der UN-Charta, insbesondere Art. 42) und das Recht zur individuellen oder kollektiven Selbstverteidigung (Art. 51 UN-Charta).

I. Maßnahmen der kollektiven Sicherheit

Prüfer: Beginnen wir mit den Problemen der kollektiven Sicherheit. Der Irak-Konflikt des Jahres 2002/2004 reicht weit zurück und es gilt eine Reihe bedeutsamer Resolutionen des Sicherheitsrats...

Kandidat: Der jüngste Irak-Konflikt geht zurück auf die irakische Invasion in Kuwait.

---

[1] Zum „kleinen Fall", der nicht in allen Punkten „klausurenmäßig" zu lösen ist, sondern zum gängigen Prüfungsstoff führen soll, vgl. „Humanitäre Intervention und Einsatz deutscher Streitkräfte" in der Vorauflage (2001), S. 171 ff.

[2] Vgl. grundsätzlich: Zeitschrift für Politik (ZfP), Heft 3/August 2003, mit dem Schwerpunktthema: „Der Irak-Krieg und dessen Folgen", ibid. D. Blumenwitz, Die völkerrechtlichen Aspekte des Irak-Konflikts, S. 301 ff.; M. Breuer, Neue alte Weltordnung, WeltTrends Nr. 41 (2003/04), 11 ff.

Prüfer: Richtig! Am 2. August 1990 marschierten irakische Truppen in Kuwait ein und wenig später erklärte der Irak Kuwait zur 19. Provinz. Wie reagierte die UNO?

1. Die Mandatierung militärischer Gewalt zur Befreiung Kuwaits

Kandidat: Der Sicherheitsrat verlangte den bedingungslosen Abzug der irakischen Truppen aus Kuwait[3] und ermächtigte – als der Irak nicht kooperierte – die Mitgliedstaaten, die Einhaltung der vorangegangenen Resolutionen mit „allen erforderlichen Mitteln durchzusetzen".

Prüfer: Die Sicherheitsresolution 678 (1990) beruht demgemäß auf der All-means-clause des Art. 42 UN-Charta?

Kandidat: Ja, aber dies war 1990/91 keineswegs unbestritten. Die amerikanische Seite argumentierte, der Sicherheitsrat habe mit seiner Resolution 678 (1990) lediglich die kollektive Selbstverteidigung der mit Kuwait zusammenarbeitenden Staaten gebilligt. Und das Selbstverteidigungsrecht unterliegt der Kontrolle des Sicherheitsrats. Nach Art. 51 Satz 1, 2. Halbsatz UN-Charta besteht das Selbstverteidigungsrecht nämlich nur solange, bis der Sicherheitsrat selbst die erforderlichen Maßnahmen ergreift.

Prüfer: Welche praktischen Konsequenzen ergeben sich aus der Streitfrage?

Kandidat: Üben die mit Kuwait zusammenarbeitenden Staaten ihr kollektives Selbstverteidigungsrecht gegenüber dem Irak aus, dann bestimmen diese Staaten im Rahmen des völkerrechtlich Erlaubten die Kriegsziele, entscheiden also darüber, ob es mit der Befreiung des kuwaitischen Territoriums sein Bewenden haben soll oder ob z.B. ein militärisches Vorrücken bis in die irakische Hauptstadt und ein gewaltsamer Regierungswechsel in Bagdad geboten erscheinen. Handelt es sich dagegen um eine militärische Maßnahme im Rahmen des VII. Kapitels der UN-Charta, dann bestimmt der Sicherheitsrat, wie der Frieden in der Region wiederherzustellen ist.

---

[3] SR-Res. 660 und 661 (1990).

Prüfer: Sehr gut! Der Sicherheitsrat entscheidet dann über das, was „to restore international peace and security in the area"[4] letztlich bedeutet. Wie hat die Staatenpraxis entschieden?[5]

2. Die Waffenstillstandsresolution 687 (1991)

Kandidat: Der Waffengang wurde nicht durch völkerrechtlichen Vertrag zwischen Siegern und Besiegten beendet, sondern durch die Resolution 687 des Sicherheitsrats vom 3. April 1991.[6] Trotz der vielen Auflagen, die der Sicherheitsrat gegenüber dem Irak verfügte, handelte es sich doch um eine umfassende Waffenstillstandsregelung und nicht nur um eine örtlich und zeitlich begrenzte Waffenruhe.

Prüfer: Der Kreis schließt sich: Die vom Sicherheitsrat in seiner Resolution 678 (1990) mandatierte Anwendung militärischer Gewalt wird mit der Resolution 687 (1991) eindeutig beendet.[7] Haben sich die Großmächte daran gehalten?

Kandidat: Nein: Die Vereinigten Staaten, Großbritannien und Frankreich errichteten bereits im April 1991 mit Duldung Russlands und Chinas im Irak Flugverbotszonen zum Schutz der kurdischen und schiitischen Bevölkerung und setzten diese ohne ausdrückliches UN-Mandat mit militärischen Mitteln durch.[8] Der Irak verstieß nach 1991 laufend gegen die im Waffenstillstand verankerten Rüstungskon-

---

[4] So die Vorgabe der SR-Res. 678 (1990). Siehe Weston, Security Council Resolution 678 and Persian Gulf Decision Making: Precarious Legitimacy, AJIL 85 (1991), S. 516 (525 ff.).
[5] Schaller, Massenvernichtungswaffen und Präventivkrieg – Möglichkeiten der Rechtfertigung einer militärischen Intervention im Irak aus völkerrechtlicher Sicht, ZaöRV 62 (2002), 641 ff. (645 f.); Frowein/Krisch, in: Simma, UNC (2002), Art. 42 Rn. 22; ferner Weller, The Kuwait Crisis: A Survey of Some Legal Issues, African Journal of International and Comparative Law 3 (1991), 1 (23) ff.; Greenwood, New World Order or Old? The Invasion of Kuwait and the Rule of Law, The Modern Law Review 55 (1992), 153 (167 ff.); Freudenschuss, Between Unilateralism and Collective Security: Authorizations of the Use of Force by the UN Security Council, EJIL 5 (1994), 492 (496 ff.); Sarooshi, The United Nations and the Development of Collective Security (1999), S. 175 ff. Die Bundesrepublik Deutschland schloss sich dieser Rechtsauffassung an, um im Krieg gegen den Irak nicht als Neutralitätspflichten gebunden zu sein.
[6] Vgl. Greay, After the Ceasefire: Iraq, the Security Council and the Use of Force, BYIL 65 (1994), 135 (143). Vorangegangen war die SR-Res. 686 (1991) vom 2. März 1991, die die Phase zwischen der faktischen Einstellung der Kampfhandlungen und der Vereinbarung eines formalen Waffenstillstandes regelte. Für diesen Zeitraum galten die vorangegangenen SR-Resolutionen einschließlich der SR-Res. 678 (1990).
[7] Die SR-Res. 687 (1991) spricht in Ziffer 1 ausdrücklich von einem „formal cease-fire".
[8] Die SR-Res. 688 (1991) vom 5. April 1991 verlangt diesbezüglich nur „that Iraq, as a contribution to removing the threat to international peace and security in the region, immediately end this repression „ und äußert die Hoffnung, „that an open dialogue will take place to ensure the human and political rights of all Iraqi citizens are respected ...".

trollmaßnahmen, was zu erneuten Rügen des Sicherheitsrats und zum Teil massiven Militärschlägen der USA führte.[9]

Prüfer: Lassen sich diese Militärschläge völkerrechtlich rechtfertigen?

Kandidat: Die USA berufen sich einmal auf die systematischen und schweren Verletzungen der Bedingungen des Waffenstillstands durch den Irak...

Prüfer: Führt ein „material breach" des Waffenstillstands von 1991[10] automatisch zum Wiederaufleben des *ius ad bellum* der mit Kuwait zusammenarbeitenden Staaten oder des Mandats gemäß SR-Res. 678 (1990)?

Kandidat: Die Waffenstillstandsresolution des Sicherheitsrats konsumierte das kollektive Selbstverteidigungsrecht, sollte dieses neben den Maßnahmen des Sicherheitsrats nach Art. 42 UN-Charta 1991 noch bestanden haben.[11] Darüber, ob eine schwere Verletzung der Waffenstillstandsresolution durch den Irak gegen diesen erneut militärische Vergeltung fordert, entscheidet allein der Sicherheitsrat, nicht die an weiteren militärischen Operationen interessierten Staaten.

Prüfer: Ausgezeichnet! Damit hängt die Legitimation erneuter Anwendung militärischer Gewalt gegen den Irak allein vom Sicherheitsrat und der Auslegung seiner einschlägigen Resolutionen ab. Die zum Handeln entschlossenen Staaten berufen sich auf „Unilateral Enforcement of the Collective Will".[12] Was ist darunter zu verstehen?

---

[9] Die einschlägigen SR-Res. 1154 (1998) vom 2. März 1998 und 1205 (1998) vom 5. November 1998 enthalten keine ausdrückliche Ermächtigung zum Waffengebrauch im Rahmen des Systems der kollektiven Sicherheit. Zu den massiven Militärschlägen der USA im Dezember 1998 im Rahmen der „Operation Desert Fox" vgl. Bayers, The Shifting Foundations of International Law: A Decade of Forceful Measures against Iraq, EJIL 13 (2002), 21 (23 ff.). m.w.N.

[10] Die schweren Verletzungen der Waffenstillstandsbedingungen durch den Irak werden in zahlreichen Sicherheitsresolutionen dokumentiert. Siehe SR-Res. 707 (1991) Ziff. 1: „Condemns Iraq's serious violation of a number of its obligations under section C of resolution 687 (1991) and of its undertakings to cooperate with the Special Commission and the International Atomic Energy Agency, which constitutes a material breach of the relevant provisions of that resolution which established a cease-fire and provided the conditions essential to the restoration of peace and security in the region; ...". Ähnliche Formulierungen tauchten in weiteren Resolutionen auf: „clear violation" (SR-Res. 1060 [1996] vom 12. Juni 1996), „clear and flagrant violation" (SR-Res. 1115 [1997] vom 21. Juni 1997), „flagrant violation" (SR-Res. 1134 [1997] vom 23. Oktober 1997; SR-Res. 1205 [1998] vom 5. November 1998) oder „totally unacceptable contravention of its obligations" (SR-Res. 1194 [1998] vom 9. September 1998). Vgl. auch UN Doc. S/23609; UN Doc. S/PV.3058; UN Doc. S/25081; UN Doc. S/25970; SR-Res. 1137 (1997).

[11] Vgl. oben.

[12] Vgl. Frowein, Unilateral Interpretation of Security Council Resolution – a Threat to Collective Security?, in: Götz/Selmer/Wolfrum (Hrsg.), Liber amicorum Günter Jaenicke (1998), S. 97 (101 f.); ferner den Decker/Wessel, Military Enforcement of Arms Control in Iraq, Leiden Journal of International Law 11 (1998), 497 (502 ff.).

3. Die Resolution 1441 (2002)

Kandidat: Gemeint ist damit eine implizite Autorisierung von Waffengewalt. Die Nichtbeachtung des „Gemeinwillens", der in einer Sicherheitsratsresolution seinen Ausdruck findet, soll vor allem dann einzelstaatliche Gewaltanwendung rechtfertigen, wenn der Sicherheitsrat – wie bei seiner Resolution 1441 (2002)[13] – für den Fall des „material breach"[14] ernsthafte Konsequenzen („serious consequences") angedroht hat.

Prüfer: Sie sprechen von „implizit". – Es handelt sich also um ein Auslegungsproblem. Nach welchen Grundsätzen werden Sicherheitsratsresolutionen interpretiert?

Kandidat: Grundsätzlich gelten die allgemeinen Auslegungsregeln der Wiener Vertragsrechtskonvention,[15] wobei dem Wortlaut besondere Bedeutung zukommt. Die vom Sicherheitsrat zu autorisierende Anwendung von Waffengewalt gegen ein Mitglied der Staatengemeinschaft ist ein so schwer wiegender Eingriff in die ansonsten umfassend geschützte Souveränität und Integrität aller Staaten, dass von der militärische Gewalt legitimierenden Resolution ein Höchstmaß an rechtlicher Sicherheit zu fordern ist. Dies schließt jede extensive Interpretation und damit die implizierte Ermächtigung aus.

Prüfer: Wenden Sie diesen Grundsatz auf die Sicherheitsratsresolution 1441 (2002) an, aus der die USA und Großbritannien noch kurz vor Ausbruch des Irak-Kriegs ihr Recht zur Anwendung militärischer Gewalt gegen den Irak herleiten wollten!

Kandidat: Die Nichtbeachtung des Gemeinwillens („collective will"), der in einer Sicherheitsratsresolution seinen Ausdruck findet, ist zwar eine Völkerrechtsverletzung („material breach"), rechtfertigt aber *per se* noch nicht die Anwendung militärischer Gewalt; auch andere Staaten verletzen beharrlich Sicherheitsratsresolutionen und werden mit Massenvernichtungswaffen in Verbindung gebracht – ohne militärische Konsequenzen zu gewärtigen.

Ernsthafte Konsequenzen („serious consequences") verweisen nicht notwendig auf militärische Maßnahmen im Sinne von Art. 42 UN-Charta; auch Maßnahmen unter Ausschluss von Waffengewalt

---

[13] Resolution 1441 (2002) vom 8. November 2002.
[14] Siehe oben Fn. 10.
[15] Vgl. Art. 31: „Ein Vertrag ist nach Treu und Glauben in Übereinstimmung mit der *gewöhnlichen, seinen Bestimmungen* in ihrem Zusammenhang *zukommenden Bedeutung* und im Lichte seines Zieles und Zweckes auszulegen."

	(Art. 41 UN-Charta) sind denkbar.[16] In der Resolution bleibt offen, von wem, mit welchen Mitteln und mit welchen Zielen zu vollstrecken ist.[17]
Prüfer:	Sehr gut! Die selbst ernannten Vollstrecker des „collective will" gefährden die internationale Sicherheit und unterminieren letztlich die Autorität des Sicherheitsrats. – Hat der Sicherheitsrat nach dem raschen und spektakulären Sieg der Briten und Amerikaner über den Irak den Waffengang genehmigt? Welche Bedeutung kommt der Sicherheitsratsresolution 1483 (2003) vom 22. Mai 2003 zu, mit der der Sicherheitsrat die Besatzungsmacht im Irak förmlich zur Kenntnis nimmt?[18]
Kandidat:	Sowohl der Sicherheitsrat als auch der UN-Generalsekretär haben alles vermieden, was als nachträgliche Legalisierung der Anwendung militärischer Gewalt im Irak missverstanden werden könnte. Die Kontaktaufnahme mit den Siegerstaaten als der Besatzungsmacht im Irak ändert daran nichts. Die kriegerische Besetzung gründet unmittelbar auf Völkergewohnheitsrecht, bedarf keiner Anerkennung und entsteht auch unabhängig vom Recht, Krieg zu führen („*ius ad bellum*").[19]
Prüfer:	Spielen Fragen der kollektiven Sicherheit – insbesondere das 2002/ 2003 im Kreise der Großmächte heftig umstrittene „enforcement of the collective will" – nach dem militärischen Sieg über den Irak noch eine praktische Rolle?
Kandidat:	Weder Briten noch Amerikaner haben nach dem militärischen Sieg ein Interesse daran, ihre Besatzungs- und künftige Irakpolitik an den in Sicherheitsratsresolutionen verankerten „collective will" zu binden.

---

[16] Demgemäß schlossen auch die Großmächte Frankreich, Russland und China jeglichen Automatismus hinsichtlich der Gewaltanwendung gegen den Iran aus. Vgl. Gemeinsame Erklärung Frankreichs, Russlands und Chinas vom 8. November 2002, http://www.botschaft-frankreich.de/aktuelle.php3?actu=724.

[17] Der Sicherheitsrat hat jedenfalls zu keinem Zeitpunkt der Irak-Krise erkennen lassen, dass er anderen das Krisenmanagement überlassen will. Die Waffenstillstandsresolution 687 (1991) unterstreicht in Punkt 34 ausdrücklich die Bereitschaft des Sicherheitsrates, „to remain seized of the matter and to take such further steps as may be required for the implementation of the present resolution and to secure peace and security in the region." Die Beschlusspraxis in Vergleichsfällen wie Somalia, Jugoslawien, Ruanda und Haiti verdeutlicht, dass der Sicherheitsrat militärische Einsätze immer nur *expressis verbis* autorisiert.

[18] In der Präambel der Resolution 1483 (2003) nimmt der Sicherheitsrat die kriegerische Besetzung des Irak förmlich zur Kenntnis: „… Noting the letter of 8 May 2003 from the Permanent Representatives of the United States of America and the United Kingdom of Great Britain and Northern Ireland to the President of the Security Council (S/2003/538) and recognizing the specific authorities, responsibilities, and obligations under applicable international law of these states as occupying powers under unified command (the „Authority"), …".

[19] Vgl. Art. 42 HLKO: „Ein Gebiet gilt als besetzt, wenn es sich tatsächlich in der Gewalt des feindlichen Heeres befindet."

II. Das Selbstverteidigungsrecht und seine nähere Ausgestaltung

Prüfer: Wir können damit das Kapitel „Kollektive Sicherheit" abschließen und uns dem Selbstverteidigungsrecht zuwenden. Terroristische Angriffe, wie die auf amerikanische Einrichtungen am 11. September 2001, sind als eine neue Herausforderung für das naturgegebene Recht auf Selbstverteidigung empfunden worden. Was bedeutet Krieg gegen Terroristen? Ist der Irak zu Recht – als Schurkenstaat („rogue state") und integraler Bestandteil der von Präsident Bush so bezeichneten „Achse des Bösen" – ins Fadenkreuz des amerikanischen Anti-Terror-Krieges gerückt? Was ist überhaupt Krieg? Verwendet die Charta den Begriff Krieg?

1. Der völkerrechtliche Kriegsbegriff

Kandidat: Krieg ist die Suspendierung des Friedensvölkerrechts, also der Ausnahmezustand zwischen zwei oder mehreren Staaten. Die Charta verwendet den Begriff nicht, weil durchaus zweifelhaft sein kann, ob in einem militärischen Konflikt das Friedensvölkerrecht außer Kraft gesetzt wurde, also Krieg geführt wird. Nach der Ächtung des Krieges ist gerade der Angreifer interessiert, den völkerrechtlichen Charakter seiner militärischen Aktionen zu verschleiern.

Prüfer: Wie wird das Friedensvölkerrecht suspendiert?

Kandidat: Nur Staaten können den Krieg eröffnen, durch Kriegserklärung[20] oder durch die faktische Aufnahme von Kampfhandlungen in der Absicht, Krieg zu führen (*„animus bellum gerendi"*).

Prüfer: Richtig! Krieg ist eine Veranstaltung souveräner Staaten, ist also staats- und raumbezogen. Was hat dann „Krieg gegen den Terrorismus" zu bedeuten?

2. Der Krieg gegen den Terrorismus

Kandidat: Das Wort „Krieg" wird häufig in Unkenntnis seiner spezifisch völkerrechtlichen Bedeutung gebraucht. Wir sprechen z.B. vom Krieg gegen die Armut oder die Drogen. Terror ist ein Mittel zur Anwen-

---

[20] Vgl. Art. 1 Abkommen über den Beginn der Feindseligkeiten (III. Haager Abkommen vom 18. Okt. 1907, RGBl. 1910, S. 82): „Die Vertragsmächte erkennen an, daß der Feindseligkeiten unter ihnen nicht beginnen dürfen ohne eine vorausgehende unzweideutige Benachrichtung, die entweder die Form einer mit Gründen versehenen Kriegserklärung oder die eines Ultimatums mit bedingter Kriegserklärung haben muß." Die USA haben sowohl den Krieg gegen Afghanistan 2001 als auch den Irak-Krieg 2003 mit einem förmlichen Kriegsultimatum eröffnet. Im Falle Afghanistans wurde die Auslieferung von Osama bin Laden ultimativ gefordert, im Falle des Iraks die Exilierung von Saddam Hussein und seiner Clique.

dung von Gewalt, eine Waffe, die von Privaten, nichtstaatlichen Organisationen, aber auch von Staaten eingesetzt werden kann.

Prüfer: Und was gilt hinsichtlich des 11. Septembers?

Kandidat: Bei den Anschlägen kann es sich um einen tausendfachen Mord handeln, eine „Megastraftat", die nach örtlich geltenden Strafrecht zu ahnden wäre. Nur wenn „Gewalt von außen" nachweisbar ist, tauchen völkerrechtliche Fragen auf.

Prüfer: Gut! Dann tritt die Staatenhaftung für Private ein und es stellt sich – aus der Sicht der Vereinigten Staaten – die Frage, ob der terroristische Angriff einem auswärtigen Staat zuzurechnen ist. Was sind hier die völkerrechtlichen Maßstäbe?

a) Art. 3 lit. g Aggressionsdefinition

Kandidat: Art. 3 lit. g der von der UN-Generalversammlung am 14. Dezember 1974 verabschiedeten „Aggressionsdefinition", die die allgemein anerkannten einschlägigen Regeln des Völkergewohnheitsrechts enthält. Als Angriffshandlung gilt demnach auch das „Entsenden bewaffneter Banden, Gruppen, Freischärler oder Söldner durch einen Staat oder für ihn, wenn sie mit Waffengewalt Handlungen gegen einen anderen Staat von so schwerer Art ausführen, dass sie Angriffshandlungen gleichkommen."
Von Staatsterrorismus kann demnach nur gesprochen werden, wenn ein Staat die effektive Kontrolle über Terroristen ausübt, und diese wie seine eigenen Streitkräfte einsetzt. Für die Zurechnung fordert der IGH eine effektive Kontrolle des Staates über die Privaten, wobei die staatliche Kontrolle nur dann effektiv ist, wenn der Staat wesentlichen Einfluss auf die Aktionen der Privaten nehmen kann.[21]

Prüfer: Sehr gut! Eröffnet Art. 3 lit. g – vorausgesetzt seine Tatbestandselemente sind erfüllt – das Selbstverteidigungsrecht?

Kandidat: Die von der Generalversammlung verabschiedete Resolution definiert die Angriffshandlung („act of aggression") im Sinne von Art. 39 UN-Charta. Die Feststellung des Sicherheitsrats, dass eine Angriffshandlung vorliegt, ermächtigt diesen, mandatarisch gegen den Angreiferstaat vorzugehen. Das Selbstverteidigungsrecht setzt einen bewaffneten Angriff („armed attack") voraus.

Prüfer: Wie unterscheiden sich die beiden Begriffe?

---

[21] Vgl. IGH, „Military Activities against Nicaragua", ICJ Rep. 1986, S. 14 (45 ff., 53 ff., 64 f.). In diesem Sinne auch die Draft Articles on Responsibility of States for Internationally Wrongful Acts (2001) der International Law Commission (ILC). Art. 8 des Entwurfs geht von der Verantwortlichkeit von Staaten für Private aus, wenn die Privaten faktisch auf Anweisung oder unter der Leitung bzw. Kontrolle des Staates agieren.

Kandidat: Das individuelle oder kollektive Selbstverteidigungsrecht setzt die Offenkundigkeit des Militärschlags voraus. Der Staat, der den bewaffneten Angriff führt und gegen den das Selbstverteidigungsrecht zu richten ist, muss zweifelsfrei feststehen. Der terroristische Angriff – sollte er von einem Staat oder einer Staatengruppe zu verantworten sein – ist ein subversiver Angriff, der viele Zurechnungsfragen offen lässt. Deshalb sollte – im Interesse des universellen Gewaltverbots – nur die Staatengemeinschaft, also der Sicherheitsrat, befugt sein, gegen den mutmaßlichen Rechtsbrecher mit militärischer Gewalt vorzugehen.

Prüfer: Gut! Wie rechtfertigen die Amerikaner ihren Krieg gegen den internationalen Terrorismus?[22]

b) Staatenhaftung für das Entsenden terroristischer Banden

Kandidat: Die Vereinigen Staaten gehen von ihrem naturgegebenen („inherent") Selbstverteidigungsrecht aus[23] und haben das „Taliban-Regime in Afghanistan" als die eigentlich Verantwortlichen für den 11. September identifiziert.[24]

Prüfer: Teilt der Sicherheitsrat diesen Rechtsstandpunkt?

Kandidat: Im Sicherheitsrat hat es hinsichtlich des von den USA gegen Afghanistan beanspruchten Selbstverteidigungsrechts keine förmliche Ab-

---

[22] Vgl. hierzu Bruha/Bortfeld, Terrorismus und Selbstverteidigung, VN 2001, 161 ff.; Condorelli, Les attentats du 11 septembre et leurs suites: ou va le droit international?, RGDIP 105 (2001), 829 ff.; Delbrück, The fight against global terrorism, GYIL 44 (2001), 9 ff.; Häußler, Der Schutz der Rechtsidee – Zur Notwendigkeit effektiver Terrorismusbekämpfung nach geltendem Völkerrecht, ZRP 2001, 537 ff.; Krajewski, Terroranschläge in den USA und Krieg gegen Afghanistan – Welche Antworten gibt das Völkerrecht?, KJ 2001, 363 ff.; ders., Selbstverteidigung gegen bewaffnete Angriffe nichtstaatlicher Organisationen – Der 11. September 2001 und seine Folgen, AVR 30 (2002), 183 ff.; Kugelmann, Die völkerrechtliche Zulässigkeit von Gewalt gegen Terroristen, Jura 2003, 376 ff.; Ruffert, Terrorismusbekämpfung zwischen Selbstverteidigung und kollektiver Sicherheit, ZRP 2002, 247 ff.; Schmahl/Harratsch, Internationaler Terrorismus als Herausforderung an das Völkerrecht, WeltTrends Nr. 32 (2001), 111 ff.; Stahn, International Law at a Crossroads? The Impact of September 11, ZaöRV 62 (2002), 183 ff.; Tomuschat, Der 11. September 2001 und seine rechtlichen Konsequenzen, EuGRZ 2001, 535 ff.
[23] Am 7. Oktober 2001 informierte der Ständige Vertreter der USA bei den Vereinten Nationen den Präsidenten des Sicherheitsrats in einem Schreiben, dass Amerika infolge des bewaffneten Angriffs vom 11. September 2001 mit Kampfhandlungen in Ausübung ihres naturgegebenen Rechts zur individuellen und kollektiven Selbstverteidigung begonnen hätten („... initiated actions in the exercise of its inherent right of individual and collective self-defense following the armed attacks that were carried out against the U.S. on 11 September 2001").
[24] Vgl. Schreiben vom 7. Oktober 2001: „... clear and compelling information that the Al-Qaeda organization, which is supported by the Taliban regime in Afghanistan, had a central role in the attacks." ... „There is still much we do not know ... we may find that our self-defense requires further actions with respect to other organizations and other states."

stimmung gegeben.[25] Wiederholt ist auf die Sicherheitsratsresolution 1368 (2001) vom 12. September 2001 verwiesen worden,[26] die den internationalen Terrorismus verurteilt und in ihrem Vorspruch – also nicht im operativen Teil – u. a. auf das Selbstverteidigungsrecht verweist.[27] Das Selbstverteidigungsrecht wird hier nur zitiert, nicht aber seine Anwendung konkret auf die Ereignisse des 11. Septembers hin überprüft.

Prüfer: Richtig! Und erst recht muss bezweifelt werden, dass man einen Bogen vom 11. September bis in den Irak schlagen kann. Zumindest gibt es keine gerichtlich verwertbaren Hinweise. So viel zur Rechtfertigung des Irak-Kriegs mit dem Kampf gegen den internationalen Terrorismus! An welche andere Rechtfertigung des Krieges ließe sich noch denken?

3. Der „gerechte Befreiungskampf" (Art. 7 Aggressionsdefinition)

Kandidat: ... an die Befreiung des irakischen Volkes von einem menschenrechtsfeindlichen und undemokratischen Regime?

Prüfer: Richtig! Gerade weil sich die vermutete Beteiligung des Irak an den Ereignissen des 11. Septembers nicht verifizieren ließ, taucht schon bald der „gerechte Befreiungskampf" als weiteres Argument für die Kriegsführung auf. Ist dieses Argument stichhaltig?

Kandidat: Zu denken wäre an Art. 7 der Aggressionsdefinition. Die legitime Unterstützung eines nationalen Befreiungskampfes fordert zunächst die Existenz einer autochthonen Befreiungsfront, die militärische Hilfe im Ausland erbittet und möglicherweise auch erhalten darf. Eine vom irakischen Volke legitimierte effektive Befreiungsfront gegen Saddam Hussein und sein Regime hat es nie gegeben.

Prüfer: Darf ein unliebsam gewordenes Staatsoberhaupt, wie Saddam Hussein, durch einen gezielten Militärschlag liquidiert werden?

---

[25] Gemäß einer Presseerklärung des Präsidenten des Sicherheitsrates vom 8. Oktober 2001 hat der Rat das einschlägige amerikanische Schreiben vom 7. Oktober 2001 (vgl. oben Fn. 23) zustimmend zur Kenntnis genommen („the members of the Council were appreciative of the presentation of the U.S."). Gleichzeitig äußerte sich der Sicherheitsrat besorgt über die menschenrechtliche Lage in Afghanistan.
[26] So rechtfertigt z. B. auch die Bundesregierung die Beteiligung der Bundeswehr an der Operation „Enduring Freedom" u. a. mit der Sicherheitsratsresolution 1368 (2001). Vgl. BT-Drs. 14/7296 „Antrag der Bundesregierung, Einsatz bewaffneter deutscher Streitkräfte bei der Unterstützung der gemeinsamen Reaktion auf terroristische Angriffe gegen die USA auf der Grundlage des Art. 51 der Satzung der Vereinten Nationen und des Art. 5 des Nordatlantikvertrages sowie der Resolution 1368 (2001) und 1373 (2001) des Sicherheitsrats der Vereinten Nationen". Einzelheiten bei D. Blumenwitz, Einsatzmöglichkeiten der Bundeswehr im Kampf gegen den Terrorismus, ZRP 2002, 102 ff.
[27] Die einschlägige Passage lautet: „The Security Council ... Recognizing the inherent right of individual or collective self-defence in accordance with the Charter".

Kandidat: Die Vereinigen Staaten haben den Irak-Krieg mit einem – allerdings gescheiterten – „Enthauptungsschlag" eröffnet. Das klassische Kriegsvölkerrecht verbietet jedenfalls den gezielten Angriff auf das Leben des gegnerischen Staatsoberhaupts oder Regierungschefs.[28]

Prüfer: Sehr gut! Wir nähern uns jetzt der für den Irak-Krieg vielleicht entscheidenden Problematik: der Rechtmäßigkeit präventiver Maßnahmen gegen die Verbreitung von Massenvernichtungswaffen. Wer darf Prävention üben?

4. Der Präventivkrieg

Kandidat: Allein der Sicherheitsrat – nur er bestimmt im Rahmen des VII. Kapitels der UN-Charta, wie gegen vermutete oder bereits festgestellte Gefahren vorzugehen ist und welche konkreten Schutzmaßnahmen zu ergreifen sind.

Prüfer: Die Vereinigten Staaten sehen das anders!

a) Der „preemptive strike" in der amerikanischen Militärdoktrin

Kandidat: Die Waffenstillstandsresolution 687 (1991)[29] und der folgende Rückzug amerikanischer Truppen wurde von der neokonservativen Elite in Washington als „Tatenlosigkeit" gebrandmarkt. Zugleich wurde gefordert, dass Amerika sein nach dem Zerfall des Ostblocks gesteigertes Potenzial als einzig verbliebene Supermacht auch außenpolitisch nutzen sollte: In Krisen, die eine rasche Antwort erfordern, sollen die Vereinigten Staaten nicht nur allein, sondern auch militärisch präventiv handeln...[30]

Prüfer: „... the US should be prepared to preempt the use of nuclear, biological or chemical weapons" – was bedeutet „to preempt"?

Kandidat: In diesem Terminus sind die beiden lateinischen Worte *prae* und *emere* (also Vorkauf oder Vorkaufsrecht) enthalten. Derjenige, der sein Vorkaufsrecht ausübt, kommt anderen Käufern zuvor; *„to preempt"* bedeutet deshalb so viel wie jemandem zuvorkommen – also auch einem mutmaßlichen Angriff oder Angreifer zuvorkommen. Das ist präventives Handeln. Das Wort „präventiv" wird nicht

---

[28] Vgl. Berber II, S. 168 unter Hinweis auf Art. 23 Abs. 1 lit. b HLKO, der die „meuchlerische Tötung" in Kriegszeiten untersagt. Die gezielte „Liquidierung" von Terroristen verbietet das Friedensvölkerrecht.
[29] Siehe oben.
[30] In diesem Sinne bereits 1992 Paul Wolfowitz in der vom amerikanischen Außenministerium herausgegebenen „Defense Planning Guidance" und die am 1. Juni 2003 in der Graduation Speech in West Point entwickelte Bush-Doktrin, die in das Kapitel V der National Security Strategy of the United States of America eingegangen ist.

verwendet, weil es durch den verbotenen „Präventivkrieg" negativ besetzt ist.

Prüfer: Das klingt überzeugend! Seit wann ist der Präventivkrieg verboten?

b) Das Verbot des Präventivkriegs

Kandidat: Schon Grotius wendet sich gegen die Lehre einiger Autoren, „daß nach dem Völkerrecht ein Krieg begonnen werden dürfe, um das Anwachsen einer Macht, welche später schädlich werden könnte, zu hindern."[31]

Prüfer: Ja, das ist ein schönes Zitat! Und Grotius erläutert noch weiter seinen Standpunkt: „Ita vita humana est, ut plena securitas nunquam nobis constet. Adversus incertos metus a divina providentia, et ab innoxia cautione, non a vi praesidium petendum est." (Das menschliche Leben ist so, dass eine vollkommene Sicherheit niemals vorhanden ist. Gegen ungewisse Übel muss der Schutz der göttlichen Vorsehung oder durch unschädliche Bürgschaften gesucht werden, aber nicht durch Gewalt.)[32] Trotzdem sind immer wieder Präventivkriege geführt worden, um das Gleichgewicht der Staaten zu wahren. 1870 versuchte z.B. Adolph Thiers[33] unter Rückgriff auf den Präventionsgedanken die staatliche Einheit Deutschlands durch Intervention der Großmächte zu verhindern: Die Einigung Deutschlands würde den Umsturz des europäischen Gleichgewichts bedeuten und dürfe deshalb nicht konzediert werden: „pour l' Europe le chaos, pour la France le troisième rang!" ...

Kandidat: ... Jedenfalls ächtete der Kellogg-Pakt 1928[34] den Krieg und damit auch den Präventivkrieg – allerdings wurde das Kriegsverbot weder durch eine Angriffsdefinition noch institutionell abgesichert ...

Prüfer: ... und das ist beim Präventivkrieg, wo der Angreifer versucht, seinen Angriff als Verteidigung zu bemänteln, besonders wichtig! Im Frühjahr 1940 errichteten Großbritannien und Frankreich in den Küstengewässern des neutralen Norwegen eine Minensperre. Deutschland erklärte, es könne unter keinen Umständen dulden, dass Skandinavien von den Westmächten zum Kriegsschauplatz gemacht werde, und marschierte in Norwegen ein – Angriffskrieg?

Kandidat: Das Nürnberger Militärtribunal entschied 1946, dass Deutschland 1940 nicht einer unmittelbar drohenden Landung der Alliierten in

---

[31] H. Grotius, De Iure Belli ac Pacis libri tres, Paris 1625, Lib. II Cap. I § 17; Übersetzung nach W. Schätzel, Die Klassiker des Völkerrechts, Bd. 1 (1950), S. 145.
[32] Grotius, a.a.O.
[33] Adolph Thiers (1797–1877), erster Präsident der Dritten Republik in Frankreich, Zitat nach Berber I, S. 202.
[34] Vertrag über die Ächtung des Krieges (Kellogg-Pakt) vom 27. August 1928, RGBl. 1929 II S. 97.

Norwegen zuvorkam, und versagte der deutschen Seite die von ihr geltend gemachte Einschätzungsprärogative. Das Tribunal entschied, dass Handlungen, die unter Berufung auf das Selbstverteidigungsrecht ergriffen wurden, letztlich einer objektiven Überprüfung und Beurteilung unterliegen müssen, wenn Völkerrecht je durchgesetzt werden soll.[35]

Prüfer: Richtig! Und das gilt nicht nur für das Sieger-Aggressor-Verhältnis, sondern weltweit. Was gilt eigentlich hinsichtlich des Notstandes („necessity")? – „Not kennt kein Gebot"?

c) Das Notstandsargument („necessity")

Kandidat: Die heute noch maßgeblichen Grundsätze sind bereits Mitte des 19. Jahrhunderts im Caroline-Fall[36] entwickelt worden: Die Achtung des unverletzlichen Charakters des Gebiets unabhängiger Staaten ist die wesentlichste Grundlage der Zivilisation, und jede Ausnahme sollte auf Fälle beschränkt werden, in denen die Notwendigkeit der Selbstverteidigung „sofortig und überwältigend sei und keine Wahl der Mittel und keinen Augenblick der Überlegung lasse."[37]

Prüfer: Sehr gut! Die International Law Commission hat nach jahrzehntelanger Arbeit einen vielbeachteten Konventions-Entwurf zur Staatenverantwortlichkeit vorgelegt. Was sagt der Entwurf zum Notstand?

Kandidat: Ein Verstoß gegen Völkerrecht soll ausgeschlossen sein, wenn die Handlung die einzige Möglichkeit des Staates war, ein wesentliches Interesse gegen eine schwere und unmittelbar bevorstehende Gefahr

---

[35] Vgl. Entscheidung des Nürnberger Militärtribunals vom 1. Oktober 1946, Bd. 1, S. 232: „... ob jedoch Maßnahmen, die unter dem Vorwand der Selbstverteidigung unternommen werden, tatsächlich Angriffs- oder Verteidigungsmaßnahmen waren, muß letzten Endes einer Nachprüfung und einem Urteilsspruch unterliegen, wenn das Völkerrecht überhaupt je zur Geltung gebracht werden soll."

[36] Die offizielle Bezeichnung des Vorfalls lautet „The Caroline and MacLeod Cases"; J.B. Moore, A Digest of International Law (1906), S. 409–414; R. Jennings, AJIL 32 (1938), 82; W.W. Bishop, International Law Cases and Materials (1971), S. 916 ff. Während eines Aufstands der Kanadier gegen die britische Regierung im Jahre 1837 unterstützten amerikanische Freiwillige die kanadischen Rebellen. Das amerikanische Schiff *Caroline*, das auf dem Niagara, dem Grenzfluss zwischen den Vereinigten Staaten und Kanada, verkehrte, sorgte für den Nachschub von der amerikanischen auf die kanadische Seite des Flusses. Britische Soldaten griffen deshalb das Schiff, als es nachts auf der amerikanischen Seite ankerte, an, setzten es in Brand und ließen es über die Niagara-Fälle treiben. Wenigstens zwei Personen wurden bei dem militärischen Angriff getötet. Washington protestierte. London berief sich auf „necessity". Siehe W. Meng, „The Caroline", EPIL Volume I (1992), S. 537 f.

[37] So die Note des amerikanischen Außenministers Webster vom 6. August 1842 an seinen britischen Kollegen Lord Ashburton: „Respect for the inviolable character of the territory of independent states is the most essential foundation of civilization ... Undoubtedly it is just, that, while it is admitted that exceptions growing out of the great law of self-defense do exist, those exceptions should be confined to cases in which the necessity of that self-defense is instant, overwhelming, and leaving no choice of means, and no moment for deliberation."

zu bewahren, und sie nicht wesentliche Interessen eines Staates oder der Staatengemeinschaft beeinträchtigt.[38] Art. 26 ILC-Entwurf stellt klar, dass auch im Notstand nicht gegen zwingende Normen des Völkerrechts, wie z. B. gegen das Aggressionsverbot, verstoßen werden darf.[39]

Prüfer: Richtig! Um das Kapitel abzuschließen – Was versteht man unter „antizipatorischer Selbstverteidigung" (anticipatory defence)?

d) Die antizipatorische Selbstverteidigung

Kandidat: Das Selbstverteidigungsrecht wird erst durch die Anwendung von Waffengewalt oder durch gleichartige militärische Aktionen eröffnet (Art. 1 Abs. 1 und Art. 3 Aggressionsdefinition). Die Erstanwendung von Waffengewalt durch einen Staat gilt umgekehrt *prima facie* als Angriffshandlung (Art. 2 Aggressionsdefinition). Der zur Selbstverteidigung berechtigte Staat braucht allerdings nicht auf den „ersten Schuss" des Gegners zu warten, wenn dessen militärische Vorbereitung bereits sofortige Verteidigungsmaßnahmen objektiv notwendig machen. Es handelt sich hier nicht um eine präventive Gefahrenabwehr, sondern um die Frage, wann und wie der Angriff realisiert wird. Es geht um die Realisierungsschwelle.[40]

Prüfer: Fassen wir also zusammen…

III. Fazit

Kandidat: Wendet man diese in der neueren Völkerrechtslehre bislang so gut wie unbestrittenen Rechtsgrundsätze auf den Irak-Konflikt an, so fehlte nach der Meinung vieler Beobachter[41] die offenkundige Angriffssituation, die allein den Militärschlag der Briten und Amerikaner hätte rechtfertigen können. Schon wegen der laufenden UNO-Inspektionen war ein unmittelbar bevorstehender militärischer An-

---

[38] Vgl. Art. 25 Ziff. I. „… unless the act: a) is the only means for the State to safeguard an essential interest against a grave and imminent peril and b) does not seriously impair an essential interest of the State or States towards which the obligation exists, or of the international community as a whole." Diese Vorschrift bestätigt die im Caroline-Fall entwickelte Rechtsregel, vgl. Crawford (Hrsg.), The International Law Commission's Articles on State Responsibility – Introduction, Text and Commentaries (2002), S. 187 ff.
[39] Vgl. Crawford, a.a.O., S. 188.
[40] Vgl. Murswiek, Die amerikanische Präventivstrategie und das Völkerrecht, NJW 2003, 1014 ff. (1017).
[41] Vgl. z. B. Murswiek, a.a.O., S. 1017; Paulus, ai-Journal Januar/Februar 2003; Schaller, a.a.O., S. 641; O'Connel, The Myth of Preemptive Self-Defense, ASIL Task Force on Terrorism (2002), S. 2 ff.; Nolte, Weg in eine andere Rechtsordnung, FAZ vom 10. Januar 2004, S. 8; Tomuschat, FAZ vom 11. November 2003, S. 12; ders., Interview, Der Spiegel 4/2003 vom 20. Januar 2003; Simma, Interview, SZ vom 1./2. Februar 2003.

griff des Irak auf die USA und/oder Großbritannien eher unwahrscheinlich. Die behauptete Entwicklung oder Lagerung von Massenvernichtungswaffen im Irak mag eine Friedensbedrohung sein, berechtigt aber nur den Sicherheitsrat, von ihm für erforderlich gehaltene Maßnahmen zu ergreifen.

Abgekürzt verwendete Literatur

Berber, Friedrich	Lehrbuch des Völkerrechts Bd. I, Allgemeines Friedensrecht 2. Aufl. 1975 Bd. II, Kriegsrecht 2. Aufl. 1969
Bernhardt, Rudolf (Hrsg.)	Encyclopedia of Public International Law (EPIL) Amsterdam u. a. Volume I–IV (1992–2000)
Dahm, Georg	Völkerrecht Bd. II Stuttgart 1961
Dahm, Georg/Delbrück, Jost/ Wolfrum, Rüdiger	Völkerrecht Bd.I/1 2. Aufl., Berlin/New York 1989
Doehring, Karl	Völkerrecht 2. Aufl., Heidelberg 2004
Dreier, Horst (Hrsg.)	Grundgesetz-Kommentar Tübingen Bd. 1, Art. 1–19, 2. Aufl. 2004 Bd. 2, Art. 20–82, 1998 Bd. 3, Art. 83–146, 2000
Frowein, Jochen A./ Peukert, Wolfgang	Europäische Menschenrechts-Konvention EMRK Kommentar 2. Aufl., Kehl u. a. 1996
Grabenwarter, Christoph	Europäische Menschenrechtskonvention München/Wien 2003
Graf Vitzthum, Wolfgang (Hrsg.)	Völkerrecht 3. Aufl., Berlin/New York 2004
Ipsen, Knut	Völkerrecht 5. Aufl., München 2003
Isensee, Josef/ Kirchhof, Paul (Hrsg.)	Handbuch des Staatsrechts der Bundesrepublik Deutschland (HStR) Bd. VII, Normativität und Schutz der Verfassung – Internationale Beziehungen Heidelberg 1992
Jarass, Hans D./ Pieroth, Bodo (Hrsg.)	Grundgesetz für die Bundesrepublik Deutschland

Abgekürzt verwendete Literatur

	Kommentar
	7. Aufl., München 2004
Maunz, Theodor/	Grundgesetz-Kommentar
Dürig, Günther (Hrsg.)	5 Bände Loseblatt
Nowak, Manfred	U.N. Covenant on Civil and Political Rights
	CCPR Commentary
	Kehl u.a., 2. Aufl. 2005
Sachs, Michael (Hrsg.)	Grundgesetz-Kommentar
	3. Aufl., München 2003
Schweitzer, Michael	Staatsrecht III
	Staatsrecht, Völkerrecht, Europarecht
	8. Aufl., Heidelberg 2004
Seidl-Hohenveldern, Ignaz/	Völkerrecht
Stein, Thorsten	10. Aufl., Köln u. a. 2000
Simma, Bruno (Hrsg.)	The Charter of the United Nations –
	A Commentary
	2. Aufl., München/Oxford 2002
Umbach, Dieter C./	Bundesverfassungsgerichtsgesetz
Clemens Thomas (Hrsg.)	Mitarbeiterkommentar und Handbuch
	Heidelberg 1992
Verdross, Alfred/Simma, Bruno	Universelles Völkerrecht
	3. Aufl., Berlin 1984

Abkürzungsverzeichnis

a.A.	andere Ansicht
a.a.O.	am angegebenen Ort
ABl.	Amtsblatt
Abs.	Absatz
Abschn.	Abschnitt
AdG	Archiv der Gegenwart
a.E.	am Ende
a.F.	alte Fassung
AG	Amtsgericht
A.J.D.A.	L'Actualité Juridique. Droit Administratif
Alt.	Alternative
Anh.	Anhang
Anm.	Anmerkung
AöR	Archiv des öffentlichen Rechts
Art.	Artikel
Ass.	Assemblée du Contentieux
Aufl.	Auflage
AuslG	Ausländergesetz
AVR	Archiv des Völkerrechts
BAG	Bundesarbeitsgericht
BayJAPO	Bayerische Ausbildungs- und Prüfungsordnung für Juristen
BayObLG	Bayerisches Oberstes Landesgericht
BayVBl.	Bayerische Verwaltungsblätter
Bd.	Band
BDGVR	Berichte der Deutschen Gesellschaft für Völkerrecht
BGBl.	Bundesgesetzblatt
BGH	Bundesgerichtshof
BT-Drs.	Bundestagsdrucksache
BVerfG	Bundesverfassungsgericht
BVerfGE	Entscheidungen des Bundesverfassungsgerichts
BVerfGG	Gesetz über das Bundesverfassungsgericht
BVerwG	Bundesverwaltungsgericht
BVerwGE	Entscheidungen des Bundesverwaltungsgerichts
BWahlG	Bundeswahlgesetz
bzw.	beziehungsweise
C.E.	Conseil d'Etat
ders.	derselbe
d.h.	das heißt
DÖV	Die Öffentliche Verwaltung
DR	Decisions and Reports
DRiG	Deutsches Richtergesetz
dt.	deutsch

DVBl.	Deutsches Verwaltungsblatt
ebd.	ebenda
Einf.	Einführung
EGBGB	Einführungsgesetz zum Bürgerlichen Gesetzbuche
EGMR	Europäischer Gerichtshof für Menschenrechte
EGV	Vertrag zur Gründung der Europäischen Gemeinschaft
EKMR	Europäische Kommission für Menschenrechte
EMRK	Europäische Menschenrechtskonvention
EPIL	Encyclopedia of Public International Law
EU	Europäische Union
EuGRZ	Europäische Grundrechte-Zeitschrift
EUV	Vertrag über die Europäische Union
EuZW	Europäische Zeitschrift für Wirtschaftsrecht
f.	folgende (Seite)
ff.	folgende (Seiten)
Fn.	Fußnote
FP	Fakultativprotokoll
gem.	gemäß
GeschOBReg.	Geschäftsordnung der Bundesregierung
GG	Grundgesetz
ggf.	gegebenenfalls
GK	Große Kammer
GVG	Gerichtsverfassungsgesetz
GV-Res.	Resolution der Generalversammlung
GYIL	German Yearbook of International Law
h.M.	herrschende Meinung
Hrsg.	Herausgeber
HS	Halbsatz
HStR	Handbuch des Staatsrechts
ICJ Rep.	International Court of Justice, Reports of Judgments, Advisory Opinions and Orders
i.d.S.	in diesem Sinne
IGH	Internationaler Gerichtshof
IGH-Statut	Statut des Internationalen Gerichtshofs
ILC	International Law Commission
ILM	International Legal Materials
IMT	International Military Tribunal
insbes.	insbesondere
IPbürgR	Internationaler Pakt über bürgerliche und politische Rechte
IPwirtR	Internationaler Pakt über wirtschaftliche, soziale und kulturelle Rechte
i.R.	im Rahmen
i.S.	im Sinne
i.Ü.	im Übrigen
i.V.m.	in Verbindung mit
JA	Juristische Arbeitsblätter

krit.	kritisch
Lit.	Literatur
LNTS	League of Nations Treaty Series
m.w.N.	mit weiteren Nachweisen
n.F.	neue Fassung
NJW	Neue Juristische Wochenschrift
Nr.	Nummer
NStZ	Neue Zeitschrift für Strafrecht
NVwZ	Neue Zeitschrift für Verwaltungsrecht
NZWehrR	Neue Zeitschrift für Wehrrecht
NYIL	Netherlands Yearbook of International Law
o.g.	oben genannt
ÖBGBl.	Bundesgesetzblatt für die Republik Österreich
ÖJZ	Österreichische Juristen-Zeitung
ÖZöRV	Österreichische Zeitschrift für öffentliches Recht und Völkerrecht
OLG	Oberlandesgericht
PassG	Passgesetz
PCIJ Ser. A	Permanent Court of International Justice, Collection of Judgments
RIAA	Reports on International Arbitral Awards
Rn.	Randnummer
Rspr.	Rechtsprechung
S.	Seite
s. a.	siehe auch
Sart. I	Sartorius I, Loseblattsammlung Verfassungs- und Verwaltungsgesetze der Bundesrepublik Deutschland
Sart. II	Sartorius II, Loseblattsammlung Internationale Verträge, Europarecht
s. o.	siehe oben
sog.	so genannt
SR-Res.	Resolution des Sicherheitsrats
SRÜ	Seerechtsübereinkommen der Vereinten Nationen
StGB	Strafgesetzbuch
StIGH	Ständiger Internationaler Gerichtshof
StPO	Strafprozessordnung
SVN	Satzung der Vereinten Nationen
Tz.	Textzahl
u. a.	und andere, unter anderem
u. Ä.	und Ähnliche
UNESCO	United Nations Educational, Scientific and Cultural Organization
UNO	United Nations Organization
UNTS	United Nations Treaty Series
u. U.	unter Umständen
VerfO-IGH	Verfahrensordnung des Internationalen Gerichtshofs

VersammlG	Versammlungsgesetz
VG	Verwaltungsgericht
vgl.	vergleiche
VN	Vereinte Nationen
Vorb.	Vorbemerkung
VwGO	Verwaltungsgerichtsordnung
WÜD	Wiener Übereinkommen über diplomatische Beziehungen
WÜK	Wiener Übereinkommen über konsularische Beziehungen
WVRK	Wiener Vertragsrechtskonvention
YB	Yearbook of the European Convention of Human Rights
ZaöRV	Zeitschrift für ausländisches öffentliches Recht und Völkerrecht
z. B.	zum Beispiel
Ziff.	Ziffer
zit.	zitiert
ZP	Zusatzprotokoll
ZPO	Zivilprozessordnung
z. T.	zum Teil

Stichwortverzeichnis

Agrément, Definition 49
Aggressionsdefinition 157, 163, 226, 228, 232
Akkreditierung, Definition 48
Analogie (s. Vertrag, völkerrechtlicher)
Anerkennung
– Akzessorietät 76
– Anspruch auf 81–82
 – nach deklaratorischer Theorie 82
 – nach konstitutiver Theorie 81
 – nach vermittelnder Auffassung 82
– Drei-Elementen-Lehre 77
– Voraussetzungen 77–79
 – Dauerhaftigkeit 78–79
 – Staatenverkehrsfähigkeit 78–79
 – Staatsgebiet 77–78
 – Staatsgewalt 78–79
 – Staatsqualität von Mikrostaaten 77–78
 – Staatsvolk 77
 – Verteidigungsfähigkeit 78
– Wirkungen
 – nach deklaratorischer Theorie 80
 – nach konstitutiver Theorie 80
 – nach vermittelnder Auffassung 80–81
Angelegenheiten, innere (s. Interventionsverbot)
Angreiferdefinition (s. Aggressionsdefinition)
Angriffshandlung (s. Sicherheitsrat)
Auslandswahl
– Aufenthalterstimmrecht 139
– Briefwahl 139
– Stellvertreterwahl 139–140
– Stimmabgabe in Gesandtschaftsgebäuden 140
– völkerrechtliche Zulässigkeit 137–142
– Wahlteilnahme als Hoheitsakt 138
Auslieferung
– aufgrund Vertrags 18–24
– aufgrund Völkergewohnheitsrechts 18
– bei drohender Todesstrafe 19–21, 25–28
 – *death row phenomenon*/Todeszellensyndrom 27–28
auswärtige Gewalt
– Gewaltenteilung 39–40
– Unabhängigkeit der Gerichte
 – Deutschland 39–43
 – England 41–42
 – Frankreich 42
 – USA 42
– Zuständigkeit
 – für auswärtige Angelegenheiten 40–41
Bedrohung/Bruch des Weltfriedens (s. Sicherheitsrat)
Beleidigung (s. Staatenehre)
Bundesgrenzschutz
– Einsatz außerhalb der Bundesrepublik 169–171
 – Einvernehmen des betroffenen Staates 170
Bundeswehr (s. Streitkräfteeinsatz)
contempt of court 26
clausula rebus sic stantibus (s. Vertrag, völkerrechtlicher)
death row phenomenon (s. Auslieferung bei drohender Todesstrafe)
Dekolonialisierung 94
Diplomatenrecht
– Immunität
 – Verhältnis zur Staatenimmunität 73–75
 – WÜD 70–73, 140

– gewohnheitsrechtliche
   Geltung   71
– Zugang zur Botschaft   112
diplomatischer Schutz
– Anspruch   201–202
– Begriff   198
– Ermessensspielraum   202
– *genuine link*   199
– *local remedies rule*   199, 209
– Mehrstaater   142–143, 199–200
– Schutzpflicht   201
Drei-Elementen-Lehre (s. Anerkennung)
Dualismus, gemäßigter   106
Ehre (s. Staatenehre)
Einwilligung   141
Embargo (s. Wirtschaftssanktionen)
EMRK
– Anwendbarkeit   25
   – *ratione materiae*   130, 148
   – *ratione personae*   130
– Bindungswirkung von EGMR-Urteilen   189–192
– Diskriminierungsverbot   131–132
– innerstaatliche Umsetzung von EGMR-Urteilen   132–133
– *margin of appreciation*   180, 188, 193
– Nichtbeachtung eines EGMR-Urteils   185–187
– *positive obligations*   179, 193
– Pflicht zur Wiederaufnahme
   – aus EMRK   181–183
   – aus GG   183–184
– Privatleben   179
– Rechtswegerschöpfung   132, 148
– Religionsfreiheit   131
– Todesstrafe (s. Auslieferung bei drohender Todesstrafe)
– Umgangsrecht   187
– Wahlrecht   146–148
   – zum Bundestag   146–147
   – zum Landtag   146–147
   – zum Europaparlament   147
   – zum Gemeinderat   147
Erga-omnes-Pflichten   108, 161

Exekutive s. Auswärtige Gewalt
failed state   171–172
forum prorogatum (s. Internationaler Gerichtshof)
friedliche Streiterledigung   95
Friendly-Relations-Deklaration   83, 85, 157
Gebietshoheit
– Erwerb
   – *animus domini*   89
   – Entdeckung   92
   – Kontiguitätsprinzip   91
   – Okkupation   91–92
   – effektive Besitzausübung   89–92
   – *terra nullius*   92
   – päpstliche Bulle   89
   – Staatensukzession   90–91
   – *Uti-possidetis*-Doktrin   90–91
– Verlust
   – Dereliktion   90, 92–93
   – Rechtsverzicht   90
Gegenseitigkeit, Grundsatz der (s. Reziprozität)
Generalversammlung der VN
– Rechtswirkung von Empfehlungen   166–167
– subsidiäre Kompetenz   165–166
– *Uniting for Peace*-Resolution   165–166
Gewaltverbot
– Begriff der Gewalt   157
– interner Konflikt   95
– Intervention auf Einladung   160
– *measures short of war*   157
– „kleine Gewalt"   29, 157–158
– Pflichtenkollision bei Menschenrechtsverletzungen   160
– Rechtfertigung durch Selbstverteidigung
   – nach Art. 51 SVN   95–96, 158–159, 219–220
   – Gewohnheitsrecht   159
   – und Repressalie (s. Repressalie)
   – Verhältnis zum Interventionsverbot   162

humanitäre Intervention
- Begriff 158, 172
- durch Bundesgrenzschutz (s. Bundesgrenzschutz)
IGH (s. Internationaler Gerichtshof)
Immunität
- diplomatische (s. Diplomatenrecht)
- konsularische (s. Konsularrecht)
- Sonderbotschafter (s. Spezialmissionen, Konvention über)
- Staaten (s. Staatenimmunität)
- Staatsorgane (s. Staatenimmunität)
Integrität, territoriale 28–29
international public order 161
Internationale Organisation
- Vertretung bei einer I. O. 48–49, 62
Internationaler Gerichtshof
- Fakultativklausel 16–17
- *forum prorogatum* 16–17
- Parteifähigkeit 16, 212–213
- Reziprozität, Grundsatz der 17
- Unterwerfungserklärung 16–17
- Verbindlichkeit vorsorglicher Maßnahmen 214–216
- Zuständigkeit *ratione personae* 16–17, 213
Intervention auf Einladung (s. Gewaltverbot)
Interventionsverbot
- als Völkergewohnheitsrecht 29, 76, 107, 108, 162
- für die VN 107, 162
- innere Angelegenheiten 108
- Verhältnis zum Gewaltverbot 162
- und *failed state* (s. *failed state*)
IPbürgR
- Ausschuss für Menschenrechte
- abschließende Beobachtungen 127–129
- allgemeine Bemerkungen 128, 206, 208–209
- *concluding observations* (s. abschließende Beobachtungen)

- *general comments* (s. allgemeine Bemerkungen)
- (erstes) Fakultativprotokoll 130, 150–151
- Individualbeschwerde 130, 150
- Missbrauchsverbot 126–127
- Religionsfreiheit
- Eingriff 123
- positive 122
- negative 122
- Schranken 124–127
- Verhältnismäßigkeit 125
- Staatenberichtsverfahren 127–129
- Staatenbeschwerde 129
- Todesstrafe 205–209
- Verhältnis zum EGMR 151–152
- Wahlrecht 151–152
- Zugang zu öffentlichen Ämtern 127
ius ad bellum 95–96, 222, 224
ius cogens
- Menschenrechte als ~ 160
- Vorbehalte und ~ 206–207
ius in bello
- Kriegsgebiet 96
- Kriegszustand 96
jurisdiction to enforce 137
jurisdiction to prescribe 137
judicial self-restraint 42–43
kollektive Sicherheit, Maßnahme der 219
Konsularrecht
- konsularische Aufgaben 35–36, 38, 140–141
- konsularischer Beistand, Information über 203–205
- konsularische Immunität
- Ausnahmen 37
- Begriff 35
- funktionale 35
- Strafgerichtsbarkeit 36–39
- Unzulässigkeit einer Klage 37–38
- Verfahrenshindernis 37
- Zivilgerichtsbarkeit 36–37, 39

243

Stichwortverzeichnis

- WÜK 34–37, 140–141, 203–205
  - als kodifiziertes Völkergewohnheitsrecht 34, 203
- Krieg (s. *ius in bello*)
- Mehrstaater
  - diplomatischer Schutz (s. diplomatischer Schutz)
  - wahlrechtliche Behandlung 142–144
- Menschenrechte
  - als Rechtfertigungsgrund 110–111
  - und Gewaltverbot (s. Gewaltverbot)
- Menschenrechtsausschuss (s. IPbürgR, Ausschuss für Menschenrechte)
- Nicaragua-Fall 107, 157
- Normenverifikationsverfahren
  - Entscheidungserheblichkeit 114
  - Form/Frist 115
  - kodifiziertes Völkergewohnheitsrecht als Vorlagegegenstand 113–114
  - Vorlagebefugnis/-pflicht 114
  - Vorlageberechtigung 113
  - Vorlagegegenstand 113–114
  - Zulässigkeit 113–115
- *obligatio erga omnes* (s. *Erga-omnes-*Pflichten)
- *persona non grata*, Erklärung zur 53–59, 61–62
- Personalhoheit 140
- *political question* 42
- Präventivkrieg 229–232
- *preemptive strike* 229–230
- Religionsfreiheit
  - nach IPbürgR (s. IPbürgR)
  - nach EMRK (s. EMRK)
- Repressalie
  - Ankündigung 19, 24
  - Veranlassung zur Wiedergutmachung 19, 24
  - Verbot gewaltsamer 19, 24, 160
  - Verhältnismäßigkeit 19, 25
  - Voraussetzungen 19

- Reziprozität, Grundsatz der 17, 55, 63, 141
- Sanktionen (s. Wirtschaftssanktionen; Repressalie)
- Schiffe 144–145
- Selbstbestimmungsrecht der Völker
  - innere/äußere Selbstbestimmung 82–83
  - Recht auf Sezession 83–84
  - Recht oder politisches Prinzip 82
- Selbstverteidigungsrecht (s. Gewaltverbot)
- Sezession (s. Selbstbestimmungsrecht der Völker)
- Sicherheit, öffentliche 105–106
- Sicherheitsrat der VN
  - Anordnung eines Streitkräfteeinsatzes 164
  - Beteiligungspflicht der Bundeswehr (s. Streitkräfteeinsatz)
  - Blockade 166
  - Feststellungen nach Art. 39 SVN
  - Angriffshandlung 162–163
  - Friedensbruch/-bedrohung 162–164
  - Menschenrechtsverletzungen als Friedensbedrohung 163–164
  - und Kompetenz der Generalversammlung (s. Generalversammlung der VN)
- Sonderbotschafter (s. Spezialmissionen, Konvention über)
- Spezialmissionen, Konvention über
  - völkergewohnheitsrechtliche Geltung 70–71
- Staatenehre 111–112
- Staatenimmunität
  - *acta iure imperii* 74
  - *acta iure gestionis* 74
  - Staatsorgane 73–75
  - Verhältnis zur diplomatischen Immunität 74–75
  - Verhältnis zur Immunität von Sonderbotschaftern 73–74
  - als Völkergewohnheitsrecht 73–74

Staatensukzession
– Gebietshoheit 90–91
Streitkräfteeinsatz
– Beteiligungspflicht bei SR-Anordnung 164–165
– verfassungsrechtliche Zulässigkeit 167–168
Territorialhoheit (s. Gebietshoheit)
Todesstrafe (s. Auslieferung bei drohender Todesstrafe, EMRK, IPbürgR, Völkergewohnheitsrecht)
Todeszellensyndrom (s. Auslieferung bei drohender Todesstrafe)
Uniting for Peace-Resolution (s. Generalversammlung)
Verantwortlichkeit, völkerrechtliche 18–24
– für Handeln Privater 106–107, 110
– Rechtfertigung (s. Repressalie)
Verfassungsbeschwerde
– Rüge der Nichtbeachtung eines EGMR-Urteils 185–187
Versammlungsbegriff 105
Vertrag, völkerrechtlicher
– Analogie 52–53, 71–73, 143–144
  – *traités-loi/traités-contrat* 72–73
  – Voraussetzungen 52, 71–72
  – Zulässigkeit im Völkerrecht 71, 73, 143–144
– Auslegung 19–21, 70–71
  – *ordinary meaning rule* 19–20
  – Systematik 20, 70
  – teleologische Methode 20
  – *traveaux préparatoires* 70–71
  – Treu und Glauben 20–21
  – Wortlaut 19, 70
– Beachtlichkeit widersprechenden Verfassungsrechts 21–23
  – *Estoppel*-Prinzip 21
  – Evidenztheorie 21
  – Irrelevanztheorie 21
  – Relevanztheorie 21
  – Verfahren zur Geltendmachung 22–23
– *clausula rebus sic stantibus* 23–24
  – Verfahren zur Geltendmachung 24
  – Voraussetzungen 23–24
– Vorbehalt 205–209
  – Abgrenzung zur Interpretationserklärung 205–206
  – Rechtsfolgen 207–209
  – Verstoß gegen *ius cogens* 206–207
  – Zulässigkeit 206
Völkergewohnheitsrecht
– diplomatischer Schutz 142–143
– kodifiziertes 34, 113–114
– Staatenimmunität 73–74
– Verbot der Todesstrafe 209
Völkerrechtsverstoß, Rechtsfolgen 210–212
Vorbehalt
– siehe Vertrag, völkerrechtlicher
Waffenstillstand 221–222
Wahlrecht
– Auslandswahl (s. Auslandswahl)
– nach EMRK (s. EMRK)
– nach IPbürgR (s. IPbürgR)
Weltanschauungsfreiheit (s. EMRK; IPbürgR)
Wirtschaftssanktionen
– Abbruch der Wirtschaftsbeziehungen durch die EG
  – Rechtsgrundlagen 97–99
  – finalistische Theorie 98
  – instrumentelle Theorie 98
– Handelsembargo durch die EG
  – Befugnis 97–99
  – im Rahmen der GASP 97–98
WÜD (s. Diplomatenrecht)
WÜK (s. Konsularrecht)

AUS DER REIHE »STUDIENPROGRAMM RECHT«.

Fälle und Lösungen zum Europarecht

von Dr. Stefan Ulrich Pieper, Privatdozent an der Westfälischen Wilhelms-Universität Münster, Lehrbeauftragter an der Universität in Potsdam

2004, 2. Auflage, 168 Seiten, € 14,80; ISBN 3-415-03275-2

Die Fallsammlung ermöglicht das gezielte Lerntraining zum Europarecht. Der erste Teil berücksichtigt europarechtliche Besonderheiten. Der zweite Teil enthält 12 Fälle mit unterschiedlichen Schwierigkeitsgraden, die sich bereits im studentischen Alltag bewährt haben.

Fälle und Lösungen zum Staatsrecht

Mit Originalklausuren und gutachterlichen Lösungen sowie Erläuterungen

von Dr. Roman J. Brauner, Rechtsanwalt, Fachanwalt für Verwaltungsrecht, Dr. Frank Stollmann, Ministerialrat, und Dr. Regina Weiß, Professorin an der Hochschule für Öffentliche Verwaltung, Bremen

2003, 7. Auflage, 154 Seiten, € 16,–; ISBN 3-415-03217-5

Das bewährte Werk vermittelt Kenntnisse, die in den Anfängerübungen besonders gefragt sind, sowohl bei der Prüfung der Zulässigkeit einer Verfassungsbeschwerde als auch bei der Subsumtion unter die Grundrechte.

Fälle und Lösungen zum Verwaltungsrecht

Übungsklausuren mit gutachterlichen Lösungen und Erläuterungen

von Privatdozent Dr. Joachim Becker, Humboldt-Universität zu Berlin

2002, 154 Seiten, € 14,80; ISBN 3-415-03078-4

Anhand der unterschiedlichen Klage- und Antragsarten zeigt der Autor, wie die Prüfung verwaltungsrechtlicher Fälle im Einzelfall zu erfolgen hat.

Zu beziehen bei Ihrer Buchhandlung oder beim
RICHARD BOORBERG VERLAG GmbH & Co KG
70551 Stuttgart bzw. Postfach 80 03 40, 81603 München
oder Fax an: 07 11/73 85-100 bzw. 089/43 61 564
Internet: www.boorberg.de   E-Mail: bestellung@boor-

KOMPAKTE DARSTELLUNG.

Europarecht

von Professor Dr. Ulrich Fastenrath, Lehrstuhl für Öffentliches Recht, Europa- und Völkerrecht an der Technischen Universität Dresden, und Maike Müller-Gerbes, Bonn

2004, 2. Auflage, 316 Seiten, € 22,–

Reihe »Rechtswissenschaft heute«
ISBN 3-415-03420-8

Grundkenntnisse im Europarecht zählen in allen juristischen Prüfungsordnungen zum Pflichtbereich und sind auch für die Praxis unverzichtbar. Die Autoren stellen detailliert die relevanten Bereiche des Europarechts dar.

Zunächst befassen sie sich mit der Struktur, Entwicklung und Rechtsnatur der Europäischen Union. Im Anschluss daran behandeln sie die EG-Grundfreiheiten (Warenverkehr, Arbeitnehmerfreizügigkeit, Niederlassungsfreiheit, freier Dienstleistungsverkehr) sowie das auch in der Praxis sehr bedeutsame europäische Wettbewerbsrecht (Kartellrecht, Fusionskontrolle, öffentliches Auftragswesen, Beihilfen).

Ob Struktur, Organe und Arbeitsweise der Europäischen Union, Quellen des Gemeinschaftsrechts oder Rechtsschutz im Falle von europarechtlichen Streitigkeiten – die Verfasser zeigen, worauf es ankommt.

Fälle, die zumeist Entscheidungen des EuGH nachgebildet sind, illustrieren und wiederholen den Stoff und schaffen gleichzeitig das nötige »case law«-Wissen, um europarechtliche Fälle erfolgreich bearbeiten zu können.

VG 605

Zu beziehen bei Ihrer Buchhandlung oder beim
RICHARD BOORBERG VERLAG GmbH & Co KG
70551 Stuttgart bzw. Postfach 80 03 40, 81603 München
oder Fax an: 07 11/73 85-100 bzw. 089/43 61 564
Internet: www.boorberg.de   E-Mail: bestellung@boorberg.de